欣悉我的著作系列即将在中国人民大学出版社出版，结构主义人类学理论亦将在有着悠久文明历史的中国继续获得系统的研究，对此我十分高兴。值此之际，谨祝中国的社会科学取得长足进步。

克洛德·列维-斯特劳斯

2006年1月13日

于法兰西学院社会人类学研究所

Claude Lévi-Strauss

列维-斯特劳斯文集

14 列维-斯特劳斯传（附卷）

CLAUDE LÉVI-STRAUSS

[法] 德尼·贝多莱／著
Denis Bertholet
于秀英／译　张祖建／校

中国人民大学出版社

克洛德·列维-斯特劳斯

总　序

克洛德·列维-斯特劳斯为法兰西学院荣誉退休教授，法兰西科学院院士，国际著名人类学家，法国结构主义人文学术思潮的主要创始人，以及当初五位“结构主义大师”中今日唯一健在者。在素重人文科学理论的法国文化中，第二次世界大战后两大“民族思想英雄”之代表应为：存在主义哲学家萨特和结构主义人类学家列维-斯特劳斯。“列维-斯特劳斯文集”（下称“文集”）中文版在作者将届百岁高龄之际由中国人民大学出版社出版，遂具有多方面的重要意义。简言之，“文集”的出版标志着中法人文学术交流近年来的积极发展以及改革开放政策实施以来中国人文社会科学所取得的一项重要学术成果，同时也显示出中国在与世界学术接轨的实践中又前进了一大步。关于作者学术思想的主旨和意义，各位译者均在各书译后记中作了介绍。在此，我拟略谈列维-斯特劳斯学术思想在西方人文社会科学整体中所占据的位置及其对于中国人文社会科学现代化发展所可能具有的意义。

列维-斯特劳斯的学术思想在战后西方人文社会科学史上占有独特的地位，其独特性首先表现在他作为专业人类学家和作为结构主义哲学家所具有的双重身份上。在人类学界，作为理论人类学家，50 年来其专业影响力几乎无人可及。作为“结构主义哲学家”，其声势在结构主义运动兴盛期间竟可直逼萨特，甚至曾一度取而代之。实际上，他是 20 世纪六七十年代法国结构主义思潮的第一创始人，其后结构主义影响了法国甚至西方整整一代文化和学术的方向。比萨特更为重要之处则表现在，其影响不限于社会文化思潮方面，而是同时渗透到人文社会科学的各个专业领域，并已成为许多学科的重要理论和方法论的组成部分。可以说，列维-斯特劳斯的结构主义在诸相关学科领域内促成了各种多学科理论运作之交汇点，以至于以其人类学学科为中心可将其结构理论放射到许多其他相关学科中去；同时作为对传统西方哲学的批评者，其理论方法又可直接影响人文社会科学的认识论思考。

当然，列维-斯特劳斯首先是一位人类学家。在法国学术环境内，他选择了与英美人类学更宜沟通的学科词 anthropology 来代表由自己所创新的人类学—社会学新体系，在认识论上遂具有重要的革新意义。他企图赋予“结构人类学”学科的功能也就远远超过了通常人类学专业的范围。一方面，他要将结构主义方法带入传统人类学领域；而另一方面，则要通过结构人类学思想来影响整个人文社会科学的方向。作为其学术思想总称的“结构人类学”涉及众多学科领域，大致可包括：人类学、社会学、考古学、语言学、哲学、历史学、心理学、文学艺术理论（以至于文艺创作手法），以及数学等自然科学……结果，20 世纪 60 年代以来，他的学术思想不仅根本转变了世界人类学理论研究的方向，而且对上述各相关学科理论之方向均程度不等地给予了持久的影响，并随之促进了现代西方人文社会科学整体结构和方向的演变。另外，作者早年曾专修哲学，其人类学理论具有高度的哲学意义，并被现代哲学界视为战后法国代表性哲学家之一。他的哲学影响力并非如英美学界惯常所说的那样，仅限于那些曾引起争议的人生观和文化观方面，而是特别指他对现代人文社会科学整体结构进行的深刻反省和批评。后者才是列维-斯特劳斯学术理论思想的持久性价值所在。

在上述列举的诸相关学科方法论中，一般评论者都会强调作者经常谈到的语言学、精神分析学和马克思哲学对作者结构人类学和神话学研究方式所给予的重大影响。就具体的分析技术面而言，诚然如是。但是，其结构主义人类学思想的形成乃是与作者对诸相关传统学科理论方向的考察和批评紧密相连的。因此更加值得我们注意的是其学术思想形成过程中所涉及的更为深广的思想学术背景。这就是，结构人类学与 20 世纪处于剧烈变动中的法国三大主要人文理论学科——哲学、社会学和历史学——之间的互动关系。作者正是在与此三大学科系列的理论论辩中形成自己的结构人类学观念的。简言之，结构人类学理论批评所针对的是：哲学和神学的形而上学方向，社会学的狭义实证主义（个体经验主义）方向，以及历史学的（政治）事件史方向。所谓与哲学的论辩是指：反对现代人文社会科学继续选择德国古典哲学中的形而上学和本体论作为各科学术的共同理论基础，衍生而及相关的美学和伦理学等部门哲学传统。所谓与社会学的论辩是指：作者与法国社会学和英美人类学之间的既有继承又有批判的理论互动关系。以现代“法国社会学之父”迪尔凯姆（Emile Durkheim）为代表的“社会学”本身即传统人种志学（ethnography）、人种学（ethnology）、传统人类学（anthropology）、心理学和语言学之间百年来综合互动的产物；而作为部分地继承此法国整体主义新实证社会学传统的列维-斯特劳斯，则是在扩大的新学术环境里进一步深化了该综合互动过程。因此作者最后选用“结构人类学”作为与上述诸交叉学科相区别的新学科标称，其中蕴含着深刻的理论革新意义。所谓与历史学的论辩是指：在历史哲学和史学理论两方面作者所坚持的历史人类学立场。作者在介入法国历史学这两大时代性议题时，也就进一步使其结构人类学卷入现代人文社会科学认识论激辩之中心。前者涉及和萨特等历史哲学主流的论辩，后者涉及以年鉴派为代表的150年来有关“事件因果”和“环境结构”之间何者应为“历史性”主体的史学认识论争论。

几十年来作者的结构人类学，尽管在世界上影响深远，却也受到各方面（特别是一些美国人类学和法国社会学人士）的质疑和批评，其中一个原因似乎在于彼此对学科名称，特别是“人类学”名称的用法上的不同。一般人类学家的专业化倾向和结构人类学的“泛理论化”旨趣当然会在目标和方法两方面彼此相异。而这类表面上由于学科界定方式不同而引生的区别，却也关系到彼此在世界观和认识论方面的更为根本的差异。这一事实再次表明，列维-斯特劳斯的人类学思想触及了当代西方人文理论基础的核心领域。与萨特以世界之评判和改造为目标的“社会哲学”不同，素来远离政治议题的列维-斯特劳斯的“哲学”，乃是一种以人文社会科学理论结构调整为目的的“学术哲学”。结构主义哲学和结构人类学，正像20世纪西方各种人文学流派一样，都具有本身的优缺点和影响力消长的过程。就法国而言，所谓存在主义、结构主义、后结构主义的“相互嬗替”的历史演变，只是一种表面现象，并不足以作为评判学派本身重要性的尺度。当前中国学界更不必按照西方学术流派演变过程中的一时声誉及影响来判断其价值。本序文对以列维-斯特劳斯为首的结构主义的推崇，也不是仅以其在法国或整个西方学界中时下流行的评价为根据的，而是按照世界与中国的人文社会科学整体革新之自身需要而加以评估的。在研究和评判现代西方人文社会科学思想时，需要区分方向的可取性和结论的正确性。前者含有较长久的价值，后者往往随着社会和学术条件的变迁而不断有所改变。思想史研究者均宜于在学者具体结论性话语中体察其方向性含义，以最大限度地扩大我们的积极认知范围。今日列维-斯特劳斯学术思想的价值因此不妨按照以下四个层面来分别评定：作为世界人类学界的首席理论代表；作为结构主义运动的首席代表；作为当前人文社会科学理论现代化革新运动中的主要推动者之一；作为中国古典学术和西方理论进行学术交流中的重要方法论资源之一。

20 世纪 90 年代以来，适逢战后法国两大思想运动“大师凋零”之会，法国学界开始了对结构主义时代进行全面回顾和反省的时期，列维-斯特劳斯本人一生的卓越学术贡献重新受到关注。自著名《批评》杂志为其九十华诞组织专辑之后，60 年代初曾将其推向前台的《精神》期刊 2004 年又为其组编了特刊。我们不妨将此视作列维-斯特劳斯百岁寿诞“生平回顾”纪念活动之序幕。2007 年夏将在芬兰举办的第 9 届国际符号学大会，亦将对时届百龄的作者表达崇高的敬意。凡此种种均表明作者学术思想在国际上所享有的持久影响力。列维-斯特劳斯和结构主义的学术成就是属于全人类的，因此也将在不断扩展中的全人类思想范围内，继续参与积极的交流和演变。

作为人类文化价值平等论者，列维-斯特劳斯对中国文化思想多次表示过极高的敬意。作者主要是通过法国杰出汉学家和社会学家格拉内（Marcel Granet）的著作来了解中国社会文化思想的特质的。两人之学同出迪尔凯姆之门，均重视对文化现象进行整体论和结构化的理论分析。在2004年出版的《列维-斯特劳斯纪念文集》（L'Herne出版社，M. Izard主编）中有Yves Goudineau撰写的专文《列维-斯特劳斯，格拉内的中国，迪尔凯姆的影子：回顾亲属结构分析的资料来源》。该文谈到列维-斯特劳斯早年深受格拉内在1939年《社会学年鉴》发表的专著的影响，并分析了列维-斯特劳斯如何从格拉内的"范畴"（类别）概念发展出了自己的"结构"概念。顺便指出，该纪念文集的编者虽然收进了几十年来各国研究列维-斯特劳斯思想的概述，包括日本的和俄罗斯的，却十分遗憾地遗漏了中国的部分。西方学术界和汉学界对于中国当代西学研究之进展，了解还是十分有限的。

百年来中国学术中有关各种现代主题的研究，不论是政经法还是文史哲，在对象和目标选择方面，已经越来越接近于国际学术的共同标准，这是社会科学和自然科学全球化过程中的自然发展趋势。结构主义作为现代方法论之一，当然也已不同程度上为中国相关学术研究领域所吸纳。但是，以列维-斯特劳斯为首的法国结构主义对中国学术未来发展的主要意义却是特别与几千年来中国传统思想、学术、文化研究之现代化方法论革新的任务有关的。如我在为《国际符号学百科全书》（柏林，1999）撰写的"中国文化中的记号概念"条目和许多其他相关著述中所言，传统中国文化和思想形态具有最突出的"结构化"运作特征（特别是"二元对立"原则和程式化文化表现原则等思考和行为惯习），从而特别适合于运用结构主义符号学作为其现代分析工具之一。可以说，中国传统"文史哲艺"的"文本制作"中凸显出一种结构式运作倾向，对此，极其值得中国新一代国学现代化研究学者关注。此外，之所以说结构主义符号学是各种现代西方学术方法论中最适合中国传统学术现代化工作之需要者，乃因其有助于传统中国学术思想话语（discourse）和文本（text）系统的“重新表述”，此话语组织重组的结果无须以损及话语和文本的原初意涵为代价。反之，对于其他西方学术方法论而言，例如各种西方哲学方法论，在引入中国传统学术文化研究中时，就不可避免地会把各种相异的观点和立场一并纳入中国传统思想材料之中，从而在中西比较研究之前就已“变形”了中国传统材料的原初语义学构成。另一方面，传统中国文史哲学术话语是在前科学时代构思和编成的，其观念表达方式和功能与现代学术世界通行方式非常不同，颇难作为“现成可用的”材料对象，以供现代研究和国际交流之用。今日要想在中西学术话语之间（特别是在中国传统历史话语和现代西方理论话语之间）进行有效沟通，首须解决二者之间的“语义通分”问题。结构主义及其符号学方法论恰恰对此学术研究目的来说最为适合。而列维-斯特劳斯本人的许多符号学的和结构式的分析方法，甚至又比其他结构主义理论方法具有更直接的启示性。在结构主义研究范围内的中西对话之目的绝不限于使中国学术单方面受益而已，其效果必然是双向的。中国研究者固然首须积极学习西方学术成果，而此中西学术理论“化合”之结果其后必可再反馈至西方，以引生全球范围内下一波人类人文学术积极互动之契机。因此，“文集”的出版对于中国和世界人文社会科学方法论全面革新这一总目标而言，其意义之深远自不待言。

“文集”组译编辑完成后，承蒙中国人民大学出版社约我代为撰写一篇“文集”总序。受邀为中文版“列维-斯特劳斯文集”

作序，对我来说，自然是莫大的荣幸。我本人并无人类学专业资格胜任其事，但作为当代法国符号学和结构主义学术思想史以及中西比较人文理论方法论的研究者，对此邀请确也有义不容辞之感。这倒不是由于我曾在中国最早关注和译介列维-斯特劳斯的学术思想，而是因为我个人多年来对法国人文结构主义思潮本身的高度重视。近年来，我在北京（2004）、里昂（2004）和芬兰伊马特拉（2005）连续三次符号学国际会议上力倡此意，强调在今日异见纷呈的符号学全球化事业中首应重估法国结构主义的学术价值。而列维-斯特劳斯本人正是这一人文科学方法论思潮的主要创始人和代表者。

结构主义论述用语抽象，“文集”诸译者共同努力，完成了此项难度较大的翻译工作。但在目前学术条件下，并不宜于对译名强行统一。在一段时间内，容许译者按照自己的理解来选择专有名词的译法，是合乎实际并有利于读者的。随着国内西学研究和出版事业的发展，或许可以在将来再安排有关结构主义专有名词的译名统一工作。现在，“文集”的出版终于为中国学界提供了一套全面深入了解列维-斯特劳斯结构主义思想的原始资料，作为法国结构主义的长期研究者，我对此自然极感欣慰，并在此对“文集”编辑组同仁和各卷译者表示诚挚祝贺。

李幼蒸 2005 年 12 月
国际符号学学会（IASS）副会长
中国社会科学院世界文明研究中心特约研究员

法文版封面

Denis Bertholet

Claude Lévi-Strauss

PLON

法文版扉页

目　录

第一章　探险家的诞生

第二章 彼岸

第三章 一个巴黎人在纽约

第四章 登堂入室

第五章 神话的帝国

第六章 大地丈量者

第七章 求知的热情

第一章　探险家的诞生

（1908—1934）

一、缅忆往昔

对于列维-斯特劳斯一家来说，20 世纪之初的那个“美好时代”已经一去不返了。有过那么一段凡事都很轻松的日子：有才干的都能得到酬报，财富充裕，生活快乐。这段天赐的幸福时光已经成为代代相传的回忆了。

伊萨克·斯特劳斯是全家感到骄傲的先辈，他于 1806 年生于斯特拉斯堡。这个怪才不满足于自己虽然姓斯特劳斯，却不是维也纳人，于是情愿当了音乐家，而且当得不同凡响。他很早就来到巴黎，靠拉小提琴为生。他演奏的轻音乐令人愉悦。19 世纪 30 年代，他创办了一支相当不错的管弦乐队。国王路易·菲利普曾授命他担任高尚风雅的晚会的音乐总监。据其曾孙回忆，连巴黎公众之所以了解“贝多芬、门德尔松和其他音乐家”[1]，他也与之大有功焉。

这位艺术家也是一位演艺界的企业家。据柏辽兹的回忆，1844 年 7 月的一天，他偶然在咖啡馆遇到了伊萨克，柏辽兹提议一道举办音乐会。工业展览会即将闭幕，他们可以趁展览馆拆除之前，借用那块巨大的场地举办一次庆祝活动。一经决定，斯特劳斯立刻与部长接触，与省长谈判。得到批准以后，他就开始招聘艺术家，张贴海报，搭建演出台。8 月 1 日，柏辽兹指挥了一场“大型的严肃音乐会”。两天之后是斯特劳斯的通俗音乐会，节目中有“华尔兹、
8 波尔卡和加洛普舞曲”[2]。他也和老朋友奥芬巴赫合作过。第二帝国时期，二人的行当常常不分彼此。斯特劳斯参与过几部轻歌剧的谱曲。“以‘地狱里的奥尔菲’为题的四对舞曲就是他谱写的”。[3]被任命为歌剧院的舞蹈负责人以后，他组织了宫廷的庆祝活动，让整个宫廷翩翩起舞。玛蒂尔德公主在自己的沙龙里接见了他。他还参与创建了音乐学院的音乐会协会。

1861 年，他的声誉如日中天。这一年 7 月，拿破仑三世去维希度假。这一度假地虽然得到迅速发展，却没有与这位难对付的贵宾相配的府邸。此前伊萨克·斯特劳斯曾经受命建造一座赌场，其中包括他自己的一所豪华住宅——时至今日，那宅子仍以“斯特劳斯别墅”知名。他安排皇帝驻跸豪宅，自己和家人移住别处。尊贵的客人显然十分满意，次年再度莅临。伊萨克·斯特劳斯也为此备感荣幸。

伊萨克·斯特劳斯还是一位兴趣广泛而稳健的收藏家。在 1867 年的世界博览会上，他展示了自己最珍奇的收藏品。他在 1878 年的

世界博览会上则展示了全套希伯来的宗教物品，这些展品在他去世以后为罗斯柴尔德男爵夫人所收购。整套藏品现存于犹太教艺术与历史博物馆，其余的收藏品则赠给了罗浮宫博物馆。

伊萨克·斯特劳斯去世后，他的财产于1888年出售或者被女儿们平分。其中一个叫蕾阿，后来嫁给了居斯塔夫·列维。她便是克洛德·列维-斯特劳斯的祖母。居斯塔夫·列维的生意做得一团糟，死时已经破产。“以至于他的一个儿子，年纪轻轻就不得不去工作，以资家用。他共有四子一女”。[4]从此，家庭生活拮据。家族的辉煌历史一直伴随着克洛德·列维-斯特劳斯的青年时代：“我父亲一方的家庭生活在对第二帝国时代的回忆里。”有一天他曾经为看到一个影子而激动，那是逝去的欢乐场景的再现：“我小时候还见过皇后欧也妮——亲眼见过。”父母十分熟悉奥芬巴赫的音乐。今天，那个时代的唯一痕迹就是一副手镯，那是当年拿破仑三世为感谢主人的殷勤好客赐给他曾祖母的。 9

二、艺术家与资产者

蕾阿·斯特劳斯和居斯塔夫·列维有个儿子，叫雷蒙。他把父母亲的姓合起来，从此姓列维-斯特劳斯。家人要他上高等商业学校学习一门技能。他毕业后在股票所得到了一份不起眼的工作。其实他从童年起就梦想成为画家。待境遇稍有转变，他立刻去美术学院注册，从此投身于艺术家的职业生涯，而且成就不小。1905年至1921年间，他定期在巴黎秋季沙龙展出风俗画和肖像画。他心胸开阔。他儿子后来说：“在我的印象里，他是一个极富教养，好奇心永不满足的人，兴趣不仅限于绘画，对文学和音乐同样迷恋。”[5]

他娶了嫡亲表妹艾玛·列维。艾玛出生在凡尔登，也是阿尔萨斯人的后裔。她家中不乏犹太教教士，以及做木头生意和土地生意的人，1871 年她家离开阿尔萨斯，“为的是继续做法国人”[6]。艾玛在柏尤纳长大，因为父亲被任命为那个教区的大教士，然而，母亲还是把她送到天主教修女会，同四姐妹一道读书学习。显然，教士的妻子对女儿们的宗教信仰并不在乎，只希望她们接受法国上流社会的教育，甚至盼望她们成为独立的女性。“那时她的长女准备上塞弗勒女子师范学校，也许进去了，我记不清了。在那个时代，循规蹈矩的外省人视这所学校的女生为魔鬼。教士妻子的思想可真够开通的了！”[7]艾玛后来被送到巴黎，为从事秘书职业而学习打字。这在当时是良家女子唯一能够从事而又不失体面的职业。

艾玛及其姐妹都天生喜爱绘画，至少可以说喜爱画家。大姐阿丽娜嫁给了亨利·卡罗-岱尔瓦（1876—1926），1901 年度全法艺术家奖章的获得者，巴黎秋季沙龙的常客。他的一幅题为《我的妻子及其姐妹》的画作曾经在卢森堡博物馆长期展出。克洛德·列维-斯特劳斯后来回忆说：“另一个姐姐也嫁给了画家，加布里埃尔·罗毕，巴斯克人。由于身体欠佳，年纪轻轻就去世了，他的生活比我父亲的还要艰难。”[8]

像列维-斯特劳斯家一样，艾玛的娘家生活环境既不像传闻的艺术家那样穷困潦倒，也不像那些具有传奇色彩的前卫艺术家。依靠卖画养家糊口的生活的确艰辛，但是总归有一个家。身为艺术家却不用住阁楼，操持画业而无意质疑学院派的艺术标准，他们的生活与其说漂泊动荡，毋宁说殷实小康。这些艺术家为同代人提供的不是一些艺术团体自夸的颠覆性作品，而是诚实的劳动、良好的画作，能够担保质量的是卡罗-岱尔瓦曾经师从雷昂·博纳，一位得到第三共和时代官方认可的肖像画家。对于那些得不到机构订单，也无法享受大幅构图的乐趣的画家来说，肖像是一个贵重无比的画种。这些画家有自己的顾客，他们为后世把这些人的形貌固定下来。在一个私人天地意味着一切的世界上，尽可能在室内背景下表现一个男人及其妻室子女，就能够完美地象征着他们的社会地位。

而且雷蒙·列维-斯特劳斯有属于自己的顾客群，不愁无活儿可干。他与定居比利时的青年时代的一位友人仍然保持联系，这位朋友为他找到了订单。夫妇俩因此去比利时生活了几个月。居斯塔夫·克洛德便是在那儿出生的，是在 1908 年 11 月 28 日。1909 年初，订单一完成，一家人就重返巴黎，回到 16 区的普桑街 26 号的家中。小克洛德最初的生活环境至今未变。那幢楼房当时刚刚落成，富有小资情调，楼房表面用了灰色裁石，楼梯间内铺设了地毯，彩绘玻璃。他们的家在第五层。从阳台望出去，可以看见欧德伊门和大转轮。“那是我童年时喜爱的街区，其独特秀丽的景致那时尚在。记得那时，普桑街的下端，拐入拉封丹街的街角处还有个农场。雷努阿尔街有一半还保持着乡村景色。那儿有艺术家的工作室，有卖古董的店铺。”[9]市政建设是分阶段进行的。半个世纪以前， 11
农舍和疯人院取代了艺术家工作室和古董店。19 世纪 90 年代以后，出租式公寓最终形成定局，沿街大多是一个楼号接着一个楼号。无秩序的和大小不一的楼房让位于整齐划一的楼面和高度。唯有弧形的样式依然存在，还有突出的阳台和挑檐、精雕细刻的门楣与窗棂。对孩子们来说，最大的幸福是后盖的楼房没有完全取代从前的楼房。间或还留有一些空地。新落成的建筑物之间仍然透出一些乡村气息。

那时的风俗似乎永久地存留下来了。列维-斯特劳斯还记得，他的父母就像当时所有“时尚”人家一样，外出走访，留下折了角的名片。每周一次，全家在祖母家用晚餐。每年元旦，祖母把子孙们召集到一起。“借这个机会，揭去客厅家具上面覆盖了整整一年的护罩。”[10]那天，雷蒙和兄弟们总要去公墓转上一圈，悼念每一位过世的亲人。这些仪式和许多其他活动都可以追溯到久远的过去。这一家人仍然过着19世纪的生活。即使王朝的财富已经转移，家里依旧按照伊萨克·斯特劳斯那个时代的原则过着日子。

提起那个时代，克洛德·列维-斯特劳斯有些忧伤。他觉得自己是属于19世纪的。只要有一根魔棍神奇地一挥，就能够把他送回那个时代，他就会感到回家了。他了解那个时代。只是他当时太小，无法有意识地欣赏和品味那个时代的魅力罢了。可是，存留在心里的印象却有着一种神奇的力量。孩童时的幸福时光早已与往昔的记忆永远混同，然而却获得了如同博物馆展品般的静态的美感。

三、疯狂的因子

1914年，雷蒙不得不离开家，应征入伍，从此无法照顾家庭。由于身体差，他被分配到凡尔赛军队医院当护士。由于担心德国人
12 攻入巴黎，艾玛带着孩子们走了。他们先到诺曼底，尔后到达布列塔尼地区，“我们还去过布列斯特（……）我和几个比我年长的表姐站在阳台上，她们教给我大嚼通心面，然后往过路人的头上吐去（……）”[11]危险解除以后，艾玛回到巴黎地区，回到了父亲被任命为大教士的凡尔赛。他住的是与犹太教堂相邻的公房。她和儿子、姐妹及她们的孩子都在那儿住了下来。然而，预料之中的宗教信仰的改变却没有发生。

艾玛·列维还是姑娘时就生活在宗教氛围里。“我的外祖父是个缺乏个性的宗教人士，严守教规。一连三四年，我参加了所有宗教节日的活动。”[12]他的妻子、克洛德的外祖母却很有独立意识。女儿们甚至怀疑母亲是否真正的教徒。她们自己也生活得无拘无束：

“五个姐妹和她们的丈夫都不信教。”[13]住在凡尔赛的时候，列维-斯特劳斯回忆道：“母亲为我们准备火腿三明治，我们立刻跑到公园里，躲在雕像后面狼吞虎咽，担心外祖父发现后会发火。”[14]教堂和家之间是一条长长的阴冷的通道，把神圣之域与世俗之地截然分离开来。这种分离，加上只用于做圣事的阴暗的教堂，使小克洛德觉得宗教不但与日常生活无关，而且令人生厌地枯燥无味。这种分离的另一个好处，是从日常生活里除去了一切宗教内容。“除了外祖父餐前必做的默祷之外，没有任何东西告诉孩子们自己生活在对于某种崇高范畴的感怀之中。”[15]

父亲家的情形同样不那么一清二白。“我祖母仍去教堂做礼拜。这个家族里沉睡着一点点疯狂的东西，时而表现为喜剧，时而表现为悲剧。父亲的一个兄弟成日沉溺于阐释圣经，敏感脆弱得竟至自杀。那时我三岁。远在我出生之前，父亲的另一个兄弟在与父母发生口角之后，竟然跑去当了教士，借以报复父母。曾有一段时间， 13
家庭成员里还出了个修道院的列维院长（……）”[16]疯狂的行为没有继续下去，教士叔叔后来还了俗，最后成为煤气公司的职员。

奇怪的命运。除了他们的不稳定感和个人痛苦以外，特别明显地反映出家庭的历史和社会地位的深刻危机。在先因德雷福斯事件、后因分裂的斗争而四分五裂的法国，如何做个犹太人，如何确立自己的身份？两个叔叔的故事或许是一次无意识的验证：在采取雷蒙所显示的方向——即对宗教的无所谓态度——之前，列维-斯特劳斯的家庭正在探索保持自豪感的途径：一个人热衷于肯定宗教信仰，另一个激烈地摈弃它。在一个高压时期内，较之那种多少使人感到羞辱的病症，“疯狂的因子”或许是宗教虔诚与民族归属之间的冲突的一条出路。

在列维-斯特劳斯看来，这个问题不再是个难题：“我来自父母双方的两个犹太家庭，两家都在阿尔萨斯定居达 250 年，或许更久（……）也就是说，我知道我的根可能上溯到几千年前极富文化内容和事件的历史，虽然这一点对我很重要，但是我觉得自己是一个完全、彻底的法国人。”[17]孩子在宁静的气氛中长大。一边是当大教士的外祖父、定期礼拜的祖母，一边是持怀疑观点的外祖母和不信教的双亲。他既学习了宗教仪式，也学会了与宗教保持距离。在世俗化的社会里，无动于衷地从旁观察宗教仪式，这是解决宗教身份与宗教丧失意义之间的矛盾的最便捷的方式。在家里，父母虽然不过宗教节日，但并没有忘记。他们常常讲给孩子们听。“父母在凡尔赛让我接受了洗礼。为了让我顺从，事先只告诉我一条理由：别
14 叫外祖父难过。”[18]这是一次并无实际内容的皈依，走过了整整一个世纪的列维-斯特劳斯既没有否定什么，也没有肯定什么。“我清楚自己是犹太人，这个古老的血统正像人们常说的那样，令我欣然。”[19]

如果说，身为犹太人于他没有丝毫宗教方面的含义，这个事实却令他生出一种特别的感觉。“父母越是不信仰宗教，就越是崇拜和信仰文化。我认为这是许多犹太家庭的特点。犹太民族被视为爱书的民族，的确如此，我是在书堆中长大的。从童年起，我就被鼓励读书，增长才智，对一切好奇（……）这才是真正神圣的东西。”[20]

曾经有过一段时间，归属问题无疑使他感到不自在，或许也是他感到苦恼的原因。家居凡尔赛时期，他去市立学校读书，1918 年秋季以后改为去欧石中学。在学校里，多数犹太家庭的孩子必须面对痛苦的现实，同学们恶狠狠地让他们知道，一些在他们看来十分正常的东西，在别人眼里却是奇怪的。他们与人不同。小克洛德经历了这一切。“我刚一进学校，就被当成一个可恶的犹太人对待。

中学以后，情况依然如故。”他的反应直截了当：“用拳头。幸好这种事情不常发生，也不太严重。”[21]如果说他受到了触动，那么伤痛似乎在宗教方面并没有持久的后果，顶多促使他对一切宗教信仰避而远之。不过，他并不排除也许正是这种伤痛促使他怀有成为民族学家的抱负：“一个年轻人如果突然发现不被社群所接受，而自己本以为是其成员，这会导致他跟社会现实拉开一定的距离，迫使他对这个社会进行观察，不仅从自己有所感受的社会内部，同时也从抛弃他的社会之外。”[22]与同代人相比，他很可能觉得与众不同，虽然并没有被抛弃，也不是明确无误的社会边缘人物，但依然有点靠边站的感觉。

四、艰难时世

大战时期，孩子和母亲都是在凡尔赛度过的。“我家非常爱国
(……）只因我们是阿尔萨斯人。”[23]我们有时听得见远处的隆隆炮 15
声。与那个时代所有的孩子一样，克洛德对祖国充满热爱。“在爱国热情的驱使下，我把自己仅有的几个小额金币——一个8岁孩子积攒下来的钱——捐给法国军队维护武器装备。”[24]亲属中死于战争的只有一个堂兄。总的来看，列维-斯特劳斯夫妇在这场大屠戮期间受罪不算多。1918年11月停战，一家人返回巴黎。小克洛德趴在位于歌剧院大道的一个窗台上，全身心地与整个城市一起欢呼雀跃。“对于我这年轻的生命来说，胜利大游行是个伟大的时刻。”[25]

回到普桑街，巴黎的生活一如既往，唯一的变化是楼房里安装了电话。看门人接电话，按响专用的铃声通知房客，房客跑下楼梯，事后再勇敢地爬上楼去。电梯是几年以后才安装的，其他一切照旧，昔日的举动和生活节奏都没有变。

实际上，一切都变了。雷蒙·列维-斯特劳斯跑遍了画廊，以期了解美术界的动态，回来时却垂头丧气。立体主义统治了画坛。他的失望沮丧不全在审美方面，公众的趣味变了，订单减少了。每逢月末他便忧心忡忡。

为了养家糊口，他开始施展他那修修补补的本领，他发明了无数个活计，有时能赚回一点钱，有时分文没有。他投入布匹印染业。“我们先在亚麻油毡板上雕刻，把胶水抹在实处，然后印到丝
16 绒上，以便把撒在上面的多彩金属粉固定住。”[26]不久，他又制造出模仿中国漆器的小桌子。后来还在灯上粘贴日本浮士绘。有时家里到处都是手工活计。幸好雷蒙·列维-斯特劳斯还有第三个兄弟，他接手了股票交易所的工作，生意相对看好。所以困难时可以指望他的帮助——似乎整个 30 年代，一家的收入全靠他。雷蒙还可以依赖妻子的支持。“这是个有责任感的女人，在很长一段时间里，她显示出不寻常的勇气和牺牲精神，承担起全部家务。”[27]

事业失败，雷蒙·列维-斯特劳斯觉得自己完了，而且加深了他的那种 19 世纪已经被埋葬了的感觉。他被放逐到一个没有他这种人的位置的世界里。在帝国时代他的地位其实也并没有好到哪里去。那是倒霉蛋的地位，他们的能力和价值得不到社会的承认。与伊萨克·斯特劳斯的辉煌相反，他是个潦倒无着的人。不过，他的处境也有一个好处，即家中充满一种特殊的气氛，既无拘无束，又有一定之规。小资产者对于艺术的热爱加上多种多样的手工活计造成一种美学气氛。他儿子从中获益匪浅。

五、艺术与事物

克洛德·列维-斯特劳斯最后一个来到这个没落的世界，却享有

一种特权：他的环境所具有的小资产者和艺术之家的双重优势使他得以进入广阔的文化领域。公寓中的家四壁皆书。他读了个遍。去祖母家晚餐，当他感到无聊时，就抓起一本拉比什①的书躲到角落里，一边读一边不禁笑出声来。他 10 岁时得到一本《堂吉诃德》的缩写本。真是一见钟情！父母为了跟客人开玩笑，请他们随便读出书中任何一句话，小克洛德就能接着背下去。这本小说他已经可以倒背如流了。

回首往事，他也对自己的这股热情感到惊奇。“堂吉诃德的行为，我觉得大体上是一种挥之不去的欲望，打算从现时的背后找回过去。倘若有一天，有个怪人想知道我是怎样一个人，这就是我会 17
交给他的一把钥匙。”[28]无人能够确知究竟是什么东西引发了孩子的欣喜。可是，列维-斯特劳斯的这番话非常珍贵，值得我们记住。可能小克洛德同父母一样对于往昔的怀念和生活的艰辛怀有同感，从而把家族以往的光荣与骑士小说的高贵相比拟，把与现时世界斗争的父亲和芒斯那不幸的绅士等同起来。

他学会了眼观和明察。“当我还是孩子的时候，我总是焦急地等待成绩和作文的分数，如果令父亲满意的话，奖赏之一就是去罗浮宫溜一趟。”[29]童年的印象永远难忘。他能识别作品的好坏。绘画对于他不是一部在课堂上学到的历史，而是利用工具和技巧做得好或不好的东西，而且在视觉上表现力有高下之分。

他喜欢音乐，许多年里，他每个星期都要去听高劳尼②或者巴

① 拉比什（Eugène Labiche，1815—1888），法国喜剧作家，1880 年入选法兰西科学院。——译者注

② 高劳尼（Edouard Colonne，1838—1910），法国音乐指挥家，小提琴家。据说是头一个录制商用留声机唱片的音乐家。——译者注

德鲁①的“大众音乐会”。父亲不喜欢普契尼，但特别钟爱瓦格纳，不断向他灌输对大师的崇拜。“我记得（……）很小的时候就被带去歌剧院，坐在五等包厢里，其实那根本不存在，因为什么也看不见——所幸的是还能听见！五等包厢现在已经没有了。就这样，我把瓦格纳的所有曲目都听了。”这些经验永远铭刻在他心中。“瓦格纳对我的智力成长和对神秘事物的兴趣起着十分重要的作用，尽管我在童年过去很久以后才意识到这一点（……）可以说我对瓦格纳的曲目反复咀嚼了几十年。”[30]

文化不可消费，而需要实践。小克洛德学了素描和摆弄画笔。“可以肯定地说，我对绘画的渴望远远超出了写作。但是父亲是肖像画家，我意识到这个职业挣不到面包（……）我画了很多自画像。”[31]父亲的工作也附带地把他带进了另一种实践：同许多画家一样，雷蒙·列维-斯特劳斯为了画好体貌特征，习惯于给模特照相。
18 他自己冲洗照片。儿子也熟悉了这些操作——但他并没有发展出兴趣：照相术后来不过是他工作的手段或一种娱乐而已。

他与绘画保持着距离，对于音乐反而全身心投入。歌剧院的一位中提琴手教给他拉小提琴。光是演绎作品不能满足他的热情，他梦想当作曲家。老师的妻子是钢琴家。他谱写了几部三重奏，夫妇俩十分友善地在他的伴奏下演奏了这些三重奏。“请上帝宽恕我吧。我觉得那个时期我已经着手谱写一部歌剧。不过只写了序幕就完事了。”[32]他进一步说明：“剧本已经写好，布景也画好了。”[33]一位完美的艺术家，正像瓦格纳一样。假如不是这样的话，他也许可以成为乐队指挥。那是最美好的职业，也是他终生遗憾从未实践过的职

① 巴德鲁（Jules étienne Pasdeloup，1819—1887），法国音乐指挥家，1887年创办民众音乐会。——译者注

业。其实，他生来就不是做这一行的。他后来认为音乐像数学一样，要求具有“适宜的基因组织”[34]。这些憧憬并不是想当然的，对音乐的热爱深深地扎根在他心中。发现自己不具备相应的音乐天赋一直是他的一段痛苦的回忆：“素养和天性之间的矛盾对于我始终是一种痛苦的感受。”[35]

克洛德参与父母的手工活动。他甚至尝试过为自己建造精致的机械器具。“用一个旧式电话听筒，他做了一个电唱头。”[36]他获得了一些对物体和材料的宝贵知识、一套技能和技术，这些成了他的第二天性，正如他对造型艺术的知识一样。这个好处可不小：他熟悉了物体的世界。他能够区分、识别、命名。材料和形式、元素和方法，他都能立刻察觉。他具备常人所说的可靠的鉴赏力。一件艺术品或珍奇物的性质和价值都瞒不过他的眼睛。另外一个好处是他明白审美的愉悦感不仅属于主观感受：任何一种感受都和物体相联系，而物品是制造出来的。这就给他打了预防针，使他不会上先锋派的自我中心主义的当。

他像所有的孩子一样，或许因为自觉与之不同而比别的孩子更 19
甚，幻想着遥远的国度和探险活动。长假照例在诺曼底或布列塔尼的海滩上度过。浪花、海平面、出发远航的船只，这些都让他幻想大海和奇观，他在儒勒·凡尔纳或保罗·蒂瓦等人的小说里隐约看见过。

这种爱好与对于特殊形式的幸福的追求刚好匹配。“从童年起，我就迷恋异国珍奇。”[37]他得到的头一件稀罕物品是父亲送给他的。一幅日本浮士绘。“记得我把它放进一个盒子里，作为盒底的装饰，后来，每当我得到奖赏，（……）我就去波蒂桑街的一个名为‘宝塔’的商店，买来日本式或其他风格的微型家具，为的是在我的盒子里盖起一座日本房子。”[38]他经常光顾旧货店，手头一有点钱，立刻就把它变成收藏品。父母和亲戚们无论何时都知道应当送给他什么礼物。他说，从 6 岁到 10 岁之间，“对于在学校取得的好成绩，我除了一个日本浮士绘或一个非洲小物件以外，不期望其他奖赏。”[39]他还搜寻旧乐器，然后试着演奏——多少有些成功。他的敏感性完全出于这种爱好。喜欢四处打探，探察店铺的后间或销售厅，这个习惯从来没有改变。

刚满能够独自出行的年龄，他就出发去探索巴黎地区。“童年时代一结束，我就悠然自得地投身于都市远行。”[40]他在公交汽车上找到的位置能够看到街道及其折射到玻璃窗上的影像，街道于是时而显得非常狭窄，时而宽阔如林阴大道。“被我如此搞出来的神奇的城市景观，只能丰富和改变另一个完全真实的城市。”[41]他永远迷恋城市，着迷于它们的“隐秘的布局”[42]所带来的那种人性与非理性的混合体。

20 与同学们一道，他放任自己的远足的梦想。“童年和少年时代，我不知多少次‘远征’法国乡村，乃至巴黎郊区！”[43]想从这些年轻人的冒险中看出未来职业的迹象或者前兆，那是徒劳的。数以百万计的孩子同样组织过类似的远足，但并没有成为探险家或民族学家。顶多可以说，这是一个必要条件，但不是充分条件。然而这的确是气质的一种表现。少年克洛德不是一个不迈出家门的孩子。他走出家门，睁大眼睛，与别的孩子结伴。既然他是远足的组织者，应当相信他找得到队友，或者，谁知道呢，找得到愿意追随他实现梦想的效命者——包括当梦想结束于意想不到的池塘里：“我们从巴黎出发去冒险，打算能走多远就走多远，直到远郊。其实远郊是个什么概念，我们并不知道。（……）快满 14 岁时，我发现了巴黎高迈伊的采石场，我掉进一个石灰浆池，直到脖颈都被打上了石灰。”[44]

学校圆满地完成了使人融入社会的功能。1918年，克洛德从凡尔赛返回，进入冉松德萨耶中学六年级，在那儿直到中学毕业会考。智力训练，少年时代，学习社会生活，这一切都是在同一地，与同样的老师和同学一起完成的。那时的中学生受到许多条条框框的束缚。“跟许多其他人一样接受中学教育，每进入高一年级和毕业都要大张旗鼓，纪律稍有松懈就会受到严厉惩罚，作文都是在焦虑不安中写出来的，成绩由校长在学监的陪同下郑重宣布，这会使学生感到紧张或者欢欣鼓舞。我不清楚，对此我们这些孩子当中的大多数是否怀有愤恨情绪或是厌恶感。”[45]

学习成绩优秀的克洛德不需费力就能成功。他专修拉丁语，最古典的一门。他拥有扎实的文化资本，可供他自如地挖掘和发展。“从童年起，我就对各种知识怀有强烈的求知欲。一种几乎是见异
思迁的好奇心，这使得我的整个童年以至后来（……）都对某些艺 21
术形式和科学门类充满真正的热情。”[46]一位老师让学生们以自己最喜爱的绘画作品为题做作文，他回忆起在罗浮宫漫步，选择了画家曼特涅①的作品《巴纳斯山》。他不怕描绘一个集合着战神、维尔耐斯、阿波罗和缪斯女神的场面。那些都是他熟悉的人物。他常说自己记忆力差，可是这在他读书期间似乎没有构成障碍。无论怎么说，他的著述表明，在令人印象深刻的众多领域里，他都储存着大量的记忆和参考信息。对于这批知识的积累，中学的严格训练肯定起了极大作用。

就父亲对他的学业的态度而言，严肃刻板的学校生活既是一种纠偏，也是一种惩戒。父亲并不威严。“我父亲不是一个严厉的人，

---

① 安德烈亚·曼特涅（Andrea Mantegna，1431—1506），意大利文艺复兴时期的画家。——译者注

他性情十分温厚。”[47]不过有些事情他不能容忍。“他有一些原则最好还是别违背。我得到过刻骨铭心的教训。十二三岁时，我大概上四年级。有一次写作文，我慌里慌张地抄袭了别人的文章，而且被拿获（……）家里因为我的成绩而笼罩着一种悲剧式的气氛，让我喘不过气来。学校把我撵出校门两天！父亲得知后深为震怒，把我严惩一顿。有些错误他绝不迁就。”[48]在这个在生活经验中吃过亏的男人看来，关注儿子的学习成绩是确保儿子尽量具备社会技能的一个办法。“（……）我必须样样优秀。父亲（……）激励我尝试一切领域，使得刚刚步入少年的我觉得任何知识领域都可以涉猎。”[49]谨守道德规范，相信教育的力量：克洛德的父亲是第三共和时代的人——就这个提法的最正面的意义而言。归根结底，他的态度是以自相矛盾的方式告诉儿子，生活不是游戏，知识不能不劳而获，工
22 作必须一丝不苟，必须自重，并且尊重他人，无权作弊。

母亲有一次提到他小时候的一件事。三岁左右的一天，他在婴儿车里望见了面包铺和肉铺的招牌，便嚷嚷说“铺”字应当表示同一个东西，因为那两个招牌里都有这个字①。“小小年纪，我已经开始寻找常量了！”[50]他不无自嘲地推断自己是天生的结构主义者。总之，他是个结构化的人。无论在家里还是学校，童年以后的教育趋向于把他变成一个具有坚强的精神和性格的小伙子，掌握可靠的劳动技能，头脑充实，感受鲜明而开放。

六、睿智的叛逆

深思的年龄来到了，克洛德·列维-斯特劳斯不是那种永远知道

① 原文是说 boulanger 和 boucher 两个法语词里的 bou 这个音节的拼写法。——译者注

自己为什么生于今世的人。大量的知识与其说对他有利，倒不如说妨碍他进步："我的精力过于分散。"[51]他本来想当画家，可父亲的经历令他却步。他搞音乐，但不打算成为器乐演奏家，他觉得作曲超出了自己的能力。他断言自己与其说是一个"差劲儿"的艺术家，不如说没有"当"艺术家的"命"。[52]他并没有把年轻时的追求压抑在心底：他只是错过了机会，走向了别的领域。家庭环境在这方面对他是有帮助的。他回忆说，除了规劝他别当"画家（……）反正别当艺术家"[53]以外，父亲一直影响着他的选择。

不如此又能怎样呢？进入少年时期以后，列维-斯特劳斯起而反叛家境和从前的爱好习惯，借此达到确认自我。他的个性是通过放弃——但不是忘掉——童年所喜爱的事物而形成的。父亲迷恋瓦格纳的音乐，他却要抛弃；父亲讨厌现代绘画，他反倒极度迷恋。从美学观点来看，他的反叛时期恰逢跨入20世纪之初，始于立体主义绘画出现的时代："这样一来，绘画便可以无须表现喽！这样的假设使我大感欢喜。我用掉落在画室地上的粉笔头，开始画我所想象的立体主义绘画。其实一点关系也没有。（……）但有一点是肯定的：它什么也不表现。"[54]回忆起这个小插曲时，他不带任何幻想： 23
"可以肯定，我少年时期痴迷于立体主义，不仅因为我看到的绘画与我的天性相合，而且这是我摆脱年长者、与之分庭抗礼的机会。"[55]

不久，在同样的精神状态下，列维-斯特劳斯开始对毕加索大感兴趣，只要有新作品出现，他一定不失时机地前往观赏——"我是去做弥撒的"[56]，他后来说。对音乐也是如此，他有意远离瓦格纳，代之以更为时髦的崇拜，例如"聆听歌剧《佩雷亚斯与美莉桑德拉》和后来的《婚礼》给一个少年带来的令人目眩神迷的启示"[57]。自从发现德彪西以后，他曾经长期钟情于这位音乐家。"我曾经热烈地迷恋《佩雷亚斯》，至今依然。”[58]他对斯特拉文斯基的迷恋产生了更强烈的效果。他的音乐世界惨遭颠覆。有那么几年，他就像追随毕加索那样，紧跟新潮。“少年时，我把斯特拉文斯基当成偶像，全盘接受。”[59]后来，他虽然保持一定的距离，但仍然酷爱芭蕾组曲《波得鲁什卡》、《婚礼》及《管乐八重奏》这些年轻时让他激动的作品。

美学趣味的改变似乎并没有引起家庭危机。大约十六七岁时，列维-斯特劳斯有一天与父亲和评论家路易·沃克塞尔一起聊天。他家的这位友人建议克洛德给他正在创办的艺术杂志试着投稿。列维-斯特劳斯提出写一篇关于立体主义对日常生活的影响的文章。这个提议被接受了。“我先去采访我推崇的画家费尔南·莱热①。他极为友善地接待了我。文章是否发表，我忘记了。”[60]这个小插曲有助于明确一个结果：少年放下画笔，拿起了钢笔。反叛意识一时间化为关注社会：绘画与产生它的社会有着同样的生命。少年让自己变成了批评家。他迈出的这一步标志着中学学习的成功。中学生练习写论说文，也就是书写和推理。写作成了最主要的表达方式。同大多
24 数少年一样，克洛德尝试一切文章体裁。他当然也写诗；他也想过撰写小说和剧本。“少年时，我什么都尝试着去做（……）连电影剧本也写过！”[61]

从这一时期开始，几位大作家成了他的精神伙伴。列维-斯特劳斯发现了卢梭和夏多布里昂，痴迷于巴尔扎克。他有一次说，《人间喜剧》他一字不漏地读了十遍。他喜爱皮埃尔·马克·欧尔兰，酷爱狄更斯、陀思妥耶夫斯基、康拉德及普鲁斯特的小说。和同窗

---

① 费尔南·莱热（Fernand Léger，1881—1955），法国画家，绘画色彩浓烈，对比度大，有以他名字命名的国家博物馆。——译者注

学友一样，他同他们一道利用小说世界来建构自己来日的发展空间。这些小说让他了解了工业天地、远海，此时与他乡，疯狂与智慧。他思维敏锐，在确定和走自己的路时无须向导。在老师当中，他没有找到任何一个自己的精神导师。他没有宗教信仰危机问题，在许多年当中，他的家庭环境对于宗教所表现出的无所谓态度使他形成了一个明确的信念："少年时期，我对此类问题特别不能容忍。"[62]别跟他谈论宗教信仰问题，严肃的人工作时全凭对事物的敏感和理性，而不依赖信仰。不过，犹太教仍然在他的视野之内，他对此很清楚。"中学里我有一些犹太裔同学，我们都认为自己有义务捐钱在以色列种下一棵树，我们自己的树。"[63]承认归属并不意味着随便相信一门宗教，但归属却是身份和文化的一个构成元素，他没有任何理由否认这一点。

七、"三位情人"

从这个时期以后，克洛德便常去塞文山区度长假，父母于20世纪20年代后期在那儿靠近瓦莱豪克的地方买了一座小房子。这个山谷景色冷峻，在靠近石灰岩台地的丛生灌木里，他发现了一道景观，一种他后来十分熟悉的景观。此后几十年里，他经常来到此地。他习惯了远足，在大自然当中长途跋涉："我特别喜欢野外露营，山中漫步，露天生活。"[64]他发现了一个未知的植物世界，那儿每种植物都散发着一种气息，具有不同凡响的魅力。他惊喜地发现大自然从来就不是含混一片的。植物并非乱长，它们的存在取决于土壤的成分和历史。他迷上了地质学。"在朗格多克斯地区，我沿着石灰岩台地的一侧，追随两个地质层的接缝前行。这依然是我最珍贵的回忆之一。这远非一次散步或一次简单的空间考察：一个不 25

带成见的观察者的这种随兴所至的追寻，在我看来提供的正是这样一幅图景：知识和求知所面临的困难，以及能够期盼的快乐。”[65]

列维-斯特劳斯不人云亦云，他拒绝虚假的证据，不被地表或植物的变化所迷惑，在表征的背后寻找土壤和土壤之下的真实形态与历史。表面上的偶然现象无法使万物赖以生存的矿物生命瞒过他的眼睛。透过表象，他看到了不可见之处，每一个细部的意义和位置在这里都变得清晰明了。叛逆行为不单单是个自我确认的问题，它同样涉及与事物的关系。假如不能使人对偶然现象有不同的理解，它就失去了存在理由。列维-斯特劳斯一旦决定不能被世界牵着鼻子走，便一头扎进了细节当中，决心搞个水落石出。

同学马塞尔·纳当的父亲是精神病医生，与玛丽·波拿巴①十分接近。他与玛丽合作，把弗洛伊德的作品介绍到法国来。“雅克②经常同我谈起精神分析，这样，随着一本本译著的出版，我在马克思的作品之前就读遍了弗洛伊德的作品。”[66]他特别注意到《精神分析导论》和《释梦》。这如同一次顿悟。弗洛伊德对人类的揭示可以比拟为地质学对于地球的揭示。无意识就是我们的地下世界。当人们停留在表面时，表面的不可预见的多样性似乎纯属偶然，而一旦抓住构成它的地下运动，这种多样性便可以理解了。“表面上最不合逻辑的现象可以通过理性分析得到解释。”[67]对于这个少年来说，弗洛伊德的思想并不是一种学说或可以攀附的一套阐释。他的
26 不可知论涉及信仰的所有形式。精神分析为他提供了一个可靠的方法。在人类行为的混沌中是可以找到秩序的，这一秩序终有一天可

① 玛丽·波拿巴（1882—1932），法国精神分析学家，弗洛伊德的学生，巴黎精神分析学会创始人之一。——译者注

② 指雅克·拉康。——译者注

以真相大白。理性是可信的，因为它让人达到事物和人性的本质。

列维-斯特劳斯的父母一直跟布鲁塞尔的朋友们保持着密切的关系。他们总是一起度假。朋友们把一个叫阿尔图尔·沃泰尔的熟人介绍给他的父母，他是比利时工人党活动家，后来当过比利时驻苏联大使。克洛德当时对马克思一无所知。“因此我向这位活动家请教，请他解释一下马克思主义当下的情形。由于他向往成为理论家，他立即投入对我的孜孜教诲，为我详细讲解，特别让我读了马克思、若雷斯①及其他许多人的著作。”[68]新门徒列维-斯特劳斯充满激情地、执著地要把《资本论》读懂。“我立刻被马克思吸引住了。”[69]对于马克思的思想，他同样无法全盘接受。“我觉得，同地质学和精神分析一样，马克思主义在不同的现实层面上采取了一模一样的处理方式。”[70]方法论问题：马克思不是试图从事实出发，而是建立起一个模式，由此出发对事实加以解释。马克思把弗洛伊德在个人层面上的分析搬到了社会层面上，努力从表面的无序中找到一个“逻辑上缜密一贯的基础”[71]。

这三门学科都以直觉为核心。“我从三个‘情人’那里获知（……）要达到真实，便需首先抛弃已有经验，哪怕以后再将后者并入不诉诸情感的客观综合中去。”[72]这一态度中暗藏着相当程度的怀疑。不要按照我们眼前所呈现的样子接受外部世界；对于即时的认识和理解仅给予有条件的信任。年轻人在保持它的距离。对于他来说，证据与情绪一样有令人不舒服的分量。世界不该听任摆布，而应该被理解和被改变。一个主体不应当失落在自身主观性的深处，而是应当超越自我，走向别人，而且——有何不可？——走向行动。

---

① 若雷斯（Jean Jaurès，1859—1914），法国政治家、法国社会党的缔造者，《人道报》创办人，后遭民族主义者暗杀。——译者注

家族历史在这中间可能起了重要作用。挫折，怀旧，不同的参
27 照系统的混合——小资产者的生活方式，艺术家氛围，犹太民族传统——这些都促使他对现实采取一种观察者的怀疑态度，拒绝贸然地立即赞同或者认同。一个人若被表面现象所迷惑就没有自由了。一切好像都是给定的，其实没有任何东西是给定的。进入世界必须通过中间媒介和一些步骤，那样才能证实人们从事冒险活动的地面是坚固的。

这种直觉构成了一个思想内核，列维-斯特劳斯由此出发进行思考。他的思想主要是在那个所谓“哲学年”期间形成的。那是 1924 年，年轻人 16 岁。“我进了哲学班，全然不知哲学是做什么的。”[73] 老师是居斯塔夫·罗德里格，工人国际法国支部①（SFIO）的活动家（不久成为人权联盟的主席）。对于一个刚刚涉足政治的学生，这些都是极好的凭借。但是老师并没有带来他所期盼的光明。回忆起这一时期所受到的教育，他后来认为只是柏格森主义的一种稀松的变体。“把存在于事物化为一种含糊不清的状态，以凸显其难以言说的性质。”[74] 中学生的求知欲得不到满足，学年开始时进展不顺。但是，几个月后危机消除。“三位情人”的共同影响自然会使他接受一个明显的事实：无论老师教授的课程让他多么失望，使他感到多么沮丧甚至焦虑，哲学是最能满足他的期待的一门学科。他开始关注精神生活，取得探索和理解的手段，但志向尚未确定。学习哲学至少扩大了一个符合他的兴趣的视野。阅读马克思的作品令他激动，从中它无处不遇到康德、黑格尔这些神奇人物的名字，“眼前豁然呈现了一个完整的世界”[75]。探索世界的时刻来到了。他在年底获得了哲学一等奖。他知道前往何处：上高等师范学校的预

① 工人国际法国支部，即法国社会党。——译者注

备班，哲学专科，他希望能进入高师。 28

列维-斯特劳斯也知道自己打算有所行动。阿尔图尔·沃泰尔在推荐他阅读马克思的同时，也使他发现了政治斗争。“他使我改变了信仰。”[76]这说法有点过头，他有自己的主张。叛逆的少年时代已经彻底结束，变为哲学的反叛。这自然而然地促使他倾向革命。同样，家庭出身也令他产生这样的想法。当然，他的家庭属于保守派，在德雷福斯事件中，父亲只参加过一次游行，仅此而已。可是，克洛德代表新的一代：家庭对现实生活的保留态度不会总是表现为个人的满足或者不满。父亲为活下去而挣扎，年轻人却不会照走父亲的道路而不提出疑问。理解生活，改变生活的时刻来到了。

比利时的活动家最先给了他政治上的启蒙教育，他进入政治领域也是从比利时开始的。阿尔图尔·沃泰尔“曾一度把我当成比利时工人党的养子”[77]。“他像一位大哥哥似的对我感兴趣，邀请我作为工人党的客人到比利时去。两周时间中，一位老活动家领着我，从‘人民之家’到合作社都参观了一通。”[78]少年边听，边看，边用心领会。向导把一切都指点给他看，解释给他听——机构、行动、社会主义：“这一切对我是完全新鲜的。”[79]在“养子”的头脑里，社会和政治空间有了具体轮廓。比利时之行为他的未来奠定了坚实的基础，他的思想从此日趋成熟和完善。

八、信念与徘徊

在塞纳河右岸，孔多塞中学是唯一有高师文科预备小班的中学，此时正值其辉煌时期。这里教学质量出色，学生考入高师的成功率可与路易大帝中学、亨利四世中学的高师预科大班相媲美。

1925 年秋天，克洛德进入此校。

学业照理应为两年。“可我在希腊语和数学上遇到了难题，我不得不二者选择其一。”[80] 希腊语也好，数学也好，他都没有兴趣。
29 不过至少及早解决了一个问题：“我对数学一窍不通。”[81] 另外，还得承认，他对哲学方向也兴趣缺乏。他曾经自认为适合学哲学，现在这门学问却显得冗长啰唆，使他感到枯燥乏味。他的哲学兴趣只与“三位情人”在他的头脑里所描绘的题旨有关。至于必须将其变为一种职业（……）在他看来，任何出路仍然都是可能的。原打算接下去上文科预备班二年级，而后进入位于乌尔姆街的高师，这个计划被搁置了。

这一年当中，老师看到并且赞赏他的进步。只有法语课老师认为他有点幼稚和冒失。历史和地理课老师雷昂·卡昂的看法较为详细：“有价值；还会有发展；知道得不少；思想敏锐，有见解。但这些品质往往被一种近乎宗派式的惯常的刻板所损害；认可绝对、断然的论点；思想有时满足于一种平庸的风格，缺乏准确性和鲜明性。”[82] 这些评语虽不足以树立一幅肖像，一个年轻人却隐约浮现出来了，他的性格中严谨性伴有常见的派生物：自信和镇定；这两种东西又因某种天真幼稚而有所淡化。年轻人的毛病是：每一代人都把他们所看到的当成他们的发明。年轻的列维-斯特劳斯由于忙于不久前开始的政治活动，早就把自己的想法当成了原则，把信念当成了法则。

严肃刻板和纯真无瑕的混合给同学们留下深刻印象。“他身材颀长，好像是从埃及的浅浮雕上走下来的，似乎总是面带不可消除的忧虑。可是，他那严肃和沉思的神情有时也会显露出最令人意想不到的、孩子般的微笑。他在文科预备班的声望来自他惯于在黑板上画的粉笔画，而且让我们想起德国电影里的那些奇怪的城市，例如电影《卡利加利大夫的柜子》①。”[83]

应该决定去向了，列维-斯特劳斯向自己的哲学教授安德烈·克莱松敞开了胸怀。老师的建议起了决定性的作用：“你不适合搞哲学，而是某种与哲学有关的东西。”[84]一语中的。这个大学生的头脑里时常出现矛盾的想法，他喜欢思辨，但觉得哲学思辨太随意；他 30
懂得抽象的必要性，但不大欣赏抽象最终不能返归对象。老师所说的“某种与哲学有关的东西”点明了他所需要的东西：一门不使他远离世界，与之相联系的学科；一门不会把他关在封闭的经院内，而是开放的，而且让他也向其他领域开放的学科。主意既定，他放弃了去高师的打算。

安德烈·克莱松还说了一句不那么令人愉快的话，他“指定我学习法律，认为我的气质最适合搞这个”[85]。立此为证。列维-斯特劳斯决定上法学院，同时不放弃文学。他同意了从事“某种有关学科”，但这并不意味着他应当放弃哲学。尤其是因为他并不打算以法律为职业。就此时而言，兼顾两个学科只是为将来铺平道路，并不对具体内容预作定论。

航向在数月之内改变了。1926年春天，尚不满18岁的列维-斯特劳斯前往先贤祠广场注册了法学，在索邦大学注册了哲学。同所有大学生一样，他填写了个人卡片，注明婚姻状况，说明在大学课程中的修课意向。中学毕业会考文科合格者，一直居住普桑街（而且直到完成学业）。对于“是否打算从事公共教育”这个问题[86]，他的回答是一个坚决的“否”字。后来很可能是在注册教师资格会考时，他才划掉了这个回答。学文学就得当老师，这是命中注定的。甚至当他拿回注册表时，他对此仍然浑然不觉。他的愿望再清

① 罗伯特·维纳1920年导演的一部德国电影。——译者注

楚不过，虽然他不知道到底打算从事什么行当，可是他知道自己不想教书。

他反倒被政治活动支配了。1924 年秋天，校际社会主义小组在文科预备班成立了，从 1925 年 1 月起，改名为高师社会主义研究小组。这场运动集合起高师男女学生以及文科预备班的考生。克洛德虽然决定不进高师，还是参加了这个小组。他在这里会晤了整整一代未来的大学学衔教师和教员，也就是后来的政界或工会的负责人物。在这些人当中，那些以乔治·勒弗朗为核心的路易大帝中学的
31 文科预备班毕业生起着推动作用。他们当中的大多数已经或者即将加入工人国际法国支部。社会主义研究小组尽管与这个政党有联系，但不隶属于它。主导社会主义研究小组的是一个由社会主义者组成的核心，外加少数法国共产党员、激进派成员和青年共和党员（左翼基督教徒）。这个组织最初是为了反制社会信奉天主教和一些其他宗教而成立的，它起到了“文科预备班和高师的左翼学生的会聚点”的作用。[87]

每周四下午四点，这个小组在圣-日耳曼大街 184 号开会，这是地理协会所在地。由一个小组成员或来宾作大约一小时的讲演，随后进行讨论。讨论主题多种多样。1925—1926 年的主题是合作运动、犹太复国运动、社会党参政问题、大学工会问题、殖民扩张、社会保障、工厂的劳动条件（……）几位著名来宾也到场了——其中几人多次来到年轻人中间阐述自己的主张：查理·纪德、马克·桑涅、弗朗西斯·德莱兹、马塞尔·戴阿、让·吕歇尔、雷昂·布鲁姆，他们谈论自己的经验或就与现实有关的问题发表看法。小组的年轻成员中有创建者乔治·勒弗朗和让·勒-巴依，新人中有克洛德、皮埃尔·布瓦万、莫里斯·戴克松、共产党员让·布鲁阿、左翼基督徒亨利·居里曼，不同的信念和政治倾向都可以在此表达。

15 年以后，这些人当中有服务于维希政府的，也有加入抵抗运动阵线的。

对于其成员来说，那时的社会主义研究小组是一次十分激励人心的经验。“我们自学了政治学和经济学，创立了一所名副其实的‘编外大学’，而且运行了好几年。”[88]争论有时十分激烈。小组回忆录的作者乔治·勒弗朗强调了以下事实：通过这些会议，他本人和朋友们学会了迅速、简要、尖锐的答辩艺术。同样，与会者互通消息，互相学习，吸收知识，学习如何捍卫观点。座谈和讨论是对课堂知识传授的一种极受欢迎的补偿形式。 32

会议使克洛德直接接触了世界，学会了在团体中找到自己的位置。在 1926 年 2 月 4 日的会议上，弗朗西斯·德莱兹——一个布里昂主义者①，坚定的欧洲人——谈到“现代世界的种种矛盾”。列维-斯特劳斯站起来反对演讲人把经济领域和政治分开，认为这不是“科学的方法”，认为也许“最好是将政治机制改变成经济机制——或至少应适应新的职能”[89]。年轻人的这个发言是第一场宣示，它来源于研习“三位情人”的综合作用，而且后来始终没有放弃，即无论研究何种现象，都应当采用科学的方法。关于几个政治和经济方面的词语的含义，只需读一下几个星期以后的 4 月 22 日，他为比利时工人党组织所做的报告综述就清楚了。他对听众解释道，比利时工人党“相对于某些政治团体或小组，首先是个经济政党，包括合作社、工会、互助社，它们在党的领导机构内占大多数，它们公开主张社会主义。（……）不同形式的工人组织之间的紧密联系，确认彻底改变的意志，这些是比利时组织的两个特点”[90]。讲话引

① 阿里斯蒂德·布里昂（Aristide Briand，1862—1932），法国社会党政治家，主张政教分离和建立欧洲联盟的布里昂主义，1926 年获诺贝尔奖。——译者注

起热烈的掌声。他的报告遵照小组的主导思想，指出“工会主义和合作思想之间的关系是持久和热烈的辩论的主题”[91]。勒弗朗撰写了这场报告的总结；在几年当中，他曾把比利时工人党视为能证明社会主义不应满足于议会游戏的一个典范。

列维-斯特劳斯与比利时的朋友们保持着密切接触。对于他在法国同胞中间为他们所做的宣传，比利时的朋友们也没有无动于衷。1926 年，工人党的“野玫瑰”出版社甚至给了他发表文章的荣誉，文章长达 30 多页。他后来说，那是按照他的历史老师出的题目“率直地”[92]撰写的，题为《卡克居斯·巴勃夫和共产主义》①。文中建
33 议遵循马克思主义的“圣经”所说，弄懂巴勃夫的思想，强调社会主义需要一个科学基础。这次对于革命历史文献的短暂涉足并没有下文，他后来宁愿把它忘掉。

先是与比利时的接触，后是社会主义研究小组的讨论，这些都使列维-斯特劳斯参与政治活动获得了一个持久的方向。马克思主义，或更确切地说，对马克思的赞赏为他提供了一个方法论模式，而非一套可供参照的教义。有一阵，他打算加入法国共产党，他的改变世界的信念促使它产生了这个想法，可是他最终却被工人国际法国支部所征服。作为巴黎第 16 区的居民，他成为这个区的全法工人国际的成员。几年后，他曾对乔治·勒弗朗发出惊人之语：“你来参加小组活动，才使我皈依了社会主义事业。”[93]这里的皈依应该理解成积极参与。他找到了介入方式，一如既往，目标是激进的，仍旧是为世界的“全面改变”而奋斗，但不是不惜任何手段。“我不是列宁主义者，我不赞成用暴力方式来改变社会。”[94]应该从世界

---

① 卡克居斯·巴勃夫（1760—1797），法国革命家，巴勃夫主义的创立者，主张建立一种平均共产主义制度。——译者注

本身原有的取得革命手段，更确切地说，取自比利时朋友们让他了解的这个世界：依靠工人组织，到他们中间去，尽量向他们灌输社会主义，以抵消资本主义。革命是逐步发展起来的。

九、幽灵大学生

大学时代，克洛德拼命读书。从 1926 年秋到 1929 年秋，三年之内他完成了两个学士学位。那时，学习法律比较容易。每年再版的《法学学生指南》[95]提供学习科目的详情。大体上，课程设置是纯理论性的，教授们像介绍一座宏伟的建筑一样教授每门课程。民法学、刑法学、宪法学、行政法学：整套课程中公法学占的比重很大，每个科目似乎自成体系，组织规则和功能形成了一个极其完备 34
的体系。列维-斯特劳斯曾说，这样的教学在精神上接近神学的法律。学生可以完成学业，但很可能对法学没有任何认识。

其实，这种教条的做法正好符合列维-斯特劳斯的愿望。“那时，法学考试幸好在两周内便可完成，全赖烂熟于胸的摘要和笔记。”[96]其不利之处是躲不开上课。此外，他也不喜欢他的同学，他认为那些同学知道了自己将来的社会地位，一进法学院就摆出一副满不在乎的样子，甚至举止粗鲁，而在政治上却转向极右。法学院内莫拉派和“法兰西行动”势力猖獗①，在这样的气氛当中，我们这位年轻的社会主义活动家难以呼吸。但是，已经开始的事情必须进行到底。1929 年 10 月 28 日，他获得了法律学士学位。在他一生中，法

① 查理·莫拉（Charles Maurras，1868—1952），法国诗人的文艺评论家。保守的“法兰西行动”的主要理论家。法兰西行动（L’Action française）建立于 1898 年，法国保皇派政党，反对议会制度。——译者注

学大约只用去了三四个月的时间，对他的精神没有产生任何影响。法学院每年把学生的优秀作品辑录成册发表，从未有列维-斯特劳斯的作品。“法律让我感到厌烦，我只好又回到哲学上来。”[97]

他在哲学领域里进步迅速。从1926年到1928年，他获得了学士学位要求的四个证书：心理学、伦理学与社会学、普通哲学与逻辑学，还有哲学史。列维-斯特劳斯学习严肃认真。索邦大学聚集了哲学专业最好的老师。艾弥尔·培耶和雷昂·罗班讲授希腊哲学，阿贝尔·勒伊讲授科学史，乔治·仲马①和亨利·德拉克罗瓦讲心理学，菲格纳和塞莱斯坦·布格雷②讲授社会学，埃田·吉尔松讲授中世纪哲学。雷昂·布伦斯维克的课尤其引人入胜，统御着这个小小的世界。

这个大学生对一切都感兴趣。列维-斯特劳斯按时上课，轻松愉快地接受知识。对于古典作家既无痛苦也无激情。有一个例外：
35 “学习哲学的那几年，我有一阵特别痴迷斯宾诺莎。”[98]中学的不快经历再次出现了：求知欲得不到满足。在他看来，索邦大学的教学干瘪空洞，不过是一种“体操”[99]而已，这样的教育最终只是把论说文的论说原则——正论、反论、综论——与思维本身混为一谈。如同一道卖弄技巧的练习题，虽然可以激励智力活动，却产生不了任何精神上的东西。这种形式主义的缺陷在于只关注内在的连贯性，而“能指跟任何所指都没有联系，所指物没有了”[100]。

25年后，在对自己的学业作出总结时，列维-斯特劳斯仍然流露出对当年的教育的愤懑。人们教给他的哲学术语和技巧与世无

---

① 乔治·仲马（Georges Dumas，1866—1946），法国医生和心理学家。——译者注

② 塞莱斯坦·布格雷（Célestin Bouglé，1870—1940），法国哲学家，涂尔干的亲密合作者。——译者注

涉，这无疑使他产生了深刻的抵触情绪。这种教学方法可说是出于一种机械性的理由。他从侧旁发现了哲学：弗洛伊德和马克思、人的心理活动、历史的逻辑、个人的以及社会的忧患意识。因此，他尝试着去听乔治·仲马每周日上午在圣·安娜医院讲授的病理心理学。此人过于相信其个人魅力，吹嘘多于传授，其实他并没有教给学生什么东西。然而，列维-斯特劳斯却有一种感觉，觉得他的课把他带到了一个真正充满人性的世界，一个有血有肉的世界。他不反感仲马的个人魅力，他有着“美人鱼般的嗓音”和“线条鲜明的健壮身躯，再安上一颗有棱有角的脑袋”，也不讨厌教室墙壁上“疯子的轻松愉快的绘画”，他觉得那画儿带点异国情调。老师安排他和一个病人谈话。那位女病人把自己说成“一条封在冰块里头的臭鲱鱼”，这把他吓坏了。他后来回忆说，这比跟“原始印第安人的任何接触”可怕得多。[101]

列维-斯特劳斯的马克思主义首先是一种唯意志论。哲学应当进入世界、立足其中，起杠杆作用，这根杠杆有可能改变未来的面貌。为此，哲学的任务在于理解和体会事物。哲学应当是“科学探索的奴仆和附属（Ancilla scientiarum）”[102]。其实，大学生活单调重复，并没有给他带来什么变化。他已经上大学了，可是感觉同中 36
学时代一样，觉得没有一个老师可以称得上大师。学校的教育并没有增加他对世界的认识。“经过多年探索之后，我再次面对几个粗糙的概念，与我 15 岁时听到的没什么区别。”[103]

这个说法揭示了另外一个问题，它从列维-斯特劳斯后来的一番评论中得到了澄清，虽然他并没有多加解释。他说，“我去听布朗斯维克的课，可什么也没听懂”[104]。他渴望思想明晰，可是从来没有“觉得真正明白（……）说到底，我就像一具幽灵从中穿过，感觉自己仍然置身事外”[105]。这种入不了门的感觉表明一种归附和一种拒绝。就某些方面说，他已经找到了志向——只是尚缺一个名称、一个用场。他想像地质学家那样去寻求真理，使人尊重真理，并且揭去罩在事物头上的幻觉和谎言的面纱，破解它们的含义，并公之于众。武器便是科学的方法。对手是科学上或社会上的因循守旧——约定俗成的行为和信仰。因此他拒绝，不愿听任别人的摆布，他要独立。法学院只是权宜之计。世界不是只需背一些术语便能混过去的一堂课，世界是一个有待发现的空间。严谨不该仅仅用于话语，而是应该用于客观对象。列维-斯特劳斯还不是结构主义者，但是已经开始对解释学的传统产生疑问。

这是一片他穿行其中的浓雾，这一感觉也许来自于已经了然之物与尚不了解之物的分别。他十分清楚自己不喜欢哲学思辨，却不清楚自己究竟要做什么。他想抓住什么，但此时一堵墙挡住了去路。这种不确定性与其说是哲学上的，不如说是伦理方面的。到底做什么呢？他有想法，但不知道路在何方，何时开始，如何着手。换句话说，学习哲学是盲目的，他摸索着寻找能够为他打开世界之门的钥匙。

列维-斯特劳斯无须为了自感惬意而出类拔萃。他的学业进步无须外力推动。他的思维工具、讲话技巧、广博的文化知识和论辩能
37 力，这些都是成功的保证。世上任何保留态度都不会让他搁浅。这个“幽灵”万无一失地度过了大学生活。

十、活动家

三年之内，少年列维-斯特劳斯发现了比利时工人党、合作运动，成为法国社会主义青年小组的一位干将。1927 年春天，关于军备的法律方案公布了，其中有一个条款引起学生们的愤怒，他也加

入了。方案得到议员保罗·蓬古尔的支持。高师学生和文科预备班的学生都积极行动起来。在阿兰和平主义的影响下，他们起来反对这个被认为将严重损害自由思想的方案，因为方案要求把智力资源引向“国防利益的方向”。4月，一份有160个签名的请愿书在《欧洲》杂志上发表。5月，又一份请愿书发表。6月出现了第三份请愿书。第三份请愿书上签有克洛德的名字。他未曾直接受到阿兰的影响，阿兰并不是他的老师。在当时的情况下，他表现出宁愿与和平主义者，而不是与社会主义一致；或者，简单地说，是为了和平。他并非贸然地采取了这个行动。在他看来，和平主义，或者和平，是一个先决条件，但本身不是目的。同学们反对军国主义并没有错，但他看得更远。军国主义应当而且必然导向一个使军国主义永远无法抬头的社会。一个崭新的社会应该建立在与现行社会不同的原则之上，简而言之，即社会主义的原则之上。1927年夏天，他参加了反对处死萨科和旺泽蒂①二人的抗议活动，动员人们签名为他们请愿。他后来说，这个插曲是“又一起德雷福斯事件”[106]。

1927年秋季返校时节，乔治·勒弗朗为了集中精力准备教师资格会考，离开了高师社会主义研究小组的秘书处，列维-斯特劳斯接替了他的工作。此类运动的命运与其成员的命运是密切联系在一起的。文科预备班学生须马上着手完成教师资格会考，他们所创立的组织即将解散。新秘书到任也无济于事。研究小组在1927—1928年间继续聚会，但已经无法起到以往的编外大学的作用，参加的人数日益减少。新成员倒是来了几位，机器却失去了运转的势头。列维- 38

① “萨科（N. Sacco）和旺泽蒂（B. Vanzetti）事件”发生在1920年的美国。这两个无政府主义者以抢劫的罪名被处死，引起很大社会反响。——译者注

斯特劳斯从 1928 年开学起就不再负责小组的工作，小组虽然没有明确宣布解散，却渐渐地消亡了。“它在一次开学前后杳然无踪，没有人愿意费力去重新启动它。”[107]

乔治·勒弗朗是个不知疲倦的活动家。他曾经在高师图书馆助理馆员马塞尔·德阿①的鼓励下，投身于一个社会主义大学生组织，那个组织自 1919 年以来就不存在了。勒弗朗决定把它恢复起来；于是创立了全法社会主义学生联盟，与工人国际法国支部有协作关系。他把人们称之为“勒弗朗帮”[108]的骨干都召集起来，联盟成员主要在文理科学生当中招募，当然包括乌勒姆街高师的学生。外省分部的建立也相当成功。联盟捍卫自己的独立路线，无须“在有关党的经常性问题上表明立场”[109]。这就使得他能够避免受制于各类倾向，并且使它与党的秘书处保持着良好关系。

联盟成立之际，列维-斯特劳斯没有参与其中，但他很快就成为其中一员，并且参加了第二次大会。1928 年 4 月 14 日，大会在位于布朗格大街的塞纳河联合工会召开。显而易见，他当时已经成为一个骨干分子。蒙波利埃分部刚刚成立，他受命做活动报告。他在讨论中多次发表意见，引起了人们的注意。在如何组织宣传的问题上，他反对联盟书记克洛德·雷维的观点，随之提出了一个有关仲裁各分部之间的纷争的议案。提案最终遭否决。最后他被指定起草大会报告。

他的参与很快得到了酬报。克洛德·雷维于 1928 年夏天离开以后，联盟书记的工作便由列维-斯特劳斯接替。财务、行政、通信、协调争执：他必须对付这一切。12 月他组织了一次大规模的全体会

① 马塞尔·德阿（Marcel Déat，1894—1955），法国政治人物，从社会党转入与纳粹合作。——译者注

议，会上，马赛尔·德阿，议员亚历山大·巴拉克和儒勒·毛施① *39*
都讲了话。“大厅里挤满了人，人们情绪激昂”[110]，组织者说。1929年4月，法国社会主义大学生第三届大会的筹备工作也落在他的肩上。“列维-斯特劳斯眼观六路，而且通过合理地搭配各方代表，很快就在互不相识的与会者当中创造了一种热烈的亲密气氛。”[111]作为发言者之一，他同样表现突出。这一年，他负责阐明夏尔维尔市分部所存在的问题。他提议任命马赛尔·德阿为联盟主席，并在热烈的掌声中获得通过。会议最后在《国际歌》声中结束。根据列维-斯特劳斯的建议，艾玛·勒弗朗，乔治的妻子接替他担任书记。

积极活跃、无处不在、善于交际，出色的组织者青年列维-斯特劳斯通过其活动家的职能初尝机构生活。哲学实践并没有把他变成不切实际的人。理念应当有具体的体现。理念若要完美地存在，就必须通过各种渠道成形、扩大和获得反响，这些渠道保证了理念对它所能够触及者产生尽可能大的影响。就立场这个字眼的最具体的意义而言，一条信念若无相关的立场，就不具备适切性。

这个联盟的事业与其新闻喉舌《社会主义大学生》不无关联，它最初是瓦隆地区社会主义大学生的出版物。国际社会主义大学生成立之前两年，乔治·勒弗朗就与他们有过接触。瓦隆地区的大学生们抱怨他们的刊物缺少影响力，而法国学生正在寻求一种宣传手段。于是他们走到一起来了。自1928年起，《社会主义大学生》成为一份法比两国的刊物。克洛德·列维-斯特劳斯在联盟秘书处工作的一年中兼顾这份杂志。他特别注意寻找一个能够使杂志达到财务

---

① 亚历山大·巴拉克（Alexandre Bracke，1861—1955），法国古典文学教授，担任过左翼政党领导人和国会议员。儒勒·毛施（Jules Moch，1893—1985），法国政治人物，在第四共和国期间多次担任政府部长。——译者注

顺畅的办法。为了达到这个目的，他提议将比利时和法国的编辑部合二为一。提议被采纳。从1929年元月起，他的家成为杂志在法国的地址，杂志的总部仍然在布鲁塞尔。

不过，列维-斯特劳斯首先是以编辑的身份出现的。从1928年
40 夏天起，他的签名频繁出现。他的文章以强烈的美学和文学倾向先声夺人。他的嘲讽对象是亨利·巴比塞，后者在他的《世界》杂志上发表文章，将资产阶级艺术与无产阶级艺术对立起来。克洛德对此感到愤怒。在7—8月号的《社会主义大学生》杂志上，他撰文反对这种在他看来毫无意义的区分。资产阶级艺术是存在的，毋庸置疑。但是巴比塞从哪儿觅得无产阶级艺术呢？这样的艺术压根就没有。“无产阶级艺术只能是一种设想中的，尚未诞生的文明的美学表现。那又如何给它下定义呢？宣称它已经存在不啻于告诉工人阶级，当前社会正在其中挣扎的可怕的美学贫瘠是令人满意的。这是对工人阶级的背叛。”艺术家、作家的使命是打破陈规陋习，也就是“当最美好、最完整意义上的革命派”。

在社会主义的青年一代内部，列维-斯特劳斯所持的这一立场使他成为主导潮流的众矢之的，后者的政治活动的原则在当时表现为美学上的保守主义。几个月以前，在杂志的同一个栏目里，克洛德·雷维曾经强烈鞭挞了“那些披着长发的年轻人，普鲁斯特和斯特拉文斯基的业余爱好者，以为居高临下地鄙视政治事务乃是他们的美学理论和颓废的自我中心主义的关联项”[112]。对于这种说法，列维-斯特劳斯只能感到震惊。他的干预很可能出于只要可能做到，就质疑同志们的头脑简单。几个月后，他又在这个问题上，反对全法工人国际搬到令人厌恶的资产阶级情调的楼房里，因为“与相同的工会诉求相比，一种崭新和丰富的美学表达蕴涵着同样丰富的革命内容”[113]。

秋天，与巴比塞的论战再次开始。《世界》杂志对他的文章做出了回应，列维-斯特劳斯在《社会主义大学生》10月号上予以回击。“无产阶级文学吗？否！是革命文学。”关于必须分清“谁支持我们，谁反对我们”，他的回答是：所有置身于“人类良知的进步的前列”者都应该被接纳为盟友。巴比塞及其朋友们试图说明艺术可以用纯粹外在的标准规定，大谬。与“马克思主义知识分子的懒 41
惰”通常所接受的相反，作品不是革命斗争的“反映”，正如艺术的产生不是经济发展的“反映”一样，因为“二者只是同一决定论在不同的层面上的特殊表现形式”。换言之，革命者应该承认“一部作品的革命现实性在本质上是内在的和结构化的”。

这是1928年的10月。一个月以后，列维-斯特劳斯就要庆祝他20岁的生日了。他已经发表了最初的几篇文章，道出了那个字眼“结构”，他的声望终有一天将围绕它建立起来。这个术语不是偶然出现的。它在逻辑推理过程中自有其位置，即摈弃将两组事实（艺术“反映了”经济）机械地拉在一起的做法，代之以寻求可以把握二者的深层整体性。假如我们把这几个词语视为结构主义的出发点，那将犯下混淆时间的错误，特别是因为这些词语是淹没在当时的论战辞令当中的。可是，它们见证了开始于那个时代的一种精神风格的存在。列维-斯特劳斯有其独特的把握和处理问题的方式，而且此时已见端倪，那就是拒绝被表面现象迷惑，找到一切迎刃而解的逻辑支点。他虽然尚不清楚前往何方，却坚定不移地前行。

十一、多方奔波

取得两个学士学位以后，列维-斯特劳斯给自己制订了严格的计划。他永远告别了法律学业。这是再明显不过的事情。他继续研习哲学，为此必须取得一张大学毕业证书，并且为躲避不了的出路做准备：当教师。换句话说，必须参加教师资格会考。他一边从事政治活动，一边阅读和思考。此外，父母为他提供住所，却无法负担他的生活费用。他还得自己挣面包。

职业生涯的第一站便是进入教师资格会考的实习期。1928—1929 学年，哲学系的 33 个学生都必须从事这样的实习。在几个指导老师的带领下，他们分为两三人一组。从 1929 年 1 月 9 日起，在让松·德·萨伊中学他以前的老师居斯塔夫·罗德里格的班上，列
42 维-斯特劳斯实习了三个星期。一同实习的还有高师的两个同学，西蒙娜·德·波伏瓦和莫里斯·梅洛-庞蒂①。他们听课，了解学生的水平和教学方法，然后轮流讲课、备课、上课、改作业、指导老师听课和讲评。实习生活并不枯燥。波伏瓦后来回忆起列维-斯特劳斯时说："他的冷静让我害怕，可是他会灵活加以运用，当他表情漠然、语气平淡地作关于激情的疯狂表现的报告时，我觉得很有趣。"[114]至于她，列维-斯特劳斯说"还是个黄毛丫头，脸庞像乡下姑娘那样红润，有那么点红皮苹果的意思"[115]。

教课对这些年轻人来说，最差不过是多做一份课外作业，最佳不过是挺好玩的。总之并非一件严肃的事。列维-斯特劳斯暂时放弃了阐述和讨论概念的艺术，因为理解和反应之权现在在学生那一边。此外，他还有更要紧的事要做，他得谋生。

列维-斯特劳斯从事各种各样的活计。"我每天都去大殿堂底层的埃菲尔铁塔广播电台，对着麦克风念国际劳动局的简报。"[116] 1930

---

① 莫里斯·梅洛-庞蒂（Maurice Merleau-Ponty，1908—1961），法国著名现象学家。——译者注

年，列维-斯特劳斯的父亲收到一份订单。一个以殖民地为主题的展览会的马达加斯加厅需要装饰，他让克洛德当助手。在托卡岱罗民族志旧博物馆的一个大厅里，他先给大幅麻布打底色，再由父亲画出“旧日殖民者去偏僻街区勾引马达加斯加姑娘的形象”[117]。这是他头一次接触博物馆。为时最久的一份工作是全法工人国际的朋友帮他找到的。“我到处叩门求职，甚至找过属于第十六分部的儒勒·毛施。我运气不错（……）1928 年选举时，才华横溢的年轻人乔治·莫纳①当选为议员。（……）身边得有人协助，他需要一个秘书，我被指定做这个事。于是，从此以后，不少法律议案和报告均出自我手（……）他确实是个好人，相当有魅力。这段经历我永远难忘。”[118]乔治·莫纳是埃纳省的议员，也是务实的社会党员，在成 43
为政府农业部长以前，曾经在金融委员会当过代表美术界的报告人。列维-斯特劳斯为这位议员当了两年多秘书。他替老板撰写文章和演讲稿。“小麦总署的理由陈述报告从头到尾都是我起草的，署名乔治·莫纳；记得普安卡雷大赞莫纳，说他把理由阐述得棒极了，虽然我这么说可能显得不够谦虚。”[119]

列维-斯特劳斯的工作有时超出了政治范围：1930 年初，乔治·巴塔伊主办的《资料》杂志有一组介绍毕加索的文章，其中署名乔治·莫纳的一篇也出自列维-斯特劳斯之手。文章的内容见证了列维-斯特劳斯的兴趣的发展。他评价毕加索本人远比立体主义“令人赞佩的技艺”更可敬。立体主义的力量在于促使观众积极参与，但它蜕变成了一套技巧。情形在毕加索那儿却完全不同了，他“把潜在的现象变为可见的：司空见惯的高脚盘变成了一个用石膏和纸

① 乔治·莫纳（Georges Monnet，1898—1980），法国政治人物，多次担任过政府部长职务。——译者注

板做的易碎品，人们透过高脚盘可以觉察到事物腹地的永恒生命”①。政客就是这样在人前摆出一副了不起的骚人墨客的样子。如果列维-斯特劳斯当时能够预见未来，就应该发现在老板签名的旁边，还会出现米歇尔·雷里、马塞尔·莫斯②的大名（……）

可以肯定的是，这位书记利用观察之便尝到了政治舞台的秘术，甚至想到了从事这一行将会遭遇哪些荣辱起伏。“在从政的十年当中，我对政治是确信不疑的”[120]。他的职务、个人兴趣、朋友的圈子，这一切都促使他从政治角度瞻望未来。他与莫纳关系甚佳，常常被邀请到他家里聚餐。国民议会里也有他的朋友，他频繁出入社会主义大学生组织的书记马赛尔·德阿的办公室，他们在社会主义大学生联盟时就已相识。他与青年小说家安德烈·尚松③也建立了友谊。尚松是激进派小组的书记，他们成了朋友。

44 一次偶然的机会，列维-斯特劳斯结识了维克多·玛格里特，并且成为他的秘书，不过时间不长。“我的任务是保证他的著作之一《仁慈的祖国》一书的出版发行，我拜访了一百来位巴黎名流，呈上有大师——他坚持这样称呼——签名的赠书。我还得撰写出版说明和所谓反响，以启发批评界对这本书作出恰当评价。”[121]列维-斯特劳斯被作家的优雅风度和老道的宣传手法所折服。这个职务使他能够把一些名人的姓名跟面孔对上号，并且开始熟悉巴黎各界。他窃喜发现了小说家天真自负的一面，因为他提到巴尔扎克和雨果时，那口气好像他们都是他的亲戚，而且自认为与德国哲学家凯萨

① 《文学杂志》311期，1993年6月，26页。

② 马塞尔·莫斯（Marcel Mauss，1872—1950），法国著名社会学家，涂尔干的继承者。——译者注

③ 安德烈·尚松（André Chamson，1900—1983），法国小说家和散文作家，1956年入选法兰西科学院。——译者注

林、罗曼·曼兰以及其他一些人一道，同属某个“由超人组成的国际组织”[122]。这就给他打了预防针，不致日后需要时，受到冒充高雅的诱惑。

列维-斯特劳斯很少在《社会主义大学生》刊物上露面，只在1929年发表过一篇文章，篇幅却不短。十月那一期刊有《社会主义与殖民化》一文。很显然，列维-斯特劳斯从未读过民族学家的论文。“‘殖民化’一词是指用武力迫使在经济和社会方面不太发达的群体臣服于发展程度较高的群体。”他的政治立场并不缺少力度。无论可悲与否，殖民地的存在是个事实。针对这一事实所必然要求付出的代价，“社会主义首先是一种有主导的意志，它不能采取一种否定的态度。我们不仅决不会拒绝给殖民地发放贷款，而且应该是最先要求提供贷款的人，而且要求贷款大部分应用来改善当地人的生活条件。”有些人以人民有自决权为由，断言应听任殖民地自生自灭，这种简单化的说法是绝对不可姑息的。在人权宣言的时代，民族是“最高的社会组织形式”。情况已经不复如此。“民族之上还有日益增强的国际社会。”殖民地可以划归国际联盟管理，条 45
件当然是不能采纳资本主义政治，因为后者只能带来战争和贫困，而是必须大力提倡社会主义的原则。青年列维-斯特劳斯充满美好的乐观态度，想象着一个能够反映“人类社会对其成员进行干预的权利”的制度。在国际社会及其受托国家——依其社会立法的完善程度择优选出——的大公无私的监督下，落后国家可以一步步地融入发达国家的群体。

当时，流行于欧洲各国总理衙门的思想体系是布里昂主义和“日内瓦精神”——也就是所谓协商后的共识。列维-斯特劳斯接受了它的主要原则，而且用社会主义的流行时尚把它打扮起来。结果却令人困惑。田园诗般的未来图景，其中每个笔触均出自最优秀的殖民传统。在发展的阶梯上，各民族挤作一团，前头的把进步之火传递给后头的。这个怪异的未来，其核心是等级制度和家长作风。在进步的思想体系的前沿，我们却看到了 19 世纪及其隐喻。

彼时的列维-斯特劳斯非此时的列维-斯特劳斯。毋宁说，他当时行事是反列维-斯特劳斯的。归根结底，他提倡的是一种雅各宾式的统一论的和集权论的国际主义，跟他后来的所想所说完全背道而驰。不过，有两个特征依然明显存在，拒绝从原则的立场出发：无论他是如何推理的，他都坚持以事实为依据。而且，他几乎是本能地摈弃每个民族都能够独立地应付一切的想法：无论从政治上还是从智力的观点来看，相对主义都是没有出路的。

1929—1930 年冬天，这位大学生为获得大学毕业文凭而全力以赴。他的论文题目是《主要出自卡尔·马克思的历史唯物主义定理》[123]。他的抱负超越了马克思思想的范围。“在伟大的哲学传统——我指的是笛卡儿、莱布尼茨、康德——和马克思所体现的政治思想之间搭起一座桥梁，这个想法十分诱人。”[124]对于列维-斯特劳斯来说，把政治思考与哲学思想放在一起考虑，是一种将他的哲学训练和政治活动协调起来的方式，同时也是一种选择自己的地位的办
46 法。“对您坦白地说，我那时自视能够成为社会党的哲学家。”[125]

列维-斯特劳斯请求社会经济学教授塞莱斯坦·布格雷指导他的论文。他是个激进派，当时担任高师校长。“那时他差不多是唯一能够指导这种专题的导师。当然还有福格纳，但他追随涂尔干①，这是我不能接受的。”[126]说实话，不能接受只是原则上的，因为对涂尔干的了解都是从福格纳的课上得到的，而且他不喜欢那些课。与

---

① 艾弥尔·涂尔干（Émile Durkheim，1858—1917），法国著名社会学家，著述丰富，被公认为社会学和人类学的重要奠基者。——译者注

其说这是一种选择，不如说出于某种厌恶。虽然列维-斯特劳斯不是高师的学生，布格雷还是同意指导他的论文，条件是口试内容必须与圣西门的学说有关。也许，这位教授有意利用这个题目，把这个学生拉进他熟悉的领域；也许他也想让列维-斯特劳斯知道，马克思承继了黑格尔的传统；这没有错，不过也继承了法国社会主义的传统。1930 年 6 月，列维-斯特劳斯获得了高等教育文凭（DES）。

通过投入这种制度性的仪式，列维-斯特劳斯跻身入流，然而并没有放弃他的向往。他找到了一种方式，兼顾社会生活之需与精神探索，即行动和思想。他后来做了他原本并不期望做的事，即通过了教师资格会考，成为教师。可是，他还会有一个“副业”：政治。这就可以保证他的精神独立，也不妨说，使他不至于陷入单纯教书的职业的罗网。

十二、革命与教师资格会考

对大多数人而言，准备教师资格会考意味着必须在整整一年内放弃一切活动。列维-斯特劳斯也不例外。为了全力以赴，他辞掉了乔治·莫纳的秘书一职。要准备的课程很多，历来如此。从柏拉图到奥克塔夫·阿莫兰[①]，中经亚里士多德、斯宾诺莎、笛卡儿和康德。一大部分精力必须留给昔日理性主义和感性主义之争。贝克莱和麦纳·德·比朗[②]占有很大比重，加上用法文表达的唯心论（阿

① 阿莫兰（Octave Hamelin，1856—1907），巴黎大学哲学教授。——译者注

② 麦纳·德·比朗（Maine de Biran，1766—1824），法国著名哲学家，以心理经验方面的形而上学思想知名。——译者注

莫兰）。这里头还不包括黑格尔。应试者必须对哲学的各个专题、
47 各个时代都一一过目。列维-斯特劳斯开始学习。但与众不同的是，他并没有把时间都用在准备考试上，他反而像个业余爱好者。只有忙完其他活动以后，他才想起教师资格会考。社会活动此后多了起来。

从 1930 年 11 月起，《社会主义大学生》开辟了一个新版面，题目为“书籍与杂志”。由列维-斯特劳斯负责。他的参与是多方面的，它们像一件“百衲衣”那样表明了他的思想和兴趣。11 月他发表文章，为梅耶罗德而感到惋惜，这位“也许是几个世纪以来的戏剧天才”却不被巴黎公众所接受；他著文强调他对托洛茨基的散文的欣赏，“即便不赞同他的观点”，也可以读读他的作品；他提醒人们，和平主义只要正确理解，便必然导向社会主义；他兴奋地指出，一个叫保罗·巴希的人在其《回忆录》里，不过在暴露“可憎的自我”罢了。关于安德烈·菲利浦的讲座“社会主义与基督教”，他断言二者不是平行的，而是连续的：社会主义超越了基督教，继续着开始于基督教以前的宗教革命。这个话题符合一个他认为十分重要的方向，因为他在以往的文章里已经多次提到，社会党必须实行一种真正的“精神政治”。

列维-斯特劳斯的政治立场在大多数情况下是鲜明的。他奚落无政府主义思潮是在不可解决的矛盾中挣扎。他谴责巴比塞是工人事业的叛徒。他表示支持俄国革命，同时却反对布尔什维克政府和共产党，认为苏共“不过是在同一政府的命令之后亦步亦趋而已”。

1930 年 11 月、1931 年 2 月和 3 月，列维-斯特劳斯针对德阿及其刚发表的《社会主义前景》一书写了两篇文章。文章采用对话的形式。列维-斯特劳斯列举了德阿的论点，然后分别作出论述。列维-斯特劳斯反对德阿，捍卫历史唯物主义，在他看来，历史唯物主义远远超出了对资本主义的双重批判，他认为社会主义不能脱离马

克思主义，因为后者“在历史演进的连续性当中保持着它的地位，既绝对地否定了现存秩序，也绝对地肯定了未来的秩序”。在马克思主义的严谨性以外，我们仅拥有“浦鲁东式的民主哲学”的模糊而苍白的说法。列维-斯特劳斯忠实于自己，他在马克思那里找到了 48
一个无法超越的方法论模式，因为后者提供了“一个并非如李嘉图所想象的真实的图景，而是一个关于知性的图式，一个阐释活动的表达式，经验依照这个表达式便成为可理解的”。这就是他不喜欢涂尔干的原因。继李嘉图之后，涂尔干“犯了一个错误，他把属于偶然性范畴的社会拔高到普遍性的范畴。（……）马克思（……）把社会重新放入历史当中进行考察，而且阐明，并非社会解释了其余一切，而是其余一切解释了社会”。

在“知性的图式”与黑格尔式的绝对肯定和绝对否定之间，列维-斯特劳斯的马克思主义摇摆不定。关注科学的严谨性不应使人忘记革命，分析精神不应与盼望一个美好世界相抵触。这两种态度在他的生命中是共存的。他把自己的智力能力和政治活动家的抱负当成了一码事。至少在他幻想成为社会党的哲学家时，他曾经试图这样做。反过来，他的参照体系内的结合部分却更为微妙。两种阐释范畴之间存在着断裂，它们是并列的，但无法结合。说到底，马克思起到了两个作用，心智模式和政治向导，前者保证了后者具有正当性。

马克思主义先于青年列维-斯特劳斯的冷峻分析，它显现为一道启示，使本属于情感的某种期待具体化了。列维-斯特劳斯首先是抱有一种巨大的希望，他所接受的教育不允许这种希望取得一种纯为末世教义或宗教的形式，然而这是他的一切关注和活动的动力。他与现实之间的关系完全来自于对某种决裂的期待，这种决裂将把现时抛回到史前史里去。看来，作为家庭和他自己的反叛行为的产物，加上马克思主义的推动，对于革命的期待构成了他的伦理观念的组成部分。

由于他又参加了一个新的运动，这一倾向得到了增强。运动仍然是乔治·勒弗朗发起的。1930 年春天，与几个朋友一道，乔治·勒弗朗认为行动的时机到了。他们联系了包括列维-斯特劳斯在内的一些活动家。秋季，人们所谓的“十一人小组”在高师的一间屋子里相聚。房间是布格雷十分热心地为他们安排的。这些年轻人并不想在党内再形成另一种趋势。他们的志向是继续认真思考社会主义研究小组曾经提出的问题，这些问题在全法社会主义大学生联盟的
49 范围内，以及全法工人国际的几个分部内都思考过，但此时还没有形成系统的表达。

行动目的在规章内已经规定，那就是“在社会党内部致力于将社会党的思想和行动扩大到所有领域”[127]。小组采纳并发展了列维-斯特劳斯从前就比利时工人党所说过的论点：社会主义者不能再满足于政治领域里的斗争了；必须通过工会、合作社和互助组织，把活动扩展到整个社会。“如果我们日复一日地努力把具有社会主义精神的机构建立起来，这些机构就会因其优越性而逐渐扩大，就像资本主义蚕茧里的蚕蛹，而资本主义的蚕茧会像一个枯干的空壳一样最终崩溃。”[128]勒弗朗被任命为书记，老战友皮埃尔·布瓦万负责行政工作，列维-斯特劳斯则担任主席。他与罗伯尔·马尔若兰是小组最年轻的成员，此君后来成为这个组织最长久的政治存活者。

“十一人小组”决定在一份刊物上公布小组成立的消息及其主张。列维-斯特劳斯做事但求尽善尽美，他坚持没有准备好就什么都不要说。莫里斯·戴克松认为应该尽快亮相，哪怕一切还不完善。最后达成妥协：决定先出版一本宣言，以后每三个月出一册，专谈现实问题。宣言的方案和最初几期小册子的主题都拟定好了。主编们分配了任务。原则上这将是一部真正的集体作品，也就是说，集

体策划、编排和撰写，每个部分由两三个作者组成的小组撰写，小组的另外一个成员再完成修改。综述部分由列维-斯特劳斯负责。他与数学家让·伊塔尔和文学教授艾米莉·勒弗朗合作撰写引言。他还与小组的另一位哲学家莫里斯·戴克松负责撰写编后语。戴克松也负责撰写另一本小册子，名为《艺术和社会主义》。这本小册子的执行情况由列维-斯特劳斯负责监督。他们开始投入工作，并约定1931年底再次聚会。

列维-斯特劳斯1931年7月参加了教师资格会考。他在准备考试期间的精神状态在一篇文章里有所体现。文章发表在《社会主义 50
大学生》上，恰逢他参加会考之际。借着称赞社会党活动家居维叶刚刚出版的一本哲学教科书，他向大学发出控告，“当前的哲学教育（……）表现出最肤浅的折中主义；谁想完成教学计划的要求，就必须遍览所有那些最繁杂的知识领域，从纯粹形而上学直到科学理论。”相形之下，他推崇居维叶的书，认为他“注重在抽象思维中放入不同于纯属空洞的思想的东西；不是用一堆空洞的概念进行抽象思辨，而是真正掌握具体问题”。这就是说，他发火了。准备教师资格会考使得他心烦、气愤、恼火。可是他还是参加了。

先考三篇作文：哲学史和两个从中学课程里提取的题目。评委主席是德高望重的安德烈·拉朗德[①]，成员由大学和中学的教授组成，外加一位国民教育监察员。作文题目极端学院派，“休谟的因果观及其与整个休谟理论的关系”。伦理学：“道德的褒贬有时针对行为本身，有时针对意图，有时针对个人的性格。这三种道德的评判形式之间有什么关系？它们具有同样的合理性吗？”普通哲学：

---

① 安德烈·拉朗德（André Lalande，1867—1963），法国哲学家，曾主编巨著《哲学技术与批评词汇》。——译者注

“哲学是否应当按照一个非时间性的观点对待？还是说，历史应当在哲学问题的研究当中扮演某种角色？”考生列维-斯特劳斯很可能对最后一个问题感兴趣。其他题目他也完成得很出色。他和其他 23 位应试者被允许参加口试。口试在 8 月份进行：两门各持续半个小时的“课”，随后是一门 45 分钟的“大课”。在这最后一门课上，他抽签抽到一个棘手的问题：“是否存在一门应用心理学？”他不久前发表的文章正好反对旧式学院派心理学，而且用实验心理学与之对照。但这并没有妨碍他在考场上应对自如。

列维-斯特劳斯在 11 名录取者中名列第三。这时他不到 23 岁，在这一届学生中年龄最小。第一名是费尔南·阿尔克耶，未来的超现实主义专家，索邦大学现代哲学讲座教授。第七名是西蒙娜·韦伊。他们早已认识。她是与他同时获得高等教育文凭的。他回忆
51 道：“我们在索邦大学的走廊上聊过天。她那种断然的评判总令我不知所措。她总是要么全盘肯定，要么全盘否定。（……）我们这一代的知识女性常常表现过激。我把她也归入这批人。可是，西蒙娜·韦伊把这种一丝不苟的作风推至极端，从而毁了自己。”[129] 后来他只见过她一面，那是 1942 年，在美国。不久她就返回英国，死在那里。

半个世纪以后，列维-斯特劳斯仍然为自己的成功感到惊异。“我怎么会通过了资格会考？简直是个谜。”[130] 考试结果公布的那天，他走进了一家书店，买了一本讲星相学的书。“并非我相信它，而是出于报复心理，而且是为了证明我并没有丧失独立精神。”[131] 后来，他把成功归结于两个偶然因素。有一位长于古希腊文化的朋友积极帮助他准备考试，另一位当医生的朋友让他在大课前吞服了一安瓿的药剂，药里含有能使思维敏捷的成分。靠着据认为是吗啡或可卡因一类东西的作用，他才能准备口试。他就是靠这些得救的。友谊和偶然因素的解释首先证明，列维-斯特劳斯对这种制度仍然怀

有一些保留。他不想听取任何解释。必须补充一点，即无论他愿意与否，他已经成为哲学家。他所参照的体系、思想方法、把握世界的方式，一切都标显着哲学的印记。不错，他的文章和行动都证明，与法学系、教授、当时的学术规范和其他学生的兴趣相比，他是一位拿哲学当“副业”的哲学家。但是，他是一位完整意义上的哲学家。他的老师们没有搞错。布格雷向《社会经济史杂志》主编、法学院教授罗歇·皮卡尔谈起过他，后者于是向他征稿。列维-斯特劳斯的反应是积极的。他在写给莫里斯·戴克松的信中说：“由于我有朝一日可能转向法律哲学，我并不反感与这个方面的人士发生接触——但须尽可能少。”[132]对于一个自觉将会成为党的理论 52
家的活动家来说，法律哲学是一个从事思考的很好领域，然而始终没有进入他所关注的世界。文章也从未发表。

有心无意地取得了教师资格以后，列维-斯特劳斯腋下夹着教学证书和星相学小书回家禀报父母。“家中气氛沉闷，父亲唯一在世的兄弟也在。（……）他正告诉家人，经济危机已经让他彻底破产。我差不多立即就明白，我已经有了一份职业，父母的物质生活从此将成为我必须时刻关心的事情。”[133]

十三、媒介

通过了教师资格会考，跟着就是服兵役。在开始教师的职业之前，列维-斯特劳斯必须履行义务。他在斯特拉斯堡待了四个月。他是二等兵。在祖辈生活过的地方服役不会令他不快。他结识了从未见过面的亲戚，“他们往我衣兜里塞满小吃”[134]。然而，军人生活消耗了他所有的精力和注意力。他本该集中精力筹划“十一人小组”，但是做不到。时间白白地耗去了。“我没有时间娱乐，没有足够的时间思考哪怕是一点点问题。”[135]准备教师资格会考曾使他远离政治活动。军旅生活同样没有与之拉近距离。他告诉莫里斯·戴克松自己对筹划中的书的保留态度。那本书的很大一部分是宣传，而他本来应该致力于形成自己的政治思想。

多亏政界朋友之助，他终于调回巴黎，被分配到政府的战争部。一起调来的还有几个人，共同从事新闻活动。工作不忙，主要是阅读报纸，把对部里有用的文章剪下来。“一人上班就够了，其
53 他人各忙自己的事情。”[136]终于有了闲暇的时间。他用来阅读，给《社会主义大学生》投去许多阅读笔记。他仍然是“书籍与杂志”栏目的负责人。读者被要求把信函寄到他家。从 1931 年至 1932 年 7 月，他的专栏反映出他那时的兴趣和关注点。

他被美国吸引住了。这个让法国人着迷的美国，疯狂年代的奢靡世界的反面，大萧条时期的美国，奴隶后裔和遭到唾弃者的美国。一部黑人小说《班卓琴》(*Banjo*) 使他感叹一个“精神世界十分丰富、情感真挚的种族”。通过“这些最初以唱片《黑人圣歌》，十年前就给我们以启示的黑人的声音”，他发现了这个种族的音乐。另一部出自于社会底层的白种女人笔下的小说也让他感动，全因“人民惯用的那种连续而苦涩的叙事风格”。音乐表达和文学表达都说明这个民族拥有一种灵魂。他们只是不知道如何奏响它。社会主义，不言而喻，将把被剥夺的演奏乐器的技巧交还给他们。

对于年轻的列维-斯特劳斯来说，道路的尽头总是有文学。他再次表明对陀思妥耶夫斯基的喜爱，对“二十世纪最伟大的小说家约瑟夫·康拉德”的热爱。他说起过对办公室老邻居安德烈·尚松的欣赏，他的作品他大部分都读过。关于《遗产》这部作品，他认为：“心理小说的确是当前的主要任务，它为我们重见真实状态下的人，即那种与其他人和物结合起来的状态。”

这位年轻的哲学家是在“人之所是”当中，而非“人之所为”当中寻找人的。历史与政治不过是过眼烟云。列维-斯特劳斯一直关注着世界的进程，不过是一种第二位的关注。列维-斯特劳斯怨恨斯大林，他的专制独裁在他看来是“革命的倒退”。他痛心于在一份布尔什维克出版物里看到“铺天盖地的空洞激烈的言辞，惯有的反对社会民主的谩骂”。

有数篇文章和评论署名“L. S.”，杂志的编委中无人使用这个姓名缩写，看来可能是列维-斯特劳斯。不用全名也许意味着他要与主题或话语保持一定的距离。不过这些文章比从前的更富于政治性。其中一篇介绍一本关于墨索里尼的书，即阿兰蒂的《资本主义与性学》，还有一篇赞扬亨利·德·曼的《关于计划经济的思考》①。发表于1932年的3月的一篇则是对国家社会主义的详细分析。作者深谙纳粹意识形态，并且对其虚假的神话义愤填膺。他揭露希特勒 54
的挑衅态度，说他活像“耀武扬威的威廉二世”。倘若此文果真出于列维-斯特劳斯之手，那便是他积极关注政治现实的见证，不过也表明他的这种关注的局限性。文章作者以唯美主义者的身份做出反应。他无法忍受愚蠢，更甚于粗暴。他对于如何表现政治，比对政治本身的兴趣更浓。

自1931年底到1932年初，“十一人小组”对上一年的书结集为定稿，必须有个书名。投票决定采用《建设性的革命》这一书名。这本书数次被拒之后，被马塞尔·德阿和儒勒·毛施的出版商乔治·瓦鲁瓦所采用。此书在6月间发表以后并没有引起什么反响。

---

① 勒内·阿兰蒂（René Félix Allendy，1889—1942），法国心理分析学家，法国心理分析学会的创建者。亨利·德·曼（Henri De Man，1885—1953），比利时政治家，19世纪30年代的社会主义理论家。——译者注

只有几位政界朋友做出反应。小组对雷昂·布鲁姆的期待很高。乔治·勒弗朗写信给他，请他在全国大会上向社会党小组的成员们做一番宣传，同时——为什么不呢？——也可以在他的《民众》报上谈一谈。但没有任何答复。

“十一人小组”对社会党朋友的沉默感到失望，但是此书未获得成功并非完全无益。写作过程使他们把思想系统化并加以协调。此书作为一份宣言，对他们是有帮助的。无论在小组内部还是面对全法工人国际，他们在进行归类、比较以及捍卫自身立场的时候，都可以参考此书。对某些人而言，此书还可以作为意识形态和政治的依托，可以借助它建立联系，发起讨论，向中选的社会党员提出问题。“应该承认，有些人还想在党内出出风头。”[137]。列维-斯特劳斯不无讽刺地说，是作为一场昙花一现的运动，而不是作为一本书的名字，《建设性的革命》仍会留在一些人的记忆里。不过它还有另一层含义，即它是一代人的希望和精神状态的见证。

几个月内，小组成长壮大了。新成员当中有个童年的朋友，皮埃尔·德雷福斯，雷诺汽车公司未来的老板，后来还当过密特朗执政期间的工业部长。列维-斯特劳斯在这场运动中的位置并不明确。他很活跃，认真完成每项任务。他大概仍然自视为党的未来的哲学家，但他却不是唯一的，而这正是问题的要害。小组内还有另一位
55 哲学家，莫里斯·戴克松。列维-斯特劳斯与他的关系往往很紧张。戴克松继续将党的保守的美学主张推广引向提倡文化，而列维-斯特劳斯则全力支持前卫派，主张一种精英文化。戴克松总是急匆匆的，而他却认真阅读手稿，校样，修改，补充，直到自觉满意为止。他觉得呈给瓦鲁瓦的文章不完善，出版嫌过早，结果是拒绝在朋友们的签名旁边署上自己的名字。讨论，谈判，最后签上了一个谨慎的“L. Strauss”的名字：一个艺术家的签名，只有一半亮相，

他依旧属于小组，但又一次，而且仿佛事出偶然，把自己摆在从事“副业”的位置上。

十四、马尔桑岭

1932年9月末，列维-斯特劳斯迎娶了索邦大学的同学蒂娜·德雷福斯。新娘正在准备哲学教师资格会考。婚后第二天，这对夫妻就离开巴黎，前往朗德省。部里给了他们两个选择：奥比松或者马尔桑岭。他选择了后者。“这既是我第一次任职，也是我的蜜月旅行。”[138]数日之内，他就变成了丈夫和教授，那时他还不到24岁。

在朗德省的那一年给新郎留下了美好的回忆。他觉得备课很有意思。他严肃专注，严格执行教学计划。半个世纪之后，当他被问及是否曾在授课中偷偷塞入政治观点时，他的回答十分肯定：“啊，没有，绝对没有！我在教学中完全保持中立态度。”[139]这话可信。他不会混淆场合，懂得如何自持。

他与当地社会党积极分子建立了联系，参加了很多政治集会。在他的记忆里，这些集会伴有难忘的聚餐。地区选举的日子临近了。列维-斯特劳斯丝毫没有犹豫。他参加了竞选。他的政治生涯十分短暂，而且不太成功。他得到一辆有三个座位的五马力的雪铁龙旧车，唤作“三叶草”。朋友皮埃尔·德雷福斯开着它来马尔桑岭找他。列维-斯特劳斯回忆道：“我们出发去乡间。刚开了一个钟头， 56
我就把车开到沟里去了。那是乡间生活的第一天，也是最后一天。”这位前社会党候选人又说，那完全是违法的，因为“我没有驾驶执照就上路了”[140]。这次事故使他气馁，至少减少了他的热情。总之，他很明白，他的职业生涯和未知的政治生涯都不会在马尔桑岭上演。他的计划暂时搁置了。

相反，他仍然跟《建设性的革命》的同志们在一起。小组的章程已经修改：它从此以后成为一个协会，目标是在社会党内倡导“一场革命建设的必要性”[141]。对此，列维-斯特劳斯在《关于社会民主的思考》一文中做出了解释。文章发表在12月25日的《默兹河的觉醒》上。他认为，德国社会民主党的模式影响巨大，社会党必须借助建设性革命的“推动”，重新与革命使命相结合，它的榜样依然是比利时工人党及其使社会主义逐渐渗透到企业和实践中去的战略。

他的名字继续出现在《社会主义大学生》论文概要里。《书籍与杂志》专栏的通讯地址是他的新居。跟前一个冬天一样，他定期给杂志撰写书评和阅读笔记。11月，他在一篇书评中开了火。仍旧是关于一本美国小说，路德维克·勒维索恩写的《激情的罪恶》。作品的主题是“一个择婚不慎的男人看到生活由于轻率、糊涂的选择而遭受到无可挽回的毁坏”。蜜月旅行中的那种娱乐方式真是令人惊讶！不妨设想，进入夫妻生活的列维-斯特劳斯正在关心如何弄懂它的种种后果。他的评论也许说明他庆幸自己的选择无误？

在另一个不完全属于奇闻逸事的方面，他的思考转向与精神分析学有关的问题。在此前不久发表的一篇文章里，他已经提出“精神分析学需要一位哲学家”。他认为勒维索恩堪称“精神分析学的同代人”，因为他不是在行为本身当中，而是在个人的心理活动中寻求我们的行为的意义。这是一个揭示普鲁斯特的柏格森主义的良
57 机。同一期上，列维-斯特劳斯还表达了对新近翻译的两篇奥托·朗克①的论文《堂·璜》和《论替身》的失望。他认为朗克的解释

① 奥托·朗克（Otto Rank，1884—1939），奥地利心理学家，弗洛伊德的友人，他把心理分析学扩展到神话传说和艺术领域。——译者注

“不是从考虑有关事实得出的，而是根据精神分析解读的经典做出的复制”。弗洛伊德建立的学说正趋僵化，而且把“心理学引向研究抽象的普遍特点，而后者正是弗洛伊德曾经天才地从心理学分离出来的东西”，既有忠诚不渝，又有失望。精神分析仍然是通向理解人类灵魂的堂皇大道，它的奴仆们却不合格。一个优秀的哲学家能否让它重归个案研究的本来地位，恢复其科学方法的本质？列维-斯特劳斯提出这个问题时大概并没有想到自己。但是他的保留态度后来继续有所增强。

1933 年 1 月，他向读者推荐一本书，一本社会党人不乐意谈论的书，因为雷昂·都德[①]曾对之大加赞许，可是他认为这是一本杰作，路易-费尔迪南·塞利纳[②]的《茫茫黑夜漫游》。他采用了大量比拟：康拉德式的，卓别林式的，像“一位颇具米开朗琪罗之风的皮埃尔·马克·奥尔兰[③]”。他觉得无论从哪方面讲，这部“无政府主义的、革命性的”小说都是十年来发表的最重要的作品。如果他略微克制一下自己的热情，那他就不是列维-斯特劳斯了。他认为该书的不同部分不够平衡，最完美的是旅行非洲的游记。有时他发现内容不连贯以及几处表达上的失误。总之，他并没有成为激情的俘虏。这本书无疑令他“迷醉”，不过不妨碍他对它加以解剖。列维-斯特劳斯无疑并没有试图创新批评的艺术，但是他一度是以严谨的态度运用它的。不应从印象出发和听凭感情的驱使。情绪是可以控

---

① 雷昂·都德（Léon Daudet，1867—1942），法国作家和政治活动家，19 世纪著名作家阿尔封斯·都德的儿子。——译者注

② 路易-费尔迪南·塞利纳（Louis-Ferdinand Céline，1894—1961），法国医生出身的作家，以小说《茫茫黑夜漫游》知名。——译者注

③ 皮埃尔·马克·奥尔兰（Pierre Mac Orlan，1882—1970），法国社会志怪文学作家。——译者注

制的，作品是可以分析的。此外，分析不应局限在作品内部。列维-斯特劳斯直接走向所指物，巴尔达姆与塞利纳本人之间有什么样的关系？他笔下的非洲、美洲或市郊与我们在真实世界里所看到的是什么关系？一本书的价值在于必然谈论点什么。就能指和所指来说，试图在一个当中找到另一个是徒劳的。那本小说的价值恰恰在于二者同时存在。

思想严谨并不意味着不会犯政治幼稚病。我们这位年轻的评论
58 家对蒂博岱和他的《法国的政治思想》一书穷追猛打。因为在他看来，此人不过是“现行体制的奴仆”罢了。自由派是自由派，然而空洞无物。这么说有点过于简单化。他对《小臼炮》[①] 的东主让·卡尔蒂耶-布瓦斯耶所写的《战争史》反倒十分赞赏。因为卡尔蒂耶-布瓦斯耶捍卫了一个他所欣赏的论点：假如社会党内有一个分部，只需一个分部，起来反对 1914 年 8 月的战争宣言，战争就不会发生了。列维-斯特劳斯在此处并未详谈。他把自己的和平主义与社会主义的兴起协调得严丝合缝，因而可以接受最华而不实的推理。这完全出于一种信念，仅此而已。信仰被当场拿获，在他的全部撰述当中，也许这是唯一的一次。

十五、终局

年轻的教授在马尔桑岭只待了一年。1933 年秋季开学时，他被派到拉昂省；他的妻子通过了教师资格会考，被分配到了亚眠市。二人设法把一周的课程集中在数日内教授完，剩下的日子一起在巴黎过。克洛德的父母家成为他们选择的落脚地。

---

① 当时的一份讽刺期刊。——译者注

教学进入第二年。单纯的重复比较容易，开始新的工作有点难。列维-斯特劳斯不再感到应付自如。他 25 岁了。一学完哲学他就同意投入这一行，现在他成了教师。他发现自己不大可能再有发展，未来摆在面前：结婚、生子，先在外省中学教书，后去巴黎的大学教书。职业是光荣的。然而生活无聊，而且一直要熬到 20 世纪 70 年代末。不行，他不能听任自己随波逐流。

有一个可以跳出去的办法：晋升。教师资格会考为他打开了进入大学教书之门。他得准备一份博士论文来迎接新的前景。他在考虑这个问题。不管怎么说，反正他的文科学业个人卡片上注明，他已经在 1933 年 10 月注了册。我们不知道他是拟订了一个坚定不移的计划，还是只打算探索一下可能性。他重新开始联系教授，推敲论文题目，思考如何写作。很久以后，他在与皮亚杰的一次交谈中，提到了准备哲学论文的年代，“您知道那是怎么准备的，我是在地铁里学习的，或随便找个地方（……）这可不够严肃”[142]。只 59
要有科学精神和研究的兴趣，他对于去大学教书并不反感。但是他也有点担心，因为他可以说是一个独来独往者。如果朝这个方向前进的话，他看不出在哪个方面，哪一门学科适合他的思想。在某种意义上，他又碰上了八年前的老问题，选择职业的问题。怎么办？他的研究必须纳入现行的建制，可是它们却不合他的身量。

除此以外，他还怀有另一种渴望。“我喜欢走动，渴望跑遍世界。”[143]这个憧憬无疑有很大一部分来自幻想和对小说的记忆。也许，康拉德和别的什么人使他相信热带地区的人们比西方都市里的人更真诚，更具活力。但还不止于此，在他的评论中可以感觉出他对所指物的关注，这反映了他的天性：对事物敏感，认为思想必须有具体的东西才不至于失落。观察、感觉、触摸。这个要求与选择学院式的办公室生涯是风马牛不相及的。

他一边等待找到适合自己的事情，一边继续忙于政治活动。可是，政治不再是他关注的核心。从 1933 年 4 月起，他不再给《社会主义大学生》撰稿。12 月，《书籍与杂志》栏目的通讯地址也不再是他的住所了。他一走，栏目的内容立显逊色。这反过来证明他曾经给予的大量精力。离开杂志也与杂志管理上的危机有关。杂志艰难支撑，撰写书评的任务交给了《建设性的革命》的另一位作者皮埃尔·布瓦万（他在 1929 年的教师资格会考中名列第三，仅次于萨特和波伏瓦），而且转向于政治，特别是反法西斯斗争方面。列维-斯特劳斯向朋友们介绍美学流派和先锋派文学的另一场斗争也遭遇了失败。战友们依然是无可救药的守旧派。莫里斯·戴克松等人责备他是个人主义者，这些人占据着重要地位。出于同样的理由，
60 《建设性的革命》小组的手册本应致力于出版“艺术和社会主义”，这本手册本应由列维-斯特劳斯与戴克松联手筹办，然而始终未能面世。艺术与文学仍然是资产阶级独享的奢侈品。

尽管《建设性的革命》遇到了工人国际法国支部不冷不热的态度，但还得努力生存下去。小组成员大多是拥有学衔的教师，分散在全法国。乔治和艾米莉·勒弗朗的到来把小组团结了起来，两人都为法国总工会的工作忙得不可开交。然而，运动并没有因此松懈下来。工人国际法国支部当时经历的危机有利于小组出现在政治舞台上。在德阿领导的“新社会主义者”被排挤出去以后，传统议会制的支持者和主张开辟其他行动方式的人发生了冲突，导致了分裂。

《建设性的革命》的团队决定参加论战。6 月里发表的四页《公报》提出三项动议。第一，“反对战争的斗争方法”，包括拒绝“资产阶级国家的军事机器”，以及拒绝成立为国际联盟服务的武装力量的计划；第二，“夺权方法”，提出此项动议者打算“一旦已经相当社会化的经济允许，或一旦条件具备，坚决夺取权力”，此时他

们决定运用一切现有的合法手段；第三，“重建工人阶级的整体组织的方法”，并且提议立即恢复“三个无产阶级政党之间的和平状态”[144]。这三个文件均有一系列签名。列维-斯特劳斯在三个文件上都签了字，他接受了整个运动的所有立场。互助会和革命派热情高涨的时代不仅没有被否定，而且指日可待。《建设性的革命》小组的成员们，包括列维-斯特劳斯在内，准备踏入政治舞台。

1933年底至1934年初，小组似乎马上“就要取得决定性的胜利”[145]了。队伍继续壮大，其中有居伊·莫莱和罗伯尔·若斯潘，
并且会合起工人国际法国支部的其他力量，制定了一个文件，题为 61
《迎接社会主义的总攻击》。这份文件本来应该用来在党的下一届大会上加强改造派的地位，但1934年2月数日之间，党员们却更紧密地向雷昂·布鲁姆靠拢，从而使反对派的声音销声匿迹了。《建设性的革命》被允许每个月在党的《论坛》上发表两篇文章，再明显不过地反映出这个运作过程的结果。

在那个困难的冬天，激烈的论战围绕着亨利·德·曼的计划经济论展开。比利时工人党早已完全服膺这个理论。在一些人看来，计划的观念扩大和丰富了民主的观念，而且倾向于成为思考和政治取舍的支点。计划经济论深深地影响了《建设性的革命》小组的一部分成员。《建设性的革命》的主编瓦鲁瓦把自己的书店用作法国“计划经济论者”的聚会地点。《社会主义大学生》大量介绍和评论亨利·德·曼的著作。小组发表了几本预先规划的手册。第一本《关于行动计划》发表于1933年12月，署名亨利·德·曼。另一本《法国计划纲要》不久也发表了，签名者当中有皮埃尔·布瓦万和乔治·勒弗朗二人。这本手册提出了法国采纳计划论的问题。其实，计划经济论已经成为这个小组经常参照的一门学说。小组发表了好几篇分析性文章，对于各个社会党或各欧洲国家的工会起草的

计划做出分析。在有关波兰犹太社会党纲领的手册里，列维-斯特劳斯好像参加了序言的撰写。

计划经济论所起的作用越来越像海市蜃楼，人们为它设想出种种好处，未经任何实验而竭力渲染，而且逐渐占据了《建设性的革命》作者中某些成员的过度理论化的头脑。他们所想象的社会民主的前景（“新时代”）使得他们一度认为的政治民主的最后优点消失得无影无踪。一句话，他们陷入了反议会主义。

列维-斯特劳斯无法跟着他们走那么远，虽然这一运动所带有的一些浪漫色彩并没有令他不悦。那时，各种意识形态之间的论战的必有内容是重建伦理的主题，他对此没有无动于衷。有人告诉他，社会主义的目的是解放人类，他回答说：“也改变人类，使他们配
62 得上被解放。”[146]同样，纲领中有许多观点与他当初关于工人组织的重要性的想法是吻合的。他的思想是在比利时形成的，他用于思考问题的框架从一开始就受到计划论的影响。

但是，列维-斯特劳斯并没有站在他那些咄咄逼人的伙伴一边。很久以后，他还纳闷，这些人是否有过“魔鬼附体的感觉”[147]。无论如何，他反对这个小组走向过激，采取反对工人国际法国支部的议会策略的立场。他反对戴克松和勒弗朗的决裂策略，主张与布鲁姆妥协。他赞同给工人国际法国支部这台破旧机器注入新鲜血液和新思想，但反对像德阿那样，用糊里糊涂的冒险主义或者令人疑虑的联盟取而代之。1934 年春天，各异的政治见解终于导致机构解体。“克洛德·列维-斯特劳斯、罗伯尔·马尔若兰（……）和皮埃尔·德雷福斯都谴责小组对社会党过于苛求（……），数月之后，他们引退了。”[148]

《建设性的革命》从 1934 年 2 月起失去了对工人国际法国支部的影响力。几个中坚分子的退出，尤其是无人接班，导致力量大为

削弱。小组中最积极的计划经济论一派和活动家认为工人国际法国支部此后只剩下一个空架子，而且转向法国总工会或革命“左翼”（托洛茨基主义和布朗基主义的混合）。《建设性的革命》小组完成了历史使命，以后又维持了几年，但不同意见之间越来越难以协调，直至1938年彻底消失。

列维-斯特劳斯离开了战友，不再另觅同伴和参加任何政治活动。他停止了一切政治活动。他的政治活动家的生涯持续了八年之久，他曾经相信过、考虑过以此为职业，他撰写过论文，声名远播，参加过数百次会议，建立起一个稠密的关系网。投入政治生涯的一切条件在1934年都已经具备。他的许多朋友后来纷纷参加了选举，谋取了一官半职，正如他们在奋斗的年代里全都多少渴望过 63
的。人民阵线执政让他们获得了一个机会，既能够接受政府各部的官职，也可以让批评他们的人压低嗓音。

列维-斯特劳斯后来说：“我在政治上多次犯错，终于放弃了。”[149]然而在1934年的时候，他不一定感觉得到自己错了。因为整个他那一代人一直等到1940年，法国全面崩溃之时才产生了这种感觉。当时的形势还没有那么明显。列维-斯特劳斯还不能从远处看清政治走向，不可能从他所捍卫的思想里看出任何天真幼稚的因素。产生犯错误的感觉尚需时日，彻底放弃政治同样有待时日。

列维-斯特劳斯尤其意识到未能选择适合自己的道路。政治再也无法满足他的需要。他针对教师职业做出的预先审判扩大到政治活动家的生涯。这些都令他腻烦，应该改改了。这倒并非因为他嫌恶政治，其实他继续而且一直关心政治。说不定他是抱着日后重返政治的想法才告别政治的。但是，他不会再把他所希求的东西给予政治了，那就是，如何在抽象和具体之间，在寻求功业的个人与寻求意义的世界之间，建立起一种牢固的关系。

与朋友们的冲突使他得以平和地结束了年轻时代的冒险。无论他决定做什么，领域都会不同。

注释

［1］Claude Lévi-Strauss，Didier Eribon，*De près et de loin*，Paris，Editions Odile Jacob，1990，p. 10.

［2］Hector Berlioz，*Mémoires*，Paris，Garnier-Flammarion，1969，t. Ⅱ，p. 172.

［3］"Un anarchiste de droite. *L'Express* va plus loin avec Claude Lévi-Strauss"，*L'Express*，24 octobre 1986，p. 71.

［4］Claude Lévi-Strauss，Didier Eribon，*De près et de loin*，*op. cit.*，p. 11.

［5］*Idem.*

［6］*Idem.*

［7］*Le Magazine littéraire*，n° 223，octobre 1985，p. 18.

［8］"Un anarchiste de droite. *L'Express* va plus loin avec Claude Lévi-Strauss"，*L'Express*，24 octobre 1986，p. 70.

［9］Claude Lévi-Strauss，Didier Eribon，*De près et de loin*，*op. cit.*，p. 15.

［10］*Idem*，p. 11.

［11］*Idem*，p. 9 – 10.

［12］*Idem*，p. 252.

［13］*Le Magazine littéraire*，n° 223，octobre 1985，p. 18.

［14］Claude Lévi-Strauss，Didier Eribon，*De près et de loin*，*op. cit.*，p. 13.

[15] "Un anarchiste de droite. *L'Express* va plus loin avec Claude Lévi-Strauss", *L'Express*, 24 octobre, 1986, p. 71.

[16] *Le Magazine littéraire*, n° 223, octobre 1985, p. 19.

[17] Claude Lévi-Strauss, *Tristes Tropiques*, Paris, Plon, 1955, p. 260.

[18] Claude Lévi-Strauss, Didier Eribon, *De près et de loin*, *op. cit.*, p. 13.

[19] "Ce que je suis, par Claude Lévi-Strauss", entretien avec Jean-Paul Enthoven et André Burguière, Ⅱ, *Le Nouvel Observateur*, 5 juillet 1980, p. 18.

[20] Claude Lévi-Strauss, Didier Eribon, *De près et de loin*, *op. cit.*, p. 14.

[21] *Idem*, p. 217.

[22] "L'inné et l'acquis. Claude Lévi-Strauss répond aux questions de Victor Malka", *L'Arche*, août 1983.

[23] *Le Magazine littéraire*, n° 223, octobre 1985, p. 19.

[24] "Ce que je suis, par Claude Lévi-Strauss", Ⅱ, *Le Nouvel Observateur*, 5 juillet 1980, p. 18.

[25] *Le Magazine littéraire*, n° 223, octobre 1985, p. 18.

[26] Claude Lévi-Strauss, Didier, Eribon, *De près et de loin*, *op. cit.*, p. 12.

[27] *Le Magazine littéraire*, n° 223, octobre 1985, p. 18.

[28] Claude Lévi-Strauss, Didier, Eribon, *De près et de loin*, *op. cit.*, p. 134.

[29] *Le Magazine littéraire*, n° 223, octobre 1985, p. 18.

[30] Claude Lévi-Strauss, Didier Eribon, *De près et de loin*, *op. cit.*, p. 243.

[31] *Le Magazine littéraire*, n°311, juin 1993, p. 26.

[32] Claude Lévi-Strauss, Didier Eribon, *De près et de loin*, *op. cit.*, p. 245 - 246.

[33] *Le Magazine littéraire*, n°311, juin 1993, p. 45.

[34] *Idem.*

[35] "Ce que je suis, par Claude Lévi-Strauss", Ⅱ, *Le Nouvel Observateur*, 5 juillet 1980, p. 18.

[36] *Claude Lévi-Strauss*, textes de et sur Claude Lévi-Strauss réunis par Raymond Bellour et Catherine Clément, Paris, Gallimard, 1979, p. 17.

[37] Claude Lévi-Strauss, Didier, Eribon, *De près et de loin*, *op. cit.*, p. 27.

[38] *Le Magazine littéraire*, n° 223, octobre 1985, p. 27.

[39] *Claude Lévi-Strauss*, textes de et sur Claude Lévi-Strauss, *op. cit.*, p. 16.

[40] "*L'Express* va plus loin avec Claude Lévi-Strauss", *L'Express*, 15 - 21 mars 1971.

[41] *Idem.*

[42] *Idem.*

[43] Claude Lévi-Strauss, Didier Eribon, *De près et de loin*, *op. cit.*, p. 28.

[44] *Le Quotidien de Paris*, 6 mai 1984, p. 16.

[45] Claude Lévi-Strauss, *Le Regard éloigné*, Plon, Paris, 1983, p. 366.

[46] Christian Chabanis, *Dieu existe-t-il? Non répondent* …, Paris, Fayard, 1973, pp. 73 - 74.

[47] "L'inné et l'acquis. Claude Lévi-Strauss répond aux questions de Victor Malka", *L'Arche*, août 1983.

[48] *Le Magazine littéraire*, n° 223, octobre 1985, p. 18.

[49] *Idem*, p. 26.

[50] Claude Lévi-Strauss, Didier Eribon, *De près et de loin*, *op. cit.*, p. 152.

[51] *Le Magazine littéraire*, n°223, octobre 1985, p. 26.

[52] *Le Magazine littéraire*, n°311, juin 1993, p. 26.

[53] *Le Magazine littéraire*, n°223, octobre 1985, p. 18.

[54] Claude Lévi-Strauss, Didier Eribon, *De près et de loin*, *op. cit.*, p. 237.

[55] Georges Charbonnier, *Entretiens avec Lévi-Strauss*, Paris, Julliard-Plon, 1961, p. 153.

[56] Claude Lévi-Strauss, Didier Eribon, *De près et de loin*, *op. cit.*, p. 237.

[57] Claude Lévi-Strauss, *Le Cru et le Cuit*, Paris Plon, 1964, p. 23.

[58] *Le Magazine littéraire*, n°223, octobre 1985, p. 26.

[59] Claude Lévi-Strauss, Didier Eribon, *De près et de loin*, *op. cit.*, p. 248.

[60] *Idem*, p. 238.

[61] *Le Magazine littéraire*, n°311, juin 1993, p. 26.

[62] Claude Lévi-Strauss, Didier Eribon, *De près et de loin*, *op. cit.*, p. 14.

[63] *Le Magazine littéraire*, n°223, octobre 1985, p. 19.

[64] "Ce que je suis, par Claude Lévi-Strauss", *Le Nouvel Observateur*, 28 juin 1980, p. 16.

[65] Claude Lévi-Strauss, *Tristes Tropiques*, *op. cit.*, p. 60.

[66] *Le Magazine littéraire*, n°223, *op. cit.*, p. 21.

[67] Claude Lévi-Strauss, Didier Eribon, *De près et de loin*, *op. cit.*, p. 151.

[68] *Le Magazine littéraire*, n°223, *op. cit.*, p. 18.

[69] Claude Lévi-Strauss, Didier Eribon, *De près et de loin*, *op. cit.*,

p. 16.

[70] Claude Lévi-Strauss, *Tristes Tropiques*, *op. cit.*, p. 62.

[71] Claude Lévi-Strauss, Didier Eribon, *De près et de loin*, *op. cit.*, p. 151.

[72] Claude Lévi-Strauss, *Tristes Tropiques*, *op. cit.*, p. 63.

[73] *Le Magazine littéraire*, n°223, octobre 1985, p. 20.

[74] Claude Lévi-Strauss, *Tristes Tropiques*, *op. cit.*, p. 60.

[75] *Idem*, p. 62.

[76] Claude Lévi-Strauss, Didier Eribon, *De près et de loin*, *op. cit.*, p. 16.

[77] *Idem*.

[78] Stéphane Clouet, *op. cit.*, p. 30.

[79] "Un anarchiste de droite. *L'Express* va plus loin avec Claude Lévi-Strauss", *L'Express*, 24 octobre 1986, p. 66.

[80] Claude Lévi-Strauss, Didier Eribon, *De près et de loin*, *op. cit.*, p. 18.

[81] *Le Magazine littéraire*, n°223, octobre 1985, p. 19-20.

[82] Stéphane Clouet, *op. cit.*, p. 30.

[83] Jean Maugüé, *Les Dents agacées*, Paris, Buchet-Chastel, 1982, p. 81.

[84] Claude Lévi-Strauss, Didier Eribon, *De près et de loin*, *op. cit.*, p. 18.

[85] Claude Lévi-Strauss, *Tristes Tropiques*, *op. cit.*, p. 57.

[86] Archives nationales, AJ/16/4999.

[87] Jean-François Sirinelli, *Génération intellectuelle. Khâgneux et normaliens dans l'entre-deux-guerres*, Paris, PUF, 1994 (Quadrige), p. 361.

[88] Georges Lefranc, *Visages du mouvement ouvrier français. Jadis—naguère—aujourd'hui*, Paris, PUF, 1982, p. 69.

[89] Circulaire du Groupe d'études socialistes des Ecoles normales supérieures, n°1, avril 1926.

[90] *Idem*, n°2, septembre 1926.

[91] Stéphane Clouet, *op. cit.*, p. 46.

[92] *Idem*, p. 30.

[93] Georges Lefranc, *Visages du mouvement ouvrier français*, *op*, *cit.*, p. 69.

[94] *Le Magazine littéraire*, n°223, octobre 1985, p. 18.

[95] Réunis aux Archives nationales sous la cote AJ/16/1783.

[96] Claude Lévi-Strauss, *Tristes Tropiques*, *op. cit.*, p. 58.

[97] Claude Lévi-Strauss, Didier Eribon, *De près et de loin*, *op. cit.*, p. 18 - 19.

[98] Claude Lévi-Strauss, "Le problème ultime des sciences de l'homme consistera unjour à ramener la pensée à la vie", *Le Magazine littéraire*, n°58, novembre 1971, p. 23.

[99] Claude Lévi-Strauss, *Tristes Tropiques*, *op. cit.*, p. 55.

[100] *Idem*, p. 56.

[101] *Idem*, p. 16 - 17.

[102] *Idem*, p. 55.

[103] *Idem*, p. 56.

[104] Claude Lévi-Strauss, Didier Eribon, *De près et de loin*, *op. cit.*, p. 19.

[105] *Idem.*

[106] "Qu'avez-vous fait de vos vingt ans?" entretien de Claude Lévi-Strauss avec Christine Ockrent, Antenne 2, 1990.

[107] Georges Lefranc, "A travers un demi-siècle de mouvement ouvrier (1920—1970), I. Comment, dans les années 1920, on devient socialiste", *Cahier et revue de l'OURS*, n°116, janvier 1981, p. 45.

[108] Stéphane Clouet, *op. cit.*, p. 49.

[109] "Georges Lefranc," A travers un demi-siècle de mouvement ouvrier *op. cit.*, p. 46.

[110] *L'Etudiant socialiste*, janvier 1929.

[111] *Idem*, mai 1929.

[112] *Idem*, avril 1928.

[113] *Idem*, novembre 1928.

[114] *Idem.*

[115] Claude Lévi-Strauss, Didier Eribon, *De près et de loin*, *op. cit.*, p. 21.

[116] *Idem*, p. 50.

[117] "Discours de M. Lévi-Strauss", *Discours de réception de M. Jacques Soustelle à l'Académie française et réponse de M. Jean Dutourd*, Paris, Flammarion, 1984, p. 107.

[118] *Le Magazine littéraire*, n°223, octobre 1985, p. 20.

[119] Stéphane Clouet, *op. cit.*, p. 152.

[120] *Le Magazine littéraire*, n°311, juin 1993, p. 26.

[121] Claude Lévi-Strauss, *Tristes Tropiques*, *op. cit.*, p. 52.

[122] *Idem*, p. 53.

[123] Archives nationales, AJ/16/4954.

[124] Claude Lévi-Strauss, Didier Eribon, *De près et de loin*, *op. cit.*, p. 26.

[125] *Idem.*

[126] *Idem*, p. 26 - 27.

[127] *Idem*, p. 68.

[128] Claude Lévi-Strauss, Didier Eribon, *De près et de loin*, *op. cit.*, p. 254.

[129] *Idem*, p. 20 - 21.

[130] *Idem*, p. 19.

[131] *Idem.*

[132] Claude Lévi-Strauss, lettre à Maurice Deixonne, 3 septembre 1931, citée par Alexandre Pajon, "Claude Lévi-Strauss. D'une métaphysique socialiste à l'ethnologie (première partie)", *Gradhiva* n°28, 2000, p. 38.

[133] Claude Lévi-Strauss, Didier Eribon, *De près et de loin*, *op. cit.*, p. 22.

[134] *Idem*, p. 23.

[135] Claude Lévi-Strauss, lettre à Maurice Deixonne, 13 décembre 1931, citée par Alexandre Pajon, "Claude Lévi-Strauss. D'une métaphysique socialiste à l'ethnologie (deuxième partie)", *Gradhiva*, n°29, 2001, p. 7.

[136] Claude Lévi-Strauss, Didier Eribon, *De près et de loin*, *op. cit.*, p. 23.

[137] Stéphane Clouet, *op. cit.*, p. 134.

[138] Claude Lévi-Strauss, Didier Eribon, *De près et de loin*, *op. cit.*, p. 23 - 24.

[139] *Idem*, p. 24.

[140] *Idem.*

[141] Alexandre Pajon "Claude Lévi-Strauss. D'une métaphysique socialiste à l'ethnologie (deuxième partie)", *op. cit.*, p. 8.

[142] Jacques Grinevald, "Interviews avec Jean Piaget et Claude Lévi-Strauss", *Revue européenne des sciences sociales*, Genève, Droz, 1984, p. 171.

[143] Claude Lévi-Strauss, Didier Eribon, *De près et de loin*, *op. cit.*, p. 25.

[144] *Bulletin de "Révolution constructive"*, 1re année, n°1, juin 1933.

[145] Georges Lefranc, "Histoire d'un groupe du Parti socialiste SFIO. Révolution constructive (1930—1938)", *Mélanges d'histoire économique et sociale en hommage au professeur Antony Babel*, Genève, 1963, t. Ⅱ, p. 415.

［146］ Stéphane Clouet，*op. cit.*，p. 72 et 205.

［147］ *Idem*，p. 91.

［148］ Georges Lefranc，“Histoire d'un groupe du Parti socialiste SFIO”，*op. cit.*，p. 421.

［149］ Stéphane Clouet，*op. cit.*，p. 180.

第二章 彼岸

(1934—1941)

一、新视野

由于告别了政治活动，克洛德·列维-斯特劳斯不得不放弃了历时十年之久的希望和工作，离开了帮助他成就和确立了自我的朋友们。但是他并没有坠入虚空。1934 年春做出的决定是一场暗中从事的工作的自然结果。他梦想成为民族学家。

二十多岁时，他还没有开始改变。1928 年，民族学家詹姆斯·弗雷泽[①]曾经在索邦大学做过一场演

① 詹姆斯·弗雷泽（James George Frazer，1854—1941），英国人类学家，最早致力于对全世界的神话和仪式作出全面研究者，名著《金枝》的作者。——译者注

讲。他那时连去听听的念头都没有。民族学对于他没有任何意义。成为民族学家的想法是后来形成的。头一个迹象出现在 1931 年，他在《社会主义大学生》上发表了一篇关于保罗·尼赞的《阿登·阿拉伯半岛》的文章。列维-斯特劳斯认识尼赞。三年前，尼赞娶了列维-斯特劳斯的堂妹亨利耶特·阿尔芳。两人在家庭聚会上见过一两面。尼赞显得高傲，不易接近。但列维-斯特劳斯认为《阿登·阿拉伯半岛》一书值得赞赏和注意，此书见证了要与前人留下来的世界决裂的一代人的精神状态。可是，列维-斯特劳斯却对这位堂妹夫说话的语调很恼火。尽管克洛德自己对哲学有所保留，他还是不能理解尼赞为何激烈地攻击那些自己敬重的教授。尼赞看不起不用去热带丛林便知道“资本主义是罪魁祸首”这个他自己早已了解的道理的人，因为“当资本主义在异国城市的特殊街区里传播世纪病的时
66 候，这些人却在谈论一些革命的雕虫小技，消磨他们的夜晚”[1]。对于他的这种态度，列维-斯特劳斯也很反感。

尼赞刻薄地嘲笑人们对大自然的感情，这更加触怒了列维-斯特劳斯。他坚定地说：“与大自然的接触是人类的唯一永远不变的经验，是唯一能够确定的真正经验，是使我们目前能够获得安全的唯一的绝对存在者，这种安全感可以让我们把未来社会的组织形式的绝对价值用于生存。”[2]唯一的绝对存在者是一切价值的源泉。我们又回到了 18 世纪。列维-斯特劳斯无限信任哲学家的神圣性。自从他从“三位情人”提供给他的手段当中开始搜寻以来，他一直在寻找一个能够“撬起”整个世界的支点，也就是理解和改变世界。弗洛伊德和马克思也许会使他远离大自然，地质学却使他贴近了大自然。大自然是一个界标。必须有自知之明，知道往哪儿去，如何行动。在某种意义上，政治与大自然相比只是派生的活动而已。

一年以后，列维-斯特劳斯以提问的方式向安德烈·尚松表达祝

愿："尚松的最终思想是一种人文主义吗？抑或是范围更大、更有普遍意义、将人类看作一种契机的一门哲学？"[3] 人文主义是不够的。列维-斯特劳斯反对老师们的哲学，尤其是布伦斯维克的观点。当时流行的人类中心说也令他愤慨。人类并不是测度一切事物的标准，而是一种契机：插曲中的插曲，元素中的元素，一种目前仅靠自身还无法自我解释的存在。也许将来超越了政治以后能够做到，可是眼下还谈不到。任何人想把握这一点，就一定得把人类置放入一个更大的体系里去。不用说，这个体系便是大自然。

列维-斯特劳斯没有松懈，而且在 1934 年 4 月间在《社会主义大学生》上署名表达了自己的观点。这一次是关于殖民地问题。
"当前，我们这些革命者缺少一个伦理道德体系。我们否定了现存 67
的价值观，可是我们声称要建立的价值尚不存在。到哪儿去找呢？唯一可能的回答是：从根本出发，在未发生改动的地方——大自然。"对于"将革命精神与对大自然的感情两者结合起来的紧密关系"，无论怎样强调都不会过分。列维-斯特劳斯充满热情地认为，事实上，革命者与"自然主义的新浪漫主义"之间有着深刻的亲属关系。

18 世纪过后是充满革命精神和浪漫之风的 19 世纪。列维-斯特劳斯对卢梭十分激赏，但也喜爱夏多布里昂。当然，通过"本我"焕发出来的浪漫主义不会让他激动不已。不过，他对此持有的保留态度不等于说，主体的愿望可以不必考虑。在同一期《社会主义大学生》上，他看似事出偶然地抱怨一部新近发表的关于卡米扎尔教派的历史著作，他认为这本书没有讲够塞文山脉的美丽景色。他并非不懂得什么是动情。不过，情感不足以建造大厦，最多只能建造一座沙石城堡。浪漫主义固然非得通过"本我"不可，但同样为之打开了世界和宇宙的大门。它具有把人放入一个整体当中的优越性。在这个意义上，浪漫主义如同启蒙思想一样，能够提供一个模式。

列维-斯特劳斯的这些评论并没有奠定一部自然哲学的基础。但是，他提出了一条重要的要求。凡是关涉到人类及其未来的思考都不能不顾及大自然。因为大自然是人类手下唯一的绝对存在者。尽管列维-斯特劳斯当时是一位不可知论者，却似乎把一种“上帝”般的地位和职能赋予了大自然。这种充分的信任在 1933 年很可能夹杂着一点宗教（思想），或者宗教的精神。不过，他身上有强大的抗体。在寻找伦理价值时，他尤其注意寻求方法论基础和原理。这不是信仰，而是奠基。

这一哲学选择以往已经有所表现。列维-斯特劳斯从童年起就喜欢搜集异国情调的小玩意儿；他和小伙伴们一起前往巴黎和乡下远足；他喜爱“费努亚尔一家①到过的美国，费尼莫尔·库柏②笔下的美国，还有波德莱尔和夏多布里昂”[4]。他喜欢康拉德的小说：这一切，加上对于放弃工作、周游世界的愿望，促使他发现了民族学。这倒不是因为民族学可以把握自然的人，而是因为它能够在大自然
68 当中把握人。即在我们所谓“人的环境当中”。我们在那儿，在民族学家描述的世界里，看到了完整的人；换言之，在无所不在的动植物中间，在大自然当中，看到了与文明世界同在一个天空底下感受、思想、生活着的人。可是，城市文明却使我们的感官退化，使得我们视若无睹。

列维-斯特劳斯与民族学的邂逅并没有经过法国社会学的媒介。

---

① 《弗努亚尔一家》是法国最早的连环漫画，作者乔治·克里斯多夫（Georges Colomb，dit Christophe，1856—1945）。——译者注

② 詹姆斯·费尼莫尔·库柏（James Fenimore Cooper，1789—1851），美国作家，小说《最后的莫希干人》的作者。——译者注

列维-斯特劳斯反对涂尔干，这使得他远离一门他认为臣服于“形而上学”的学科。20 年后，他在《忧郁的热带》一书中讲述了接触民族学的经过：

> 事实上，直到 1933 年或 1934 年，我才豁然醒悟，当时我偶然读到了一本已经不新的书，罗伯特·洛维的《原始社会》。我面对的是一个人在原始社会里的亲身经历，而不是一些借自书本，经过改头换面的哲学概念。观察者的投入把这段经历的深刻含义保存了下来。我的思想竟然摆脱了死气沉沉的哲学思辨；如同一股清风吹来，令人头脑为之一新。我像只身逃至群山中的城里人，陶醉于广袤的天地，目眩神迷地思索着丰富多样的事物。[5]

所以说，一切开始于英美的民族学。罗伯特·洛维在他的主要作品里指出了前人的主要错误，即普遍化和过早下结论的倾向。没有民族志就没有民族学；没有经验方法也就没有结论。我们这位年轻的读者终于找到了一个心仪的学者：“我隐隐约约地看到一种可能性，我的专业训练和喜欢搜奇探胜的个人兴趣有可能结合起来。”[6]豁然醒悟，陶醉，一股清风。他使用的这些字眼表明发现这个迄今未知的大陆给了他多么强烈的冲击。这个发现改变了他的一生。或者说，使他成就了自我。以前的那个列维-斯特劳斯是不完整的，是用不协调的元素构成的。民族学使一切趋向平衡和谐。“它使得我的个性和生活协调一致。”[7]

关于这一点，列维-斯特劳斯在《忧郁的热带》里所作的假设出人意料。他解释说，真正让他改变生活的，首先是对千篇一律的生活的恐惧感：一年一门课，一上就是一年。哲学老调重弹，老是围绕着几个相同的概念和问题打转。“我的头脑有个特点，也可能是 69

个缺点，那就是我很难做到对同一个主题关注两次。”[8]他自觉无法承担学业考核的工作。对于如何要求学生回答课程大纲要求的问题，他很快就会忘记。总之，他像那种社会里的人：开垦和耕种一块土地之后，放火一烧便弃之不顾，再去开垦新的土地。“聪明地保管好文化领域里的一块领土，年复一年地收获，这种能力我没有。我的智力结构属于新石器时代。”[9]

列维-斯特劳斯进入了知识的莽林，就像一个始终沉睡的靠狩猎采摘为生的人开始复苏。我们每个人心中都有这样一个人。尤其应当承认，他像一些人那样，享有每天早上都要破釜沉舟、奔向新的事业的特权。这也许是一种天生的缺陷，也许是素常所说的那种创造者应有的真正气质。世界不是一笔放在那里供人们管理的资产，而是一部人们创造出来的历史。他在《忧郁的热带》中提出的假设，其意义在于突显出他对多样的世界的热情。民族学家的领域广阔无垠，为思考提供的素材是无穷无尽的。

更妙的是，一边是精神分析和马克思主义，一边是地质学，民族学在两者之间搭起了一座桥梁。列维-斯特劳斯找到了一门科学，可以把他以往所有的兴趣爱好都结合起来。社会在地球的表面上记录下它们的历史，个人则把历史记录在社会组织当中。“民族志让我获得精神上的满足，正如历史连接起世界与我的两端。民族志同时还揭示了二者的共同的道理。”[10]从“本我”的特殊性到世界的整体性，列维-斯特劳斯的浪漫幻想实现了。民族学可以作为一把钥匙，开启他曾经期盼的“更宽广、更全面的”哲学之门。

他开始探讨的学科与他本人恰相吻合，这里头有某种绝对的东
70 西。这一点使他产生了一个他日后屡次重申的信念：民族学不单单是一种职业，“跟数学或音乐一样，民族学是一种不多见的名副其实的志向。无须别人传授，便可以从民族学本身发现它”[11]。

剩下的问题是找到研究的题材。民族学在法国很少有人知晓。大学不设这个学科。不过，吕西安·列维-布留尔①正领导着 1925 年创立的非常年轻的民族学研究所，托卡岱罗民族志博物馆也正准备搬到有名的沙约宫的新址，并更名为“人类”博物馆。消息在哲学家中间传开。列维-斯特劳斯也同周围的人谈起过。他向塞莱斯坦·布格雷表达了自己的愿望，也和尼赞交换了意见，尼赞说他本人也有过走这条道路的打算。

列维-斯特劳斯始终不知道如何与尼赞相处：“他比我年龄大，但从来没有为了改善我们的关系做出任何努力。再说，跟与别人在一起一样，我觉得赶不上他。”[12]两难的情感：25 岁的列维-斯特劳斯已经长大成人，他一向积极参与，并且站住了脚，他有独立见解，而且不论在机构里，还是在别人眼中，他的观点都举足轻重。突然间，他变得羞怯起来，不敢踏入法兰西学院（Collège de France）的圈子，他说，这是因为那是“一个享有盛誉的地方，是为那些比我强的人准备的”[13]。这个印象并不令人奇怪。这位年轻教授作风严谨，几近刻板，而这正好与缺乏自信形成正比。而后者与他的身份长期得不到澄清有关。民族学可使他获得一种贴切的身份，从而有助于他消除那些疑虑，而且能够把法兰西学院从一堵神圣不可侵犯的高墙变成一种挑战，因为跟政治权力一样，知识权力也要通过努力才能获得。

1934 年秋季，他在拉昂市开始了第二年的教学生活。他接触了一些可能对他的计划感兴趣的人，他自我推荐。他还不清楚能否成为民族学家，也不知道如何着手，但他对这个学科正在蓬勃发展是

① 吕西安·列维-布留尔（Lucien Lévy-Bruhl，1857—1939），法国哲学家和重要的社会学家，著有《原始人如何思维?》，影响深远。——译者注

了解的："那时候，有哲学教师资格的人都知道民族学是条出路。"[14]也有一些人使劲鼓动他。已经有一位名叫雅克·苏斯戴尔①的年轻哲学教师离开了大学，前往墨西哥从事民族学的实践。既有
71 先例，何不仿效？列维-斯特劳斯给马塞尔·莫斯写信征求意见。他此时只希望去一个遥远的国家工作。他将心甘情愿地在不同的天空下从事教师生涯。如果有机会，他也不拒绝当一名跑遍全世界的记者。只要走出国门，无论去何方，他都会更接近自己。他在等待。

二、出发

"我的民族学生涯开始于1934年秋季的一个星期天。早上九点钟，一个电话便决定了。"[15]列维-斯特劳斯在回顾中把这个时刻作为绝对的开端。仅仅是一通电话而已，一部作品从此诞生，一生的命运由此展开。仿佛第一个骰子，一旦掷下就永远取消了偶然。不错，此时，无论是从事一种职业，进入一个行动领域，还是书写一部历史，列维-斯特劳斯都已经准备就绪。那天清晨的电话确定了他将进入哪一个领域。"哪怕让我去新加喀里多尼亚或者非洲，我也会接受的。"[16]这次却是巴西和美国。

电话是塞莱斯坦·布格雷打来的，他正在找一名教授去圣保罗大学担任社会学讲座教授，欢迎列维-斯特劳斯提出申请。中午以前必须向乔治·仲马作出答复。此君早在成为法国病理心理学的头号权威以前，就是研究奥古斯特·孔德的专家，并在1905年发表过一部关于孔德思想的专著。这个兴趣又引出另一个兴趣："头发棕色，

---

① 雅克·苏斯戴尔（Jacques Soustelle，1912—1990），法国人类学家，曾参加抵抗运动并担任过政府部长和阿尔及利亚总督等要职。——译者注

皮肤黝黑，就像个征服者，为19世纪心理学所开拓的前景兴奋不已，他起程了，要从精神上征服新大陆。”[17]和他一样，巴西贵族长期以来十分热爱孔德的作品，将其作为《圣经》和他们的政治纲领，并醉心于他。在圣保罗的贵族沙龙里，在独裁者和地主中间，他保持着法国语言和文化的活力。

相同的热情产生了积极的效果。乔治·仲马在法国作品海外服务局的协助下，并与圣保罗州和里约州政府合作，先于1922年在里约热内卢主持建立了巴西高等研究院，后于1925年在圣保罗开办了巴西高等研究院。20世纪30年代初，他竭力为法国教授在圣保罗州政府刚刚建立的哲学和文理学院里争取声名卓著的人文科学讲座的职位，并且大有斩获。他被任命负责教授们的招募、准备和安置工作。第一批教授于1934年春天抵达，其中包括社会学家保罗·阿尔布斯-巴斯蒂德。第二批（总共三批）招募教授当中的社会学教职，布格雷向仲马提议由列维-斯特劳斯担任。至于哲学职位，拉朗德提议由让·莫古埃担任。第三批还包括一位历史学家费尔南·布罗代尔，以及两位文学教授乌尔卡德和贝尔维耶。 72

这是一批年轻人。虽然志向不同，却都渴望逃离外省中学的单调无味的生活。仲马的提议一下子改变了他们的生活秩序。工资至少双倍，他们从卑微的教书新手一跃而成为名流。仲马强调了这种“地位”（standing）的改变及其连带的限制，尤其在衣着方面。“我们得准备过跟新主人一样的生活，也就是说，出入汽车俱乐部、赌场和跑马场。”[18]仲马的提议里暗示的职业升迁肯定不是为了扫列维-斯特劳斯的兴。跟同事们一样，他立刻意识到无论日后从事何种职业，巴西都将成为一个跳板。不过，这场冒险当前首要的好处，在于为他提供了一个机会，可以尽情享受当民族学家的快乐。

按照布格雷的说法，圣保罗对他应该是一个极佳的观察站。

“那些镇子上住满了印第安人，周末你尽可去和他们交往。”[19]维克多·玛格里特对昔日的秘书旧情难忘，他带着列维-斯特劳斯去巴西驻法国大使家用午餐。大使所说的跟布格雷的话可不一样。最后一批印第安人早在数十年以前就被斩尽杀绝，那个地区一个印第安人也别想找到了。法国的巴西遣使团的发起者和组织者叫胡里奥·
73 德·梅斯基塔，巴西全国最大的报刊《圣保罗州报》的主任。他的一位朋友在格勒奈尔街有一家专用旅馆，列维-斯特劳斯和莫古埃在那里受到了欢迎。莫古埃觉得自己好像被介绍给了《贝姨》中的蒙丹士男爵①，列维-斯特劳斯大概联想起奥芬巴赫和《巴黎生活》②中的那个巴西人。显而易见，要了解印第安人的情况，我们这位候补民族学家既不能指望他的教授们，也无法指望巴西的上流社会。

其实，他们的知识并不比列维-斯特劳斯所想象的更符合实际情况。“异国他乡在我看来正与我们的国家形成反衬。（……）据说地球两边的动植物的物种可以具有同样的外貌，这令我惊讶。每一种动物，每一棵树，每一片草叶，都应该迥然不同，乍看上去必然显示出热带性质。”[20]既然巴西（Brésil）和表示噼里啪啦的响声的动词（Grésiller）发音相近，他便把巴西与烧糊的气味联系起来，而且一直这样做。此外还需补充一点，提到遥远的国度，他的脑海里就会涌现出大量的自然景象，而不是人类的形象。棕榈树先于原始人，自然哲学先于民族学。

列维-斯特劳斯一边静等着亲自观察实际情况，一边加入了美洲文化学者协会。会员当中有吕西安·列维-布留尔、民族志博物馆馆

① 指巴尔扎克小说《贝姨》中的人物亨利·蒙丹士，一个皮肤棕黑色的巴西男爵。——译者注

② 《巴黎生活》是奥芬巴赫谱写的一个三幕歌剧。——译者注

长保罗·里维①和年轻的雅克·苏斯戴尔。列维-斯特劳斯去看望里维。里维要他从巴西捎回一些物品，为将来建立人类博物馆做些准备。里维推荐他拜访马塞尔·莫斯。莫斯“十分和蔼地”[21]接待了他。列维-斯特劳斯的全部闲暇时间都在人类博物馆的图书室度过。他如饥似渴地阅读美洲文化学者的著作。与罗伯特·洛维一脉相承，弗朗兹·博厄斯②的严谨分析和阿尔弗德·L·克虏伯为他提供了一个模式，将来他自己的研究也会追随这个模式所规定的水平和质量。这些大师的工作多集中于北美印第安人。幸亏有了他们的工作，列维-斯特劳斯才能够把他的才干一股脑投向整个美洲大陆。巴西将是他的工作领域，但这块领域将被视为一个整体的不可分割的一部分。

当然，有关这个他准备前往探索的国度的所有读物，列维-斯特劳斯都读了个遍。其中既有民族学专著，也有极普通的读物，昔日 74
探险家的文稿他都拿来阅读，包括布甘维尔、乔治·戴维、让·德·雷利③。后者的《巴西游记》尤其令他心醉神迷。这位卡尔文新教牧师对印第安人的考察堪称一部最优秀的民族学作品，那些游历中的故事完全能够跟最扣人心弦的探险小说相媲美。

临行前，法美委员会为未来的教授和他们的夫人举行了盛大的送行宴会。地点在一家无人居住的旅馆的玻璃大厅。他们互相

---

① 保罗·里维（Paul Rivet，1876—1958），法国人类学家，专长南美人类学，巴黎博物馆的创建者。——译者注

② 博厄斯（Franz Boas，1858—1942），德裔美国人，早年曾学习物理和地理，美国现代人类学的开创者。——译者注

③ 布甘维尔（Louis Antoine de Bougainville，1729—1811），法国旅行家和探险家。乔治·戴维（Georges David，1878—1963），法国作家和社会学家。让·德·雷利（Jean de Léry，1536—1613）法国旅行家和作家。——译者注

认识，也互相观察。1935 年 2 月初，他们在马赛港登上了芒佐拉号船。这是一艘远洋运输局的客货混装船。他们是船上仅有的旅客。

对于一个从未出过远门，长期幻想去远方冒险的人来说，这次旅行不仅仅是一次空间转移。这是一次革命，是放弃中规中矩的生活，投向另一种生活，虽然模糊不清，但充满希望。犹如死后转世，因为对于一个浪漫的灵魂来说，海轮是理想的转世之地。他后来说，在船上他感觉好像“幸获上帝恩宠”[22]似的。船舱豪华，大厅宽敞极了，餐饮奢靡，服务无可挑剔。他如梦如幻地经历了这一切，或者说，似乎经历了另一个世界的惯常状态，使人略感惊讶，可是这个过渡性天地的一切都让人感到舒适和惬意。他的同事让·莫古埃写道：“请原谅我依照当时的样子描述他。他基本上总是独自在甲板上游荡，眼睛虽然睁着，整个人却是封闭的，似乎在担心失掉刚刚印入脑际的一切。”[23]

没有时间把大量的印象和惊喜变成讨论和交流的话题。列维-斯特劳斯陷入无尽的沉思，顾不上同伴们。他想抓住一切，把这一切都铭刻在心头。一天晚上，他凝神在小本子上写下了文学随笔，20 年后，他把这些原封不动地写入《忧郁的热带》一书里。他试图留住夕阳西下的景色，把一系列随现随逝的景致化为语句——飘浮的云团、面与体的变化，明与暗的效果，直至夜色覆盖了一切。再现
75 云彩的形态并不单单是画家的雄心，而且是要固定住流逝的时间。或许有人会急匆匆地指出这篇习作的非结构的特点；可能正好相反，这份文件深刻地说明了后来成为结构主义方法的本质：凡是形式和运动，从存在的那一刻起，哪怕像一道闪电似的短暂，都是有组织的，而且正因为如此，它们可以通过一次描写甚至一番解释得到说明。认可模糊性、不可区分性和若隐若现的结构，不啻于将自

己的领域弃之不顾，任凭暗夜和死亡吞噬它。

芒佐拉号缓慢地行驶着。行程20天，中间有过多次令人愉快的停泊。巴塞罗那，塔拉贡，阿利岗特，瓦朗斯，马拉加——那里的停留时间允许大家下船游玩塞维尔一日——加蒂斯，阿尔及尔，卡萨布兰卡，达喀尔。终于穿越到世界的另一侧，穿经赤道无风带，"这条巨大的忘川"，莫古埃叙述道，"这个地带永远浸没在浓暗的暴雨中，因而一天早上，在离船舷几米远处，一艘巨型挪威帆船，'幻影号'浮现在我眼前。"[24]终于返归生命，进入绿色宝石一般的水域，绿色渐行渐深，巴西海岸在望。

三、迷醉巴西

一连数日，芒佐拉号沿着大陆边缘航行。起初还看不见陆地，可是列维-斯特劳斯嗅到了土地的气息。巴西正在出现，似乎是一种勉强可以感觉到的气氛的变化，植被散发出的气味把他呼吸的空气熏染得浓重厚实。随后他们看到了沿岸耸立着的山脉，巍峨，无边无际。顷刻之间，美洲大陆仿佛一个庞然大物呈现在人们眼前。每一次旅行都反复印证了这个印象。船在维多利亚港停泊，最后到达里约热内卢，列维-斯特劳斯不喜欢这个夜晚如同工地一样的城市。

然而，里约热内卢让他发现了旅行的意义。空间移动令人不知不觉产生奇异变化。列维-斯特劳斯家境贫寒，却一下子变成了富人。房屋和街道，屋里和屋外的区别都和欧洲不一样。反之，城市和开垦地却与丛林地带形成强烈的反差，已获彻底开发的欧洲根本没有这样的丛林地带，这里的人对空间有着不同的理解和解释。那 76
些高尚街区和建筑的设计风格使他产生一种奇怪的感觉。它们很像他熟知的一些市镇：纳伊区①，尼斯，毕亚利兹②。不是这些城市当今的样子，而是30年前或50年前的样子。旅行是在时间当中的移动。“热带地区富于异国情调，但更多的是陈旧过时。”[25]这便是对他的梦想的唯一确认，大自然提供了各种各样叫不上名字来的棕榈树和果树。

最后一段旅行乘车，从圣保罗州的桑托斯港出发。一路向高原地区的高处爬行，列维-斯特劳斯观赏着眼前的景色，土地，热带自然风光。20年以后，他细致地描述了各地的形貌，繁茂的植被，树木和叶盖的独特颜色，从中依然看得出他当年的激动心情。森林终于使他产生了身处异国他乡的感觉。“从外观说，与我们这里的大自然相比，巴西的大自然别有一番情趣，它以一种更直接和更持久的方式呈现在我们眼前。”[26]最后看到的景色变化是高地，在他眼中，这是一种出乎意料的新鲜感。风景被破坏了，土地被人类开垦，利用，直至耗竭为止，终至遭到遗弃。这并不是一个真正意义上的原始世界。遗弃土地丝毫不是一种自然而然的行为，而是产生于与人类的一种长期和掠夺性的关系。

作为一位观察家，列维-斯特劳斯是令人惊异的。他不满足于眼前所见所感，但也不寻求精神刺激，尽管他有时会有此类感受。《忧郁的热带》是他旅行和逗留巴西期间的游记，是一部事过多年的著作，记忆中有许多东西泯没了。此后发生的事情也有干扰作用，或者至少拉开了距离。这是一篇采用生动文体的文章避免不了的。这是一种再创作，材料按照次序加以组织和呈现，给读者以流畅自然的印象，其实这是艺术效果。然而，书中所说的列维-斯特劳

① 纳伊（Neuillly），巴黎市富裕家庭集中的居住区之一。——译者注

② 毕亚利兹（Biarritz），法国大西洋岸的巴斯克地区首府。——译者注

斯在 1935 年的立场倒是真实的——一种“结构主义的”真实性，它无论在 1935 年或以后的任何时期都没有改变。

当然，列维-斯特劳斯是地质学家，但也是 18 世纪风格的植物学家，也许还是一位卡夫卡式的土地丈量员。他测量世界，区分归类。他以往打算利用云彩实现的东西，现在转为利用风景及其矿物质的和植物的成分来实现。他尽力记录下所见所闻，细致入微地、 77
勿使遗漏地把握其特征和特殊的结构。就这一点而言，旅行对于他就是清点世界，不给糊里糊涂留下任何余地。倘若出现了混乱，那也是人类所为，仅仅意味着人为的破坏和遗弃，正如巴西的高地一样。

然而，一个景色还不是一件自然的事实：如果只依赖对于眼前样态的观察，清点就不会彻底。从事清点工作的人应当是地理学家和历史学家，而且必须了解一个物体何以必然呈现为一种而非另一种样式。无论沿着海岸线，还是在平原上，或在幽谷深壑里，无论置身于乡村田野中，还是在悬崖峭壁之上，列维-斯特劳斯都与幽灵展开对话。“我的思想处于一种极度亢奋的状态，觉得自己在重新经历 16 世纪那些最初的旅行家的探险活动。”[27] 给予他强烈的感情冲击的是稀有的事物，绝对超现实：一个完全被大自然所含纳的文化对象。沿着荒芜的海岸，掩映在常青藤和棕榈树中的一座宫殿的装饰过的表面见证着昔日工业和贸易活动。俱往矣（never more），一个不懂得怅惘为何物的旅行家只能算是一个观光客。

1935 年 2 月末的一个晚上，法国遣使团终于结束了海上旅行。那里空气潮湿，下雨不过是湿度的变化而已。旅客们在一个恰巧叫作“终点”的旅馆安顿下来。第二天他们得到允许，可以上街溜达。列维-斯特劳斯用旅途中观看景物的目光注视着周围的一切。“最先让我惊奇的不是新鲜事物，而是时光的过早的摧毁力。”[28] 圣保罗还在不断膨胀，简直是一座瓦砾堆积场。新建筑物华而不实，粗制滥造，使用不久就迅速变成一堆废墟。人口高达150万的这座城市在他眼里并不像人们说的那么丑陋。透过那些虚有其表的街道和住宅，他猜想着往年的地理和河流的面貌，耶稣会教士昔日曾在岸边建起了他们的一片“还俗地”，随后又想到它的历史和不断的变迁，直至它每天仍然呈现出的非凡的生命力。

78 四、圣保罗大学

在下榻的“终点”旅馆里，遣使团抵达当晚就被邀请前往州长官邸，参加狂欢节的揭幕活动。进入角色的时刻来到了。大学教授是头顶光环的法国文化的代表，他们自视为使者。“我觉得有点滑稽，我居然代表整个法国，而不是法国的某个方面。”[29]列维-斯特劳斯坦言。既然任务是让法国科学界和思想界的伟大形象在巴西精英阶层的头脑里发扬光大，他们便期待在后者的沙龙里受到接待。市区观光的头一天，在阿尔布斯-巴斯蒂德的带领下，列维-斯特劳斯和莫古埃来到了伊吉诺波利斯大街，街道两侧全是豪华的私邸，住着巴西最富有的人家。“列维-斯特劳斯和我，我俩都预料到这些人很快就会成为我们的熟人。”[30]

事情并不那么简单，并非所有人都认为他们俩的出席实属必要。建立哲学和文理学院是一项政治举措。列维-斯特劳斯后来解释道：“圣保罗人自视为一个在殖民地麻木状态下沉睡的民族的中流砥柱。”[31]大资产阶级和乡村绅贵都明白一个道理，领导国家不能再只靠将军和主教了。巴西需要工程师、教授、行政官员。学院的诞生因而隶属一场双重意义上的运动，意识形态的和社会学的。教会的垄断已经结束，新生的阶级可以接受高等教育。莫古埃讲述道，梅斯基塔"认为，为了给国家培养现代政治人员和技术干部，开办学院的时机成熟了"[32]。

这个计划的坚决实施打破了天主教大学和实证主义机构的一统天下。那些机构始于奥古斯特·孔德学说的兴盛时期。旧日的堡垒包括专为富裕家庭开办的圣本笃会男校，专收富家女子的斯庸圣母女校。对于这场火药味颇浓的现代性的大举进攻，它们都采取了抵制态度。这样一来，在巴西逗留期间，列维-斯特劳斯和同事们仅与 79
自由派人士往来，便没有什么可奇怪的了。

在大学建制的内部，梅斯基塔计划导致科系的重心转移，而且遭遇到严重的抵制。"倾向美国的医生们认为我们只是一群自命不凡的业余爱好者。"[33]同样美国化了的工程师们则认为他们从欧洲人那里学不到什么东西。法学家也是老大不乐意，理由却相反，他们担心的是他们那卓越的葡萄牙法律能存活多久。

求助于跟法国人合作的做法本身也不够明朗。他们负责文学和人文科学领域，属于文化部门管辖。莫古埃注意到，邀请他们前来的巴西人与他们保持着距离。"一方面，他们相信我们有优势，因为我们的一切他们都要模仿。可是，他们内心还有一个后来得到证实的想法，即事物的进程是无法阻挡的，从东方到西方，从古老的欧洲向年轻的美洲发展。"[34]法国文化是一座丰碑：人们赞赏它，乐意引进它，让年轻一代去发现它。但是，法国文化已经进入历史；除了它的象征意义外，谁都不能肯定与它频繁接触会真的带来什么益处。

这种保留态度在社会交往上也有所显现。"有很长一段时间，梅斯基塔都没有请我们去他府上做客。"[35]法国学者可以是一所学院的点缀，但不能是一个沙龙的。他们知识渊博得绚丽夺目，这足以让人敬而远之。在圣保罗上流社会的家庭里，法国遣使团成员只能作为临时的客人。当莫古埃说自己爱上了一位当地姑娘时，大家忙不迭地让他明白，这是不适宜的。

巴西人并非只招募了法国教授。学院里还有一个意大利遣使团，教授精密科学，这是因为圣保罗有一半居民是意大利后裔。昂卡勒蒂也是意大利教授之一。法国遣使团成员和意大利同事的接触似乎完全是偶然性的。各人自守岗位。另外还有几个教授自然科学
80 的德国教授。这些人并非通过协调来到此地，而是从纳粹体制逃离出来的。盎格鲁-撒克逊世界由一个美国社会学家代表。30 年代末期，列维-斯特劳斯走后，英国民族学家拉德克利夫-布朗曾来这里工作过两年。由于大多数教授不讲葡萄牙语，法语很快就成为大家的共同语言。

五、教学

森西纳托-布拉卡街 395 号，列维-斯特劳斯和妻子在此赁屋住下。房子坐落在市区高地上一个破旧的街区。这种别墅叫“平房”(terrena)，是一种直接起于地平面的意大利风格的别墅。“我家的栅栏门一侧长着一株粗壮的茉莉树，进去是一个围墙环绕的花园，一直延伸到屋后。花园里有两三棵棕榈树，一棵阳桃树，一棵李子和欧楂的杂交树。我还补种了一棵香蕉树。我让我的鹦鹉们在这里换换空气。”[36]花园加小鸟，对一个爱好大自然的巴黎人来说，没有比这更理想的了。香蕉树两三年后变成了可以采摘的香蕉林。

从 2 月到 10 月为一个教学年度。遣使团抵达圣保罗没几天，学校就开学了。对列维-斯特劳斯来说，教学又一次成为快乐的源泉。他既因为代表正统文化而被人敬重，又由于与当局有关而不被人信任。人们对这位教授既躲避又讨好。“我们每个人都从身边形成的

小圈子衡量自己的影响。”[37]大学生有几十个，多为富家子弟，也有出身贫寒的。大多数人关心的是能否多拿一张文凭，盼望在社会上出人头地。人人都表现出一种“对知识的强烈渴望”[38]。他们无所不读，无所不晓。但是他们的科学知识是第二手的。他们读的是科普书籍，知晓的是教科书。老师的作用并不完全是传授知识，而是告诉他们事物是怎样建立起来的。列维-斯特劳斯努力把严谨性教给他们。任务很艰巨：“无论什么领域，只有最新的理论他们才觉得值得吸取。（……）在他们眼里，思想和学说本身没有什么意义，只是一堆声名在外的工具，而且要最时兴的才行。”[39]他不得不面对 81
一批热衷于最新体系的年轻人，他们对传统的模式缺乏兴趣。

列维-斯特劳斯教授社会学，当时社会学依然从属于民族学。这使他处于众目睽睽之下。“我来此地，一是为继续法国文化的影响，二是为了传播从孔德到涂尔干的思想传统。我来了，可在当时，却被一部得之于盎格鲁-撒克逊民族的民族学所征服。我的处境很困难。”[40]其实到达圣保罗的第二天，问题就已经出现了，而且不完全是教学方面的。

仲马派来的首批教授当中已经有一位社会学家，阿尔布斯-巴斯蒂德。列维-斯特劳斯的到来立刻引起矛盾。“我作为，不妨说，一个辅助的社会学家来到时，此君便要求我服从他的领导。”[41]按照莫古埃的看法，阿尔布斯-巴斯蒂德做得其实比这还要过分。他以年长为由，也许还因为自己是仲马的表兄弟而自视甚高。第二批遣使团成员刚到，他就表示自己负责这里的工作，借口是“仲马本来就打算要他当遣使团的团长”[42]。冲突不可避免。列维-斯特劳斯后来说，阿尔布斯-巴斯蒂德“竭力想把我打发走，声称他才是孔德专家，我的教学与之相悖”[43]。力量进行了重组。一边有大学的领导层，包括声名卓著的院长阿尔梅达·普拉托和胡里·奥德·梅斯基塔。既然是社会学，就得教涂尔干，绝不能脱离这个传统。另一边有两个法国同事，地理学家皮埃尔·蒙贝格和费尔南·布罗代尔。幸亏有后者的举足轻重的地位，列维-斯特劳斯在这次斗争中胜出。阿尔布斯-巴斯蒂德控制小组的企图似乎最终不了了之。

这场争端反映出遣使团内部的可憎的精神状态。这些来到巴西的成员全都怀着尽量争取好处的意图。此乃他们唯一的共同点。物质上他们确实大有斩获。“这样我们才买得起美国汽车，”布罗代尔
82 说，“我不喜欢开车，于是自我享受一下，专门雇了一个意大利司机。”[44]列维-斯特劳斯经受不住诱惑，也买了一辆差不多全新的福特汽车。后来他说，车子似乎“象征着在社会上获得成功”[45]。

再有，每个人都拼命地捍卫自己的地位，用努力工作来证明自己才是最优秀的，而且避免与同事谈论自己的研究。围绕他们身边的学生圈子始终被视为关键。“我们嫉妒地窥伺别人的成就，看他们听众的多寡，社交情形（……）我们离开阶梯教室时的姿态活像演出结束后步出音乐会的大师。”[46]这场游戏的赢家永远是听众：因为既然要竭力盖过同事，那么每个人都注定会把自己的家底抖出来。至于梅斯基塔，他的处境双倍的微妙，既得听取申诉，又得做出仲裁。“他的耐心简直没有边际。他显然把我们这些人当作自家财产。我们那些没完没了的抱怨和争执让他私底下感到很受用，因为都可以证明他那君临天下般的最高权力。”[47]

物以类聚，人以群分。性情相投者自然会凑在一起。列维-斯特劳斯与皮埃尔·蒙贝格的关系甚佳。莫古埃得到了布罗代尔的友谊。我们已看到，布罗代尔在列维-斯特劳斯与巴斯蒂德的争端中，起到了有利于列维-斯特劳斯的决定性作用。但是两人情趣并不十分相投。列维-斯特劳斯的解释是“他对我们总采取一种居高临下的态度”[48]。莫古埃尽管与布罗代尔友好相处，也承认后者“控制”遣使

团的企图造成了紧张气氛。只剩下弗朗索瓦·贝胡，他是教经济学的，似乎特立独行，“脾气暴躁，为人冷漠”[49]。他与文学院的教授几乎没有来往。

回首往事，看来尽管有过争执和褊狭行为，这几年热带地区的生活还是颇有收获的。遣使团的几个成员，包括列维-斯特劳斯，都提到和学生后来一直保持关系，以及学生们的热情表示。他们在整个人文学科内培养了一代人，并且在各自的领域里，为他们提供了 83
无疑是最有效的工具。此外，从个人方面来说，遣使团的每一个成员都满载而归。海外教学的经验给了他们——除布罗代尔以外——国内大学所无法提供的优势；而在最好的情况下，要在国内取得同样的优势，得等上10年或15年。特别是他们发现而且开拓了新的研究领域。蒙贝格是从“前锋领域”着手，列维-斯特劳斯则从印第安人着手。

临行前，仲马大概向他的被保护者解释过，一个合格的教授必须发表文章。列维-斯特劳斯踏上巴西的陆地时还不是民族学家，他依然像以往一样，热衷于艺术。一位叫吉尔达·梅罗·伊苏扎的女大学生后来回忆起列维-斯特劳斯与莫古埃之间的激烈争论，一个捍卫立体主义，另一个推崇荷兰画派和印象派。列维-斯特劳斯多少有点轻率地把同伴的爱好视为食古不化。显然，他的立场始终没变。少年时的激情之火依然燃烧。在这种心情之下，而且出于惠及自己的老账本的合理考虑，他走了一条捷径。他找出自己十五六岁时应路易·沃克塞尔要求所写的一篇文章，请人译成了葡萄牙语。1935年10月，文章在圣保罗《市政档案期刊》上发表，题为《立体主义与日常生活》。在他看来，当年的立体主义是一种必然的反动，既针对印象派及其将客体化解的倾向，也针对“现代派”及其装饰风格的衍生物。它的功效在于反映出事物自身的个体性，不触及情感。美感是一种“内心的情态”[50]。立体主义者不需要任何典雅的模型，他们懂得如何突显哪怕是日常用品所具有的形体之美。利用体积、轮廓、暗与亮的表面，他们把空间重新组织起来，因此进一步把绘画从透视法中解放了出来。即使立体主义的时代已经过去，但结果是美好的，它改变了艺术在现代世界中的地位和人们对艺术的认识。

84 六、民族学

对于列维-斯特劳斯来说，在成为一场职业生涯的营造之地以前，巴西代表着一个从事民族学的机会。那个时代，大学里还没有民族学教学，希图从事这一行的人不得不靠自学成才。列维-斯特劳斯那时对民族学了解不多，只读了有数的几本书，这些书固然属于重要著作，但远远不够。阅读使他建立起一个思想框架，一套语汇，一个参照体系。无论如何，他明白学习不能光靠遍阅博厄斯的著作，而是靠亲自从事田野调查。他也清楚自己打算研究什么：印第安人的社会。他边当学徒边实现愿望。

事情并不像布格雷声称的那样，一边在市镇上闲逛，一边就能遇见印第安人。不过，圣保罗确实是一座会聚着多种社群和文化的城市，既令人难以置信，又极为有趣。“这个城市非同一般，正处于动荡时期。几米之遥，你就可以从伊比利亚风格的 18 世纪步入 19 世纪 80 年代的芝加哥。”[51] 只需走出卢西塔尼亚①和意大利风格的市中心，就能遇到非洲人、叙利亚人，接着是德国人、日本人。在市郊乡村，可以看到地中海民俗的存留物。列维-斯特劳斯一直嗜

① 卢西塔尼亚，罗马人统治时期的古伊比利亚民族。——译者注

好不同时代的混杂，在古老的大庄园内，他为目睹一个都市的诞生而欣喜若狂，“就像法国摩洛温王朝时期”[52]。带着训练有素的学者的目光，列维-斯特劳斯漫步在城市和乡村，身背莱卡牌相机，大量拍照。他也有一个 8 毫米摄影机，但并不常用，因为妨碍他观察身旁的情况。在圣保罗州的荒郊野径和更偏南的地带里，他摄下的一些场面显示出这个国度的多样性以及他的敏锐目光：天主教朝圣团，邪恶的通灵术，德国移民营地，骡驮商队，殖民时期的车马客栈，古代牛拉车。影片有一段再现了一个乡村节日。这就是他后来所说的“星期日民族志”[53]。他有步骤地投入这场研究。学生们发现自己的城市丰富多彩，而且被派去做田野调查。 85

列维-斯特劳斯的妻子蒂娜参与了巴西之行的所有准备活动。她从哲学跨入了民族学，并和丈夫在学习中携手并进。她专门从事民俗研究，两人把所有的闲暇时间都用于考察周围地区，寻找值得收藏的物品和值得记录下来的民俗活动。马塞尔·莫斯说，列维-斯特劳斯和妻子“正在为一项庞大的理论工程做准备：有史以来欧美文明在南美相遇所产生的效果”[54]。

列维-斯特劳斯的目的并不在于此。在这件巨大的巴西“百衲衣”上，看不到印第安人的影子。在大约 20 年前绘制的地图上，圣保罗州西部还被注明“不为人知的印第安人居住地”[55]。及至 1935 年，这些地区就已经城市化了，道路标注出来了。实际上，印第安人无人幸存。“因为巴西人多少以为印第安人有点神秘莫测，所以应当把他们赶到荒无人烟的地方去。”[56]要找到他们，就得再往西行，进入几年来已经成为殖民地的巴哈那州①。那儿已经建起了一条铁路，铁路两边的小镇上住满移民。仍然有印第安人散居在越来

① 即今阿根廷。——译者注

越稀少的小块地盘上，他们是被现代巴西逼着去那儿的。“所以，北巴哈那地区是我最早的远行之地。”[57]

第一次远行，列维-斯特劳斯去了距离最近的印第安部落，就在巴拉那河的支流蒂巴吉河的岸边，靠近圣保罗州边境的地方。从圣保罗出发到那儿需走 24 小时路。头一个强烈的感受是：要找到印第安人，就得离开大路，一连数日骑马穿行于森林腹地。他陪同着印第安人保护局的一个区长进行视察。在路的尽头，他们见到了坎冈印第安人，他们以捕鱼、狩猎和采摘为生。终于看到原始人了。

令人不快的惊异是，坎冈人只是半原始人。政府试图使他们定居下来，适应文明生活的种种好处。他们却把给他们提供的睡床点火烧掉；牛奶令他们恶心，所以他们宁可任奶牛在森林里到处游
86 荡。不过他们保留了几样小东西，例如衣服、斧头和缝衣针。在这些昔日的“原始”社会当中，能够免受外界影响而保持纯正者越来越少。民族学家必须适应这种局面，承认这些社会虽有杂糅不匀的特点，但依然是一些独特的整体，仍然适宜像其他社会一样进行研究。“既已发现它们不像我想象的那样未染凡尘，我将把它们更秘密的一面揭示出来。”[58]

学习过程是从最基本的需要开始的。列维-斯特劳斯发现用干燥的玉米穗做成的睡床十分舒适。他愉快地通过了“Koro”的考验，这种体色微白的幼虫是印第安人从树干中弄出来的，生吞下去是一道美食。“它们像奶油一般硬实和滑润，味道像椰奶。”[59]此类练习并非看起来那样微不足道，它们是从事这一职业的先决条件，要当民族学家，就必须能够承受那些与根深蒂固的生理和文化反应迥然不同的生活条件。列维-斯特劳斯同样做着民族学家日常该做的事。观察、计算、倾听、提问，用笔记、绘图、照相等方式把有用的讯息记录下来。他当时是随同带领他的那位官员前往的，所以看来并

未打算进行真正的科学考察。但《忧郁的热带》一书中有对坎冈人的数页描写，这表明他当时要求自己收集资料，并整理和存档。

他还进行了一种远非十分高雅，但同样属于民族学家的工作范围的活动。为了丰富人类博物馆的收藏，他受命搜求新的物品。巴西官方认为这些收藏品或许对他们也有用，要求列维-斯特劳斯必须把购入的物品留下一部分，以充实巴西的民族学博物馆。与坎冈人打交道使列维-斯特劳斯领教了交易的困难。玻璃珠子可能是有效的，但不能保证成交。金钱也是一样，其价值可能为零。此外，渴望到手的东西也不是总能保证质量。不仅买方的神经受到严峻的考验，而且他与持有者的关系也可能遭殃。这种情形持续了两个星期。列维-斯特劳斯对这一行及其种种难处有所体验。“经过这次 87
‘洗礼’，我对真正的探险活动已经准备就绪。”[60]

七、初期田野调查

同事们于 1935 年 11 月返回法国，列维-斯特劳斯与蒂娜留在了巴西。4 个月的假期正好可以用于一次远足。这次目标是巴拉圭边境的卡杜维欧印第安人以及中央高地的博罗罗印第安人。这是第一次田野考察，除了自己出资之外，还得到了圣保罗市文化事务部的资助。此外，里约热内卢国家博物馆还请他去参观一个考古遗址。这个遗址几年前就引起了注意并登记在册，后来却无人问津。

同行三人。列维-斯特劳斯本人、妻子、法国来的一个朋友。火车坐了三天三夜，行程 1 500 公里，他们终于到达巴拉圭河边，来到一个荒凉凄惨得难以想象的地方。巧也不巧，这个地方名为“希望之港”。一路上，列维-斯特劳斯看到了马托·格罗索州“朦胧凄凉的”自然景观，以后成为让他感到“既熟悉、又难受、又不可或缺的”[61]景色。随后，他们到达一个奇怪的水乡：潘塔纳尔，世界上最大的沼泽地。此时正逢雨季，酷暑难当，唯一可以饮用的水是沼泽地的泥浆水。他们在要求他们巡视的考古遗址待了几天。

然后，他们安营扎寨。他们在往南 100 公里处的丛林中选择了一块被遗弃的农业开垦地（farenza）。这块地方属于一个名字唤作唐·弗利克斯的法国开垦者。此人为他们提供了几周的必需品：食物、马匹和向导，还有牛和驮载物品的牛车。看到这三位优雅人士要深入到野蛮人当中去，他不无惊讶。

88 卡杜维欧人集中生活在“巴拉圭河左岸的低地”[62]。生活在把他们与外界隔绝开来的潘塔纳尔沼泽地里。按照每一站走 50 公里的速度，远征队需骑马走完可怕的三天才能抵达他们的地界，找到他们的村落。他们住进了一间草棚，开始了真正意义上的考察。三个旅行家在那儿待了几个星期，用葡萄牙语勉强地与他们沟通。在《忧郁的热带》里，列维-斯特劳斯对卡杜维欧人的社会形态做出了全面的分析。1935 年 12 月，工作减少，只需采集资料，列出清单，摄影拍照。

列维-斯特劳斯，一个刚刚起步的民族学家，用唯美主义者的眼光看着这个世界。这个只剩下一个往日的影子的社会，好几位旅行家都对它的光彩夺目的贵族生活做出过描述——第一位在 16 世纪，最后一位在 1907 年。它今天仍然有许多神奇之处：装饰图案美妙无比的盛水瓷器和陶罐，从礼仪到赌博的多用途小塑像。尤为奇特的是，这个社会里的女子面部都画着神奇的图案，其变化之丰富，线条之平稳和技艺之高超令他们叹为观止。他带回了几百份统计表，也带回了一些物品。费利克斯惊讶地看到他的牛儿驮着“绘有或刻有图案的陶罐，带彩色蜗旋线的狍子皮，昔日神灵的木雕像”[63]。这些东西后来大部分成为巴黎人类博物馆南美展厅的家底。

列维-斯特劳斯为第一次远征写了一篇科学报告。他写下的笔记和统计表，后来在几篇文章里得到利用，当然还包括《忧郁的热带》。当时，他在卡杜维欧人那里的逗留可能只是一次测验。他的笔记也可能极像某种草稿，可为他掌握民族志的研究方法奠定基础，并为他踏入第一个真正的科研工地——博罗罗人——做了准备。

回到“希望之港”，从那儿穿越巴拉圭河，旅行家们又去了玻利维亚边境上的科伦巴，再向正北，前往马托·格罗索州的州府居亚巴。乘坐老式蒸汽机船，行程 800 公里，历时 8 天，先后穿越了潘塔纳尔沼泽地和长满野草的美洲荒原。居亚巴市沉睡在淘金热时期被疯狂拓殖的乡间，三个旅行家一本正经地现身总督府——为办
理手续，随后是主教府——为了解情况。此后便着手为访问博罗罗 89
人做准备。这次的运输工具是卡车。要在无形迹可循亦无路标的荒原高处走好几天，这荒原直到靠近北部亚马孙河盆地时才趋向低缓。总之，行程上千公里。道路荒芜，遇到桥梁、栈道、浅滩，还得装车卸车。有时还得把粗木棍扔到烂泥里，以防卡车打滑下陷。真是噩梦一般。这次民族志调查还有一个小插曲：他们在淘宝者的临时营地过了一晚加一整夜。那些寻找宝石的家伙半是探险家，半是逃犯。列维-斯特劳斯观察着这伙人的组织结构、生意上的规矩、卫生状况、宗教信仰，等等。他记下了一首歌的歌词。歌中分明唱出了他的猜想：这儿啊，上不着天，下不着地，地狱般的鬼地方。

终于抵达圣·洛伦索河的河堤了。这是巴拉圭河的一条支流。本来应该有个村庄，可是一个人也不见。黄热病使人们纷纷逃离了此地。列维-斯特劳斯和朋友找到一位独木舟艄公，他知道博罗罗人在哪儿，并答应带他们去。随后是在白蚁和蟒蛇出没的世界里的可怕的旅行，8 天当中只有短暂的停歇。

终于出现了令人迷醉的景象。河堤，笑迎他们的人群，一个村

庄。这是怎样的一个村庄啊！与坎冈人不同，也不像卡杜维欧人，不再是巴西农民的破烂房屋，而是一个朝气蓬勃的真正村庄。这才是每一个民族学家的梦想。神话变成了现实。《忧郁的热带》中有一章的标题就取自这里，列维-斯特劳斯借此重现了往日的激动心情，"快乐的原始人"。

他来到了克雅拉村，一组三个博罗罗村庄当中最大的一个。行政当局和撒勒爵教的传教士（他们做出了弥足珍贵的民族志研究，同时也进行了"一项有计划地摧毁当地文化的事业"[64]）对这些村庄的蹂躏还不算太厉害。这里生活着一百四十多口人。神父们的一个旧日的学生，"关于博罗罗人的最优秀的社会学教授"[65]给他们当翻译。在一间十分宽敞的棚屋里，来访者与一位巫师及其妻子，以及一位神情忧伤的寡妇同住。

90 他们投入了工作。"我们整天走门串户，普查人口，弄清婚姻状况，用小棍在空地上画出理想的区域分割线，以标明特权、传统、等级、权利和义务的复杂网络。"[66]这场调查厘清了全部物质财产，把它们与社会生活的组织方式的关系全面建立起来。一方面是"宗族"，氏族、家庭、亲属的关系网络；另一方面是建筑物和物什，以及与之相联系的形式和配置。有一个情况立刻引起了列维-斯特劳斯的注意："村庄的形态结构直接反映出社会组织"[67]。在他发现的这一方天地里，一切皆有意义。哪怕是打磨或装饰一个最普通的物件，照样须遵循一整套社会的表象方式和定制。这是一个完整的世界。

民族学家的到场，即使其象征意义或由此而来的社会优越感被化为零，或者基本归零，也会把民族学家本人直接卷入社会和经济的机器之中。给卡杜维欧女人拍照的时候，列维-斯特劳斯被要求付钱。在博罗罗人那儿也是如此，他们的到来是一个有大利可图的生

韦尔梅洛（Vermelho）河畔克雅拉博罗罗人村的局部。男人的住房突出在图加雷偶族茅舍前方。这里看到的实际上是查帕达山的支脉。

意机会。艄公们获得了烟草，列维-斯特劳斯却继续为充实人类博物馆的藏品而努力。八天的谈判下来，他用一杆枪换回了一顶巨型羽饰帽子。不过，交易也给他带来了烦恼。购买一支长别针招来强烈的反应，这种脖颈上戴的东西是在母女之间传承的，常常是她们仅剩的财富。“这种买卖一旦被发现，会惹火全村的妇女，朝我们破口大骂。”[68]

这些快乐的原始人也会生气，跟其他人一样。上述小插曲是有益的。发现博罗罗人一直使列维-斯特劳斯十分兴奋。在列维-斯特劳斯看来，这些人提供了一幅“基本完好无损”[69]的物质文明的景象。虽然被所有的外来因素——包括民族学家——所削弱和搅乱，本质却依然值得赞叹地保持未变。博罗罗人没有被摧毁。他们继续顽强地生活着。他们的存在表明一种文化在面对和针对一切时的生
91 存能力。不仅如此，对于民族学家来说，还有当自己遇上可以想象到的最不像自己的人的时候，当自己置身于这些人中间的时候，那种涌现于心底的情感。就这一方面来说，博罗罗妇女们的愤怒反倒有点令人宽慰，因为这向他证明，那位让他寻遍天涯海角的异己，归根到底，乃是他的同类。

八、学者与政治

1936 年 2 月底，列维-斯特劳斯一行三人因复课返回圣保罗。列维-斯特劳斯随即着手把从博罗罗人那儿带回的资料进行科学处理。他写了一篇文章，满满的 35 页。文章被美洲文化协会采用，年底前在巴黎刊出了。列维-斯特劳斯描述了村落的结构和财产的生成之间的关系，列举了各个氏族，以及由此而来的特权、义务与亲属关系，分析了酋长的职能，然后把注意力转向某些物品、技术和劳

动分工被赋予的社会意义。他在一个注释里阐述了对于图腾崇拜的思考。

《忧郁的热带》用了两章讲述博罗罗人社会。其中第一章大多取自 1936 年发表的这篇文章。第二章则讲述他和同伴们如何一到达就参加了一个刚去世不久的人的部分葬礼过程。博罗罗人在这方面的情况，文章有意不提："我们把与精神生活和宗教生活有关的一切情况都撇开不谈。"[70]如果要从整体上把握一个社会，几个星期的时间显然太短。在很大程度上，导致这一缺失的原因在于必须对搜集到的现象做出严格的筛选。不过，人们也难免会想到，这或许也与列维-斯特劳斯的无所谓态度有关，因为他力主宗教信仰的表现属于次要问题。当他避谈这方面的问题时，他使用的词语颇有深意：精神领域被归结为一种权力和一些实践。死者与生者之间的关系，这个微妙的问题直到《忧郁的热带》才有所论述，但在彼时并不在他的视野之内。

列维-斯特劳斯还观察到，博罗罗人通常身体健壮。他还附带给 92
出了数据：其中一人的尺寸，照他的评语是"头部长宽指数为 84.65"[71]。人是可以测量的。对正在学习民族学的列维-斯特劳斯而言，体质人类学仍然属于民族志研究的范围。作为一种残留下来的做法，这么说并不错。此类标注在列维-斯特劳斯后来的文章中不再出现。不过，按照列维-斯特劳斯和他妻子的看法，体质人类学和文化人类学是一个整体。同年，蒂娜在圣保罗州文化局的一套丛书里发表了一本小册子，题目便为《体质人类学和文化人类学》。他本人则在发表关于立体主义一文的同时发表了一篇文章，详谈设立体质与文化人类学研究所的计划。

在这项计划里，列维-斯特劳斯热烈地捍卫设立一个研究所的原则，即多个学科交叉，从分别进行的教学活动中受益，同时科系相

博罗罗人

互受益。有了这样一个研究所，圣保罗大学就可能拥有一个堪与美英大学媲美的工具。人类学研究所的首要任务应该是科学研究。研究课题应当极为广泛。

仅就巴西而言，土著人、非洲人和欧洲人同存共处。这就为体质人类学提供了一个巨大的调查场所。此前，博厄斯在研究“北美移民后代的体质变化”[72]时已经指明了道路；他还指出，所谓的人种类型随着生活方式而发生演变。他的方法论甚至为一部协调的移民政策奠定了基石。巴西有大量的混血现象，因而能够提供独一无二的机会来研究遗传机制。体质人类学还应该关注美洲大陆聚居的起源问题。在这个问题上，体质类型的分析将对语言学和民族志研究有所补充。最后，生物学的最新进展将使对巴西印第安人的体质演变的宝贵研究成为可能。

93 在文化人类学方面，设想中的研究所将有大量的事情要做。汇总已经采集到的讯息，培养研究人员，系统地实地考察——无论城乡还是巴西国内，在专业刊物上发表研究结果。一句话，与形而上学的传统相反，文化人类学首先应当确立作为一门民族志的地位。为达到这个目的，首先得建立明确严格的步骤。甚至应该把“使用说明书”和“问卷调查表”发至所有的人——旅行者、军人、行政人员、传教士——所有可能与被调查的人群发生接触的人。汇集起来的资料一旦就绪，应该编入一份“美洲人类学卷宗”[73]。那将是圣保罗大学的一项荣耀，证明它参与了全球性文化与人口的普查。

这篇文章几乎就是一份宣言。列维-斯特劳斯要搞全球性的人类学。它包括所有人，所有地点和所有时代。既有文化意义上的人，也有生物学意义上的人：他一边把未来的研究提前，并与源于 19 世纪的传统决裂，一边把永远不变的信任赋予了自然科学，他扭转了关于“种族”和“类型”的言论的方向。不是种族造就人，而是文化造就人。大约 40 年以后，在《种族与文化》这篇文章中，我们还能看到这种直觉，只是表达的形式更加精巧，也更富于现代气息。

首次远征回来，列维-斯特劳斯按捺不住把旅行见闻讲述出来的欲望。一年当中，他在圣保罗发表了两篇文章，《开化与未开化人》以及《世界上最辽阔的地平线》。文章表达了终于遇到梦寐以求的原始人的欣悦之情，这些人把野蛮和文明等字眼的意思完全颠倒了过来。他回忆起第一次隐隐约约望见“新世界”的海岸时的难以名状的激动心情，笼罩在无边无际的浓雾中的里约热内卢海湾让他迷醉，花园和居亚巴的芳香使他看到了一幅失落的天堂的景象，置身于令人怅惘的高台地区之上，不由得滋生了一种正在闯入另一个世界的感受。

开学后的气氛有些不对劲儿。政治气候变了。人们强烈地感受到了瓦尔卡斯①的铁腕政治。莫古埃一返校就注意到这一点：“德· *94*

① 耶度利奥·瓦尔卡斯（Getúlio Dornelles Vargas，1883—1954），自 1930 年起任巴西总统，直到 1954 年自杀身亡。——译者注

梅斯基塔显然在政治上失势了，我们在续签合同上遇到了许多困难。”[74]大家最终都续签了合同，包括列维-斯特劳斯。欣喜若狂的心情却不复存在。“我们不再是明星和大师”。[75]他们又变成了普通教授。

1936年春天，另一起政治事件迫使法国遣使团把教学活动放到了第二位。他们虽然不属于某一个政党，但大都是倾向进步的人士。人民阵线的建立和随之而来的胜利使他们感到兴奋，也产生了一些疑问。他们对未来充满希望，尤其是列维-斯特劳斯。“记得在圣保罗，我热血沸腾地地聆听短波报道的选举结果，人民阵线政府成立，乔治·莫奈被任命为部长。我立刻断定他会召唤我回国，我也定会加入这一事件，我随时准备登上第一艘出发的海轮。可是，什么动静也没有。”[76]昔日的老板、今日的农业部长，他有其他更重要的事要做，无暇眷顾不在身边的人。人走茶凉。28岁的列维-斯特劳斯得到了一次教训。回顾这件事，他认为这是一个非常重要的时刻，这倒不是因为他从此对政治失去了兴趣，而是他因为决绝地确定了自己的职业。“不难设想，假如乔治·莫纳把我召回他身边，我的命运就会改变，我很可能从此从政。”[77]他在这件事上的激动心情表明，他并没有把对于政治可能改变世界进程所怀的希望完全放弃。出身于全法工人国际的部长保持沉默，他的幻想破灭了。

于是返回民族学。关于博罗罗人的文章在美洲文化协会发表，这意味着他的志趣和科学素质得到了编辑部成员——列维-布留尔、里维和苏斯戴尔——事实上的承认，从此，列维-斯特劳斯的名字为同行所知。他年底第一次返回法国，此时他已经可以认为，从此以后，自己即使不是被视为民族学家，至少也是一位能干和得到承认的
95 民族志学者。因为他知道如何从事田野调查，也会撰写调查报

告。由于他的第一次远征，他得以进入门槛极高的法国美洲文化学者的俱乐部。此外，他的文章还受到马塞尔·莫斯的赞许。他认为列维-斯特劳斯和他的妻子，还有雅克·苏斯戴尔，都是“法国的美洲文化研究的希望”[78]。

他带着非比寻常的全套装备返回了法国。这对他很重要，除了表明他严谨的科学的作风以外，还表明他有大收藏家的慧眼和趣味，而且也满足了博物馆和大学的需要。

列维-斯特劳斯决定同妻子举办一个展览，把他们带回来的最美妙最引人入胜的物品展示给人们。这个想法得到人类博物馆的支持。《展品导言和目录》在他的精心策划下出版，阐述了他在博罗罗印第安人和卡杜维欧印第安人当中所做的民族志调查。战后与他结为朋友的乔治-亨利·里维埃①找到了一个展出场所：位于圣奥诺雷雷街和博埃蒂街的交会处的维尔登施坦画廊。展览于1937年1月21日开始，1937年2月3日结束。列维-斯特劳斯后来说，展览受到“行家们的赞赏”[79]。这是婉辞，全因展览的时间和地点。其实，列维-斯特劳斯最大的希望是得到专业人士的承认。他现在如愿以偿了。

列维-斯特劳斯头角崭露。似乎出于最终远离政坛的需要，他又去了一趟全法工人国际。那是一个乱窝，当年热血青年出入之所已经成了一个权力中心，数百人在里边忙忙碌碌。“钻营和谋职的企图显而易见。坦率地说，这个地方大大加深了我的失望情绪。”[80]不过，他还保留着会员证。而且与在那儿找到的旧日朋友保持着来往。

---

① 乔治-亨利·里维埃（Georges-Henri Rivière，1897—1985），法国民族志博物馆创建者之一，民俗音乐学者。——译者注

再次出发以前，列维-斯特劳斯所处的局面显然变得明朗了。他从他的远征中获得了最大效益。整个运作的效果随即显现。“我必须证明我是个民族学家，因为我没有受过任何训练。全靠这场展览（……）我才获得了人类博物馆和科研署的信任。”[81]他决定再进行一次大规模的远征，时间定在1938年。在此之前，先回巴西。

96 九、美洲文化学者

法国遣使团的合同延续到第三年度，莫古埃表示说，这全凭法国的声望，而非当局的关照。遣使团作了部分调整。布罗代尔得到高等研究院的任命，离开了巴西。新来的勒纳·古尔丹①是法学学衔教师，蒙彼里埃大学教授，他接替了弗朗索瓦·贝胡。列维-斯特劳斯听说这差不多将是最后一年了，于是打算下一年全部用来进行民族学研究。

利用冬季温暖的气候，列维-斯特劳斯安排了两次出游。“1937年6月底或7月初，勒纳·古尔丹建议我和莫古埃，从圣保罗径直向北走，直到他的汽车走不动为止。”[82]目标：穿越巴西腹地的戈伊阿州。可能的话，接触当地的印第安群落。道路不明，穿经的地区曾经富足过，至少一度产业兴旺，现在都已遭遗弃。列维-斯特劳斯迷上了那些往日繁忙的人类活动的痕迹，那些19世纪的小路——当年数百头骡子的商队曾经假道于此，而今这些路上只有几辆小卡车和几个像他和同伴们这样的执拗者。在这片荒漠孤寂的土地上，什么事都可能发生。行路者人人带着手枪。

---

① 勒纳·古尔丹（René Courtin，1900—1964），法国政治家，欧洲联盟的最早鼓吹者之一。——译者注

列维-斯特劳斯在巴西

他们用两天时间到达了戈伊阿州的州界。巴哈纳伊巴河老远就向人们宣告它的存在。湍流和瀑布轰鸣着奔腾而下，淹没了森林的噪音。他们穿越了科亚纳的废墟之地。政府原来决定在这儿建立联邦政府，后来改变了主意，遗弃了这块土地。这一疯狂举动只留下矗立在一片宽阔台地上的几座楼房，形状如同碉堡。列维-斯特劳斯认为其中一家旅馆堪称“文明的堡垒”[83]——仅取这个词的军事含义。他们终于在州府格亚兹的一家旅馆安顿下来。饭店豪华舒适得不可思议，它掩映在“绿茵之中，处于棕榈树冠的婆娑身影之下”[84]。城市十分迷人。它有一部历史，一些装饰繁复华丽的建筑 97
物令人想起这座宝石之都曾经有过的繁华。富裕的行商坐贾举家迁居此地，带着家具什物。从贵族家宅敞开的窗户，可以听见“小姑娘在钢琴的伴奏下唱着舒伯特和舒曼的小夜曲”[85]。列维-斯特劳斯用他的莱卡照相机摄下了澄澈的日光，芒果树影，以及懒洋洋的中部地区的气氛。

又上路了。汽车一直坚持开到路途终端：阿哈拉瓜江的堤岸。

这条大江一直延伸到贝莱姆。在列维-斯特劳斯看来，这是个神奇之地。跟居亚巴市相同，它位于南部都市化地区与亚马孙盆地的交界处。眼前是一望无际的土地，出门只能走水路。除了印第安人，这里基本上没有其他聚落。

靠近江边有一个只有几户卡拉雅印第安人的村子。旅行家们在当地待了一天。“列维-斯特劳斯马上动手工作，”莫古埃回忆道，“他与土著人一起席地而坐，比划着竭力想让他们明白他的意思，提问题，做笔记。我惊喜地看到他们居然猜得出一些手势的意思，而古尔丹和我只能看出大致形象。”[86]调查是不可能深入的。列维-斯特劳斯对母亲们用黏土给女儿做的泥娃娃惊叹不已。在返回的路上，勒纳·古尔丹的福特汽车抛锚了。应急修车，旅行暂停。“我在车里看见列维-斯特劳斯坐在古尔丹旁边，神情严肃，可是掩饰不了我们大家都有的那种快乐心情，因为我们马上就要回到舒适的城里了，要做的头一件事就是洗澡。”[87]

9 月初，他再次上路。地理学家艾玛纽埃尔·德·马尔东是阿尔卑斯山地貌和冰蚀方面的专家，他打算借路过圣保罗之机攀登巴西最高峰伊塔蒂亚，此峰在塞拉德芒蒂盖拉山脉当中，位于圣保罗市东北 300 公里处。他让几位教授和学生跟他同行。旅行“先是乘汽车，不久道路就变得难走了（……）然后换为骑马，最后只好步行”[88]。脚踏海拔2 800 米的一块最高的岩石，马尔东让列维-斯特
98 劳斯赞叹不已。“他作了一个即兴报告，在我这个学文学的人看来，那是一篇精彩的说明文。我领会到，自然风景经过大师的分析，就会成为引人入胜的阅读，跟一篇拉辛戏剧的评论一样有助于教化精神。”[89]痴迷地质学的列维-斯特劳斯回忆起往日的远足。这一课在各方面都让他获益匪浅，有助于他理解见到过的风景的意义，同时也肯定和丰富了他终生关注的东西。世界如同一篇文章，人的全部

任务就是要学会阅读它，正确地理解它。

在圣保罗的日子里，列维-斯特劳斯利用第三年的教学活动充实自己关于巴西的民族学知识，并在此为未来实施他的伟大计划巩固基础。两年的逗留期间，他结识了许多人，其中有历史学家塞尔齐奥·米利耶，《市政档案期刊》的编辑部秘书，筹备远征可以取得他的鼎力支持。他已经跻身于巴西的科研机构。他抵达巴西不久就成为圣保罗市社会学学会的注册会员。民族志与民俗学协会创立伊始，他就成为了会员。妻子则参加刚成立的圣保罗市文化局的活动。文化局刊行一套科学丛书，资助了几个对印第安人和黑人群落做出的调查，这个部门的基金则维持了一个正在大发展的工具：民族志档案署。列维-斯特劳斯的妻子还是一个委员会的成员，这个委员会负责给年轻研究人员发放资助金。

当然，列维-斯特劳斯与一些专业或非专业的出版机构都有联系，包括《哲学》杂志、《科学和文学》、《民族志与民俗学协会简报》、《市政档案期刊》以及《圣保罗州》的每周增刊。他为其中每一种都撰写过一两篇文章。

列维-斯特劳斯利用最近的这次旅行的成果，在《民族志与民俗学协会简报》上发表了一篇文章，专门描述卡拉雅印第安人的泥塑娃娃。他也给学院的杂志提供了关于“文化社会学与教学”的思考。阿根廷考古学家邓肯·瓦格纳和埃米利奥·瓦格纳发表了关于查科-桑蒂阿格文明的专著以后，《圣保罗州》于1937年6月发表了他的有关评论。这两个人写了长文，答复他的看法。列维-斯特劳斯在《市政档案期刊》上登出了二人的来信，并写了答复，以及受到 99
责难的文章。这场争论是有关考古学的。争论的焦点在于在什么条件下和范围内，可以凭借风格上的相似性推断两种文化的亲属关系。为了解释不同文明之间的共同特征，瓦格纳兄弟曾经提出了存在一个“原初的”文明的假说。列维-斯特劳斯认为这种假设纯属任意臆测。新旧两个大陆之间的平行现象完全建立在基本形式的比较之上，这些形式的反复出现仅仅属于概率的计算而已。“应当只限于搜集事实，直到我们拥有的大量事实足以形成一个有条理的网络。在此之前，不可对事实强行作出假设。”[90]

民族学和考古学是姐妹学科。列维-斯特劳斯与之长期斗争不息的一种错误认识，是以为看到了“原始人”，也就看见了我们自己的历史，因为他们是我们的往昔的一面镜子。事实上，在巴西逗留期间，列维-斯特劳斯就被邀请去一些机构工作，同一些兼顾民族学和考古学的人有过接触。他曾前往潘塔纳州，确定一处考古遗址。他在国家博物馆的同事也曾请他去里约热内卢，参观一个刚刚发掘出的印第安人遗址。那次短暂的旅行令他十分愉悦。海湾深处，浓云密布，大雨滂沱，他有一种与世界割断了联系的感觉。城市消失了，时间隐退了。“我心想，我可能是雷利时代以后来到此地的第一个人，踏上可能留有他的足迹的土地。”[91]他让自己沉浸在绵绵的思古之幽情中。“我对起源问题总是怀有特殊的兴趣”[92]，这是他的解释。

他可以成为考古学家。可是，他不是也无意成为考古学家，这反而使他面对往昔的遗址时获得了一种自由，能够暂时把科学精神放在一边，听凭情绪的左右。他写道，对别人而言，寻找起源是一
100 种弄清当今问题的方式，“对我却是一个逃离现实的机会”[93]。只要是踏上处女地的第一人，就能够有这种幸福感，或者说听到这种感觉的遥远回声。“阅读雷利作品能够让我逃离我身处的时代，能够让我与一种我将称为‘超现实’的东西发生接触——不是超现实主义者所说的超现实，而是比我所亲身见证的现实还要现实的一种现实。”[94]

我们又回到这个土地测量员的梦幻世界之中了。把世界加以彻底清点，也就是说，查清楚每个部分的前后接续的情形。我们又看到了这种渴望所导致的那种精神状态，忧愁——只因他不可能满足。

不仅如此，时间是一座监狱。它迫使我们只看到眼前之物。可是从整体把握它们就意味着要保持一定距离。“民族志学家试图从相当超脱和远离的角度去认识和评价人类，以便从属于某个社会或某种文明的偶然性当中对人类作出抽象。”[95]民族学家站在与天狼星或上帝相似的角度。但列维-斯特劳斯确信，学者的目光虽然超越时间的荣辱兴衰，可他仍然是人。他的浪漫主义是完整无缺的。理解人类，就得首先进入个别人的内心世界。雷利懂得“设身处地地为印第安人着想”[96]。对他，这将是一个梦。

十、走进陌生世界

1937 年 11 月，学年结束，列维-斯特劳斯第二次返回巴黎。落实伟大的远征的时机已经成熟。人类博物馆和亨利·洛吉耶领导的科研署出资，列维-斯特劳斯希望在马托·格拉索州待一整年。“我决定对巴西做一次断面性质的民族志——也包括地理学——的考察，穿越高原的西部，从居亚巴市一直到马代拉州。这个地区直到最近都是巴西最不为人知的地方。”[97]在居亚巴市西北 1 000 公里的这块土地上，流淌着乌提阿利蒂、朱吕埃纳、卢瑟韦尔德和日巴拉纳等多条河流。时至今日，地图上标出的仍然只是几个港口和小村舍。1938 年时，这是个几乎从未被触动过的世界。 101

洪东将军率领的远征军曾经穿越过这个地区（即今天所谓的“洪东地界”），它的目标是将已经城市化和发展起来的南部与亚马孙盆地和北部边界用电缆连接起来。从 1907 年至 1915 年，他用了八年时间完成了敷设电缆的整个工程，“洪东线”便由此得名。当时有一个行政和技术团队随同，其中包括一位生物学家，里约热内卢国家博物馆的成员，以及印第安人保护局的代表。有代表就意味着不时还能发现原始部落。他们与其中的几个建立了联系。其他一些不是不可接近，就是避免与外人接触，或者干脆表现出攻击性。列维-斯特劳斯很愿意沿着洪东线走下去，一边试着与那些群落接触，因为还没有任何民族学家有机会观察他们。这个方案既然出自一个认真和严肃不苟的人之口，那就再好不过。法国民族学家对南美研究不多。阿尔弗雷德·梅特罗开始对查科印第安人感兴趣。但是他已经多年不在法国落脚了。这一片辽阔荒凉的田野，法国不应该只留给北美民族学家。

上一次远征已使列维-斯特劳斯明白，不应低估巴西中部的印第安人。他获得了一条信念，这些人的文化往往被视为粗糙肤浅，实际上极为精妙细致。他坚持要带上礼物和交换的钱币前往，这些钱币在他们看来具有真正的价值。“为了不失去原始人的信任（……）我得带上淬火极佳的钢刀，大量的彩色玻璃球，以及连英国皇室的鞍具匠都不会拒绝的纱线。”[98]他在雷欧米尔-塞巴斯托波街上喜获所需。除了礼物和用来交换的钱币，他还得考虑自己的必需品。在热带丛林里找到商贩不是那么容易。他必须一边以物易物，一边能够生存下去。

1938 年 2 月 1 日，他在工人高等研究院做了一个讲座，题为《民族志问题》，这所学院是他在政界的老朋友勒弗朗夫妇创立的，
102 有好几个“建设性的革命”小组的老战友也参加了创办。列维-斯特劳斯已经淡忘了往日的抱负。他从此以后仅仅作为宾客与政界发生接触。不久，他带着行李登船远航。船上满载傲慢和喧闹的军人。以往远航中所享有的奢侈和宁静不复存在。

在里约热内卢和圣保罗，列维-斯特劳斯不得不往返于各行政部门之间，争取许可证，跑遍对于本次远征能给它们捎回什么有兴趣的那些机构，签订合同。经过屡次更改修正，各方同意由圣保罗市文化局负责这次远征。教育部门在出发前做了最后一次干预：4月19日，在圣保罗大学教育学院组织的为期一周的社会学研习班上，列维-斯特劳斯作了一个题为《权力的形成与社会阶层》的讲座。

这次远征的影响非比1936年，不仅规模大，而且引起了巴西和法国国内许多人的关注。必须组织一支队伍。远征的任务是汇总观察结果和搜集民族志藏品，自然科学方面的搜集物也包括在内。蒂娜·列维-斯特劳斯也参加了。她负责研究物质文化。保罗·里维推荐了他的一位弟子，生物学家兼医生让·维拉尔①，他是那个时代法国少有的从事南美考察的研究人员。他已有多次远征的记录，有一次是在战火纷飞的查科，在巴拉圭的瓜亚基印第安人当中。他之所以受命参加筹备中的此番远征，是因为在里维看来“他对热带地区的自然界（……）有非凡的知识”[99]。维拉尔是毒液研究专家，他将扮演博物学家的角色，同时作为随团医生。最后，由于巴西官方不愿意这个团队全部由法国人组成，列维-斯特劳斯将由路易兹·德·卡斯特罗·法利阿辅佐。来自墨西哥国家博物馆的法利阿对考古学特别感兴趣，他在队伍里没有特别的科学任务，“是巴西政府派定的官方代表”[100]，他代表科学艺术考察监督委员会。这个委员 103
会是几年前由“政府建立起来的，专门监督一切在巴西领土上的开发活动”[101]。他的任务是在旅行日记本上逐日记录所发生的一切。除了“监督”以外，他也可以进行自己的科学研究。他主要是观察

① 让·维拉尔（Jehan Vellard，1947—1956），秘鲁利马国家自然史博物馆馆长。——译者注

穿越地区的环境变化。

1938 年 4 月底，考察小组到达居亚巴。这儿的旅行条件同样也有变化。过去要坐几周火车和轮船，现在可以乘飞机。不过，在列维-斯特劳斯看来，比起利用先前的运输工具缓慢地走出世界，这一进步所带来的便捷并不一定优越多少。再说，谁也不敢肯定一定省时间。另外，老得换飞机，换乘地点也从来不固定。几十分钟的飞行可能得等上一个星期。

在居亚巴，他们耗费了大量的时间和精力纠缠于行政手续。他们被提醒路上的种种困难，被列维-斯特劳斯亲切地唤作“线路”的洪东电报线多少已经废弃不用。线路刚建成不久，电台的出现就把它变成过时的东西了。官方并没有下令关闭，而线路从未投入实际使用。电线已经生锈，电线杆开始朽烂。沿途设有一些电报站，安置在那儿的都是一些志愿者。他们被人遗忘，没有工资，没有生活必需品。他们逐渐老去，“被疾病、饥饿和孤独所吞噬”[102]。列维-斯特劳斯想把这条线路作为基本取向，每走一程便可指望遇到一个电报站，从而可以添置一些必需品。固然也可以沿着电线走，但不能指望那样做能搜集到什么东西。

洪东和他的部下曾经穿越的这个地方名声不好。有人以为这儿“遍地黄金”，其实只是一片“半沙漠化的大荒原，南美大陆最贫瘠的地区之一”[103]。更糟糕的是，几年来有不少关于印第安人的令人不安的传闻。1931 年，他们攻击并摧毁了距离居亚巴仅有 300 公里的一个电报站。此类事件频频发生，道路被迫迁移。

104 列维-斯特劳斯想起了南比夸拉印第安人。与他们的关系远非只是紧张而已。1925 年，他们杀了线路上的七个工人。1933 年，沿线安置了派遣队。起初，南比夸拉印第安人协助成立派遣队，不久他们与新来者的关系恶化。六个派遣队员被杀掉，只有一位妇女幸存下来。列维-斯特劳斯与同事开始与线路上的主要电报站取得联系，他们获得的消息证实了线路上笼罩的紧张气氛。只有一条消息令人鼓舞。耶稣会神父正在南比夸拉人附近地区站稳脚跟。最好去问问他们。

1938 年 5 月份都用来组织队伍。列维-斯特劳斯打算用约六个月时间抵达马代拉河。此时正值旱季，荒原上什么吃的也没有。必须带上人、马、骡的食物，这就非得有牛不可——牛吃什么都行。可是照料牛得找到牛倌，从而多出吃饭的嘴。犹豫良久之后，决定远征队按照如下比例组成：15 人中有四个科研人员，15 匹骡马当坐骑，牛 30 头左右，每头驮 60 到 120 公斤物品。

四位市民负责提供牲口：列维-斯特劳斯抵达居亚巴时获得的犍牛将最先精疲力竭而倒地。雇人这事更加微妙。当地所有的坏家伙和冒险家都跑来应聘。终于淘到一只"稀世之鸟"，一个可靠的团队首领，名为弗尔冈吉奥，他同意参加远征，条件是要由他来选人和购买牲口。从此一切进展顺利。

1938 年 6 月初，队伍动身上路，牛车缓缓地走着。说好科技小组晚些出发追赶他们，因为最初的 500 公里道路尚可通车。一辆卡车载着部分物品。一周后，轮到他们离开居亚巴了。据他们的估计快到终点时就能赶上牛车和骑士们。其实离出发地仅 50 公里处，他们就遇上了车队。"在那儿，我第一次发火了，这也不是唯一的一次。还有其他让我沮丧的事呢，我明白了，在我闯入的这个世界里 105
是没有时间概念的。"[104]然而，他走出了这个世界。

十一、另一个世界

在居亚巴市以北的 200 公里行程中，还可以不时遇见一个小村庄，一个小镇，它们是昔日的淘金者或寻找宝石者所建，如今只剩下寥寥几个孤独无助的人。他们随后接近了这个令人伤感的世界，列维-斯特劳斯在博罗罗人那里已经有所领略。黄沙覆盖的砂岩高原海拔500～800米，蜿蜒绵延，比法国的国土还要大。“干燥的热带丛林，树木矮小而稀疏，随处挡住视野。单调的景色没有变化，比在森林里还难以把握方向。时而（……）出现的高耸的红土白蚁窝才使这令人伤感而冷峻的地区有所变化，有点色调。”[105]人类活动留下的唯一痕迹是那条曲折的电杆的路线以及沿线践踏出来的小道“卡比达”，线道有时难以辨认，几乎与热带丛林混同。每80或100公里处便有一个电报站：几间草棚里住着懵懵懂懂的站长和三五个巴海西印第安人。从洪东将军那个时代起，他们就与文明世界经常有所接触，因此享有参加线路维护的优惠权利。

6月底，远征队抵达有12个草棚的乌提阿利蒂电报站，位于帕帕加奥河边。从这里开始，物品得用骡子驮运，随牛车的节奏前行。他们已经进入了南比夸拉人的地界。一路上流传着关于他们的各种恐怖故事，大多与屠杀传教士有关，还有其他名目繁多的伏击和暗杀，细节令人怵然。但是，这并没有影响建立友好的邻居关系。电报站长时常接待一些南比夸拉人到访，他们操着南比夸拉-葡萄牙混合语同邻居闲聊，互相开玩笑。

106 南比夸拉人逢旱季便放弃村庄，成帮搭伙去荒原上流浪，找东西吃。其中一帮人正巧几天前刚刚到达，民族志学家们在距离他们的营地几米开外安顿了下来。调查可以开始了——物质文明，社会组织。可是首先须彼此沟通。列维-斯特劳斯和伙伴们逐渐学会了最基本的语言表达。他们发现语言是随群体和区域而变化的。他们逐渐掌握了语法和一套词汇。弄清这个23人的群体中每人的名字才能搞清他们的亲属关系，然而这并非易事，因为南比夸拉人禁止使用名字，得另想办法。除此之外，他们都很配合。对这些学者以及他们带着的笔记本和照相机，他们都显得若无其事。

南比夸拉人表现出某种与文明相反的东西。他们就地裸身而卧，没有独木舟，只有少数人懂得制作陶器。列维-斯特劳斯选中这些人并非出于偶然。的确，他们的一切都是颠倒过来的。在人类的所有文明中，难以找到比南比夸拉世界更奇特的社会标本。

远征队员获得6个家庭的接纳，分别安顿在他们旁边，而且同这些家庭一起北移，一直到另一个电报站朱吕埃纳。他们在那儿遇到了三个耶稣会神父。他们已经完成了立足的任务。25年前，军人来过以后，传教士和民族学家是一同登陆的。在列维-斯特劳斯看来，民族学家和传教士的区别十分清晰，传教士要摧毁的正是民族学家希望挽救的。他在《忧郁的热带》中谈到了他的新邻居耶稣会传教士，描绘出他们的可憎形象：一群疯子，旧制度的大彻大悟者，他们眼里遍地都是魔鬼，随时准备用文明教化野蛮人。遗憾的是，民族学家仅短暂逗留，而传教士却在此扎根。此后11年，列维-斯特劳斯的一个同事在此地又遇到了耶稣会教士和印第安人。传教士靠着基督教的热情，逼着印第安人不时穿上衣服。而且印第安人一个个病怏怏的，人口锐减，脸上流露出仇恨和彻底的绝望。

生活在印第安人身边，参加他们的劳动，分享他们的快乐，列维-斯特劳斯很快成了他们的熟人和朋友。做笔录或搜集物品并不妨碍欢笑和动情。一个小姑娘愿意把自己的玩伴出让给他，一只脑袋毛茸茸的母猴，名唤路珊达。从此以后，列维-斯特劳斯的巴西之旅 107
多了个同伴，路珊达总是吊在列维-斯特劳斯的靴子上。这群人甚至打算送给列维-斯特劳斯一个更奇妙的礼物：两个遭后母遗弃的小女孩，一个两岁，一个六岁。“这帮人忧虑她们的命运（……）多次暗示我们，希望我们能抚养最小的那个孩子。最后他们终于释然，高兴地把孩子托付给了我们。”[106]那个孩子“可爱极了”，学者们想收养她，但印第安人保护局的担心和答复迫使他们最终放弃了这个打算。

在《忧郁的热带》里，列维-斯特劳斯强调了人与人之间的温情——父母与孩子之间，夫妇之间，所有的人对于性爱的肯定态度以及随后做出的有趣的评论。一天晚上，他在当地写下的笔记见证了他的这一强烈印象：

> 头一回在热带丛林里与印第安人一起露营，面对这种赤裸裸的人性表露，来访者感到陷入了一种不安的情绪，并且生出一股怜悯之情。这些人似乎是瘫倒在被某种无法抗拒的巨变变得极不舒服的土地上，赤身裸体，哆哆嗦嗦地靠近跳跃着的篝火。(……) 可是，这悲惨的景象里却混杂着绵绵絮语和欢笑声。夫妇俩相拥而卧，似乎在缅怀一个失落的整体；纵然有陌生人从旁走过，爱抚也不会停止。猜想得出，他们心中一定充满无边的柔情蜜意，无忧无虑地享受着一种天真而诱人的动物性的满足感，这一切散发着一种人类温情的最感人最真挚的表达。[107]

这似乎是对人类命运的一种隐喻。南比夸拉人提供了一幅表现人的第一需要的图画，一切皆源于此：不是社会契约，而是分享动物的热量，彼此得到肌肤之亲的满足感。更确切地说，我们不是处在人类的黎明，而是位于她永恒不变的核心。通过南比夸拉人，列维-斯特劳斯得以度量，浮面的东西一旦被拿掉，一个人群会剩下什么。

108 然而，他们跟随的这伙人脾气并非永远温和。五年前，杀掉六个传教士的正是他们当中的成员，现在他们却津津乐道地向列维-斯特劳斯讲述故事的经过。南比夸拉人情绪极不稳定。转眼之间，他们可以从极为友善变为公开仇视。列维-斯特劳斯和同伴们不止一次被吓得心惊肉跳。尤其是一次拙劣的尝试可能会使情况大为恶化。列维-斯特劳斯想了解南比夸拉人人口的估计数字，因为自洪东的远征以来，他们的人口急剧下降，但一直没有准确的数字。为此他请求他认识的那位部落首领带他到村里去，再把别的部落首领也请来。首领的态度有点勉强，但最后还是同意了。“这次旅行非常危险，今天想起来，我还觉得那是个很荒唐的插曲。”[108]民族学家们手扶着左轮手枪，始终觉得可能遭到袭击。步行好几天到达目的地之后，他们才得知，那位首领多少有点强迫他的伙伴们前来会晤，其中有几个从来没见过白人，显得很紧张。“大家一夜未眠，都不露声色地互相窥视着。”[109]如果已经许诺的礼物不是他们所期待的，如果首领没有足够的权威让其他部落接受交换，任何事情都可能发生。民族学家匆匆完成了工作，分发了礼物，尽快打道回府了。

几个星期后，远征队被化脓性眼炎所困扰。好几个人都感染上了。蒂娜·列维-斯特劳斯的情况尤为严重，继续上路已属不可能。必须安排她从乌提阿利蒂返回圣保罗。列维-斯特劳斯未遭感染，后来一直也没有。显然他很幸运，身强体健。

留下维拉尔照料病人，列维-斯特劳斯与另外两个男人前往下一个电报站，新冈波斯。他再次有了强烈的感受，路经两个部落时，听说他有礼物，那些人来了，但是并不满意他献上的礼物。他忙着照相，做记录，却感到孤独无助，在这上不着天，下不着地的地方，为那些人的态度而苦恼。在他们眼里，他什么也不是。他感到沮丧。这一切都值得吗？一天早晨，印第安人不见了。他们没打招呼就出去打猎了，他不知道这些人几时返回。一连数日，他无所事 109
事，只好自己找事打发时间，心烦意乱。他心想，这场贸然出行究竟是不是一种逃避呢？民族学家是不是由于难以融入自己的社会，而找了个借口以逃避问题呢？“怪也不怪，我的探险生活并没有给我开辟一番新的天地，仅使我返回了昔日的那个世界，而我曾经以之自诩的那个世界瞬乎间不觉消失了。”[110]印第安人倒是回来了，问题仍然悬而未决。

队伍与他再次会合时，少了几个人、几头牛。他们继续沿着电报线路前行。过了新冈波斯，接着是维勒纳，高原的最高点，位置大约在半途上。有两股印第安人在此露营，萨巴奈斯人和卡比奇人。洪东远征时期，萨巴奈斯人有千余人，现在只剩下 19 个人。卡比奇人的语言，列维-斯特劳斯和同伴们从未弄懂，连萨巴奈斯人也只能勉强听懂。以往这两股印第安人部相遇时关系不好，甚至发生冲突，可是他们实行了一种颇为独特的做法，尽管难以沟通，他们却努力寻求合并融会，为的是最后变成一个部落。几周后，他们脱离了电报线路，列维-斯特劳斯永远无从知道合并最终是否成功。人口逐渐减少，这一令人扼腕的过程使南比夸拉人龟缩为往日的一个影子，可是这种合并却是他所眼见的唯一一次试图扭转局面的尝试。

泰斯·布利蒂斯，巴拉奥·德·莫尔卡索，电报站一个接着一个，工作继续进行。沿线前行的日子千篇一律。“探险生活陷入烦恼（……）每天重复着同样的动作：支营帐，安吊床，挂蚊帐，安放行李和鞍具以防白蚁的袭击，照管牲口，第二天重复一遍，只是顺序颠倒而已。要么是，一股印第安人现身，于是老调重弹：清点人数，身体各部名称，亲属关系称谓，谱系，统计表。我成了大逃亡办公室的官僚。”[111]一个欧洲人如果被剥夺了参照系，那他还能剩下什么呢？还有音乐。日复一日，周复一周，列维-斯特劳斯的脑际萦绕着肖邦第 10 号作品第 3 练习曲的某个乐句，某个旋律，数个音
110 符。遭到几代菜鸟钢琴家扼杀的忧伤旋律缓缓从记忆深处浮现，附着在他的心灵里，不愿让位于任何更高贵的东西，最终却成为他的

一种担忧："难道这就是旅行？发掘我记忆当中的荒漠，而不去考察我周围的人？"[112]

列维-斯特劳斯花了一整天被迫自娱自乐，因为酷暑难当，印第安人都躲起来了。那是一个突然冒出来的念头：他的处境为他提供了一个古代的悲剧素材。他拿起笔，连写六天，编成了一出名为《奥古斯都成仙记》的话剧。写完两幕，第三、第四幕也拟出了大纲，灵感却一下子干涸了。多少年后翻捡出那些手稿，列维-斯特劳斯并不认为中途弃笔是戏剧界的一大损失。他说，那实质上是一部剧作素材，其中只有孤独感和不正常的命运能够说得通。奥古斯都是个皇帝，一个社会的人，以及他的朋友西拿，冒险家、自然人和原始人，二人走了迥然相反的道路。西拿丢掉了一切幻想，他明白哪儿的野草都是一样的，别的社会与他自己的社会没有什么不同。既然游历一大圈又回到了起点，那又何必远离亲人呢？"旅行是愚弄人的"。[113]奥古斯都想当神仙，但是他发觉这样会失去人性。两种虚荣心，两种失败。奥古斯都和西拿究竟下场如何？我们不得而知，悲剧之谜仍然未解。列维-斯特劳斯当年 30 岁，还不具备对付不安和疑虑的手段。"在巴西中部的贫瘠的荒原上，不知有多少次，我觉得自己在糟蹋生命！"[114]

进入 9 月。牛群垮了：筋疲力尽，事故，疾病。过了荒原，来到干燥的森林地带，然后到达高原的边缘。旅行者的脚下，一片向下延伸的草地，迎来了新的风光和新的生活。亚马孙河流域的森林一望无际。他们离开了南比夸拉人的天地。列维-斯特劳斯想起蒙田。1560 年前后，蒙田在法国北部城市鲁昂遇到一个巴西印第安人，是一位首领。那个人说，首领的特权在于须走在战士的前列。列维-斯特劳斯询问给他提供信息的南比夸拉人，得到的回答竟然一模一样。他从这一巧合中看到了一个证据，能够说明政治概念的稳

111 定性。但他尤其感到一次令人激动的震撼，即通过印第安人的媒介，他能够忽然间走近蒙田，而且与他对话。列维-斯特劳斯越洋跨海，翻山越岭，终于和一位故去400年的朋友重逢了。

他还想起卢梭。南比夸拉人的社会很可能最接近自然状态，一如18世纪所梦想的样子。卢梭以为这种状态从未存在过，也永远不会有。“我比他走运，在一个濒临灭绝的社会里找到了这种状态。”[115]但列维-斯特劳斯遇到了一个谜。为什么在这个社会里，成为首领的是某些男子，而不是别人呢？是什么造成了个人之间的差异？社会学的解释、精神分析的说法都不能让他满意。有某种东西在抗拒这些解说，并且标示出一条迫使人文科学裹足不前的界限。“我曾经努力寻找一个被省约为最简单表达的社会。南比夸拉人正是这样的社会，我从中看到的只有人。”[116]

十二、顺流而下

远征队在马沙杜河岸驻扎下来。这儿草木茂盛，猎物众多。队员们以凯门鳄鱼尾和烤鹦鹉肉大快朵颐，牲口也恢复了体力。大家一致同意，存活下来的17头牛体力一旦恢复，就和牛倌们一道起程去乌提阿利蒂。牛驮的东西不多。雨季一来荒原就会变成草场。旅行应当平安无事。他们几个人去寻找橡胶者居住的村庄，把骡子和马匹在那儿卖掉。技术人员和男人仍然负责行李，他们走水路，护送到第一个有人居住的地方。

经过骡背上的颠簸和景色几乎千篇一律的旅程以后，顺流而下是令人愉悦的。他们在第一个电报站听到一条令人惊奇的消息：马沙杜河的一条支流附近有一个不为人知的印第安部落，既没有一个
112 白人，也没有一个民族学家去过，尚无任何记录。三位科学家、另

外两个男人和几个桨手登上了两条独木舟，逆流而上去寻找他们。列维-斯特劳斯觉得仿佛被带进了人间天堂。可是并非一切都是赏心乐事：必须不断卸船、装船才能经过激流；一连几个钟头蹲着把四下里渗入的水舀出去；还得当心动作不能过猛，否则小船会失去平衡。他兴奋的是森林浓密繁茂，大自然似乎把一切都按照生物界和物种的分野出现之前的原初状态呈现出来。水和陆地、花和鸟难解难分，一起构成一幅生机勃勃的景象。

第五天，他们望见了印第安人的营地。这些印第安人叫芒代人。“我在那儿快乐地度过了一个星期。很少有人比他们更朴实单纯，耐心友善。”[117]我们的民族学家却不无遗憾，因为不懂他们的语言，也没有翻译。他不得不只进行一场肤浅的调查。此时他看到的是“原始程度到了极点”[118]的人，比南比夸拉人更甚。可以说，他身处最纯粹的状态下的未开化人中间。这些人与他来自的世界没有任何接触。绝对的陌生人，而且对他将永远是陌生的。“他们与我近在咫尺，近得就像我在镜子里的影像，伸手可及，却无法理解。我既获得了奖赏，也遭受了刑罚。”[119]正是所谓忧郁的热带。

回到电报站后，列维-斯特劳斯不愿就此结束他的远征，因为梦想尚未实现。洪东曾指出这一带有印第安人。有些已经融入巴西社会，参加了线路的维护工作，有些则用铺天盖地的乱箭对待外来者。终于有个寻找橡胶的人说，这里有一个大概属于图皮人家族的印第安部落，尽管无人了解他们的情况，看来他们是特维①和雷利描述过的那些印第安人的后代，也就是蒙田曾与之对话的那个印第安人的后人。几个世纪以来，他们逐步后撤，从沿海一直退入森林

① 安德烈·德·特维（André de Thevet，1502—1590），法国圣方济各教会神父，16世纪到过巴西，著有《法国南极殖民地奇闻》。——译者注

深处。

要找到他们，就得沿着马沙杜河下行三天，然后用两天穿越森
113 林。维拉尔患了疟疾，不能随队走。他在一个寻找橡胶者的村子里就地休养。科学远征此番只剩下列维-斯特劳斯和永远趴在他左脚靴子上的路珊达以及德·卡斯特罗·法利阿和他的当地报告人，另外还有三个男人。在没有现成道路可走的莽莽林区穿行，这对他们将是一次全新的经历。列维-斯特劳斯习惯了布满卵石的塞文山区，可是对这个自足自在的世界兴趣盎然。浓荫蔽日的参天大树下有着一种与周围无关的生活，目力所及限于几米之内，而"离灵魂更近的感官，听觉和嗅觉，反而更有用武之地"[120]。

图皮卡瓦伊布人很难接近。列维-斯特劳斯坚持在正常的活动范围内对他们进行考察。但是他遇到的这个部落几近瓦解，剩下寥寥几个人，好几个还生着病，或者有残疾。这一股印第安人继续存活下去的可能性几乎为零。他们随时会丢弃他们的村庄、生活方式和历史，把自己交付给充满不确定性的现代文明。列维-斯特劳斯到达这个村庄时，他所看到的一切已经注定要从这个世界消失。

他们抵达的第二天，一个男子意外地用枪打伤了自己。三个指头几乎打断了，若想保留住手指，就得立即送到维拉尔那里去。他们离开了村子，急步来到马沙杜河岸。卡斯特罗·法利阿载着伤者继续划船赶路，留下列维-斯特劳斯一边静等他们返回，一边看管已经放入安全地带的行李。

等待的不止他一人。图皮卡瓦伊布人最终告别了他们的村庄。他们完成一切准备以后，答应前来与列维-斯特劳斯会合，一块度过大约两个星期的等待时间。对于他们而言，这是他们剩下的能够避开白人和白人的文明的最后的日子。而对列维-斯特劳斯来说，这是此番远征的最后一次调查。他把极其复杂的联姻关系重建起来。一

个最终仅剩寥寥数人的小集体，除非奇迹发生，否则是难以生存而不发生背叛的。在列维-斯特劳斯眼皮底下许诺的婚姻是否得到信守，他永远无从知道。

最后两个晚上，他有机会目睹了一场如梦似幻的场面。一个首领开始歌唱，他渐渐停止歌唱，但歌声继续着。歌曲与口头叙述交替进行。歌唱者演出了一幕悲剧，剧中的角色是动物、物件和鬼魂；角色的变化靠变换摄人心魄的声调和复现主题。印第安人的音乐使列维-斯特劳斯想到斯特拉文斯基。这之前，南比夸拉人的笛子独奏曾经唤起他对《春之祭》中“祖先的礼仪活动”的回忆。这次表演让他似乎听到了斯特拉文斯基的《婚礼》。列维-斯特劳斯把印第安人的音乐完整地记录了下来。他回法国后，钢琴家贝西·若拉斯①曾经想方设法把这些音符演奏出来。列维-斯特劳斯记住了那些最接近自己的记忆的曲调。不幸的是，曲谱被负责刊行的出版商给弄丢了（“我一想到这事就对他怨恨不已”[121]，列维-斯特劳斯 50 年后这样写道）。 114

1938 年 11 月 7 日，卡斯特罗·法利亚回来了。维拉尔挽救了那人的手。远征队的科学考察宣告结束。图皮卡瓦伊布人往上游走去。印第安人已经处于一个开始于 400 年前的缓慢的解体过程的终点，即将消逝于一个未知世界之中。列维-斯特劳斯一行则向下游走去，走向港口和城市。

十三、伤情巴西

机动船的出现标志着回到了文明世界。列维-斯特劳斯、卡斯特

① 贝西·若拉斯（Betsy Jolas，1926— ），法国钢琴家和作曲家。——译者注

罗·法利阿和维拉尔在乌鲁巴会合了。在某种意义上，乌鲁巴是康拉德所说的社会进步的一个前哨站，位于马沙杜河畔。精疲力竭的他们用了三个星期恢复体力，静等涨水后本季第一艘船的到来。他们先在一座隔出几个房间的吊脚窝棚里安顿下来。这已经算是一种奢侈。不过还得吃饭，带来的食品已经耗尽。幸好还有可以用来交换的物品。列维-斯特劳斯是掌管银钱的。“经过讨价还价，当地妓女用两只鸡蛋换走我一条项链。”[122]

列维-斯特劳斯利用空闲时间去观察小村庄的居民。这里的社会生活围绕着寻找橡胶者组织起来。他们受到极为残酷的剥削，生活悲惨。在那个繁荣的时代，橡胶行情依然看好。可是这繁荣却体现
115 在舞场里，既令人侧目又十分悲怆：男人炫耀自己的白帆布裤子，女人穿着紧箍身体的舞裙忸怩作态。如果说同图皮卡瓦伊布人在一起的时候，列维-斯特劳斯似乎生活在 16 世纪，那么现在就是回到了 18 世纪。

12 月里，列维-斯特劳斯一行三人登上一艘机动船。这艘船在马代拉河上懒洋洋地行驶了数日。沿河两岸是忙碌的生活。生活在社会边缘和孤立无助的人们靠黑市交易、妄想和巫术谋生。不时可以看到黎巴嫩商人。在遗弃在草棚里的一份报纸上，列维-斯特劳斯得知慕尼黑条约已经签订。“这对我没有多大影响。我远在他乡，无从观察。我（……）对印第安人远比对世界局势更关心。”[123]

应该结束远征，返回居亚巴了。最便捷的道路是经过玻利维亚。一艘蒸汽船逆流而上，直至边境。列维-斯特劳斯与维拉尔从那儿乘飞机去科伦巴，而德·卡斯特罗·法利阿早已直接返回里约热内卢。归途中，在塞拉地区的圣塔·克鲁茨转机时延误了时间。两人被困在一个村庄好几天。列维-斯特劳斯便前去对安第斯文化作短暂探访。当地的巡警队看到两个陌生人在街上溜达，就把他们抓了

起来。理由很简单：面生。他们在旧日的总督府里被关了一阵子。

烦琐的检查使他们返回巴西变得复杂起来。列维-斯特劳斯对此十分厌恶。几周后，他解释道：“边境地区有军人驻守，这些人蛮不讲理，监视令人感到厌烦。”[124]一辆卡车从居亚巴把他们带到远征出发地乌提阿利蒂。二人与团队、余下的车队以及南比夸拉人会合了。南比夸拉人正在赶搭雨季所需的草屋。他们结了账，各奔前程。一路上搜集的民族学收藏品都装上了卡车，准备开往居亚巴。1939 年 1 月初，列维-斯特劳斯到达圣保罗。他带着他的猴子住进了一家豪华旅馆“广场大酒店”。他是在 8 个多月前离开这座城市的。8 个月中有 6 个月是在牛车上和独木舟中度过的。 116

对于他个人来说，这场绕到镜子背面进行的长时间漫游是一次强烈的体验。列维-斯特劳斯一路上的精神状态见证了这场体验所引起内心活动。他不无沮丧地发现，无论在欧洲中部还是在荒原的腹地，人们都呼吸着同一种空气，脚踏着同样的土地。所谓异国情调不过是游记造成的印象，或者是摄影的取景效果而已；所谓探险活动也不过是令人恼火的期待和考验毅力的努力。“在民族学家的职业里，探险没有它的位置，它只是这一职业的从属物。”[125]

这些怀疑至少是走向成熟的一种迹象。革命和改变世界都无法简单地继续被当作，或者被要求成为，一种进步。他说，热爱德彪西的音乐使他更好地理解了肖邦的音乐，而他原以为与肖邦无缘亲近。他对于世界起源的挥之不去的念头属于同样一种关注：既然没有任何目的是由历史决定的——显然，他在这方面对马克思主义目的论毫无所知——只有从起源入手，才有可能找到正确地理解社会的钥匙，并因而正确理解一个更好的未来。

从专业方面来看，列维-斯特劳斯掌握了这一门职业。他可以自视为一个毫不含糊的民族学家。后来，他把自己对于南比夸拉人和图皮卡瓦伊布人所做的工作看得微不足道。“我的笔记不完整。我吃惊地发现笔记做得那么糟糕。”[126]可是他却从中找到了用于科学研究的严肃而深刻的素材。

列维-斯特劳斯的田野调查方法常常遭人非难。有人说他从未在一个部落里超过几个星期，也不会说南比夸拉语。而民族学研究，及其科学严谨性，要求必须在一个群体里生活几个月，还得会说他们的民族语。总而言之，也许他错了，没有从事高密度的调查，没有花时间和运用手段去真正理解他的“主人”。这种指责有欠公允。列维-斯特劳斯做的事的局限性，他有充分的意识，而且从不想掩饰。后来他说，他是用“当时凑手的手段”行事的。[127]问题其实在
117 于知道他在寻找什么，选用的手段是否适当。正像他提到雷利时所说，他无疑梦想能够为印第安人设身处地。在任何情况下，科学的做法都不排斥感同身受；相反的，它必须与一些步骤相适应。列维-斯特劳斯的确没有查清这个社会的五脏六腑，但他描写和解释了印第安社会。他完成了一场调查，积累了相关知识，记录了新的事实。没有任何东西能够证明他的手段是不适宜的。假如他有更多时间可供支配，假如可以待上一季度之久，假如有一本南比夸拉语的语法书，他的收获一定会大得多。但是，当时的情形并非如此。然而这一点丝毫不会削弱已完成的工作的正当性。此外，远征考察还有教学作用。民族学家必须拥有田野调查的经验，正如精神分析学家必须经受一次精神分析，否则便不合格。除了在印第安人那里取得真正的科学成果以外，列维-斯特劳斯还从中获得了理解和评估别人的成果的方法。

远征考察队内部也有令人伤脑筋的问题。三位科学家不团结。他们与卡斯特罗·法利阿的关系很糟——列维-斯特劳斯在《忧郁的热带》里只有一处提及这个名词。维拉尔返回时很气愤。重重困

难，与印第安人接触的随机性和有时令人失望，疾病，疲劳，这些都影响到队伍的团结。梅特罗后来说，维拉尔“把南比夸拉人调查视为彻底失败”[128]。但是，不管怎么说，由于看到了箭毒的制作技术，维拉尔获得了好几篇科学论文的写作材料，而且在一部参照书里也用过。[129]

该离开巴西了。照让·莫古埃所说，巴西政府告知过法国外交部，从前一年夏天开始，“合同不再延续”[130]。他说错了。大多数教授依然留在原地，尽管他们的声望已是今非昔比。问题不在这里。列维-斯特劳斯受到人身攻击。保罗·杜阿尔特在法国和全欧都有许多联系，亦曾积极参加各批遣使团的活动，他在《回忆录》里说，118
虽然列维-斯特劳斯离开巴西的时候，对于在大学里和远征中完成的工作是满意的，却被一些促使他离开巴西的事件所深深伤害。

> 与所有来到圣保罗的人不同，列维-斯特劳斯没有被选进乔治·仲马的小组。可是，在我写信给要求配合之下，保罗·里维向这个大教授举荐了列维-斯特劳斯。我那样做是担心派到圣保罗的成员是清一色的新教徒。或许因为如此，他们不露声色地组织了一场反对他的运动。列维-斯特劳斯对此一无所知，但结果却是提前离开了巴西，他的学生和我们大家都希望他等合同期满再走。
>
> 文化局其他教授的情况则相反。有的已经在巴西多年，最糟糕的是朱利诺（朱利奥·德·梅斯基塔）也参与了反对年轻的列维-斯特劳斯的运动。（……）而且朱利诺没做任何努力把列维-斯特劳斯留下来，这件事，列维-斯特劳斯永远难忘。现在，他默默地优雅地离去，但是他永远不会忘记巴西，尽管有计谋、手腕、闲言碎语，巴西令他难以忘怀，他带着珍贵的笔记离开了，那是他日后在社会学领域做出令人瞩目的成果的

基石。[131]

列维-斯特劳斯没有在别的国家工作的打算，他要在自己的国家工作。“我想带着搜集到的物品返回法国，重新开始大学生活，准备写博士论文。”[132]2 月 11 日，在桑托斯，列维-斯特劳斯和阿尔弗雷德·梅特罗有个约会，当时梅特罗在加州大学伯克利分校教书，去阿根廷的途中在巴西短暂停留。这是两人后来一系列会晤的头一次。梅特罗留下了一个不冷不热的印象：“列维-斯特劳斯进来了。可以说是从埃及绘画上走下来的一个犹太人，连鼻子和胡子都是按照闪族人的样子塑就的，我觉得列维-斯特劳斯待人冷淡，拘谨刻板，十足的法国大学中人。”[133]这个民族学的新手，经过 4 年的巴西生活，已经完全不再抱有任何幻想。“列维-斯特劳斯厌恶巴西，瓦尔卡斯是个没有原则的独裁者，只想把他的权力延续下去。他的专
119 制根本就是警察专政。列维-斯特劳斯看不到南美的希望。他接近于认为那场败绩是个宇宙不祥的预兆。他决定离开巴西，在那儿似乎不可能做任何工作。”[134]

几周后，列维-斯特劳斯抵达里约热内卢，他与国家博物馆的同事们一起，解决了最后的问题，特别是收藏品如何分配的极微妙的问题。这引起了一些摩擦。在圣保罗和里约热内卢，他与美国同事却建立了友好的关系。在里约热内卢，他利用最后的时间见到了露丝·朗德①和图皮印第安人的专家查理·瓦格莱②。列维-斯特劳斯后来屡次强调，他在巴西的那几年正逢北美民族学在完成北美大陆

---

① 露丝·朗德（Ruth Landes，1908—1991），美国人类学家，以研究巴西妇女问题和纽约黑人问题知名。——译者注

② 查理·瓦格莱（Charles Walter Wagley，1913—1991），美国哥伦比亚大学人类学教授，拉丁美洲文化专家，担任过美国人类学会会长。——译者注

的调查之后，开始把目光转向南美。“我正好赶上机会。”[135]列维-斯特劳斯建立起一些联系，他的名字开始在专家学者中流传；虽然远征的结果尚未发表，他的远征却并没有遭到忽略。此外，罗伯特·洛维也读了他的博罗罗人的报道，而且让他知道了自己的赞赏之意。

多亏有行政部门的好意安排，他出发时的情形应验了向梅特罗诉说的悲观情绪。登船的那一刻，列维-斯特劳斯被扣住，在一间船舱里被一个海军军官看押了几个小时，怀疑他要把属于巴西的收藏品混在船舱里带往法国。这艘赴法客货两用船先后在维多利亚和巴亚停留。列维-斯特劳斯下了船，到上城区闲逛。当他给想照相的孩子拍照的当口，“有一只手放在了我的肩膀上：两个检察员（……）告诉我，我刚才的举动显示对巴西怀有敌意”[136]。这是数日之内，列维-斯特劳斯第二次被捕。临近开航才被释放。

十四、归国 120

环境变了，生活也变了。1939 年 3 月底，列维-斯特劳斯回到巴黎。离开法国时，学校是以临时“离校”的名义处理的。他现在要求重返学校。秋季开学，他被任命到亨利四世中学教书。开学之前，他将收藏品送到了人类博物馆。这次远征搜集的物品不如他从卡杜维欧和博罗罗人那里搜集到的那么引人入胜，主要是些弓箭和羽毛饰品。鉴定工作繁复琐碎，每一件物品都得建立一张统计卡，件件都得仔细研究。

他的计划很简单。既然已经尝试过远行出海，现在他很想成为研究人员。从事职业生涯对他来说不再是个令人生厌的前景了。他有一门职业，从事一项研究，知道自己应往何处去。唯一的问题是如何从大学里获得发展的手段。而解决这个问题的唯一办法是利用他的远征成果：举办展览，获得博士学位。按照常理，现在他应当能够按照自己的心愿生活了。自身的生命历史于是开始了。也许，这种经历多年之后完成的自我把握与另一个改变多少有关，“也就是在这个时期，我的第一个妻子蒂娜和我分手了”[137]。

然而，他仍有一种飘忽不定之感。虽然已经取得了多年经验，并且获得了长辈的认可，他在某些方面仍然显得太年轻，好像要和比自己更强大的东西进行较量。“那时我又感到没有写书的能力。”[138]他的探险经历使他可以胜任大学里要求的一切活动：写文章：硕士论文和博士论文。但写书可是另一回事。这种谨慎不大可能是出于缺乏自信心，列维-斯特劳斯因尼赞而感到胆怯的时代已经一去不返了。

写书意味着文学创作。科学探险的报告不足以构成文学作品。列维-斯特劳斯不会混淆文学体裁。兴趣使得他既热爱严谨的科学，
121 也热爱美文华章。从巴西返国后，直到战争爆发前的那几个月当中，他开始写一部小说。情节是现成的：“我在报纸上看到一则社会新闻，一件诈骗案。有个男子带着一台留声机去了南美的岛屿，他把用当地语言录制的一张唱片放给人听，上面有把他说成新的‘上帝’的长篇大论。他求每个当地居民给他三个椰子作为交换，因此发了大财（……）一个很有康拉德风格的故事。”[139]写小说要求遵循一套全然不同于他习惯了的规矩。“我很快就发现自己缺乏具体的想象力，对于分析人物和烘托气氛所必不可少的细节，我也缺乏耐心。最后剩下的只有《忧郁的热带》这个题目和对落日的描写（这本书便以此开头）。”[140]

我们已经知道，夕阳西下的描写是列维-斯特劳斯第一次走近巴西时，在旅途中的现场写作，而非1939年的那次。显然，在巴西逗

留期间，列维-斯特劳斯经常考虑可能从旅行中产生的文学创作。这种兴趣的另一条见证，是在南比夸拉人那里尝试创作一个剧本。一个人能够身兼科学家和文学家吗？15 年后他做出了肯定的回答。此时此刻，他的那些随笔触了礁。他说因为缺少想象力和耐心。或许还应该补充一句：对虚构缺乏兴趣。他对真实世界的兴趣如此浓厚，以至于无心虚构别的世界。

已是 1939 年夏天了。4 年来，列维-斯特劳斯满足于尾随时事，不落伍即可。在巴西时，他痛恨法西斯的“一体化”及其迫害的肆虐，坚决反对在意大利人当中已经几乎明目张胆的法西斯主义。但是，他竟然没有察觉到国际政治气候的变化。有人问：“你感到战争迫近了吗?”他答道：“没有，甚至没有意识到希特勒和法西斯主义的威胁。同大多数人一样，我完全成了瞎子。没有前例的事情我看不出来。我能认出，但不会想象。”[141]按照梅特罗的说法，他对纳 122
粹的反犹太运动的解释，是德国小资产阶级嫉妒在通货膨胀时期发了财的犹太人。在他看来，德国对于犹太人的迫害好比一次自然灾害：“我这个比喻的意思是，假如在离您不远的地方发生了火山爆发，您就会心里说：但愿别跑到我这儿来；万一真的靠近了，就得离开此地。不过，印象里我并没有作出伦理道德方面、政治方面或理性的评估。”[142]

十五、战争爆发

1939 年 9 月，列维-斯特劳斯 31 岁，应征入伍。去亨利四世中学教书的任命自然而然地失去了意义。他先被派往邮电部的电报审查部门。“对一切值得怀疑的电报，我都得向一位上司报告。他会当即把这想象成事关重大（……）真是非常滑稽。”[143]由于厌烦之极，他要求调动。他想成为英国派遣部队的联络员。为此，尽管他英语蹩脚，还是被送到索姆省上了几堂英语课。后来他被派到卢森堡边境上的马其诺防线后方，同去的还有三四个人。“战争开始的头几个月，对我意味着什么呢？似乎跟巴西衔接起来了，换一种方式继续我的民族学经历而已。也就是说，我已经习惯置身于荒唐、怪诞、特殊的境地。这一切衔接得非常好。”[144]这支小部队整个冬天都等待着英军的到来。“我们无事可做。我在乡间旷日持久地游荡。”[145]德军发动进攻时，一个团的苏格兰士兵终于到达。他们已有联络员，于是把我们小组打发走了。“这倒可能救了我们的命，几天后那支部队伤亡惨重。没人要我们，我们就去找大部队，终于在
123 萨尔特省的一个村子找到了。”[146]

面对德国人的步步进逼，他所在的部队登上了前往波尔多市的火车。随后是在法国腹地不停地转来转去。军官们吵成一团，有的坚持服从命令去波尔多，哪怕是向德军投降也罢，有的不想服从命令，打算前往地中海。最终后者占了上风。经过蒂尔、罗代等地，战士们终于到达了贝齐埃。他们从那儿被派往拉扎克的喀斯台地数日。最后终于在蒙彼利埃市落了脚。

几个月空等，然后是疲于奔命，列维-斯特劳斯远离政治舞台的欲望更加强烈。他后来多次提到这些事对他的影响。1980 年，他说：“说到参与政治，我年轻时是和平主义者，后来眼见法国军队的崩溃（……）如此上当受骗的感觉使我从此不再相信我的政治判断。”[147]1984 年，他又说：“我对我的政治判断完全失去了信心。”[148]待到 1986 年：“犯下这么严重的错误，结论只有一个，这说明我没有政治头脑。”[149]他是对自己不信任，而非对政治。

在几次接受采访时，他都强调自己对政治的关注丝毫不减。过去他一直阅读报纸，今天依然如此。但是“不再动不动就教诲别

人”[150]。从此他认为政治判断都是表面的，缺少严谨性。谁想介入政治，就应当首先满足“构成任何明智的判断的条件：努力去了解政治（……）这是个完全正当的目标，可是得全身心投入才行(……)”[151]要么不做，要做就得全力以赴。如果从政治实践的角度出发加以分析，这种偏激态度会引起无穷的问题。它至少意味着职业化的政治生活。但是问题不在这里。这是一个不再想介入公众生活的公民的激进态度，他只要做一个严谨的学者。列维-斯特劳斯无疑已经成为学者。政治于他不过是一个研究对象而已，政治决策只是得之于严格分析的逻辑结果。然而，政治恰恰并非如此。“把政 124
治现实封闭在形式化的理念的框架内，我明白这是大错特错的。”[152]一句话，他生来不是搞政治的，这一点他很清楚。

可笑的战争，但战争期间的闲暇却为列维-斯特劳斯带来了其他的东西。一种直觉。5 月里的一天，他照旧沿着马其诺防线散步。路上他注意到一株蒲公英。蒲公英孤独一枝，完美但没有意义。关于它没什么可以说的，除了它的存在之外。如果要把它变得可以领会，就得把它放在其他植物当中，把它与其他植物加以比较和对照。同与不同，它们之间有无联系，只有这些才能让我们真正理解它。关键在于它置身其中的“一组关系”。

这只是一种直觉，但它却为一大堆问题打开了缺口，这些问题自青年时期起就萦绕在列维-斯特劳斯的脑际。世界有可能不再是含混的了。列维-斯特劳斯一向拒绝把世界归结为形而上学的抽象理论。相反，他充分相信科学的方法。凭着这一直觉，他也许掌握了理解的手段，既符合科学的客观性标准，也适合哲学探索的对象。

在蒙彼利埃，士兵列维-斯特劳斯离开了军营，去大学总校长那儿要求工作。夏季中学毕业会考开始了，需要监考人。“他们让我提前几天退了役。”[153]考试阶段一过，列维-斯特劳斯便去看望在瓦莱罗格的家中避难的父母。他又见到了他当年在国民议会秘书处的老邻居，小说家安德烈·尚松。他家在距离列维-斯特劳斯的父母家三公里处。他们一起在乡间散步，深入地谈论各种问题。

9月初，他干了件令人惊讶的事。他去了维希市，要求面见负责中学教育的主任，请求他让自己回到亨利四世中学继续教书。多么天真的想法，他竟然不明白什么是纳粹，也不明白德国人现身巴黎意味着什么。“我一向缺乏想象力”[154]，后来他解释道。对于他的要求，那位官员却有个想法：“有你这样的姓氏，你还要去巴黎吗？
125 你就没想过吗？此时我这才恍然大悟。”[155]50年后，当他被问到这个奇怪的想法时，他提出的假设倒是颇为可信的：“我想这可能是由于习惯吧，对危险视而不见。只要能像以前一样继续活下去，就没有危险。说到底，也许正是为此我才要求回巴黎：我喜欢待在家里。”[156]官员许诺将分派他去非占领区工作。列维-斯特劳斯于是又返回了塞文山区。

几天后，他被任命到佩皮尼昂初级中学。在那儿，他才意识到局势严重。同事们都躲着他，唯有体育老师对他表示同情。“他将来肯定会参加抵抗运动。”[157]两个星期以后，他又接到调往蒙彼利埃的消息，任务是给准备报考科技大学的中学生上哲学课，也就是说，给一群对哲学毫无兴趣的学生上课。他又见到了重返教授职位的勒纳·古尔丹。后者多方联络并建立了一个后来成为抵抗运动联系网的雏形。战后他成为《世界报》发起人之一。

葛兰言①的《中国古代的婚姻形式和亲属关系》一书刚刚问世，列维-斯特劳斯便利用业余时间阅读了。此书既让他兴奋，也让他气

---

① 葛兰言（Marcel Granet，1884—1940），法国著名的社会学家和汉学家。——译者注

恼。“我看到了一种对于社会现象的客观思考（……）我对亲属关系系统的所有思考都来源于此，以及那些在巴西搜集的这方面的材料早已向我提出的问题。”[158]葛兰言为他指出了一个研究的方向，指明了如何利用在考察中积累的材料，并且证明，在搜集起来的大量数据里存在着一种组合，可以提取出来，作为一个整体处理。葛兰言甚至为他指出了一个方法论取向，因为“他把表面上任意的现象构建为一个系统”[159]。但也正是在这一点上，葛兰言让人失望：由于缺少一个逻辑的原则，葛氏迷失在真实情况的复杂性当中，最后构建起来的系统比它应当解说的东西更趋复杂。路子仍可不变，但必须用不同的手段。

3 周以后，1940 年 10 月 3 日，关于犹太人身份的法令开始实施，蒙彼利埃的插曲结束。列维-斯特劳斯收到一封信，正式通知他 126
被撤职，立即生效。“我明白，这下子我的处境危险了（……）只是到了这一刻，我才开始明白。”[160]这是他的哲学教师生涯的终结。他返回了塞文地区。按照法令的规定，在一段时间内，他还可以领到按照教龄长短发放的工资。这笔津贴可供父母度过那段灰暗的日子。

怎么办？不为自己的国家所容，没有职业，没有前途。列维-斯特劳斯没有选择。法国什么也不给他提供。非离开不可。第一个念头是返回巴西。在维希市，巴西驻法国代表的小套房里，列维-斯特劳斯见到了巴西大使路易·德·苏扎-当达斯，他毫不犹豫地同意给列维-斯特劳斯颁发签证。“就在他拿起印章，准备往护照上盖的时刻，一位恭敬有礼而面色冷峻的参赞提醒说，他的这种权力刚刚被取消了。我拿不到签证了。大使遗憾地把护照递还给了我。”[161]

在塞文山区的孤独的日子里，有一天他终于收到了一封令人宽慰的信。乔治·仲马几近失明，退隐在家，但是没有忘记他。“他特意给我写来一封措辞委婉、充满关切的信，他只想表达对事件的首批受害者的深刻同情。”[162]除了流亡，他还想到一个最彻底的办法。躲进山里，靠打猎和采摘果实为生，像荒原印第安人那样生活在塞文山脉里。“我仍然那么浪漫（……）我对事物的看法一向很富于诗意。”[163]毕竟，列维-斯特劳斯只有32岁。反过来说，他从未因身份认同的问题而产生失落感，而且任何事件显然都不会使他有这样的感觉。当被问到“你不觉得自己属于某个成员互有连带关系的群体吗?”时，他干脆回答“不觉得”[164]。

秋末，他又收到一封信。阿尔弗雷德·梅特罗和罗伯特·洛维
127 想到了他。洛克菲勒基金会建立了一个救助欧洲学者的计划。通过纽约社会研究新校，基金会向欧洲几百个受到希特勒主义威胁的精英人物发出了邀请。靠着这两个同事的努力，列维-斯特劳斯也在被邀请之列。这下可救了他的命。正当走投无路之时，他立即接受了邀请。

但是，如何进入美国呢?美国只发放极少量的移民签证，包括对于犹太人。“再没有比成为美国移民需要更多的手续了。要填写大量表格，还得证明你能够从事的职业。必须有个机构出具证明，证明你确实前往工作。”[165]列维-斯特劳斯所需的开销都由婶婶阿丽娜来承担。她是画家亨利·卡罗-戴尔瓦依的遗孀，于第一次世界大战后离法赴美。婶婶的一个女友殷实富有，同意支付保证金。

年底，列维-斯特劳斯拿到了出境签证——其颁发之迅速，仿佛是因为当局庆幸终于能够摆脱一个惹麻烦的公民——和入境美国的签证。剩下的问题是登程的办法。数个星期当中，他天天跑马赛港的码头。正当为无法离开法国而绝望之际，他从一次闲谈中得知，有一艘船正要启程去马提尼克岛。海运公司的那个官员起初不允许他上船，因为他过去常按高级旅客接待列维-斯特劳斯。一位常坐一

等舱的旅客怎么可以随便当成一个移民对待呢？他后来终于被说服。列维-斯特劳斯与350个准备流亡者同船出发。船上有2个船舱，因为他是这条航线的熟客，有幸分到仅有的7张卧铺当中的一个。1941年2月里的一天，法国海岸渐渐地消失在他的视野里。

注释

[1] *L'Etudiant socialiste*, mai 1931.

[2] *Idem.*

[3] *Idem*, juin-juillet 1932.

[4] *Idem*, novembre 1930.

[5] Claude Lévi-Strauss, *Tristes Tropiques*, *op. cit.*, p. 64.

[6] Claude Lévi-Strauss, Didier Eribon, *De près et de loin*, *op. cit.*, p. 28.

[7] *Tristes Tropiques*, *op. cit.*, p. 63.

[8] *Idem*, p. 56.

[9] *Idem*, p. 57.

[10] *Idem*, p. 63.

[11] *Idem*, p. 59.

[12] Claude Lévi-Strauss, Didier Eribon, *De près et de loin*, *op. cit.*, p. 29.

[13] *Idem.*

[14] "Ce que je suis, par Claude Lévi-Strauss", I, *Le Nouvel Observateur*, 28 juin 1980, p. 16.

[15] *Tristes Tropiques*, *op. cit.*, p. 49.

[16] "Entretien de Dominique-Antoine Grisoni avec Claude Lévi-Strauss sur Jean de Léry", Jean de Léry, *Histoire d'un voyage en terre de Brésil*, Paris, Le livre de poche, 1964, p. 6.

[17] *Tristes Tropiques*, *op. cit.*, p. 17.

[18] *Idem*, p. 18.

[19] *Idem*, p. 49.

[20] *Idem*, pp. 49 - 50.

[21] *Claude Lévi-Strauss, un itinéraire. Entretien avec Marcello Massenzio*, Paris, L'Echoppe, 2000, p. 35.

[22] *Tristes Tropiques*, *op. cit.*, p. 67.

[23] Jean Maugüé, *Les Dents agacées*, *op. cit.*, p. 81.

[24] *Idem*, p. 83.

[25] *Tristes Tropiques*, *op. cit.*, p. 96.

[26] *Idem*, p. 102.

[27] Claude Lévi-Strauss, Didier Eribon, *De près et de loin*, *op. cit.*, p. 34.

[28] *Tristes Tropiques*, *op. cit.*, p. 105.

[29] "Un anarchiste de droite. *L'Express* va plus loin avec Claude Lévi-Strauss", *L'Express*, 24 octobre 1986, p. 66.

[30] Jean Maugüé, *op. cit.*, p. 87.

[31] Claude Lévi-Strauss, Didier Eribon, *De près et de loin*, *op. cit.*, p. 31.

[32] Jean Maugüé, *op. cit.*, p. 92.

[33] *Idem*, p. 95.

[34] *Idem*, p. 89.

[35] *Idem*, p. 91.

[36] Claude Lévi-Strauss, *Saudades do Brasil*, Paris, Plon, 1994, p. 21.

[37] *Tristes Tropiques*, *op. cit.*, p. 117.

[38] Claude Lévi-Strauss, Didier Eribon, *De près et de loin*, *op. cit.*, p. 31.

[39] *Tristes Tropiques*, *op. cit.*, p. 116.

[40] Claude Lévi-Strauss, Didier Eribon, *De près et de loin*, *op. cit.*, p. 33.

[41] *Idem.*

[42] Jean Maugüé, *op. cit.*, p. 85.

[43] Claude Lévi-Strauss, Didier Eribon, *De près et de loin*, *op. cit.*, p. 33.

[44] Jean Maugüé, *op. cit.*, p. 93.

[45] Claude Lévi-Strauss, *Saudades do Brasil*, *op. cit.*, p. 35.

[46] Jean Maugüé, *op. cit.*, p. 97.

[47] Jean Maugüé, *op. cit.*, p. 92.

[48] Claude Lévi-Strauss, Didier Eribon, *De près et de loin*, *op. cit.*, p. 37.

[49] Jean Maugüé, *op. cit.*, p. 118.

[50] Claude Lévi-Strauss, "O cubismo e a vida quotidiana", *Revista di Arquivo municipal de São Paulo*, vol. XⅧ, 1935.

[51] "*L'Express* va plus loin avec Claude Lévi-Strauss", *L'Express*, 15–21 mars 1971.

[52] *Tristes Tropiques*, *op. cit.*, p. 124.

[53] *Idem*, p. 121.

[54] Marcel Mauss, letter à Miss Rosenfels, 2 janvier 1935, citée par Marcel Fournier, *Marcel Mauss*, Paris, Fayard, 1994, p. 606, n. 3.

[55] Claude Lévi-Strauss, *Saudades do Brasil*, *op. cit.*, p. 22.

[56] Jean Maugüé, *op. cit.*, p. 94.

[57] *Tristes Tropiques*, *op. cit.*, p. 133.

[58] *Idem*, p. 175.

[59] *Idem*, p. 181.

[60] *Idem*, p. 182.

[61] *Idem*, p. 183.

[62] *Idem*, p. 191.

[63] *Idem.*

[64] *Idem*, p. 246.

[65] *Idem.*

[66] *Idem*, pp. 250 - 251.

[67] Claude Lévi-Strauss, "Contribution à l'étude de l'organisation sociale des Indiens Bororo", *Journal de la Société des Américanistes*, t. 28, 1936, pp. 269 - 304.

[68] *Idem*, p. 277.

[69] Claude Lévi-Strauss, introduction à César Albisetti et Angelo Jayme Venturelli, *Enciclopédia Bororo*, vol. Ⅲ, Campo Grande, Mato Grosso (Brésil), 1977.

[70] Claude Lévi-Strauss, "Contribution à l'étude de l'organisation sociale des Indiens Bororo" *op. cit.*, p. 285, note.

[71] *Idem*, p. 270.

[72] Claude Lévi-Strauss, "Em prol de um instituto de antropologia fisica e cultural", *Revista di Arquivo municipal de São Paulo*, vol. ⅩⅧ, 1935, p. 251.

[73] *Idem*, p. 255.

[74] Jean Maugüé, *op. cit.*, p. 111.

[75] *Idem.*

[76] *Le Magazine littéraire*, n°223, octobre 1985, p. 20.

[77] *Idem.*

[78] Marcel Mauss, lettre à un correspondant anonyme, 11décembre 1936, citeé par Marcel Fournier, *Marcel Mauss*, *op. cit.*, p. 648.

[79] Claude Lévi-Strauss, Didier Eribon, *De près et de loin*, *op. cit.*, p. 35.

[80] *Le Magazine littéraire*, n°223, octobre 1985, p. 20.

[81] Claude Lévi-Strauss, Didier Eribon, *De près et de loin*, *op. cit.*, p. 35.

[82] Claude Lévi-Strauss, *Saudades do Brasil*, *op. cit.*, p. 56.

[83] *Tristes Tropiques*, *op. cit.*, pp. 140 - 141.

[84] *Idem*. p. 139.

[85] Jean Maugüé, *op. cit.*, p. 120.

[86] *Idem*, p. 121.

[87] *Idem*.

[88] Claude Lévi-Strauss, *Saudades do Brasil*, *op. cit.*, p. 44.

[89] *Idem*, p. 46.

[90] Claude Lévi-Strauss, "A proposito da civilização chaco-santiaguense", *Revista do Arquivo Municipal*, IVe année, vol. XLII, décembre 1937, p. 38.

[91] "Entretien de Dominique-Antoine Grisoni avec Claude Lévi-Strauss sur Jean de Léry" Jean de Léry, *Histoire d'un voyage en terre de Brésil*, *op. cit.*, p. 13.

[92] *Idem*, p. 6.

[93] *Idem*, p. 12.

[94] *Idem*, p. 13.

[95] *Tristes Tropiques*, *op. cit.*, p. 59.

[96] "Entretien de Dominique-Antoine Grisoni avec Claude Lévi-Strauss sur Jean de Léry" Jean de Léry, *Histoire d'un voyage en terre de Brésil*, *op. cit.*

[97] *Tristes Tropiques*, *op. cit.*, p. 283.

[98] *Idem*, p. 282.

[99] Jehan Vellard, *Une civilisation du miel. Les Indiens Guayakis du Paraguay*, préface de P. Rivet, Paris, Librairie Gallimard, 1939, p. 5.

[100] Michel Perrin, "Regards croisés. La photographie, entre donnée et emblème", *L'Homme*, n°165, janvier-mars 2003, p. 294.

[101] Vassili Rivron, "Un point de vue indigène? Archives de l'expédition Lévi-Strauss" , *L'Homme*, n°165, janvier-mars 2003, p, 305.

[102] *Tristes Tropiques*, *op. cit.*, p. 297.

[103] *Idem*, p. 296.

[104] *Idem*, p. 302.

[105] Jehan Vellard, *Histoire du curare. Les poisons de chasse en Amérique du Sud*, Paris, Gallimard, 1965, p. 92.

[106] Claude Lévi-Strauss, "La vie familiale et sociale des Indiens Nambikwara", *Journal de la Société des Américanistes*, nouvelle série, t. XXXVII, Paris, 1948, p. 43.

[107] *Tristes Tropiques*, *op. cit.*, pp. 335 - 336.

[108] *Idem*, p. 338.

[109] *Idem*, p. 339.

[110] *Idem*, p. 435.

[111] *Idem*, pp. 369 - 370.

[112] *Idem*, p. 436.

[113] *Idem*, p. 439.

[114] Claude Lévi-Strauss, Didier Eribon, *De près et de loin*, *op. cit.*, p. 67.

[115] *Tristes Tropiques*, *op. cit.*, p. 365.

[116] *Idem*, p. 365.

[117] *Idem*, p. 382.

[118] *Idem*, p. 383.

[119] *Idem*, p. 384.

[120] *Idem*, p. 394.

[121] *Regarder Ecouter Lire*, Paris, Plon, 1993, p. 105.

[122] *Tristes Tropiques*, *op. cit.*, p. 283.

[123] Claude Lévi-Strauss, "Comment j'ai vu grandir le danger", *Le Figa-*

ro, 22 - 23 juillet 1989.

[124] Alfred Métraux, *Itinéraires 1 (1935—1953)*. *Carnets de notes et journaux de voyage*, compilation, introduction et notes par André-Marcel d'Ans, Paris, Payot, 1978, p. 42.

[125] *Tristes Tropiques*, *op. cit.*, p. 13.

[126] "Entretien de Dominique-Antoine Grisoni avec Claude Lévi-Strauss sur Jean de Léry" Jean de Léry, *Histoire d'un voyage en terrr de Brésil*, *op. cit.*, p. 8.

[127] Claude Lévi-Strauss, "La vie familiale et sociale des Indiens Nambikwara", *op. cit.*, p. 37.

[128] Alfred Métraux, *Itinéraires 1 (1935—1953)*, *op. cit.*, p. 42.

[129] Jehan Vellard, *Histoire du curare. Les poisons de chasse en Amérique du Sud*, Paris, Gallimard, 1965, p. 216. Vellard sera professeur aux universités de Tucuman, La Paz et Lima, directeur du Musée national de Bolivie, fondateur de l'Institut français d'études andines de Lima, fondateur et directeur de l'Institut de biologie de hauteur de La Paz.

[130] Jean Maugüé, *op. cit.*, p. 126.

[131] Paulo Duarte, *Memorias*, vol. Ⅵ, Oficio de Trevas, São Paulo, Huticec, 1977, p. 172 (traduction Agad-Traductions, Genève).

[132] Claude Lévi-Strauss, Didier Eribon, *De près et de loin*, *op. cit.*, p. 37.

[133] Alfred Métraux, *Itinéraires 1 (1935—1953)*, *op. cit.*, p. 42.

[134] *Idem*, pp. 42 - 43.

[135] Claude Lévi-Strauss, Didier Eribon, *De près et de loin*, *op. cit.*, p. 39.

[136] *Tristes Tropiques*, *op. cit.*, p. 29.

[137] Claude Lévi-Strauss, Didier Eribon, *De près et de loin*, *op. cit.*, p. 39.

[138] *Idem*, p. 38.

[139] *Le Magazine littéraire*, n°223, octobre 1985, p. 23.

[140] "Ce que je suis, par Claude Lévi-Strauss", I, *Le Nouvel Observateur*, 28 juin 1980, p. 15.

[141] *Le Magazine littéraire*, n°223, octobre 1985, p. 20.

[142] Claude Lévi-Strauss, "Comment j'ai vu grandir le danger", *Le Figaro*, 22 - 23 juillet 1989.

[143] *Idem.*

[144] *Idem.*

[145] Claude Lévi-Strauss, Didier Eribon, *De près et de loin*, *op. cit.*, p. 40.

[146] *Idem*, pp. 40 - 41.

[147] "Ce que je suis, par Claude Lévi-Strauss" II, *Le Nouvel Observateur*, 28 juin 1980, p. 18.

[148] "Claude Lévi-Strauss, êtes-vous surréaliste?", *Le Nouvel Observateur*, mai 84, p. 64.

[149] "Un anarchiste de droite, *L'Express* va plus loin avec Claude Lévi-Strauss", *L'Express*, 24 octobre 1986, p. 67.

[150] *Idem.*

[151] "Claude Lévi-Strauss, êtes-vous surréaliste?", *Le Nouvel Observateur*, mai 84, p. 64.

[152] "Entretien de Claude Lévi-Strauss avec Jean-Marie Benoist", *Le Monde*, 21 - 22 janvier 1979, p. 14.

[153] Claude Lévi-Strauss, Didier Eribon, *De près et de loin*, *op. cit.*, p. 41.

[154] *Idem*, p. 42.

[155] *Le Magazine littéraire*, n°223, octobre 1985, p. 20.

[156] Claude Lévi-Strauss, "Comment j'ai vu grandir le danger", *Le Figa-*

ro, 22 - 23 juillet 1989.

[157] Claude Lévi-Strauss, Didier Eribon, *De près et de loin*, *op. cit.*, p. 42.

[158] *Idem*, p. 140.

[159] Claude Lévi-Strauss, *Le Regard éloigné*, Paris, Plon, 1983, p. 192.

[160] Claude Lévi-Strauss, "Comment j'ai vu grandir le danger", *Le Figaro*, 22 - 23 juillet 1989.

[161] *Tristes Tropiques*, *op. cit.*, pp. 20 - 21.

[162] *Idem*, p. 17.

[163] *Le Magazine littéraire*, n° 223, octobre 1985, p. 20.

[164] Claude Lévi-Strauss, "Comment j'ai vu grandir le danger", *Le Figaro*, 22 - 23 juillet 1989.

[165] Claude Lévi-Strauss, *De près et de loin*, *op. cit.*, p. 44.

第三章　一个巴黎人在纽约

(1941—1947)

一、横渡大洋

129 又一次横渡大洋。两年前，列维-斯特劳斯返回法国时，还是一个即将开始辉煌的职业生涯的公民，现在却成了流亡者。野蛮不仅残存于亚马孙流域森林中，它同样出现在文明的腹地。上船后，这位流亡者惊讶地发现移民大多是犹太人，他们受到像牲畜一样的粗暴对待。负责看守他们的大多是法国宪警。他们高声辱骂，粗暴地将他们从亲人身边拉走。在那些从此称霸欧洲者的眼中，犹太人不再拥有尊严，顶多只是一个可以当作苦役或奴隶那样对待的人。人们经常问列维-斯特劳斯，反犹运动是否令他痛苦。回答当然是肯定的。不过，他对此也一直有所保留。抱怨自身不幸也许是不适宜的，他至少幸运地逃脱了那场摧毁了成千上万生命的灾难。“比较而言，我受的苦算不了什么：财物被掠夺，父亲因德军占领而过早去世（……）不过，这场灾难的确从根本上改变了我的人生道路。”[1]离开法国，避开了灾难，但也不得不放弃自身的一切。孑然一身，漂泊的不确定感。

除了载客以外，“保罗·勒曼尔上尉号”船上还装载有一台多少有点机密的设备。船先后沿着西班牙海岸和非洲海岸行驶，每个 130
码头都停留一下，似乎是为了避开英国人的检查。旅行遥无尽头。船上每平方厘米都被利用上了。卫生条件糟糕透顶，人群拥挤不堪，空气闷热难耐。幸好，法国乘客有时可以上岸几个小时。

船上偶然走到一起的乘客中有几位著名人物。德国反法西斯小说家安娜·西格斯。① 战争期间，她先到墨西哥，后来回到民主德国。好像列维-斯特劳斯与她没有联系。还有列宁的女友维克多·塞尔日②，俄国革命历史的文献专家，她给列维-斯特劳斯留下了深刻印象，尽管这个“恪守原则的老姑娘”[2]的小心谨慎令他反感。“我们聊过天，但不能说成了朋友。”[3]在摩洛哥停泊时，列维-斯特劳斯正要上岸的时候，听见排在前面的乘客说出了姓名，安德烈·布列东③。“您可以想象当时我有多么惊讶，我自报了姓名，我们立刻攀谈起来。”[4]布列东和妻子女儿同行。他身上有那种“伟大的世纪”④的气质，他的庄敬自重让列维-斯特劳斯很喜欢。他年龄稍长于列

① 安娜·西格斯（Anna Seghers，1900—1983），知名德国作家。——译者注

② 维克多·塞尔日（Victor Serge，1890—1947），俄国革命家。——译者注

③ 安德烈·布列东（André Breton，1896—1966），法国作家，超现实主义的创立者和理论家。——译者注

④ 指路易十四时代。——译者注

维-斯特劳斯，声名远扬。他很高兴在这个地方遇到了可以说话的人。列维-斯特劳斯高兴地询问他的《超现实主义宣言》和其他作品，并不是闲扯两句便过。列维-斯特劳斯率先发难，写下一篇《关于艺术作品与资料之关系的笔记》，请人交给布列东。后者答复了。他们对一系列问题进行了讨论，这样来打发困境中的“烦恼和不适”[5]。

超现实主义，按照第一篇“宣言”所下的定义，引出了一个艺术作品的性质问题——在众多的精神产品当中，根据什么标准能够把普通的资料区别于真正合格的艺术作品。列维-斯特劳斯提出了几个构想，其中一个他认为最适切，即精神产品若称得上是艺术作
131 品，就应当而且只要包含一场“次要的建构”就足够了。[6]布列东在答复中同意他的看法，同时增加了一条限制：次要的建构无须协调周详。进入正题了。于是，在烟波浩渺的大洋上，一个文化和文雅生活的小团体形成了，这是抵抗时光的横行肆虐的唯一方式。

1941 年 3 月底，经历一个多月的海上航行以后，轮船抵达“法兰西堡”港口。终于有可能洗澡了。但是大多数乘客不能享这个福。大兵们处于极度的狂乱中。他们被所发生事件搞得晕头转向，做不出任何决定，他们选择了最糟糕的办法：水酒不分。只要是新来的，自报姓名后便饱受一顿臭骂。法国人统统按逃兵对待，外国人都按敌人对待。所有人都被关进一个叫“检疫站”的收容所里，那里的生活条件比船上还糟糕。只有三人被允许上岸。一个是当地的白种人后裔，家就在这岛上。第二个是个叫亨利·斯马扎的怪异的突尼斯商人。有一天，他把藏在行李里的一幅德加①的画作拿给列维-斯特劳斯看。这个人战后购买了《战斗》报的部分资本，把这

---

① 艾德加·德加（Edgar Degas，1834—1917），著名法国印象派艺术家。——译者注

份报从金融危机中挽救出来。最后一个人就是列维-斯特劳斯。他遇到了一个旧日熟人，是他乘坐过的一艘船的大副，此人给他争取到了上岸的特许。

马提尼克的一个春天。岛上的商人对移民口袋里剩下的法郎感兴趣，不久就为他们争得了上岸的权利。他们被安排在法兰西堡附近的几个村庄里，起居受到监视。比起同伴来，列维-斯特劳斯早就习惯了愚笨的官员们的颐指气使，而且也更有运气，他能够做到置身于这些安排之外。当地一家宗教报纸的办公室里有几个装满考古遗物的箱子。他着手进行清理。他又找回了热带地区的自然环境，漫步于雾气蒙蒙的山谷或者黑色的沙滩，也常常出入贝莱山附近的一家小旅店，陪同他的是一位女友。此人在《忧郁的热带》里曾经一笔带过。

列维-斯特劳斯从法国带来了他最珍惜的财产，那是他设法从巴黎越过分界线带到马赛的。一些在巴西搜集到的民族志资料，成套的卡片、笔记、日记、地图、照相底片，他让人从巴黎带到马赛的。如果海关人员打开箱子，准会怀疑他是个间谍——南比夸拉词
汇表无异于一套密码，地形图无疑是一个进攻计划。为了避免麻 132
烦，他把箱子按过境申报。这就意味着他和箱子都得改乘外国船只离开马提尼克。同伴们继续前往美国。他却登上了一艘瑞典籍香蕉种植园主的船。经过四天愉快而孤寂的生活，终于到达波多黎各。

美国的海关人员的态度和他们的法国同行并无二致。列维-斯特劳斯箱子里的东西令他们不快。“在马提尼克岛的法兰西堡，我曾被当作美国人雇用的犹太泥瓦匠。我不无苦涩地看到，在美国人眼里，我多半是维希政府的密探，甚至是德国人的密探。”[7]这个“间谍”被关进了一家小旅店，等待美国联邦调查局的一个会识别法国人的专家前来。“两个肮脏不堪、胡子拉碴的当地警察日夜轮班监

视我。”[8]此外，社会研究新校寄给他的证明文件已经不符合美国的移民法律。显然自他出发以来，移民法已有相当大的修改，变得更为严格。必须申请和等候新的证明文件。

在圣胡安的逗留无聊乏味。犯人有权在警察的押送下去法国领事馆、银行和移民局。有一天他竟获准去大学看看。看守有时也允许他去电影院打发时间，条件是得请他们看电影（……）他还被允许与一个意想不到的人相见。这就是民族学家雅克·苏斯戴尔，他已经加入“自由法兰西”，正在安的列斯群岛奔走游说，以使当地的法国居民加盟戴高乐将军的组织。列维-斯特劳斯从新闻中得知消息后，立刻向他求救。“他彬彬有礼地向美国人解释说，我并不是间谍。”[9]耐心地等待三周后，检查员终于到达。几分钟就把问题解决了。与此同时，证明文件也重新发出了。他自由了。两天后再次登船，这一次总算到达了纽约。这是1941年5月底的事。这场冒险遭遇前后共三个多月。

133 二、纽约

列维-斯特劳斯的全部财产就是合法的文件，一只箱子、一纸工作合同，外加几个地址，还有勉强够用几个星期的一点钱。流亡者会聚一处，每个人的故事都不尽相同，终点却是一个。“我们多少心有余悸，或准确地说，仍然处于受惊之后的懵懂状态中，一个个病怏怏的，在逃亡、休战、遍地灾祸及其造成的各种惨剧所带来的冲击下，我们尚未恢复常态。脸上挂着1940年的泪水和惊悸，心中挂念着留在后方的亲人，缅怀着已经落空的幻想。”[10]经历了背井离乡的痛苦之后，只得把古老的欧洲在心中埋葬，在全新的环境里奋起和重塑生命。

抵达纽约之际，列维-斯特劳斯又见到了安德烈·布列东。布列东把他介绍给超现实主义的朋友们。伊夫·坦基①邀请这位新人到家中做客。“我在他住的那条街上找到了一个单间公寓，窗户朝向已经废弃的花园，我马上把它租了下来。”[11]这里是第11街，靠近第6大道，位于格林尼治村中央。这是纽约市中心最后一片还能看到独立小房子的街区。他在这里能够嗅到欧洲的外省气息。此地聚居着超现实主义者和他们的朋友。

住房十分简陋：一间小屋，一张床，一张桌子，两把椅子。墙上有“一张巨幅绘画，色调暗淡，完全是超现实主义风格，巨大的手交错着，融入画作中的其他成分当中”[12]。作品署名克洛德·列维-斯特劳斯。“这幅画或许与汉斯·贝尔梅②的风格有点相似，技法稍逊，但某种浪漫抒情主义情调使作品散发出一种特殊的魅力。”[13]大约三年前，列维-斯特劳斯在亚马孙河岸等待蒸汽船载他回到文明世界，当时他画着玩似的画过从一个扭曲的身体生出的交错的手掌。列维-斯特劳斯的这幅画来自于他对于物体形态的深刻思 134
考。他对于有机体既有浓厚的兴趣，又感到迷惑。手是处于运动中的物体，有一整套神经和肌肉。它的神奇的魅力隐藏在外观厚度的背后，而不在于它的用处或实际功能。

这幢楼房守护着一个怪人。列维-斯特劳斯后来说，房东是一个“几乎残废的意大利老人”，由“他的女儿，一个有气无力的中年女人”照料。他接待一些离开他的祖国的可怜的移民，并且给予指点。“我至今还在琢磨，那个不起眼的地点和女主人那副无精打采的样子可能都是为‘黑手党’的老窝打掩护的。”[14]他有个女邻居是

① 伊夫·坦基（Yves Tanguy，1900—1955），法国超现实主义画家。——译者注

② 汉斯·贝尔梅（Hans Bellmer，1902—1975），旅法德国现代艺术家。——译者注

比利时来的避难者，有一天她告诉列维-斯特劳斯，楼上住着一个怪人。这个人绞尽脑汁地要“发明一个人造大脑”[15]。列维-斯特劳斯当时没有做出任何反应。无非又一桩美国的怪事而已。后来，他才发现这人原来是克洛德·商农①，控制论之父。同住一个房顶之下，彼此却全无所知，两人正在分别酝酿必将影响 20 世纪下半叶的哲学和科学。

纽约令列维-斯特劳斯着迷。这里如同巴西的海岸线，一切硕大无比。单一的标准无法测度他所看到的城市与自然景观之间的相似性。欧洲人不应该用建筑和市政规划的优劣来衡量纽约之美。那样他会觉得纽约很丑陋。如果把这个城市视为一件艺术作品，它并不美，“甚至作为一件人文作品，它也不好看”[16]。但它如同一道景观，“唯一有意义的价值是它那柔和的光线，清晰的远景，还有放眼摩天大楼脚下，以及那些散布着像花朵一样杂色斑斓的汽车的幽谷时，那种如临深渊的感觉”[17]。他再次遇到了在圣保罗令他吃惊的景象，历史的阙如与遍地可见的废墟之间形成了强烈的反差。1941 年在芝加哥短暂逗留之际，他有机会欣赏到美国在对待古代方面做得较好之处：一幢接一幢还不到 50 年历史的建筑物。

在热带的酷暑中，列维-斯特劳斯连续几个小时不停地走着，张望着，探索着这个世界，他将在这儿生活。一年多来，他总是生活
135 在压力和限制当中。现在他惬意地享受着自由。一座座建筑，一个个景观依次呈现在眼前，诗意在脑海中浮现：“陡峭”的摩天大楼，“河渠”似的街巷，“城市的树皮”的脱落，参差不齐的“矿物地层”，华尔街附近的“峡谷”，“纵向与横向的漫无边际的混乱”。[18]

---

① 克洛德·商农（Claude Elwood Shannon，1916—2001），美国电子工程师，数学家，数码电路理论的创立者，人称“讯息科学之父”。——译者注

这一切都让他感到十分愉快。

漫无边际地走着，他发现了构成纽约风光的无数小村庄——平民街区，小布尔乔亚街区，来自各个国家和地区的居民。哪怕是对于一个在圣保罗生活过数年的人来说，纽约的丰富混杂的一面依然显得十分神奇。在这儿可以过任何你想象得到的生活。“只要有点文化，嗅觉比较敏感，工业文明的厚墙上就会豁然开启（……）通向其他世界、各个时代的大门。”[19]最令人扼腕的风格、时尚和行为比肩而立，杂然并存。既可以遇到巴尔扎克或亨利·詹姆斯小说中的各式人物，也可以与名副其实的嬉皮士、小资产阶级的印度人、法国封建王朝或中欧的农民擦肩而过。既有此时此地，也有昔日他乡。作为土地测量员和地质学家，列维-斯特劳斯对于时代的混杂总是很敏感。无论是纽约的社会还是景致，他从最新开辟的场地看到了外露的最古老的地层，在最富于进攻性的现代化的转折处看到了被遗忘的土地。

三、回到民族学

1941年整个夏季，列维-斯特劳斯并没有游手好闲。两年以来的处境使他无法投身于事业；五年来他没有发表任何东西。要追回失去的时间。他找到了阿尔弗雷德·梅特罗，后者刚刚被在华盛顿特区的史密森尼学会录用，参与编撰《南美印第安人手册》——此书后来成为美洲文化学者的工具书。梅特罗常来纽约，来时便寄宿列维-斯特劳斯处。“有几年，他住华盛顿，我住纽约，我们各自的生活因为相互走动而增添了快乐。我们就像长大成人的中学生，我在格林尼治村的工作室常常用作我们的宿舍。我把床让给他，我则 136
再次起用了远征巴西时期的睡袋。我们一块做饭吃。”[20]他们从此结成了牢不可破的友谊。几个月后，列维-斯特劳斯也应邀加入了《手册》的编撰工作。

他还遇到了罗伯特·洛维。洛维使列维-斯特劳斯发现了民族学，后来也是在他的帮助下才逃离了法国。现在洛维在伯克利教书，但常来美国东岸。列维-斯特劳斯还要求见到“19世纪的巨人之一，这样的巨人后来再也没出现过”[21]。愿望终于得到了满足，他见到了老年博厄斯。博厄斯已经退休30年了，但还保留着在哥伦比亚大学的办公室。他以接待陌生人的友善态度会见了列维-斯特劳斯。

列维-斯特劳斯尤其想着手整理从巴西带回来的材料。他的英语掌握得不太好，还得学习英语。繁重的计划。他决定用英文撰写文章，一来可以掌握语法和句法，二来可以吸收民族学的术语，这样不会浪费他坚持用于科研的时间。整个夏季他笔耕不辍，完成了《南比夸拉印第安人的社会和家庭生活》。此文没有用英文发表，因为篇幅太长（整整130页），显然不适合专业杂志之用。但是，这已经超过了一篇文章的篇幅，但还算不上一本书，列维-斯特劳斯于1948年把它派上用场，用法文发表了。参考文献收入了这个时期以前撰写和发表的文章，除了这一点不同以外，1948年发表的正是写于1941年的文章。

在这篇专题论文里，列维-斯特劳斯开篇就提出了此文的局限性：“这篇文章绝非唯一的关于南比夸拉人的社会及生活的研究。我们仅仅观察了他们迁徙时期的生存方式。因此，我们的调查范围是有限的。”[22]他还指出，由于南比夸拉语尚未获得充分了解，某些材料的准确理解可能会受影响。文章结尾再次谈到了对于调查方法的保留：“由于这项工作仅触及了南比夸拉人的生活中的心理和社会侧面，我们认为，就他们在整个南美文化体系内的恰当地位而言，尚不能据此下结论。”[23]假如有指出这一点的必要，那么这些观点可以用来捍卫和证明列维-斯特劳斯的职业道德。没有根据就不能下结论。调查结果绝不可超越其严格的科学范围。1941 年时，列维-斯特劳斯认为对南比夸拉人的调查尚未结束。应当在他们的定居生活时期组织一次新的调查，以便对他们的社会生活有一个全面的了解。“我们希望这个计划有朝一日能够实施。”[24] 137

等待机会期间，他的书成为民族学研究的一份经典报告。对于南比夸拉人的生活方式、风俗习惯，列维-斯特劳斯遵照行业规范作出清理、描写、叙述。正如书名所示，他首先解说了家庭生活——亲属关系，群体之间的关系和人际关系；然后才是社会生活——指令系统、战争和贸易、礼仪和信仰、心理、日常生活。其中最系统的部分是对个人身份的甄别，亲属关系，乃至围绕火种进行的组合。研究结果令人吃惊。整篇文章完全是冷静的描述。他尊重姓名忌讳，选择用字母指代个人所从属的群体，再用一个数字表示该人在他的分类法中的次序。然而，在冷静的笔调中，他刻画了一系列场景和一个个肖像，再现了一个被吞噬的世界的气氛和丰富性。他只用寥寥几笔就勾勒出一些鲜明生动的男女形象。“A3：20 来岁的健壮姑娘。热情奔放，总是好心情，随时准备跟随丈夫奔赴艰险（……）A7：20 多岁的美丽姑娘，甚至还要年轻一点。（……）蠢笨、自私，只关心自己（……）A1：这群人的头领（……）聪明过人，有责任感，有活力，敢作敢为，机敏灵活。（……）A6：30 岁上下（……）虚荣，自负，不聪明，好父亲，非常爱他年轻的妻子，总见他温存地搂着她。”[25]

比照片更鲜明有力，每一幅这样的素描都塑造出一个能够生活、行动、思想、感受的人。列维-斯特劳斯使他研究的社会历历在目，比解说来得还要生动。当然，读者自会辨认出预示着他日后著

138 作若干主题的某些方面，或者觉察到他使用的一些有待日后发挥的概念。但是，时至今日，这头一篇文章反而因时间的流逝而意义更大。南比夸拉印第安人的生存方式多亏列维-斯特劳斯而没有被遗忘。他做了每个民族学家所做的事情，即不管是否出于本意，他们把行将消亡的社会状态用文字固定下来。在这个意义上，搜集信息与搜集实物有同样的功能，在西方的“意识”的宏大博物馆里，一个社会跟最美的展品一样，以同样的身份和同样令人欷歔的理由，呈现在公众面前了。

四、教学

1941 年 9 月开学以后，列维-斯特劳斯开始在社会研究新校工作。学校的资金由洛克菲勒基金会提供。自从 20 年代开始，基金会施行一项鼓励社会学研究的计划。在英国和德国，基金会为伦敦经济学院和柏林德国高等经济学院出资。在法国，基金会参与了创建大学社会研究理事会，而且为社会科学的专业中心和学院提供了大批资金，其中包括民族学研究院，对南比夸拉人的调查就是这个机构资助的。战争迫使旧大陆的社会学研究几乎停止了全部活动。这些活动被拯救计划所取代，列维-斯特劳斯就是受益者之一。基金会邀请到美国的欧洲科学家和知识分子和列维-斯特劳斯一样，都在社会研究新校教书。他们的物质生活也因此获得了保证。随后，他们可以留在新校，或者去别的机构任职。

列维-斯特劳斯负责用英语教南美当代社会学。“除巴西之外，我一无所知。我每天去纽约公共图书馆看书，充实有关阿根廷、秘鲁和其他国家的社会生活和政治的知识（……）”[26]听众中有渴望知
139 识的纽约人，也有政治避难者，说着和他几乎一样蹩脚的英语。这

使人想起民众大学的听众。他定期授课，直至1944年秋天他首次羁留美国结束。

到校第一天，行政部门就示意他，从此他的名字不是克洛德·列维-斯特劳斯了，而叫克洛德·L·斯特劳斯，因为他的全名在学生们看来有些奇怪。在这个牛仔的国度里，列维-斯特劳斯是牛仔裤的商标。“于是，在美国的那些年里，我一直用着一个有残缺的姓。”[27]被迫离开法国以前，他不能提自己的名字，否则足以令他陷入危险的境地，他人避之唯恐不及。这种被迫使用残缺的姓氏的经历也许对他有所影响。不过，他重新拾起了年轻时建立起来的一个传统：20岁时他就用C. L. S. 签名，也用过居斯塔夫· C·列维，或者L. 斯特劳斯。用哪一个签名，他不太在意。在大学里，他是学生居斯塔夫·克洛德·列维。轮流使用两个姓让他有时能够表达一种对于缩写签名的保留态度。这样的轻飘做法从此不可行了。

列维-斯特劳斯想继续保持本行，一个法国科学研究者。除非环境所迫，否则他不打算在美国谋职，从事职业生涯。这倒不是因为他拒绝美国的教育方法和教育体系。其实他最初的训练所遵循的主要模式，正是美国民族学家为他提供的。可是，法国研究团体尚未形成，人员都分散在大西洋彼岸的大学机构里。在法国，社会科学的教学刚刚走出困境，战争却摧毁了刚刚建立起来的一点点基础。如果打算挽救什么东西，就得在美国本土重建机构和教学。

这种想法并非列维-斯特劳斯一个人才有，1942年2月，他参加了一个赞成这一观点的流亡者小组，他们决定创建一所法语大学，依照的模式是1933年为德国、奥地利和意大利流亡者创办的大学。其实，索邦大学教授居斯塔夫·柯恩①早就萌生了这个想法。

---

① 居斯塔夫·柯恩（Gustave Cohen，1879—1958），法国历史学家。——译者注

一群学者马上响应。“计划的发起者们已经与戴高乐将军在伦敦建立的全国理事会的文教委员会建立了联系。于是，高等研究自由学
140 校诞生了。”[28]完全是高等研究实践学院的翻版。校址在第 5 大道，紧邻第 12 街，离社会研究新校很近。资金由自由法国和一些文艺赞助家提供。列维-斯特劳斯后来回忆说：文艺赞助家当中有一个人叫鲍里斯·米尔金-盖泽维奇①，这个来自俄国的避难者想让他做“新机构的总书记，可是亚历山大·科伊雷②企盼得到这个职位。我们关系不错，我就让给了他”[29]。

60 多位教师分布在文学院、法律与政治科学院、科学部以及 5 个研究所。其中主要有雅克·马利丹、亨利·福斯雍、让·贝兰、皮埃尔·欧热③。欧热后来成为战后第一任高等教育局长。社会科学教学主要由社会学研究所担纲，由乔治·古尔维奇④领导。列维-斯特劳斯、让·维耶和皮埃尔·科特⑤都在此教书。授课使得列维-斯特劳斯有机会把科研成果形诸文字，并呈现给学生。

他在图书馆备课。同事大都出入哥伦比亚大学图书馆，而他却喜欢公共图书馆，离他的单间公寓较近，学校的人也较少，而且提

---

① 鲍里斯·米尔金-盖泽维奇（Boris Mirkine-Guetzévitch），俄国十月革命后移民法国的法学家。——译者注

② 亚历山大·科伊雷（Alexandre Koyré，1892—1964），俄裔法国哲学家，科技史专家。——译者注

③ 雅克·马利丹（Jacques Maritain，1882—1973），法国天主教哲学家和作家。亨利·福斯雍（Henri Focillon，1881—1943），法国艺术史专家，艺术教育家和诗人。让·贝兰（Jean Perrin，1870—1942），巴黎大学物理化学教授。皮埃尔·欧热（Pierre Auger，1899—1993），法国原子物理学家，宇宙射线专家。——译者注

④ 乔治·古尔维奇（Jorge Gurvitch，1894—1965），俄裔法国社会学家。——译者注

⑤ 皮埃尔·科特（Pierre Cot，1895—1977），法国政治家，20 世纪 30 年代的人民阵线的首领之一。——译者注

供了几乎是无限的可能性。“我对民族学的认识，就是通过那些年月的研习得来的。一开馆我就进去了，中午或下午 1 点钟才出来。”[30]图书馆藏书丰富而常新。美国民族学开始得很早，而且对社会、语言、文化、信仰以及所有可能使研究人员感兴趣的主题不断地进行系统的清查和描写。对于列维-斯特劳斯来说，这是意外的发现：整个地球就在你的手边，随时可以利用。1941 年夏天，他偶然发现一家旧书店，出售成套的美国民族学研究署的年度报告，每本二三美元。“我那时的收入极其微薄，3 美元就是我 3 天的伙食费。”[31]他省吃俭用地“买回了差不多全部年度报告，从第 1 期到第 48 期，涵盖了研究署最辉煌的时期”[32]。 141

除了人类学著作和杂志，他还养成了阅读科普性期刊的习惯。他熟悉当代所有领域的知识，培养了对自然科学的兴趣。“可惜我在科学上没有任何能力，而传统的自然科学——动物学、植物学、地质学——总是令我着迷，有如一块我无缘进入的乐土。”[33]阅读为思考提供养料，加强了他对无论法国还是热带丛林深处的野外知识的感知力，使他能够更好地理解世界是如何被纳入文化之中的。希望之乡对于他，也许就是民族学与关于大自然的科学的结合，其中有形的世界和有感觉的主体将依据同样的步骤、同样的流畅性被把握，并将成为同一个知识体系的互补而不可分割的两极。

如果不是因为处境——假如没有战争和流亡的经历——列维-斯特劳斯很可能会继续探险，一次或数次。他渴望回到南比夸拉人那里就表明了这一点。然而他却不具备继续这种活动的物质条件。偶然的机缘把他带到了拥有珍贵资源的美国。这位实地考察者隐没在大学教师的角色背后。美国积累了大量而无序的民族学材料，此时正好进行系统的开发，并且尝试作出必要的总结。为此，既需要书斋人士，又需要理论家。而这恰恰是列维-斯特劳斯所喜欢的。

五、与超现实主义者的友谊

战争年代，纽约是欧洲文化人的荟萃之地。因此，列维-斯特劳斯被迫远离法国的不幸遭遇在某种意义上发生了变化。被迫失业多年以后，他现在非常活跃。纽约的生活亢奋热闹，加之每天都有许
142 多不同的邂逅，这些都激励他全力投身工作，思考所见所闻，消化吸收人文科学的研究成果和发展趋势，同时也编织起一个关系和友谊的稠密网络。

超现实主义的海外军团在他的关系网中占有重要地位。通过安德烈·布列东，列维-斯特劳斯结识了马赛尔·杜尚——他对纽约了如指掌，伊夫·坦基，马克斯·恩斯特，威弗里多·兰姆，安德烈·马松，艺术家乔治·杜蒂，随笔作家罗伯尔·勒贝尔。① 他和布列东的关系一直是友好的。“我们接触频繁，友谊诚挚热烈。”[34] 布列东是个难打交道的人，但是彬彬有礼。他的工作领域不同，因此与列维-斯特劳斯无从产生摩擦。有一阵，列维-斯特劳斯跟马松接触很频繁。马松住在康涅狄格州的一座乡村房舍里，有几分拓荒者的派头。列维-斯特劳斯与杜尚来往较少。马克斯·恩斯特的脾气秉性反倒让他觉得更容易接近。

---

① 马赛尔·杜尚（Marcel Duchamp，1887—1968），原籍法国的美国艺术家，对第二次世界大战以后的西方现代艺术影响颇大。马克斯·恩斯特（Max Ernst，1891—1976），德裔法国达达派和超现实主义艺术家。威弗里多·兰姆（Wifredo Lam，1902—1982），中文名林飞龙，古巴籍画家和雕塑家。安德烈·马松（André Masson，1896—1987），法国艺术家，曾在第一次世界大战中负伤。乔治·杜蒂（Georges Duthuit），法国文艺批评家、历史学家和作家。罗伯尔·勒贝尔（Robert Lebel，1905—1999），加拿大和世界冰球协会主席，并担任魁北克省尚布雷市市长。——译者注

围绕着这个核心，还有艺术家如多萝茜·坦宁，亚历山大·卡尔代，罗伯托·玛塔，作家列奥诺拉·卡林顿，德尼·德·鲁日蒙，还有马克斯·恩斯特的妻子佩姬·古根海姆。① 巴尔特利克·瓦尔德伯格（Patrick Waldberg）是诗人、艺术评论家和未来的超现实理论家，比列维-斯特劳斯小几岁，二人成为密友。达利乌斯·米娄②曾被任命到奥克兰大学教书，他在纽约逗留期间，列维-斯特劳斯企图同他一起揭开成为作曲家的天赋之谜。

这些人几乎天天见面，不是在这家就是在那家碰头。当时流行的游戏是玩“真情游戏”，其目的并非为抖搂各自的猥琐行为，而是发现真实，返归自我。他们常常一起散步。每个人都与别人分享自己的发现：价廉物美的旅馆，异国情调的酒吧，奇妙的小巷或店铺。瓦尔德伯格后来讲到，搜求“民族学的”餐馆如何变成了一条规矩：“今天我们去哈莱姆区吃大麦粉炸鸡，改天又去 au regarde soie 品尝巴拿马乌龟蛋、麋鹿炖肉、叙利亚奶子酒、葡萄干软蟹、牡蛎浓汤、墨西哥棕榈树虫、章鱼（……）”他接着说，“有时我们还有年轻美貌的俄国女子作陪，她们受过法语教育，有她们在，我们感到愉快，没有她们，一切都显得乏味无聊。”[35] 这其中有米尔金·盖泽维奇的女儿维蒂娅·何塞尔。列维-斯特劳斯与她建立了

① 多萝茜·坦宁（Dorothea Tanning，1910— ），旅居法国的美国画家和作家，德国现代艺术家马克斯·恩斯特的第四任妻子。亚历山大·卡尔代（Alexander Calder，1898—1976），美国雕塑家。罗伯托·达·玛塔（Roberto da Matta，1911—2002），旅居意大利的智利超现实主义画家。列奥诺拉·卡林顿（Leonora Carrington，1917— ），英国画家和小说家。德尼·德·鲁日蒙（Denis de Rougemont，1906—1985），瑞士作家。佩姬·古根海姆（Peggy Guggenheim，1898—1979），美国现代艺术收藏家，曾嫁给马克斯·恩斯特。——译者注

② 达利乌斯·米娄（Darius Milhaud，1892—1974），法国作曲家和音乐教育家。——译者注

143 友谊。

有些人纵情恣意。夜生活，节宴，生活无度。列维-斯特劳斯的生活却依旧俭朴。“我喝不了白酒，也不喜欢晚睡。”[36]瓦尔德伯格曾多次陪他去市博物馆参观。希腊人那苍白而狭长的面庞令他们心醉神迷。朋友从中也看到了列维-斯特劳斯的形象：

> 我觉得他有一副可以称为高贵的外貌。身材颀长、挺拔，脸长而轮廓分明，双目深邃而有探寻的眼神，时而遐想和忧伤，时而又似乎警惕地凝视。他的表情往往十分严肃，有时也会退而露出梦幻般的微笑。这一切都使人想到一位西班牙王宫贵胄。不了解或不太了解他的人会觉得他不容易接近，甚至冷冰冰。他属于那种（……）能让你的笑戛然而止的人。我还记得当一个不知深浅的家伙想从他嘴里掏出他不想说的话时，他那种沉重如铅的沉默。但是当他信任对方的时候，他会抛出温和可亲的连珠妙语，他那富于抑扬顿挫的热情的声音证明，肤浅的接触留下的冷淡甚至死气沉沉的印象是大错特错的。[37]

我们的民族学家并不是第一次与超现实主义者会面。20 年代以来就一直有过。别的不说，列维-斯特劳斯、布列东和他们的朋友对事物有着相同的看法，都注重感性品质，这与任何学校或职务的考虑丝毫无关。他们从中寻找的是奇与美的紧密结合，表面不和谐与内在逻辑的紧密结合。列维-斯特劳斯认为：“接触超现实主义者以后，我的美学趣味得到了扩大和充实，变得细腻起来。许多我原以为算不上艺术品的作品以新的姿态呈现在我的眼前。”[38]不过，他们理解这些作品的方式有分歧。超现实主义者“从美学观点出发”，发掘非理性因素，列维-斯特劳斯后来说，他本人则致力于将其归结到“理性”[39]上。不错，大概如此。可是，运用理性解说作品也包含着美学评价，他的取舍是后者决定的：列维-斯特劳斯的做法包含着超现实主义的做法，而不是与之截然对立。

还有一点使他们接近。“的确，超现实主义者和我有着共同的源泉，同一个根，我们都与19世纪有千丝万缕的联系。”[40]列维-斯特劳斯这里指的是象征主义和居斯塔夫·莫罗①的绘画对布列东的影响。他们俩的相似之处远不止这些。另一种时代风格通过他们得到了继承，即某种小布尔乔亚的规规矩矩，配上某种贵族的敏感，外加一点任性不羁。这种优雅风度在布列东身上相当外露，在列维-斯特劳斯身上比较隐蔽。最后一个共同点是两人都喜欢都市和闲逛，这是从现代的探奇猎胜的意义上说。 144

纽约在这方面胜过巴黎。列维-斯特劳斯觉得“人类艺术的主要遗产在纽约都有样品”[41]。与朋友一起，他兴致勃勃地参观了数不清的博物馆，这些无异于昔日的珍宝陈列柜，一个人可以看遍“矿物展览厅、古生物展览厅、鸟类展厅”以及“令人惊羡的古代兵器和古代服装的收藏”[42]。在自然史博物馆，巨大华丽的透景画以真实的比例展现了原始美洲的景象。他在画前一站就是几个小时。

他们一起逛古玩店。由于收入菲薄，他们就彼此帮忙。谁发现了心仪的物件就告知别人。谁口袋里尚有几个美元就先买下来。获宝者下次再帮别人买下别的玩意。纳斯卡花瓶，特奥蒂瓦坎②文明的石制面具，太平洋海岸地区的雕塑，日本画家喜多川歌麿③的版画，俄国珠宝饰品，文艺复兴时期的家具。经营低俗小玩意的商人，只要你觉得他们可信，就会为你打开满是奇珍异宝的后院。其

---

① 居斯塔夫·莫罗（Gustave Moreau，1826—1898），法国象征主义和超现实主义绘画的先驱。——译者注

② 特奥蒂瓦坎（Teotihuacàn），墨西哥中部古文明，遗址今存。——译者注

③ 喜多川歌麿（Kitagawa Utamaro，1753—1806），日本版画家。——译者注

中有个在第3大道开店的商人，他似乎拥有大量印第安人和前哥伦布时期的物件。你买得越多，他提供的也就越多。感到奇怪的朋友们打听这是怎么回事。“那些东西（……）其实来自一个大博物馆。博物馆正在把一些被认为是双份的藏品处理掉。这小古董商知道这些东西有市场以后，就充当了博物馆和我们的中间人。（……）不久，他竟然与博物馆的守卫串通好，带我们去了博物馆的藏品库房。我们选中的一些东西几天后就出现在他的货架上。”[43]真像一个
145 阿里巴巴的洞窟。

列维-斯特劳斯和朋友不光寻找珍奇异宝。通过瓦尔德伯格，他们结识了皮埃尔·拉扎莱夫①，此人从此成为他们聚会的常客。拉扎莱夫在美国军队的宣传机构战争情报局主持法语科。这个机构的广播电台定时向欧洲国家播放新闻。从1942年底开始，拉扎莱夫雇用了他们当中的几个人当播音员，每周向法国播送几次新闻公报。列维-斯特劳斯十分在行，他曾经在埃菲尔铁塔广播电台干过这一行。“他们把罗斯福的讲演稿拿来让我念。据说我的声音更容易穿透干扰电波。”[44]当教授收入不高，这份工作恰逢其时。在战争情报局，他与多罗蕾斯·瓦纳蒂（Dolorès Vanetti）建立了友谊，此人后来一度成为萨特的女伴之一。民族学家被人描写了一幅作为同事和朋友的肖像：“列维-斯特劳斯为人非常友善，温文有礼，有罕见的预见力。他话不多，但言谈风趣幽默，用词准确。逗人大笑而自己却不笑，有时甚至冷冰冰。他观察尤其敏锐，非同一般。”[45]

他后来说，纽约的法国社群分成两派：“一派追随戴高乐将军，一派观望等待，他们观察着事态的发展，有时公开表示敌对立

---

① 皮埃尔·拉扎莱夫（Pierre Lazareff，1907—1972），法国记者、出版商和电视制片人。——译者注

场。"[46]观望派人士中有法语协会的全体工作人员、维希政府的支持者，他们与法国社群的其余成员关系紧张。列维-斯特劳斯做出的政治选择与他在进入高等研究自由学校时的选择一致。他加入了自由法国力量。这个组织正式委任他为法国驻美国科学使团的成员。这一政治归属与他的授课内容无关，而仅表明他拒绝把在美流亡视为永远不变，也表明他主动与法国保持最密切的联系。

父母已经在塞文山区的居所安顿下来。列维-斯特劳斯常常给他们写信。父母回信向他讲述日常所见所闻，让他了解他们如何生活。"除此以外，我就听广播，仔细分析报道（……）密切注视形势的发展。"[47]1942年11月，自由地区被占领，通信变得困难起来， 146
直接的消息越来越少。他父母不得不逃离塞文山区。他们躲到友人勒纳·古尔丹在德陇省的家中，在那儿度过了德军占领时期的最后几个月。

列维-斯特劳斯从来没有以抵抗运动者自居。加入法国自由力量本身已经清楚地说明了他采取的立场。"我出席了几次戴高乐派的会议，但不是特别积极。"[48]他没有接受雅克·苏斯戴尔的友好建议。"我常常想起我俩在格林尼治村我的小房间里的谈话。（……）您好意地力劝我与您同赴伦敦（……）假如我当时随您去了，那我的命运会是怎样的呢？很可能返回了当时对我仍有吸引力的政治舞台，永远告别了科学。"[49]他做出了选择：学习，然后写作。

六、印第安人的艺术与民族学

超现实主义者追求的美和诗意，列维-斯特劳斯的民族学方法，二者在一点上不谋而合。他们共同发现了太平洋北岸英属哥伦比亚地区的印第安艺术，并且致力于让世间了解。1941年纽约市立现代艺术博物馆为列维-斯特劳斯举办展览，展品目录便提到了这一点。

不用说，一些物品已经落入经营阿里巴巴洞窟的小古董商手里，布列东借此建立起一套洋洋大观的藏品。列维-斯特劳斯也获得了几件。但是摆在博物馆里的成套收藏品尤其引起他的关注。“纽约有个神奇的地方，童年的梦想在这儿实现了；百年大树吟唱着，讲述着；叫不出名字的物品带着焦虑的神情窥视着参观者。”[50]这里
147 是美国自然史博物馆专为太平洋北岸印第安部落设立的展厅。身兼唯美主义者和民族学家，列维-斯特劳斯感到兴奋。他遗憾这些物品“被看成简单的民族志资料，连专家也这么看。”[51]在 1943 年的一篇文章里，他认为，毫无疑问，这些实物日后会从民族志博物馆移入美术馆。它们的地位“介于古埃及或古波斯与欧洲中世纪之间”[52]。他说，接触超现实主义者提高了他的鉴赏能力。远不止于此。这种接触使他绝对平等地对待各个文明。他从此学会了像面对中国瓷器、中世纪的圣母小雕像或者毕加索的画作一样，把玩一副夸扣特尔人的面具。

1942 年 6 月，超现实主义者小组的《VVV》杂志创刊。其中 V 分别指战胜死亡和奴役（Victoire），注视内心和注视无意识（Vue）。这是一份在很大程度上受到布列东影响的应时刊物。列维-斯特劳斯在第一期上撰写了题为《印第安人的化妆》的文章。谈的仍然是美学：他叙述了如何惊喜地发现卡杜维欧妇女的文面，又如何感叹她们的线条与摹画的不可思议的稳健。列维-斯特劳斯对一切美好的东西都敏感，但并没有跟在超现实主义者后面亦步亦趋。相反，他的美学追求与职业活动并举。他时刻没有忘记自己的专业，以及那些最终将他引入人类学的问题。在《VVV》杂志的同一期上，他还写了一篇短文，纪念不久前在纽黑文市逝世的民族学家马

林诺夫斯基①。

在公共图书馆和博物馆里，日复一日，列维-斯特劳斯坚持从美国的前辈和同事们的研究中汲取营养。这些著述他已经了解大部分内容。现在他大步踏入了他们探索了半个多世纪的世界：其中主要是民族志调查，实物搜集，综合性著述，理论、学派、趋势。他获得的这种形式的文化知识正是当年做学生时，他在索邦大学的回廊上抱怨找不到的：一种十分具体的文化，组成它的成分完全取自真实世界的无穷蕴藏，而且能够从中抽象出科学解释的基本元素。

1942 年来临之际，列维-斯特劳斯对他的领域的把握程度已经 148
使他能够对题材和积累起来的理论有一套总体看法。他能够自由地谈论马林诺夫斯基的功能主义以及任何一个学派。他了解对某个社会或文化的研究已经达到了哪一步，人类学尚缺少什么样的手段，同事们在研究什么。已经到了毫不含糊地表明立场的时候；在民族学中领有一席之地的时刻到了。

七、博厄斯与人类学

列维-斯特劳斯多次前往看望博厄斯。上了年纪的大师邀请他去位于格兰伍德镇的家中做客。他的“谨严不苟的精神清教徒气质”[53]给列维-斯特劳斯留下了深刻的印象。主人家餐厅里有个彩绘木雕柜子，列维-斯特劳斯大着胆子赞叹它的制造者，说真是不可思议。博厄斯不客气地说：“印第安人与其他民族没有什么不同。”[54]博厄斯不久前出版了《种族、语言与文化》一书，声讨在他的祖国

---

① 马林诺夫斯基（Bronislaw K. Malinowski，1884—1942），波兰籍人类学家，以开拓性的波利尼西亚民族志考察知名。——译者注

德国当权的种族歧视理论。印第安人同其他民族的人没有什么不同，斯拉夫人跟德国人、犹太人与基督徒也都没有什么不同。人类文化之间没有高下之分，对美适用者，对人也不例外。

里维被维希政府撤了职，并且在人类博物馆的抵抗组织解体后被迫逃亡。他在哥伦比亚避难。1942 年 12 月 31 日，他在前往墨西哥途中经过纽约，肩负着戴高乐将军的一项命令。为此，博厄斯为他举行了午宴。地点是哥伦比亚大学的教员俱乐部。宾客中有博厄斯的女儿，扬博尔斯基夫人，以及露丝・本尼迪克特，格拉蒂丝・莱查德，拉尔夫・林顿①。“博厄斯非常高兴，列维-斯特劳斯回忆道，正说着话，他猛然一推桌子，身子向后倒去。我就坐在他身边，赶快去搀扶他。军医出身的里维立刻他进行抢救。无效，博厄斯撒手尘寰。”[55]

令人痛心的偶然事件。列维-斯特劳斯眼睁睁地看着人类学界的
149 巨人倒下，对这一场面的象征意义不会不有所意识。里维年龄大了，其他人也已届中年，均在人类学涉足多年。而列维-斯特劳斯才 34 岁，事业上刚刚起步。他不单单是事件的目击者，而且坐在博厄斯身旁，可以说博厄斯是死在他的怀抱里的。情景造成的这项特权是一种特殊的授职方式。列维-斯特劳斯即使不是博厄斯的继承人，至少也是一个将来能够与他的前辈媲美的人。

列维-斯特劳斯一直强调，他在中学、大学都没有导师，他的民族学知识都是通过阅读和远行的经验获得的，他没有精神之父。不过，博厄斯死后，他却从不放过履行缅怀义务的机会，如同儿辈对

---

① 露丝・本尼迪克特（Ruth Benedict，1887—1948），美国人类学家。格拉蒂丝・莱查德（Gladys Reichard，1893—1955），美国民族学家，以研究纳瓦霍印第安人知名。拉尔夫・林顿（Ralph Linton，1893—1953），美国人类学家，著有《人的研究》和《文化树》。——译者注

待父辈。他在自己的著述里，经常提到博厄斯的鸿篇巨制，以一场不间断的对话的方式探讨和完善博厄斯的思想。半个世纪后，皮埃尔·彭特和米歇尔·伊扎尔①合著《民族学和人类学词典》，列维-斯特劳斯同意为之撰写"博厄斯"的条目。在《近观与远眺》一书中，他向博厄斯表示了无比热烈的敬意。仿佛为了凸显传承关系似的，他强调这位前辈的博大精深："体质人类学、语言学、民族学、考古学、神话学、民俗学，他无所不知，无所不晓。(……) 他的著作涵盖了整个民族学领域。整个美国人类学都是从他开始的。"[56]

博厄斯去世之后的美国，百科全书式的人物没有了。每个人都在博厄斯开垦的土地上各捡一小块耕耘。列维-斯特劳斯与其中的好几个人建立起友谊，他早就认识洛维，也了解他的批判经验论，他接近 R. 林顿和 R. 本尼迪克特。"两人分别邀我用过晚餐，为的是说另一个人的坏话，这成了哥伦比亚大学的笑料。他们俩互相仇视。"[57]林顿领导这一场名为"文化与个性"的运动，他从心理学和个性研究的角度研究文化人类学问题。R. 本尼迪克特则依据心理病理学的范畴，力图构建一门文化类型学。两个人都限于发展博厄斯的教学的某个方面。

按照列维-斯特劳斯的看法，唯有在加州大学伯克利分校教书，时常来纽约的 A. L. 克虏伯②才能发扬光大博厄斯的教导。克虏伯 150
研究文化的性质，为了在不同文化之间确认和区分文化的形成过

① 皮埃尔·彭特（Pierre Bonte，1932—　），法国记者和广播主持人。米歇尔·伊扎尔（Michel Izard，1932—　），法国民族学家，专治非洲民族学，《列维-斯特劳斯学刊》的创办人。——译者注

② 阿尔弗雷德·克虏伯（Alfred Louis Kroeber，1876—1960），著名美国人类学家。——译者注

程，他借助盎格鲁-撒克逊人所说的模式（patterns）的概念。不仅他的研究水平和方法可与博厄斯的同日而语，而且也与列维-斯特劳斯的关注遥相呼应。鬼使神差地，20 年后在巴黎，列维-斯特劳斯也几乎亲眼看着克虏伯去世，而且操办了有关的行政手续。他评价说，那一天，美国人类学的辉煌已经逝去，严肃的工作是在别的国家进行的，例如法国。

列维-斯特劳斯欣赏博厄斯严谨的科学方法，推崇他远大的抱负。这是因为博厄斯从未忘记过人类学的最初目标，那就是通过多学科、全方位的细致调查，创立一门名副其实的人类学，一门有关人的科学。在这个意义上，列维-斯特劳斯与克虏伯一样，但胜过林顿或本尼迪克特，适合充当博厄斯的继承者。他把人类学保持在那位卓越的先行者已经达到的水平上。他打算创立一门关于人的科学，而且是在最充分的意义上：建立在客观的、无歧义的方法之上的一门知识，不针对个别社会和个体，而是它们的整体。

八、罗曼·雅各布逊与结构的启示

对南比夸拉人的研究让列维-斯特劳斯留有沮丧之感。由于对他们的语言理解不准确，对所搜集的材料的处理受到了影响。他对俄裔同事，哲学家、哲学史和科学思想史专家亚历山大·科伊雷谈出了这个想法；科伊雷又把他介绍给同为俄裔的罗曼·雅各布逊①。雅各布逊也是 1917 年离开俄国的。他先去德国，然后去了法国，最后在捷克斯洛伐克安顿下来。1928 年至 1938 年，他主持了布拉格

① 罗曼·雅各布逊（Roman O. Jakobson，1896—1982），20 世纪有世界性影响的俄裔美国语言学家。——译者注

学派的活动，与尼古拉·特鲁别茨柯依①共同奠定了音位学理论。1939年，他先逃亡到斯堪的纳维亚，然后前往美国，于1941年底抵美。那时他也在高等研究自由学校。他与列维-斯特劳斯情趣相投。自1942年秋季开学起，两人都听对方的课。民族学家胸怀大志，决心学到足够的语言学知识，用以解决在研究南比夸拉人时遇到的方法问题。

“的确，他的教学给我带来了全新的视野，而且，不用说，更多的知识。”[58]雅各布逊的博学令列维-斯特劳斯赞叹。他掌握多种 151
语言，兴趣极为广泛：从绘画到刚刚兴起的计算机科学，从现象学到生物学，他无不涉猎。充足的工作劲头，旺盛的精力，才气横溢，坚忍不拔——酒量大，睡眠少。这一切都令列维-斯特劳斯惊叹。他在自由学校举办的讲座是最成功的。他能说完美的法语，基本上无须讲稿，他借助一种不同凡响的戏剧效果，能使听众顿生正在经历重要时刻之感。列维-斯特劳斯始终对雅各布逊极为欣赏，直至成为一种不可改变的眷恋之情。“我们初次见面就感到情投意合，命中注定会做朋友（……）那是我们兄弟般的友谊的开始，虽然他比我年长12岁。（……）始终不懈的友谊，40年的友谊。”[59]

与他的友谊一样，雅各布逊对列维-斯特劳斯的思想影响也是直接和绝对的。“那时我是个幼稚的结构主义者。我实践着结构主义的方法，却没有意识到。雅各布逊告诉我，有这么一个学说，而且已经在一门学科里形成：语言学。我从未尝试过语言学。这于我如同醍醐灌顶。”[60]出于偶然和友谊，列维-斯特劳斯发现了那座一直萦绕于心头，却早已竣工并入住的大厦。他还说，罗曼·雅各布逊

---

① 尼古拉·特鲁别茨柯依（Nikolay Trubetzkoy，1890—1938），俄国语言学家，以他为核心的布拉格学派被公认为结构主义语言学的开端。——译者注

的课程给他带来了一个“崭新的观点，与我以往的思考不谋而合，而我自己却未曾有设想的胆量，也还不具备概念手段，使之成形”[61]。他曾经听过的这些课于1976年结集出版了①，列维-斯特劳斯在序言里谦逊地说，这是“一个旁听者的见证，而且也是，请允许我补充说，一个弟子的见证”[62]。

语言学在这个世纪初发生了一系列变革，结果成为人文科学中唯一的一门能够自称取得了精密科学的地位的学科。起初，索绪尔凭直觉把语言规定为一整套的关系，而不是一个依赖于某种环境和某种历史的有机体；在这些关系中，每一个项次只相对于其他项次才有价值。语言学于是从19世纪的进化论和比较语法当
152 中解放了出来。列维-斯特劳斯强调说，博厄斯同样大有功于这场解放。早在索绪尔的《普通语言学教程》出版之前5年，博厄斯在1911年就表述过人文科学的一条基本事实：“语言规则是在无意识层面起作用的，在说话者的掌控之外，因此可以当作一个客观现象进行研究。”[63]这些成果被雅各布逊和特鲁别茨柯依的音位学加以发展并系统化，因为它把对象处理成一个系统——或一个结构——组成这个系统的是一些要素，它们之间的关系遵循一定的规则。在处理人类现象的诸学科中，人们第一次做到了能够表述一些规则，而且能够作出预见。

在列维-斯特劳斯看来，这令人十分惊叹。他从中找到了自己的位置。多年来的关注，他的选择，他的期待，一切都在这里了。结构主义精心锻造了手段，找到了钥匙，从而使我们能够在历史与事件的泡沫之下，找到可以恢复真实的本来面目的逻辑法则。列维-斯特劳斯返回原路，一直追溯到少年时期的“三位情人”。例

① 指雅各布逊的《语音与语言六讲》。——译者注

如地质学：高低不平的路面，外表看起来出于偶然，实际上却有一种隐秘的必然性。精神分析：这个人类活动的场所在整体上纵然形式可以千变万化，却能够还原为一组数目有限的无意识的元素。马克思主义：对同一组现象的阐释离不开一个理性模式，其中各个项次绝非其感性表现的简单重复。所有这一切，加上其他的关注，阅读卢梭，沉思冥想，哲学的直觉，对丰富多彩的生命的敏感，终于在“结构的启示”下统一起来了，并且“凝聚为一个理念的连贯整体”[64]。 153

列维-斯特劳斯是民族学家，对语言学一无所知。他对研究民俗学出身的雅各布逊一见倾心，但并不一味地模仿。改变职业是不可能的。同样，雅各布逊也没有引导他从语言学借入概念和方法，再原封不动地搬到民族学中去。鹦鹉学舌地模仿语言学家是行不通的。雅各布逊向他揭示的方法极为准确和深刻，与他所寻求的并不全然相符。他必须采用别的方法将之运用于他的学科。结构主义不是为懒汉配的一把万能钥匙。

对列维-斯特劳斯来说，发现结构主义并不是终结，而是一个开端。结构主义为他提供了一个纯粹传统意义上的榜样：见贤思齐。作为民族学家，他现在有一个工作计划：雅各布逊及其伙伴在他们的领域里所取得的成就，他也要在自己的领域里做到。他说，结构主义语言学代表着“一种总体上的启示”[65]。他又说：“我承认这是一项巨大的工程。”他可以期盼一切。从某种意义上说，他对于民族学的掌握还未找到动因，仅仅是一笔知识和经验的积累。一切尚有待于统一到一个有意义的体系之内。从此以后，他知道朝哪个方向进发了。

此外，语言学还为他提供了两个极其珍贵的思想手段。即了解“精神的无意识活动在逻辑结构的产生中的作用”，以及“组构成分本身无意义这一基本原则”[66]。我们制造意义就如同儒尔丹①先生写散文，为此我们得求助于一些全凭在产品中的各自位置才能获得意义的材料。总体上的灵感，无意识的作用，关系的体系，“我认为，我向语言学索取的就是这些东西”[67]。倘若说他是这位朋友的弟子，那只是暂时的，即当了解他的工作的时候。然后，他们成为同事，工作领域不同，使用的方法一样。吸收的阶段过后，交流平等进行。两人在各自的领域里推进，以各自的方式，按照自己的节奏，遵循不同的路径，取得只属于自己的成果。

1942 年底至 1943 年初的冬季，雅各布逊来听列维-斯特劳斯的课。列维-斯特劳斯选择了亲属关系的体系为主题。“一天，他对我说，应当把这些写下来。这我从未想过。在他的督促下，我于 1943 年开始写作《亲属关系的基本结构》。”[68]而在 1939 年，列维-斯特劳斯还认为自己缺乏写作能力。从那时以来获得的知识积累，结构主义语言学的启示和雅各布逊的友谊，这一切加起来使他迈出了决定性的一步。

他读了达尔西·汤普森② 1917 年的著作《论生长与形式》，这本书充实和完善了他的思想工具。汤普森用变换来解释同一种属内
154 的差异，无论是植物还是动物。结构分析不能没有变换的概念。要理解它所研究的组合体的多样性，就得解释要素之间多变的组合方式。为此，若干组合体之间必然出现恒常不变的关系，从而使它们能够通过一系列变换而彼此过渡。40 年后，列维-斯特劳斯断言，歌德的植物学研究以及丢勒③的《论人体之比例》中已经有了这方

① 莫里哀喜剧《贵人迷》中的主要人物。——译者注

② 达尔西·汤普森（D'Arcy Wentworth Thompson，1860—1948），英国生物学家和数学家，以《论生长和形式》一书知名于世。——译者注

③ 丢勒（Albrecht Dürer，1471—1528），著名德国画家和数学家。——译者注

面的直觉。于是，“科学思考在其进程中并不与过去决裂，而是周期性地重新把握它”[69]。这个时期，他尤其重视这一事实：导致语言学发生变革的原理发端于世纪之初，影响可与对同时期的物理学造成冲击者相比拟。他参与了一场变革。

九、嫁接美国

1942年，列维-斯特劳斯在美国超现实主义杂志《VVV》上发表了第一篇文章。此后两年无文章发表。实际上，超现实主义小组从1943年起就各奔前程了。坦基和马松几乎不再离开康涅狄格州，马克斯·恩斯特与他的新女伴多萝茜·坦宁前往亚利桑那州定居。兰姆去了古巴。布列东没有离开纽约，但从此不容易见到他了。与妻子分居后，他跟艾莉萨·克拉罗（Elisa Claro）一起生活。列维-斯特劳斯则忙于其他各种事务和社交圈子的活动。

他仍然在自由学校任课。他与社会学研究所的头头即顶头上司古尔维奇的关系还算不错，因此古尔维奇将他主编的《二十世纪的社会学》一书的“法国社会学”一章委托列维-斯特劳斯撰写。此书于1945年在纽约出版（收入1947年法文版）。这满满30页的文字让列维-斯特劳斯有了一个与法国传统重新契合的机会，而法国社会学过去默默无闻。后者的可取之处在于拒绝把有关人的科学划分太细，这就不仅能够丰富其他学科，尤其地理学和语言学，也可以同时从中获取营养。不足的是，满足于和倾向于建立正统的观念，特 155
别是涂尔干的正统观念。对涂尔干思想中的教条主义方面，列维-斯特劳斯深表遗憾。但是，他重新肯定了涂尔干的方法，认为考虑到涂尔干的工作条件，他的方法有典范意义。文章的结论部分呼吁细致彻底的工作，综合和体系不如分析和方法。“事实上，教条式的建构时代似乎已经彻底过去了。(……)社会学应当放弃一切探讨起源和演化法则的努力。”[70]就前辈们所拥有的手段而言,他们的抱负过高过大。人文科学要发展,就得抛弃没有答案的问题,尤其是起源问题。态度应当谦逊,作风必须严谨。这项呼吁里包含着一丝嘲讽的意味。长久以来,列维-斯特劳斯就拒绝把形而上学掺入他的知识体系,他从来就无意肯定没有根据的东西。这是呼吁人们像他那样行事:放弃高远的目标,抓住并非无益的具体问题。这样做并不排除综合,也不妨碍陈述必要的法则。朴实的方法不意味着题材一定狭隘。列维-斯特劳斯的结论是:“法国社会学的哲学起源过去让它跌了跤,将来却可能是它最有力的王牌。”[71]

自由学校创办了名为《文艺复兴》的刊物。列维-斯特劳斯1943年为它写了一篇文章《南美印第安人的战争与贸易》。此文重提并且拓展了他对南比夸拉人的研究范围。对于印第安人而言,战争在某种意义上是以不同方式延续交换。魔棍一挥就变成结构主义者的事是没有的。他的方法与行文仍然是传统的。列维-斯特劳斯没有把这篇文章收入后来出版的文集。这篇文章证明了他对于大量的资料来源和文献的把握与综合的能力。列维-斯特劳斯是个出色的杂家,善于综合各种信息与思想。他有非凡的专注力,加上有恒心和不服软的天性,这使他成为一部令人生畏的制造知识和理论的机器。

雅各布逊早年参与过创立莫斯科语言学派,后来参加过布拉格
156 语言学派的创立,现在又开始参与创立纽约语言学派了。列维-斯特劳斯也参与其中。另外还有哥伦比亚大学的几位教师。教师中,格拉蒂丝·莱查德是贝尔纳学院的民族学教授,正在撰写关于纳瓦霍印第安人的宗教的一本书。她将列维-斯特劳斯引荐给芙吉尼娅·古

尔德斯利夫①院长。院长请列维-斯特劳斯在1949夏季讲授一门课。贝尔纳学院附属于哥伦比亚大学，是一所女子学校。大学实行男女分校仍然是严格的。列维-斯特劳斯要面对纽约上流社会的富家小姐，几个星期当中，他得用英文讲课。他选择了一个烂熟于胸的主题：南比夸拉人。“在贝尔纳学院上第一堂课时的那种焦虑不安，我永远不会忘记。”[72]焦虑很快变成了害怕，原来他发现女学生们不做笔记，反倒专心致志地织毛衣。课后一个女生向他指出一个发音错误。他这才放下心来，原来她们听着呢。

他给一些专业杂志撰写论文和书评：美国的《美国人类学家》、《社会研究》以及《纽约科学院院刊》，墨西哥的《美洲印第安人》。这些文章后来再版时没有原封不动地照搬。在《结构人类学》和《忧郁的热带》里出现时，它们都经过注明、改动或概述。在这些文章里，列维-斯特劳斯继续他的南美文化专家的工作。在一篇关于亲属关系的文章和另一篇关于部落首领的作用及其与部落男女之间的关系的文章里，他深化了对于南比夸拉人的研究；关于“互惠性与等级制度”的论文，特别是对南美社会二元制度的论文——他的全部著述里都有这个主题——把他的研究范围扩大了。此外，全美研究委员会也多次向他咨询巴西问题。

作为一位来自法国的著名民族学家和美洲文化学者，克洛德·列维-斯特劳斯已经成熟了，完全可以在美国的大学里成就一番亮丽的事业。嫁接成功了，他踏入了高等教育界，跻身于民族学家之列。他与这个领域里所有重要人物都有来往，他在一流的刊物上发

① 芙吉尼娅·古尔德斯利夫（Virginia Gildersleeve，1877—1965），美国学者，哥伦比亚大学贝尔纳学院院长，联合国于1945年成立时美国代表团中唯一的女成员。——译者注

表论文，在最好的大学里执教。如果他决定留在美国，一定会受到热烈欢迎。再说，他的朋友雅各布逊不久便受聘于哥伦比亚大学，并且在美国度过了后半段的职业生涯。

157 他从未这么想过。反之，他致力于维护和尽量加强法国在自己的领域里的影响。1942 年，在新奥尔良市，一个拉丁美洲文化研究中心在图莱尼大学成立。美国行政当局打算把自由学校的部分法国教授调往那里。“其企图难以掩饰，即剥夺法国在一个很重要的文化影响领域里所享有的主导地位。”[73]在过去，南美国家的大学生是去法国完成大学第三阶段即博士学位的学习的，今后他们会被吸引到美国来。罗歇·卡伊瓦①在阿根廷扎下了根，并且创办了一所法国学院。列维-斯特劳斯与他一道，建议在布宜诺斯艾利斯创立一所隶属于纽约自由学校的拉丁美洲中心。1943 年中心的开张避免了自由学校的教授们的流散，使法国影响力能够维持一个相对独立的网络。

1944 年的一篇文章见证了列维-斯特劳斯对美国所持的保留态度。文章题为《幸福的技巧》，为卡尔曼-列维出版社发行的《黄金时代》学刊撰写。这篇文章两年后被《精神》杂志的《美国人》专刊转载。文章赞赏美国对于帮助个人适应新的社会生活环境方面的关注。幸福，在美国几乎是一样非有不可的东西。然而，这也带来了问题。谁不朝前走，谁就会被排斥。“美国文明是个整体，要么全盘接受它，要么甘愿被它抛弃。”[74]幸福在美国确实存在，也有无数好处，对此列维-斯特劳斯毫不吝啬地大加赞扬。但是他不想拥有这些。自由高于一切。

---

① 罗歇·卡伊瓦（Roger Caillois，1913—1978），法国文学批评家，毕生研究神灵等社会现象和把拉美作家介绍到法国，1971 年入选法兰西科学院院士。——译者注

还有其他原因。美国式的幸福的技巧要求唤醒深藏在每个人心中的童心。“的确，在从最原始的到最复杂的每个社会当中，个人的心灵深处都隐藏着童年时期的沮丧感，如同一道未知而永远敞开的伤口。这种沮丧感尽管起始年龄因文化而不同，但无一例外地总是开始过早，而且受到群体的严规苛律的压抑。”[75]美国想方设法地医治这一创伤。列维-斯特劳斯对此有亲身体验，但他选择了不予理睬。如果说美国人显得像是大孩子，他却想做一个成年人。就这个意义而言，他的文章如同宣布向少年列维-斯特劳斯永远地告别了。

十、法国插曲 158

1944 年 6 月，“我眼前又浮现出格林尼治村的那个单间小公寓。一天早上，我打开了收音机，但一点也听不懂收音机里说的话。我忽然产生了一种似真非真的印象。播音员声音激昂地列举着一些相互没有关联的事实、语词、名字、数字。瞬时间万丈光芒：联军登陆了（……）我不禁失声痛哭。”[76]

法国解放后，纽约的法国社群出现了危机。高等研究自由学校的教授自建校以来显著增多，他们分成了两人对立的阵营。一些人认为学校已经失去存在的理由，应该解散，工作人员返回祖国。另一些人认为应该继续办下去，观望法国局势的发展。后一派大都是刚到美国的法国人，他们没有社会地位，立脚未稳，不想冒险回到不一定欢迎他们的国家。科伊雷理解两派的态度，不愿表态而辞了职。列维-斯特劳斯接任。属于前一派的列维-斯特劳斯随即着手准备回国。学校的新的秘书长从此归文化关系处管辖，隶属法国政府外交部。曾经支持他的亚马孙流域考察计划的亨利·卢吉埃①被任命为处长。秋末，他把列维-斯特劳斯召回巴黎，帮他解决学校的问题。

列维-斯特劳斯登上一艘美国海军船只，开始了困难重重的旅途。“我在英国海岸下了船，应该是在卡尔蒂夫港吧。我必须乘火车去伦敦。去火车站的路上，我夜间穿过那个城市，经过狭窄曲折的小巷，街巷两旁是低矮的房屋，大多破破烂烂。这段路途是我一生中感受最深的印象之一：这就是欧洲。在南北美新大陆生活多年以后，现在终于回家了。”[77]战争造成城镇满目疮痍，列维-斯特劳
159 斯不禁想起昔日在热带丛林里看到的村庄。它们都是饱受威胁的文明的残余，必须设法保存下来。列维-斯特劳斯经过 V2 飞艇不时飞临的伦敦，乘坐一辆美军卡车于 1945 年初的某日到达巴黎。

又见到了父母。他们现在一无所有，“连一张床也没剩下”[78]。他们生活拮据，身体衰弱，父亲的健康状况恶化。

列维-斯特劳斯在巴黎只待了几个月。纽约自由学校秘书长的职务使他可以享用一间小办公室，是用一幢带家具的出租公寓里的卧房改建的，位于拜伦爵士街，离香榭丽舍大街很近。他的每日职责不太明确。事实上，他的工作主要是接待和指导希望前往美国的人。有一天，他又见到了莫里斯·梅洛-庞蒂。自从一道参加教师资格会考的实习以来，两人从未见过面。趁着这个机会，他们提到了一同实习的小同学西蒙娜·德·波伏瓦、萨特，以及存在主义。列维-斯特劳斯很想了解一下时兴的存在主义究竟是怎么回事，他对此一无所知。梅洛-庞蒂告诉他，存在主义者想再造哲学，就像柏拉

① 亨利·卢吉埃（Henri Laugier，1888—1973），法国医生和心理学家。担任过政府部长和联合国副秘书长。——译者注

图、笛卡儿、康德的幸运时代那样。后来有人问他如何看待梅洛-庞蒂的说明，列维-斯特劳斯的回答再简单不过，可是很能说明问题："什么也没想。我那时对哲学没有兴趣，更别提存在主义了(……)。"[79]

其实，列维-斯特劳斯思考过存在主义，同样也思考过它借助的哲学拐杖——现象学。他后来对此有过多次说明。《忧郁的热带》里有一段严酷而又深具意义的话，可以概括他的观点。

> 至于很快就在存在主义中蓬勃发展的思潮，由于它取悦于主观性的幻想，我觉得它是与合理的思考相反的。它把个人的关注拔高为哲学问题，很容易导致一种轻佻的形而上学。作为一种教学手法尚可原谅，但如果这种拔高使人能够逃避哲学所负有的使命，那是极其危险的。在科学变得强大得可以代替哲学以前，哲学的使命是理解存在本身，而不是根据"自我"去理解存在。现象学和存在主义并没有废除形而上学，而是引进 160
> 了两种办法，以证明它不在现场。[80]

这牵扯到哲学上对立的两极，一方面是本我发出的炫目诱惑，列维-斯特劳斯绝对不感兴趣；一方面是古老的形而上学，以主体为中心的形而上学已经死去。萨特和现象学没有重新赋予它生命。关于萨特的思想，尤其是他对科学的排斥，列维-斯特劳斯说"散发出一股霉味"[81]。这是因为，在哲学完成其"从存在本身理解存在"——即把握和解释物质世界和人类世界——这一使命中，科学方法恰恰是用来取代哲学的。

有一段时间，列维-斯特劳斯也从事过行政工作。高等研究自由学校的命运很快就确定了：学校解散，大多数人返回法国。1945年，乔治·古尔维奇返回法国以后，便开始筹建社会学研究中心，以确保纽约社会学研究院过渡为巴黎高等研究实践学院的一个系，这个尚待建立的系将专门致力于社会科学的研究。他召集起来的人员后来大多在未来的第六系工作。但第六系主要是历史学家，特别是在重量级人物布罗代尔的控制之下。

列维-斯特劳斯没有参加这场战役。他尚未结束博士论文的写作，那是激烈的竞争中的必要武器。最好的选择是再次出走，重新开始工作。恰好亨利·卢吉埃向他提出一项建议，法国驻墨西哥使馆需要一个文化参赞。列维-斯特劳斯很想当文化参赞，但不是在墨西哥。为了完成论文，他需要去纽约，需要那里的图书馆、民族学家和博物馆。好在他认识纽约所有的法国人。考古学家亨利·赛里格①第二次世界大战期间领导法国驻美使馆文化处，但他的办公室不在华盛顿，而是在纽约。这位朋友因被任命为法国博物馆总监而即将离开这个职位。他建议由列维-斯特劳斯接替。“我俩共同说服
161 了卢吉埃，将这一职位委任给了我。”[82]更妙的是，外交部文化关系部门的负责人答应对他的双重身份睁一只眼闭一只眼。经商定，他可以上午当文化参赞，下午专注自己的研究。他于 1945 年春季结束之前返回了纽约。

十一、文化参赞

生活环境改变了。列维-斯特劳斯最初的工作是将办公室安置到豪华公馆里。楼房位于第五大道，法国在第二次世界大战之前便已购置。反对维希政府的纽约市长一度下令不准使用，直到戴高乐上

① 亨利·赛里格（Henri Seyrig，1895—1973），法国古代史学者，一生与瑞士渊源甚深。——译者注

台，禁令才解除。这座建筑并不适宜新使命的要求，需要改建。列维-斯特劳斯负责这项工作。曾经设计建造了夏约宫的雅克·卡尔吕①前来协助他。他来得正好。这座公馆的建筑风格是罗马式的，列维-斯特劳斯很喜欢。“这种工作我喜欢，远胜当文化参赞。想法子，做计划，加入施工现场的生活，偶尔也动动手，这一切都让我感到快乐。”[83]公馆改建期间，外交人员暂时在大厅里办公，工作进度缓慢。文化参赞住在最高层，有一套楼顶住宅供他使用。

别的不说，跟流亡生活和格林尼治村的单间小公寓相比，列维-斯特劳斯的境况彻底改变了。可以用自己的全名，有身份，有社会地位。法国文化部的行政人员追随他，支持他，相信他。亨利·卢吉埃（1946 年被任命为联合国副秘书长，为此在纽约居住了几年）走后，路易·若克斯（Louis Joxe）继任文化关系处处长之职。他跟列维-斯特劳斯一起继续执行以往的安排：列维-斯特劳斯上午处理公务，下午专心写论文。

也许是生活平稳安定之后的必然吧，列维-斯特劳斯再次结婚了。返回纽约几个月后，他迎娶了罗丝-玛丽·于尔莫。儿子洛朗 1947 年初出生。列维-斯特劳斯从来都觉得没必要把自己的感情和家庭生活公之于众。他过日子的方式得自于家世渊源。无论生活境遇曾经或者目前如何，他都是一个懂得节制、谨守规矩的男人。他很适合当父亲，看来感情几何学的双重变化——结婚和当父亲——并没有让他不知所措。

列维-斯特劳斯从来不是真正的外交家，尽管他并不缺少外交家所需的品质：周旋能力，文化素养，头脑灵活。但这不是他的职业，他只会从远处关注它。“我超然于一切之上，是个很糟糕的文

---

① 雅克·卡尔吕（Jacques Carlu，1890—1976），法国建筑师。——译者注

162 化参赞，只做了最基本的事。”[84]一点不错。如果说，文化参赞的任务在于亲切接待来访的法国人，为他们指点迷津，帮助他们和美国机构或有关人员搭桥引线，总之，把他们领入美国社会，那么他的任务完成得很漂亮，甚至无须费心和付出努力。道理很简单，他熟悉美国社会。

他接待了大批的人。其中有自然无须他帮助的萨特。可是身份使然，列维-斯特劳斯邀请他共进午餐。气氛恭敬祥和。波伏瓦也不需要他，可是，同学之谊使然，他请波伏瓦到他的楼顶住宅用午餐。“我记得很清楚，当时我儿子刚出生不久，她望着摇篮时的那副厌恶的神情；确实，不该给她看婴儿。”[85]阿尔贝·加缪①一个人也不认识，他希望参观城市，去中国餐馆就餐和百老汇大街的一家酒馆，那儿展出一些“老年歌手”[86]。这次联系没有下文。儒勒·罗曼②受到的待遇很特殊。他在战争前夕发表的一本书里鼓吹德法两国人民彼此接近。曾经动情地阅读过《善心人》前几分册的列维-斯特劳斯对此很反感。他在应邀简短致词时报复了儒勒·罗曼，说《善心人》中的人物自诩不会进入法兰西科学院（Académie francaise)，而儒勒·罗曼恰在此时入选成为法兰西科学院院士。当时在场的安德烈·莫洛瓦③注意到文化参赞的演说“用词尖刻”。列维-斯特劳斯后来自嘲说：“我那时还是挺坚持原则的。”[87]

对于来宾的社会地位和声望，列维-斯特劳斯不会不在意。住址

---

① 阿尔贝·加缪（Albert Camus，1913—1960），法国著名存在主义作家和哲人。——译者注

② 儒勒·罗曼（Jules Romains，1885—1972），法国作家，长篇小说《善意的人们》的作者。——译者注

③ 安德烈·莫洛瓦（André Maurois，1885—1967），法国作家，《布朗伯上校的沉默》为其成名作，法兰西科学院院士。——译者注

记录本上增添几个名人不会让他不愉快。再说，没有任何理由放弃，因为他雄心勃勃，懂得没有关系就没有事业。在他的工作范围之内，他还有过接待伊夫·拉伯尔特的机会，此君是后来的法兰西学院教务主任；皮埃尔·蒙岱斯·法朗士；蒂斯朗主教（Tisserand）；让·德莱，未来的法兰西学院的同事；未来的高等教育主任加斯东·贝尔热；法国图书馆馆长于连·坎恩，列维-斯特劳斯写的一篇文章就是题赠给他的；还有罗歇·卡伊瓦，列维-斯特劳斯并不 163
喜欢他的书，有段时间二人一度反目。① 列维-斯特劳斯的地位也使他接触了一些以前不可能接触的人，一些迷恋法国艺术的资助人和搜奇猎异的商人。“我接待过一些中间商，他们提着装满前哥伦布时期的金首饰的箱子，有的把相片指给我看（……）向我兜售无比神奇的印第安艺术品。有关部门对我的诤谏充耳不闻，以致这些艺术品流进了美国的博物馆。”[88]

早在战争结束前夕，行政当局就启动了一个根本性的方案，即洛克菲勒基金会对欧洲和法国的策略。拯救欧洲学者的行动结束以后，基金会重新实行其社会科学发展策略。战后法国大学处境十分困难，缺少资金和教师，设备收藏品陈旧过时。因此，虽然有人反对，接受美国的援助仍然被视为必要的。一度出现过建立如同伦敦经济学院那样的巴黎经济学院的想法。此后出现了各种计划和大量

---

① 伊夫·拉伯尔特（Yves Laporte，1920—　），法兰西学院神经生理学教授，从1980年到1991年担任该学院院长。皮埃尔·蒙岱斯·法朗士（Pierre Mendès France，1907—1982），法国著名政治家，曾经担任部长和总理等职务。让·德莱（Jean Delay Jean Delay，1907—1987），法国心理医生和作家，法兰西科学院院士。加斯东·贝尔热 Gaston Berger，1896—1960），法国工业家、哲学家和行政专家，专治胡塞尔。于连·坎恩（Julien Maurice Cain，1887—1974），法国行政专家，担任过法国国立图书馆馆长。——译者注

的讨论。列维-斯特劳斯在 1946 年和 1947 年担任文化参赞期间，洛克菲勒基金会的代表一直与法国行政当局和高校的代表保持着接触。高等教育局长皮埃尔·欧热定期去纽约，就有待建立的机构的形式、资金和组织等问题进行谈判。列维-斯特劳斯经手大量文件，组织会谈。1946 年 7 月，皮埃尔·欧热与洛克菲勒基金会人文科学部的约翰·马歇尔举行了一场有决定意义的会晤，列维-斯特劳斯在场。会晤的目的是讨论"洛克菲勒基金会能够为振兴法国人文科学提供何种形式的赞助"[89]。

164 由于法国政府无力建立一个可以会聚所有人文科学的学院，皮埃尔·欧热促使美国对话者支持一个新的计划。他于 1947 年 2 月提出了这个计划：在高等研究实践学院创立一个系，专门致力于社会科学的研究。尽管这个计划所需的资金不太多，但政府至少三年内无力给这个计划拨款。洛克菲勒基金会可以确保这个系的启动，直到法国政府能够负担为止。计划被接受了。第六系就这样诞生了。从 1948 年元月开始，为期三年，每年获得 1 万美元的资助。洛克菲勒基金会同时还帮助了其他机构。一些机构得到的帮助更大，例如查理·瑞斯特社会经济研究学院。但是，为了法国高等教育的振兴，第六系作出的贡献无疑最大、最有力。

在这件事情上，列维-斯特劳斯既是参与者也是旁观者，当然，他作为双方的中介者参加了全过程。他食息于此，能够与美方谈判伙伴建立接触。他多次会见约翰·马歇尔，晚餐和随意交谈是此类运作的必然内容。作为一个外交家，列维-斯特劳斯没有失职。他的工作产生的影响不太可能精确度量，但是，通过在大西洋两岸之间编织起人际网络，为陌生人之间的交往搭桥引线，向美国伙伴提供法国科学界和知识界的状况，不言而喻，他为法国塑造一个正面形象是有功劳的。正是这一形象促使洛克菲勒基金会的负责人为法国计划优先拨款。这一切都为他打入法国一流院校的微妙机制作出了有利的铺垫。

十二、结构

自从发现了结构主义语言学，列维-斯特劳斯就致力于把结构的概念运用到自己的研究领域。1945 年发表的两篇文章标志着他的努力取得了成效。几年后，他把这两篇文章收入《结构人类学》中。从这个意义上看，它们可以被视为他的作品之一和作品之二，即一座从此以后系统地和持续地建筑起来的大厦的奠基石。 165

作品之一，《亚洲和美洲艺术中的裂分表现手法》，在高等研究自由学校的《文艺复兴》杂志的最后一期上发表了。列维-斯特劳斯再次讨论了巴西时期他就关注的问题，即如何阐释两种时空上相距遥远的艺术的相似性问题。古老的文化传播论认为形式和风格是从一个时期到另一个时期，从一地到另一地延续的，这个假说的优点是要求研究者认真考虑不同文化的实物之间的相似性；但是，历史学家早就指出，这一假说无法导致任何决定性的结论。“这本身并不能证明相似之处纯属虚幻，而只能说明必须另寻其他解释的途径。”[90]一登上结构主义分析的舞台，列维-斯特劳斯就必须处理一种极为丰富的材料——亚马孙河流域的艺术、太平洋北美海岸的艺术、新西兰的艺术和中国的古代艺术，描写它们之间的惊人相似之处，探讨找出并解释这种奇特现象。因为这种现象的原因超越了实物的相似性，必须到它们所在的整体当中去寻找。“一些有机的整体，其中风格、审美习惯、社会组织和宗教生活在结构上都互相联系。”[91]

这篇论文在各方面都是一部杰作。列维-斯特劳斯讨论了文化传播论的论点，宣布他要寻找的是被考察的实物之间“本属心理或逻辑性质的内在关联”[92]。这种接近问题的方式和提法可以在他学生时代的某一篇文章内看到。他在 1930 年的思考方式与 1945 年没有区别。他一直忠实于自己。这也许正是列维-斯特劳斯的最令人称绝的特征。不退缩，不改变；没有浪费的时间，没有走捷径，从未走入死胡同。他用了 15 年时间，终于找到了解决他的问题的方法，但问题本身丝毫未变。

这篇文章还被视为颇具百科全书性质——自然这是就民族学界
166 而言的。列维-斯特劳斯此前发表过的论文利用了实地考察所收集的材料，固然也向其他相关研究开放，可是并没有走出南美民族学的专项范围，顶多是短暂地游离。现在，他头一次闯入了一个开放的领域，涵盖半个地球，历时两千年。每个民族学家都无法让民族学从头开始。纽约图书馆堆积如山的资料只等着人去开发和利用。现在列维-斯特劳斯掌握了“芝麻”，可以叩开问题之门，把目光投向正确的方向。他能够踏上探险之旅了。他不必担心迷路。

作品之二《语言学和人类学的结构分析》于 1945 年 8 月发表在纽约语言学会会刊《语词》第二期上。比起第一篇来，这一篇更有普遍性。他阐述了民族学如何能够把语言学的突破性成果，尤其是音位学的成果为己所用。他的阐述依据一个事例，也是列维-斯特劳斯时下的研究领域：亲属关系。那些用来建立音位学的概念也可以用在这里。要素便是兄弟和姐妹，父亲与儿子，以及同血缘关系、联姻关系、继嗣关系。正如音位学中的音素那样，社会是靠这些要素运行的。社会制造出一些意指系统，其重要性或大或小，但少了这些要素，社会便无法存在。不过这里有一个条件：“（……）这条普遍存在的乱伦禁律（……）不外乎是说，在人类社会里，一个男人只能从另一个男人那里得到妻子，后者是以女儿或姐妹的形式向他出让的，除此别无他途。”[93]结果是：“一个亲属关系系统的本质并不在于那种人与人之间在继嗣上或血缘上的既定的客观联系；它仅仅存在于人的意识当中，它是一个任意的表象系统。”[94]

家庭不是一个自然而然的事实，凡是自然主义的解释必然文不对题。将既定材料分类的做法无法得到列维-斯特劳斯一直梦想的模式，必须确认象征符号。

这几页文字近乎一份宣言。人类学获得了解放。列维-斯特劳斯想赋予它一种尽可能接近理想的地位，就像他眼中的语言学那样。同时也想赋予它一种从未有过的自由。尽管他强调人类学处理的是 167
象征符号，而非有血有肉的人，他并不打算掀起一场反对人类的人性的战役。他只是指出人类学超越生物学，超越对社会的经验性描写。父子血缘相连，这个事实无人否认。但是，民族学家对父子关系的兴趣并不在这一层面上。他想知道的是，父子关系在他们生活的社会里有什么意义，这种关系在这个社会里的全部亲属关系的体系内又是如何协调的。只要接受了他的这个思路，马上就得承认，解说必须与其对象相适应，而且必须换一个层面。人类学家不可只限于描写社会和解释表层要素，他必须寻找象征符号，搞清楚它们是根据怎样的无意识规则组合起来的。

十三、职业计划？

从 1945 年起，流亡者之间的社会联系自然消失了。没有在美国安身立命者均返回法国。大学老师留下的居多。列维-斯特劳斯又见到了雅各布逊，接触了语言学家的交往圈子。他也再次见到了著名语言学家费尔南·德·索绪尔的儿子雷蒙·索绪尔。雷蒙是精神分析学家，1940 年到美国避难。他与雅各布逊是好朋友，雅各布逊使他明白了父亲的作品对世界的影响，并把他介绍给列维-斯特劳斯。

两人从此建立了友谊。通过雷蒙，列维-斯特劳斯得以进入精神分析学家的圈子，他结识了 1933 年逃离德国的维也纳人恩斯特·克利斯（Ernst Kris）、波兰人南伯格（Hermann Nunberg）和娄文斯坦（Loewenstein），这两个人曾经辗转流离，最后定居美国。克利斯和南伯格曾经与弗洛伊德一道工作，属于弗洛伊德思想的第一代继承人。娄文斯坦则是将弗洛伊德的作品引入法国的玛丽·波拿巴① 的下属，列维-斯特劳斯曾经见过她一次。

在《裂分表现手法》一文里，列维-斯特劳斯暗示了一种可能性，即被研究的实物之间的类同性可以从心理和逻辑的相关性得到解释。他随即把心理学假设放在一边，集中于结构性逻辑。但是，他认为心理学的办法并非毫无价值。精神分析不是他关注的重点，
168 但是并没有被排斥。只要他探讨无意识的材料及其机制，他在某种意义上就是精神分析的一位近邻。迟早应当组织一次会面，或者说对垒。此时，对于在美国十分时髦的精神分析的种种怪现象，他和朋友们却感到惊讶。“（精神分析）把注意力集中在个人如何重新适应群体的规范：不是病人对于自由的觉醒，而是如何把他重新引向幸福。”[95] 尤其是南伯格，他多年来就激烈地反对这种倾向，但毫无结果。精神分析被引进了美国，付出的代价却是自身的败北。

列维-斯特劳斯在教育界经常露面。应哈佛大学人类学家克莱德·克拉克霍恩的邀请，他曾去做过讲座，并且与克莱德一直保持着友谊。借那次机会，他结识了塔尔科特·帕森斯②，此君在很长一段时间内，一直体现着社会学所能够产生的最为抽象的理论。第

① 玛丽·波拿巴（Marie Bonaparte，1882—1962），法国皇室公主（祖父是拿破仑一世的侄子），作家。曾参与创建法国心理学研究会。——译者注

② 塔尔科特·帕森斯（Talcott Parsons，1902—1979），美国著名社会学家。20 世纪五六十年代，他的著作在美国影响很大，后人称之为结构功能主义。——译者注

一次接触并没有下文。但帕森斯记得会见列维-斯特劳斯这件事。

列维-斯特劳斯从此生活安逸，有余力接待访客，组织晚宴。他身边形成了一个朋友和关系的圈子。他的沙龙里不断举办专题报告会。1947 年 3 月 21 日，梅特罗出席过政治学者纳森·雷特[1]的报告会。列维-斯特劳斯的朋友大多为大学教师，在他们看来，这个法国民族学家已经无可否认地成了美国人，不会考虑离开这个国家了。即使日后返回法国，不用说，那也是干得不成功才会走的。实际上，他离开美国以后，有些不怀好意的人就暗示说，他是因为没有找到工作才走的。芝加哥社会学家罗伯特·雷德菲尔德[2]——列维-斯特劳斯在他家借宿过——就曾经力劝他定居美国。社会学家科特·勒温[3]也向他推荐过一个稳定的职位。然而他不为所动。列维-斯特劳斯是个无可救药的欧洲人。

列维-斯特劳斯只要愿意留在美国，就不会找不到一个与他能力相当的职位，这已无可怀疑。公认的才能，名声，众多朋友，都已经超过了他的需要。他拥有出色的地位，而且较之 1944 年更为显贵。然而他从来没有把这一切当一回事，这是令人惊奇的。他是个美洲文化学者，从未想过成为别的什么人。他知道法国在这方面无法给他提供良好的条件。在美国工作，他不但会处于研究工作的核心，而且也会拥有最先进的研究工具。他在法国只能处在边缘地 169
带，况且战争已经把这个地带蹂躏得不成样子。国家小，资金少，他将只能小打小闹。就职业生涯而言，美国同事们说得不无道理：

---

① 纳森·雷特（Nathan Leites，1912—1987），美国政治学者，苏联问题专家，以运用心理分析学研究著名政治人物而知名。——译者注

② 罗伯特·雷德菲尔德（Robert Redfield，1897—1958），美国人类学家，曾致力于墨西哥土著研究和跨学科的人类学理论。——译者注

③ 科特·勒温（Kurt Lewin，1890—1947），德裔美国社会心理学家。——译者注

回到欧洲如同回到自己出生的外省，那儿的生活自有其魅力，但也是平淡无味的，一个勇于进取的人能在那儿做什么呢。

除了对“美国生活方式”的保留态度以外，身份的认同无疑是正确的。列维-斯特劳斯离开法国多年了。倘若这种情感不是像他所说的那样强烈，他早就会脱离他的根了。不过，这一点就足够了吗？或许他如此坚定的选择是出于一种希望，希望看到法国的社会科学重现19世纪的光彩，希望亲身参与这场复兴。他与洛克菲勒基金会的成员打交道的过程很可能使他对这方面的问题更为敏感。如果这样说不错，他很可能已经想到，在这股浪潮的推动下，自己的生涯可能会取得超乎寻常的发展。法国毕竟拥有好几家蜚声国内外的机构，例如法兰西学院。他与这个具有象征意义的机构的关系一直是矛盾的，半是渴望半是担心。他的生涯中肯定没有最终进入这一机构的计划。以前，他还会觉得这样想是一种亵渎。现在他觉得那有点想入非非。但是，有无虚荣心暂且不论，在他心里，法兰西学院是一块神奇的地方，知识在那里取得了最完整的含义。除索邦大学之外，那是最权威的学术机构。

1947年底加斯东·贝尔热来看望他，列维-斯特劳斯宣称马上就要回国了。“他回答说：‘这个我知道，你要进法兰西学院。’”[96] 列维-斯特劳斯说当时并没有在意这句话。事实上，他自己没有这样考虑，别人却为他想到了。法国的同事无法想象他返回法国只是为了按部就班地爬教书匠的阶梯。离开美国只能说明他瞄准了最高层。他们没有想错。要是列维-斯特劳斯心甘情愿被流放到某个偏僻
170 的乡下，那他真是疯了。返法是为了继续他在美国开创的事业。他不必选择完成这桩事业的时限。如果他打算使人类学——按照他所设想和打算建立的样子——成为公认的科学之一，那么，唯一的时限是法兰西学院，至少是抽象地。他无法不作如是想。这并不是意

味着开始这场战役的准备，那还过早了一点。

十四、亲属关系

论文进展很快。自从雅各布逊说服他投入写作以来，列维-斯特劳斯大部分精力都用在写论文上面。所有有关书刊他都读过。“我早就开始阅读和消化全世界的民族学专题论著。”[97]计划庞大，非同一般。列维-斯特劳斯打算尽可能多地清理亲属关系的系统，分离出组构成分，把结构找出来。他把注意力放在“基本的”结构上，也就是，受到一套规范的自动调节的确定配偶的过程。它不同于“复杂的”结构，在后者当中，选择配偶受制于外部标准——经济的或情感的因素，例如西方社会便属此列。他搜集起数量可观的书刊，大体上涵盖30年以来的民族志研究成果和好几个文明国度：美洲、澳洲、中国、印度。

1947年2月，论文完成，整整600页。这样多的内容是满足国家博士学位的要求。大学方面估计一般需时10年左右才能完成学位论文，列维-斯特劳斯仅用了不到五年的时间，同时没有牺牲职业生涯和家庭生活。单从统计数字来看，这部论文就是了不起的杰作。搜集资料、构思、写作一个阶段连着一个阶段，或者不如说是一场交错完成的庞大运动。中间只有一次短暂停顿：1945年初的巴黎之行，那是为了补充材料，更是为了与同行建立联系。

这是一部真正意义上的论文。列维-斯特劳斯以严谨的态度和无可挑剔的驾驭能力构建起他的论文。从第一页开始，读者就被卷入到一架一切都言之成理的机器里。这是一座里程碑，很快将被世人视为一部经典——我们下文将提到。它也是一部圣经：因为对于整个专业领域而言，人们不得不承认它既是一部总结性的著作，又是

171 一次理论性的突破，同时也是一部可随时查考的参考书。不论从事任何有关亲属关系的研究，都必须先阅读和吸收这部作品。当然，像任何一部科学作品一样，它也有不准确或不精确的不足之处：大多与资料不足有关，有几处与误解有关。列维-斯特劳斯对此有充分的意识，并且在前言中指出了这一点。不但出于这个理由，而且既然任何科学知识都必定会被超越，这部作品注定是会过时的；换言之，它必定会失掉圣经式的地位，但保留其纪念碑式的地位。

论文的力量和丰富性在于观点明确和清晰。列维-斯特劳斯从关于乱伦禁律的讨论出发，指出生物学和心理学的解释所导致的症结，提出了他的假设："自然通过乱伦禁律这一过程超越自身。"[98] 600 页以后，我们在结论部分再次看到这个假说，经过对于数百个亲属关系的体系的分析已经获得证实、充实和加强；即，乱伦禁律的存在理由是"在人与人之间建立起一种联系，没有这种联系他们就无法超越生物性组织，达到社会性组织"[99]。就在这两个端点之间，可以看到建立起一系列无意识的工具，而且无处不在，社会因此成其为社会：这就是文化的诞生过程。行文过程中，列维-斯特劳斯批判了马林诺夫斯基，因为结构主义分析能够暴露功能主义的简单性，把它打入过时的模式的冷宫。他将自己的成果特别归功于马塞尔·莫斯。他的论点以这位先行者的论点为预设条件。列维-斯特劳斯向《论馈赠》① 的作者发出明确敬意，一边明确宣布，乱伦禁律正是"最佳的馈赠规则"[100]。

1947 年 3 月 13 日，也就是列维-斯特劳斯写完前言大约两周以后，梅特罗在他的日记里写道："我们去看望列维-斯特劳斯，一起

① 莫斯发表于 1923—1924 年的论文，全名是《论馈赠，远古社会的交换形式与理由》。——译者注

讨论了民族志的现状。他打算转向哲学思考，转向一种整体构想。在美国，人类学是一种社会病，患者都是无法忍受自己的文明的人。”[101]列维-斯特劳斯自从远征巴西时期以后便相信民族学家都是 172
不适应社会者：身处马托·格罗索州腹地时，萦绕于脑际的问题已经远去。他今后的研究方法在于把握这一类问题中的对立两极——与不幸的梅特罗相反，后者在这次交谈后反倒陷入“深深的沮丧”，夜不能寐。按照整体设想去理解，返归哲学的说法不啻于要求人类学的各个分支都要照着刚刚完成的亲属关系的结构那样去做。也就是说，建立一个观点，由此出发，整个领域的逻辑整体性方可把握。如果只限于对零碎的社会材料修修补补，民族学家就只能是个匠人。手艺虽未可小觑，但总是不够的。目标不可区分得过细，而美国大学有将知识不断细分的倾向，人类学在这样的研究中有失掉灵魂的危险。列维-斯特劳斯与美国大学在这方面的关系只会疏远。他在《亲属关系的基本结构》中指出，相对于人类社会，人类学家有可能处于一种有点像物理学家在实验室里的那种境地，即观察者与对象相脱离。不适应社会者的目光因其所处的位置——迷失在两个世界之间——而走样。民族学家兼哲学家的目光应该高屋建瓴，态度客观。他把不连续的东西统一起来。

列维-斯特劳斯意识到自己跻身于一部历史之中。他把论文题献给伟大的先辈 L. H. 摩尔根①。这是向培养和哺育了他的人类学传统发出的敬意，同时也是为人类学的过去和辉煌不再而发出的惋惜之情，“人类学当年之所以伟大，尤其因为人类学证明，严谨的科学和准确的观察既与毫不羞怯的理论性思想并行不悖，又与大胆的

① 摩尔根（Lewis Henry Morgan，1818—1881），著名美国民族学家和作家。——译者注

哲学思考并行不悖。"[102]要他更明白无误地说出打算在他的学科里占据什么地位，这可能不无困难：他占据了博厄斯死后空出的位置，即所有名副其实的人类学家的位置，也就是那些为建立一门真正的有关人的科学而努力者。他还向曾经帮助过他的美国同事们致谢——除了他本人以外，他认为这些人是美国传统的唯一的合法继承人——罗伯特·洛维、A.L. 克虏伯、拉尔夫·林顿。

173 事实上，列维-斯特劳斯所处的局面很复杂。他意在返法。出发的日子日渐临近，这样反倒使他获得了一定的自由。既然他没有在美国机构谋职的野心，也不考虑如何取得什么位置，他反倒可以要求得到一个强有力的精神地位。无人跟他争夺这样的地位。反过来，他必须着手返法的准备。在法国人看来，他在美国人类学中占有重要地位，这一点很重要，能够使他享有举足轻重的威望和地位，可是不能担保他能够得到服务于某一机构的地位。为此他还得立足于法国的民族学传统。

正是出于这个原因，他在美国举荐者名单里添加了一连串法国人。不用说，这里面有马塞尔·莫斯，还有后来返回法国领导人类博物馆的保罗·里维，有纽约的法国团体和自由学院的朋友们，特别是索邦大学系主任乔治·戴维，以及莫里斯·林哈德①，后者于1941年接掌莫斯的讲座——这个讲座当时假如不是法国唯一的，至少也极少有，且不说或许会让他感兴趣——设立在高等研究实践学院的"未开化人民的宗教"讲座。基于同一理由，他多次指出，《亲属关系的基本结构》一书应该作为社会学或比较社会学的著作。在美国，学科之间的分野很明确，"人类学家"不会是"社会学

① 莫里斯·林哈德（Maurice Leenhardt，1878—1954），法国神父和太平洋土著民族学家。——译者注

家”。不同的国家有不同的学术传统。在法国，学科间互为渗透，依照莫斯的门路，一个民族学家往往就是社会学家，只是闯入了一个多少是附属的领域而已。在这种条件下，同样必须提及的是，他的论文是对于一些社会的比较分析，因而完全属于法国传统中的社会学。

十五、分界线上

工作之余，有几个边缘性问题使列维-斯特劳斯不得安宁。在撰写有关澳洲的章节时，他面对特别复杂的亲属关系系统，有人说他得出来的那些组合复杂得“非得数学家才能解决”[103]。他与流亡美国的著名数学家雅克·阿达马尔①联系，对方干脆回答：据他所知，数学只知道四种运算，其中不包括婚姻。列维-斯特劳斯又找到了比 *174*
较乐意听取他解释的安德烈·韦伊②，他是西蒙娜·韦伊的兄弟，布尔巴基小组的创建者之一——这个小组致力于在数理逻辑和群论的基础上将数学语言编码化。他在列维-斯特劳斯的要求下编写了一份数学“附录”，列维-斯特劳斯把它补充进《亲属关系的基本结构》的第一部分。

社会行为的分析能否形式化？列维-斯特劳斯的头脑缜密一致，既然已经声言我们的行为符合某种逻辑，那么为什么不贯彻到底，为什么不试验一下形式化解释的路数？比如拿起一个复杂的机械装置，区别它的组件，把连接点拆开，掌握运行的原理。总之把它还

---

① 雅克·阿达马尔（Jacques Hadamard，1865—1963），法国著名数学家。——译者注

② 安德烈·韦伊（André Weil，1906—1998），法国著名数学家，在数论和代数几何方面有突出成就。——译者注

原为最基本的组构成分，指出它们之间如何联系：待到这个过程的终结，我们就会得到一个数学公式。这样的经验尤其在盎格鲁-撒克逊世界里不是第一位的，但在列维-斯特劳斯那里却尤为重要，因为他的所有论点最终都归结于此，或者把它作为一种理论可能性而蕴含它。安德烈·韦伊的试验在他看来是成功的；更妙的是，它开辟了一条重要的道路。“亲属关系的全部数学（……）都出于此。”[104]

结构主义分析不光能够运用于亲属关系，还可以应用到流动性更大的对象上。1947 年 8 月，列维-斯特劳斯应邀参加了第二十八届美洲文化学者大会。大会在巴黎举行。这是一个短暂逗留的机会——飞机来往巴黎方便多了。他刚刚完成《亲属关系的基本结构》，自由了，精神可以放松一下。他的两篇报告看来是在尝试拓展新的研究领域。

第一篇题为《一条体内填满鱼的蛇》，是关于神话分析的，后来收入《结构人类学》。列维-斯特劳斯用了一种由表及里的方法，他把梅特罗新近整理的一个神话与纳斯卡①陶罐的绘画图案加以对照，并提醒人们，民族志和考古学把研究者引入“一个魔鬼和诸神的迷宫”，从而可以互相促进。[105]这是两者的首次接触，是以某种方
175 式向好奇而多产的梅特罗致以敬意。列维-斯特劳斯认为这位朋友并没有对他的精神生活真正产生影响，但他的渊博知识和见闻却开拓了他的视野。或许他会同意我们的补充：梅特罗激发了他对神话的兴趣，或至少促使他把这方面的兴趣第一次形诸文字。

第二篇报告技术含量极高。列维-斯特劳斯建议比较亚马孙盆地北部的一种语言与南比夸拉语之间的相似性。这篇论文强化了他曾

① 秘鲁伊卡省的一个城市。——译者注

经表述过的一个历史假设，即，“南美最原始的文化应当被视为一种倒退的结果（……）而不是某种古老的生活方式的真实遗存。”[106]结构语言学在此服务于历史。列维-斯特劳斯不是语言学家，但是在某种意义上，这篇语言学习作补偿了以往调查中的空缺，它表明，搜集到的资料虽不完整，运用结构主义分析仍然可以得出令人信服的结果。就澄清印第安人的文化历史而言，这些结果不乏睿智。所以说，列维-斯特劳斯专门运用结构主义方法的最初尝试是在历史方面，目的在于澄清这种历时性，而这正是人们经常批评他淡忘的方面。民族学家雷利、蒙田笔下的野蛮人和哀伤心情并没有被遗忘在故纸堆里。

列维-斯特劳斯越来越关注对语言学和民族学做出比照。在《亲属关系的基本结构》书末，他强调指出，这两门学科的近似性不只表现在方法上，它们的研究对象也相同，这是因为语言和外婚制都是社会成员进行沟通的手段。这两个互相补充的和必不可少的侧面是任何一门社会科学都具有的。

写完论文以后，列维-斯特劳斯显然不打算躺在已有成果上面。数学、神话、考古学、语言学、历史：他身上有某种帝王气，他打算涉猎一切领域，探索呈现在眼前的每一条道路。在这方面，他的做法与他赋予社会学家的任务是一致的，在一篇关于20世纪法国社会学的文章里，他说：“有关人的研究的其他分支，例如哲学、心 176
理学、历史等，社会学家必须熟悉它们的原理、方法和成果。”[107]但是他不依赖运气。他手中握有阿莉阿娜的线团①，不怕迷失。他在1946年和1947年写的探索性论述不是随意的，而是为未来的研究工作铺路的。这些论述的出现出于多种逻辑。这些既是未来的研究

① 在希腊神话里，阿莉阿娜利用一个小线团引导提修斯逃出迷宫。——译者注

题目，又是在追寻意义的过程中反复出现的主题；仿佛是早已浮现的一部建构中的诗学的要素，或者是将去征服的一块广阔的领土的组成部分。

1947 年秋天，除了自己的研究和工作之外，列维-斯特劳斯基本上完成了他参与《南美印第安人手册》的撰写工作。阿尔弗雷德·梅特罗从 1941 年起就委托他参与其事。他为第三卷写了多个“词条”：“南比夸拉人”的介绍文字，图皮-卡瓦伊布人的介绍文字，一条“瓜普尔河右岸各部落”的说明，一份内容更充实的“欣古河上游各部落”的报告，一篇名为《南美热带丛林野生植物的使用》的研究 1950 年出现在第六册中，此文可见证他对植物学的兴趣持久不衰。文章共 70 多页，涉及巴西印第安人总人口的一部分。第六册次年由久负盛名的史密森尼学会在华盛顿出版。即便列维-斯特劳斯返回法国，这些贡献也将证实并且加强他在美国人类学领域的地位和影响。

他不再需要纽约和那些图书馆了。文化参赞的职位也失去了意义。既然从未有过把这个职位当作自己真正的职业的雄心，更不用说把它看成自己的事业，已经没必要继续待在那儿了。围绕着抵抗运动英雄贝努维尔将军的来访产生了一场不愉快的小争执，离开的想法于是更加强烈。贝努维尔将军本应由使馆文化处和邀请他做演讲的法语协会共同接待，可是两个机构互不往来。维希派和戴高乐派的纷争尚未结束。结果在行政方面发生了一连串小动作和不光彩
177 的举动。“事后我想，我在这种职业里没有什么事情可做了。”[108] 当年年底，他起程回国，但并不是永远告别美国。旅美不再是路过的礼仪，也不是痛苦的别离，而是一道例行手续。横跨大西洋的线路依然畅通。

注释

［1］ Claude Lévi-Strauss，Didier Eribon，*De près et de loin*，*op. cit.*，p. 215.

［2］ Claude Lévi-Strauss，*Tristes Tropiques*，*op. cit.*，p. 23.

［3］ Claude Lévi-Strauss，Didier Eribon，*De près et de loin*，*op. cit.*，p. 45.

［4］ *Idem.*

［5］ *Regarder Ecouter Lire*，Paris，Plon，1993，p. 138.

［6］ *Idem*，p. 140.

［7］ Claude Lévi-Strauss，*Tristes Tropiques*，*op. cit.*，p. 34.

［8］ *Idem.*

［9］ Claude Lévi-Strauss，Didier Eribon，*De près et de loin*，*op. cit.*，p. 46.

［10］ Patrick Waldberg，"Au fil du souvenir"，*Echanges et communications. Mélanges offerts à Claude Lévi-Strauss à l'occasion de son 60e anniversaire*，réunis par Jean Pouillon et Pierre Maranda，La Haye-Paris，Mouton，1970，t. Ⅰ，p. 581.

［11］ Claude Lévi-Strauss，*Le Regard éloigné*，Paris，Plon，1983，p. 347.

［12］ *Echanges et communications...*，*op. cit.*，t. Ⅰ，p. 583.

［13］ *Idem.*

［14］ Claude Lévi-Strauss，*Le Regard éloigné*，*op. cit.*，p. 347.

［15］ *Idem.*

［16］ Georges Charbonnier，*Entretiens avec Lévi-Strauss*，*op. cit.*，p. 170.

［17］ Claude Lévi-Strauss，*Tristes Tropiques*，*op. cit.*，p. 87.

［18］ Claude Lévi-Strauss，*Le Regard éloigné*，*op. cit.*，p. 345－346.

［19］ *Idem*，p. 350.

［20］ Claude Lévi-Strauss，"Hommage à Alfred Métraux"，*L'Homme*， tome Ⅳ, mai-août 1964, n° 2, p. 6.

[21] Claude Lévi-Strauss, Didier Eribon, *De près et de loin*, *op. cit.*, p. 56.

[22] Claude Lévi-Strauss, "La vie familiale et sociale des Nambikwara", *Tristes Tropiques*, *op. cit.*, p. 3.

[23] *Idem*, p. 128.

[24] *Idem*, p. 3.

[25] *Idem*, pp. 40 - 43.

[26] Claude Lévi-Strauss, Didier Eribon, *De près et de loin*, *op. cit.*, p. 61.

[27] *Idem*, p. 47.

[28] Brigitte Mazon, *Aux origines de L'Ecole des hautes études en sciences socials. Le rôle du mécénat américain* (1920—1960), Paris, Editions du Cerf, 1988, p. 72.

[29] Claude Lévi-Strauss, Didier Eribon, *De près et de loin*, *op. cit.*, p. 62.

[30] *Idem*, p. 65.

[31] Claude Lévi-Strauss, *Anthropologie structurale deux*, Paris, Plon, 1973, pp. 63 - 64.

[32] *Idem*, p. 64.

[33] Claude Lévi-Strauss, Didier Eribon, *De près et de loin*, *op. cit.*, p. 156.

[34] *Le Magazine littéraire*, n° 223, octobre 1985, p. 22.

[35] *Echange et communication*, *op. cit.*, p. 584

[36] Claude Lévi-Strauss, Didier Eribon, *De près et de loin*, *op. cit.*, p. 63.

[37] *Echange et communication*, *op. cit.*, pp. 583 - 584.

[38] Claude Lévi-Strauss, Didier Eribon, *De près et de loin*, *op. cit.*,

p. 54.

[39] "Claude Lévi-Strauss, êtes-vous surréaliste?", *Le Nouvel Observateur*, 4 mai 1984, p. 65.

[40] *Idem.*

[41] Claude Lévi-Strauss, *Le Regard éloigné*, *op. cit.*, p. 352.

[42] *Idem*, p. 353.

[43] Claude Lévi-Strauss, Didier Eribon, *De près et de loin*, *op. cit.*, p. 51.

[44] *Idem*, p. 50.

[45] Annie Cohen-Solal, "Claude L. Strauss aux Etats-Unis", *Critique*, n° 620 - 621, janvier-février 1999, p. 18.

[46] *Le Magazine littéraire*, n° 223, octobre 1985, p. 22.

[47] *Idem.*

[48] Claude Lévi-Strauss, Didier Eribon, *De près et de loin*, *op. cit.*, p. 68.

[49] "Discours de M. Lévi-Strauss,", *Discours de réception de M. Jacques Soustelle à l'Académie franÇaise et réponse de M. Jean Dutourd*, Paris, Flammarion, 1984, p. 108 - 109.

[50] Claude Lévi-Strauss, *La Voie des masques*, Paris, Plon, 1979, p. 9.

[51] Claude Lévi-Strauss, *Le Regard éloigné*, *op. cit.*, p. 348.

[52] Claude Lévi-Strauss, *La, Voie des masques*, *op. cit.*, pp. 9 - 10.

[53] Claude Lévi-Strauss, Didier Eribon, *De près et de loin*, *op. cit.*, p. 57.

[54] "Un témoignage de C. Lévi-Strauss sur Franz Boas", Etudes Inuit, vol. 8, n° 1, 1984, pp. 4 - 5.

[55] Claude Lévi-Strauss, Didier Eribon, *De près et de loin*, *op. cit.*, p. 58.

[56] *Idem*, p. 56.

[57] *Idem*, p. 60.

[58] Claude Lévi-Strauss, *Le Regard éloigné*, *op. cit.*, p. 191.

[59] Claude Lévi-Strauss, *De près et de loin*, *op. cit.*, p. 63.

[60] *Idem.*

[61] Claude Lévi-Strauss, *Le Regard éloigné*, *op. cit.*, p. 193.

[62] *Idem*, p. 191

[63] Claude Lévi-Strauss, *De près et de loin*, *op. cit.*, p. 59.

[64] Claude Lévi-Strauss, *Le Regard éloigné*, *op. cit.*, p. 191.

[65] Claude Lévi-Strauss, *De près et de loin*, *op. cit.*, p. 158.

[66] *Idem.*

[67] *Idem.*

[68] *Idem*, p. 65

[69] *Idem*, p. 160.

[70] Claude Lévi-Strauss, "la sociologie franÇaise", *La sociologie au XXe siècle*, tome Ⅱ, *Les Etudes sociologiques dans les différents pays*, publié sous la direction de Georges Gurvitch, Paris, PUF, 1947, pp. 543 - 544.

[71] *Idem*, p. 545.

[72] Claude Lévi-Strauss, *Le Regard éloigné*, *op. cit.*, p. 143.

[73] Giuliana Gemelli, *Fernand Brandel*, Paris, Editions Odile Jacob, 1995, p. 70.

[74] Claude Lévi-Strauss, "La technique du bonheur", *Esprit*, n° 127, 1946, pp. 643 - 652.

[75] *Idem*, p. 646

[76] *Le Magazine littéraire*, n° 223, octobre 1985, p. 23.

[77] Claude Lévi-Strauss, Didier Eribon, *De près et de loin*, *op .cit.*, p. 258 - 259.

[78] *Idem*, p. 12.

[79] *Le Magazine littéraire*, n° 223, octobre 1985, p. 23.

[80] Claude Lévi-Strauss, *Tristes Tropiques*, *op. cit.*, p. 63.

[81] "Ce que je suis, par Claude Lévi-Strauss", I, *Le Nouvel Observateurr*, 28 juin 1980, p. 17.

[82] Claude Lévi-Strauss, *De près et de loin*, *op. cit.*, p. 71.

[83] *Idem*, p. 72.

[84] Annie Cohen-Solal, "Claude L. Strauss aux Etats-Unis", *op. cit.*, p. 23.

[85] Claude Lévi-Strauss, *De près et de loin*, *op. cit.*, p. 73.

[86] *Le Magazine littéraire*, n° 223, octobre 1985, p. 23.

[87] Claude Lévi-Strauss, Didier Eribon, *De près et de loin*, *op. cit.*, p. 73.

[88] Claude Lévi-Strauss, *Le Regard éloigné*, *op. cit.*, p. 349.

[89] Brigitte Mazon, *Aux origines de l'Ecole des hautes études en sciences socials*, *op. cit.*, p. 83.

[90] Claude Lévi-Strauss, *Anthropologie structurale*, Paris, Plon, 1958 et 1974, p. 273.

[91] *Idem*, p. 294.

[92] *Idem*, p. 273.

[93] *Idem*, p. 56.

[94] *Idem*, p. 61.

[95] Claude Lévi-Strauss, "La technique du bonheur", *Esprit*, *op. cit.*, p. 649.

[96] Claude Lévi-Strauss, Didier Eribon, *De près et de loin*, *op. cit.*, p. 74.

[97] *Le Magazine littéraire*, n° 223, octobre 1985, p. 23.

[98] Claude Lévi-Strauss, *Les Structures élémentaires de la parenté*, La Haye-Paris, Mouton, rééd. 1967, p. 29.

[99] *Idem*, p. 565.

［100］ *Idem*，p. 552.

［101］ Alfred Métraux，*Itinéraires* I，op. cit. ，p. 171.

［102］ Claude Lévi-Strauss，*Les Structures élémentaires de la parenté*，*op. cit.* ，P. XIII.

［103］ Claude Lévi-Strauss，Didier Eribon，*De près et de loin*，*op. cit.* ，p. 79.

［104］ *Idem*，p. 78.

［105］ Claude Lévi-Strauss，*Anthropologie structurale*，*op. cit.* ，p. 299.

［106］ Claude Lévi-Strauss，"Sur certaines similarités structurales des langues chibcha et nambikwara"，*Actes du XXVIIIe Congrès des Américanistes*，Paris，1947，au siège de la Société des Américanistes，musée de l'Homme，Paris，1948，p. 192.

［107］ Claude Lévi-Strauss，"La Sociologie fran Ç aise"，*La Sociologie au XXe siècle*，op. cit. ，pp. 544－545.

［108］ Annie Cohen-Solal，"Claude L. Strauss aux Etats-Unis"，*op. cit.* ，p. 23.

第四章　登堂入室

（1948—1959）

一、返乡

在过去的 13 年中，列维-斯特劳斯在法国逗留 179
的时间总共不到 3 年。他需要重新适应。他找到了一份为期几个月的过渡性工作，在法国国家科研中心当研究员。直到 1948 年夏季退休之前，重返人类博物馆的保罗·里维一直任馆长之职。他邀请列维-斯特劳斯担任民族学部的副主任；安德烈·勒鲁瓦-古杭[①]接任史前史部副主任。

---

① 安德烈·勒鲁瓦-古杭（André Leroi-Gourhan，1911—1986），法国民族学家，在考古学、史前史和哲学上亦有造诣。——译者注

从1948年秋季开学起，副主任除了分内职责外，还得处理一切应急事务。里维的职务尚未补缺，而勒鲁瓦-古杭在里昂教书，很少露面。两位副主任彼此敬而远之。二人的理论看法两极而立，各自的研究领域往往交叉，使得两人不得不心怀嫉妒地盯紧共同的边界。勒鲁瓦-古杭30年后回忆起彼此的保留态度："我们起初互相猜疑，后来才友好地彼此容忍。"[1]其实，列维-斯特劳斯不过是临时行政人员，必须应付日常事务，对当务之急做出决定。此外，他每周
180 还得去民族学研究所授几个小时的课。研究所位于夏约宫，行政上属于高等研究实践学院。为了给学生们打下牢固的基础，他讲了"民族学概念史"。战前的英雄时代已经被遗忘，机构迟迟没有恢复元气。"在法国人类博物馆里，我发现年轻的民族学在封闭状态下勉强维持，气氛沉闷，有点像在外省。"[2]

除了继续对科学保持兴趣并盼望得到更好的工作以外，他当时的境况因民族学正处于十字路口而确实有一些战略上的优势。同一直在法国或那些于1944年底和1945年当中返法的同事们相比，列维-斯特劳斯的境况却先天不足。在学科普遍重新调整期间，同事们大都找到了相应的位置，他入场显然太迟。另外，他没有四处自荐的资格，因为尚未通过论文答辩的仪式，这是重要职位的敲门砖。

回到法国以后，列维-斯特劳斯就忙这件事。他拜访了索邦大学的系主任、社会学家乔治·戴维，请求他作自己的博士生导师。这不符合惯例，因为，一般来说，导师要从论文写作开始，就关注博士生的论文进展。列维-斯特劳斯呢，腋下夹着一部写好的手稿来了。拜访成功，"他亲切地接见了我，平常他不是这样的（脾气不好），但他同意了。"[3]

评审委员会的组成遇到了一些麻烦：《亲属关系的基本结构》罗纳全球的亲属关系系统。每个地域都需要一位专家才行。离开美

国时，雅各布逊委托列维-斯特劳斯给欧洲的一些同事捎信。其中之一是爱弥尔·班维尼斯特①。列维-斯特劳斯返法后便去拜访他。这是一个极为内向的人，和他接触很困难。班维尼斯特答应作为印度专家参加评审委员会。“答辩中他提出了一些异议，从此以后，我们相互写过很长的信件。”[4] 20 世纪 60 年代，两人都进入了法兰西学院，从此来往频繁，也更方便。评审委员会中还有法学家让·艾斯卡拉②，《中国法律》的作者；社会学家阿尔贝·巴耶③，他发表 181
过关于高卢以及宗教、伦理等方面的著作；乔治·戴维专长社会学思想史和古代东方史；非洲学家马塞尔· 格里奥尔④同意作为补充论文的评委委员，因为那时博士生除主要研究外，还得另外从事一项规模较小的研究。列维-斯特劳斯选择了 1941 年夏用英文写成的《南比夸拉人社会生活以及家庭生活》作为补充论文。这篇论文后来译成法文，1948 年以后由巴黎美洲文化学者协会发表。

答辩在索邦大学进行。在某种意义上，这只是例行的法定程序而已，大多数民族学家早就把列维-斯特劳斯视为自己人了。他在巴西的考察，他所写的文章，他在纽约自由学校的教学活动，这一切都证明他早已融入体制当中。加斯东·贝尔热曾经认定他返回巴黎是为了进入法兰西学院，这是一种普遍的看法，因而更显得意味深长。大学里无人不晓列维-斯特劳斯，都认完全应该有个位置给他

---

① 爱弥尔·班维尼斯特（Emile Benveniste，1902—1976），法国著名结构主义语言学家，法兰西学院教授，以对印欧语系的研究和发展索绪尔的普通语言学理论而知名。——译者注

② 让·艾斯卡拉（Jean Escarra，1885—1955），巴黎大学法律教授，20—30 年代曾协助中国政府的律法改革，发表过多部关于中国法律和社会的著作。——译者注

③ 阿尔贝·巴耶（Albert Bayet，1880—1961），法国社会学家和记者。——译者注

④ 马塞尔· 格里奥尔（Marcel Griaule，1898—1956），法国人类学家，以研究西非的多贡人和开创民族志研究知名。——译者注

坐，而且不是一般的位置。40岁头上，他已经证明了他高超的科研能力和严谨的科学精神。尽管如此，答辩于他依然是个至关重要的时刻。他当然在意是否摘取与自己的水平相称的名号，并且希望从此所有的大门都为他敞开。不过，他尤其希望通过答辩来证明他的价值。“这对我极为重要，论文通过不仅意味着高校的大门向我敞开，而且会让我觉得长大成人了。”[5]《亲属关系的基本结构》的撰写已经迈出了关键的一步。战前他曾认为自己写不了书，现在他写成了。获得文学博士学位将为这场个人的成功加盖一方官印。学位不止是一顶冠冕，更是一种自由。他不必再依赖别人担保去做他应当做的事情，从此可以合法地做自己的主人了。

这个局面显得有点矛盾。对列维-斯特劳斯的成熟，无人会质
182 疑。但他却需要别人的承认，才能自我承认，这表明列维-斯特劳斯心理生活的节奏与精神和职业生活的节奏是有差距的。40岁了，尽管硕果不断，事业成功，他以往的羞怯感却没有彻底消失。博士头衔终于把自我意识与职业身份拉平了。

1949年，《亲属关系的基本结构》由法国大学出版社发行。一部科学著作由一家科学书籍出版社发行。对于列维-斯特劳斯的同事而言，此书一下子就如同科学史上一个决定性的时刻出现了。他更新了对人类社会的理解和认识，解决了一系列用先前的理论解释不了的遗留难题，提出了一个解释程式，从而能够解说最大数量的假设情形。此书自然地进入了包括所有流派的人类学的经典系列。但这并不意味着人们对他提出的论点全都表示赞同。这些论点立刻招致一些怀疑和保留，尤其是一些同行，他们认为列维-斯特劳斯在理论上过于野心勃勃，即使反对者也不能参照这一理论野心选择自己的立场，因为从此以后，研究亲属关系而不考虑《亲属关系的基本结构》一书，已经是不可能的事了。

这本书的法文版问世20年以后，英译本才出现。虽然如此，此书还是立即引起了注意，成为众多评论的对象，其中多亏荷兰民族学家乔斯林·德·琼格的大力介绍。琼格自1935年以来便和他的小组成员一起考察和研究印度尼西亚社会里的亲属关系。列维-斯特劳斯的博士论文让他痴迷。他从中看到了自己的研究的回声。他1950—1951年度在莱登大学所授的课程就是关于《亲属关系的基本结构》的，并于次年发表了《列维-斯特劳斯关于亲属关系与婚姻的理论》一书。在几乎整整20年中，这本书一直被盎格鲁-撒克逊读者当作了解法国人类学家列维-斯特劳斯的入门读物。

初看上去，《亲属关系的基本结构》内容庞杂、文风冷峻，似乎只有专家才能读懂。实际上，此书的出版也在外行人中引起了反响。在人类博物馆，列维-斯特劳斯与米歇尔·雷利斯①建立了友谊，此君1943年进入法国国家科学研究中心，在那儿度过了他的整个职业生涯。“我原来不了解他的著作，后来读了，而且读得津津 183
有味。”[6]此书付梓之前，列维-斯特劳斯向他谈起过。雷利斯与萨特和西蒙娜·德·波伏瓦过从甚密，知道波伏瓦即将写完《第二性》一书。这两本著作有些部分涉及同样的问题。于是，他也对波伏瓦谈起了列维-斯特劳斯的这本书。她对此书的题目很有兴趣，也想知道民族学的发展状况。得知此书已经付梓后，列维-斯特劳斯回忆道：“我记得她到我家来过两天，独自一人在那里细读《结构》。”[7]结果是波伏瓦在《现代》杂志1949年11月号上发表了一篇热情洋溢的书评。她把该书的出版视为一个重大事件。在对主要内容做出一番出色的概括之后，她出人意料地进一步评价说：她认为列维-斯

① 米歇尔·雷利斯（Michel Leiris，1901—1990），法国超现实主义作家和民族志学家。——译者注

特劳斯所用的科学方法不仅可以纳入马克思和黑格尔以来的哲学传统当中，而且与存在主义也有共同点。“如果说乱伦禁律既是普遍性的，也是起规范作用的，这是因为它反映了存在者的一种原初的态度：既为人，就是选择做人，就是根据与他者的关系规定自身的各种可能性（……）（外婚制）表达并实现了人的超验性。”[8]

邂逅并非偶然。列维-斯特劳斯自美返法，带着结构主义方法的武器，已经得到学术界的首肯。对于存在主义来说，他代表着一股新兴力量。在巴黎，存在主义虽然战后独领风骚，但是，朝鲜战争爆发，冷战开始，尤其自萨特的哲学沙龙迅速解体以后，存在主义的地位已经动摇。“《现代》当时正在招兵买马，”[9]列维-斯特劳斯说。这份杂志从创刊开始，就是巴黎知识阶层的众望所归，编辑部亟盼保持这一地位，所以对新事物采取开放政策是十分重要的。

在这个背景下，波伏瓦的文章既是对列维-斯特劳斯的重要性的一种认可，又是把他的思想纳入存在主义的一种尝试。这是一篇立足于存在主义观点的解读，对此波伏瓦显然心里很清楚，然而她又是羞羞答答的。
184 与其说这是一篇真正的说明文章，毋宁说是一份文体习作，也许无意让感兴趣的人心悦诚服，顶多会有一些读者将比较一下两者，或者把它们混为一谈，不可能有什么结果。不过波伏瓦发出的敬意如同一道敕封，将列维-斯特劳斯引进了作家、艺术家和思想家的文人圈子，这些人均获得《现代》——也就是何者适宜思想和信仰的裁判者——的公开认可和好评。用巴黎人的说法，这是一次意味深长的突破。

认可似乎接踵而来。战后巴黎的一场领导一切的运动也给予列维-斯特劳斯同样热烈的欢迎，尽管来得迟了一点。继一年前波伏瓦的书评之后，现在轮到乔治·巴塔耶①向《亲属关系的基本结构》

① 乔治·巴塔耶（Georges Bataille，1897—1962），法国著名作家和人类学家。——译者注

致敬了。他在他的杂志《评论》上发表了一篇文章——这个论坛也许没有《现代》那么重要，声誉却不比提倡现代性的少数几份幸运儿杂志差。巴塔耶尽管深思熟虑，热情洋溢，却轻轻松松地把乱伦禁律的分析混同于关于宽厚和节庆、波特拉赤节宴①、冒犯禁律的快感等非列维-斯特劳斯风格的分析。他不懂得结构的概念，却在功能性动机当中寻找联姻规则的解释，而且责备列维-斯特劳斯"堆砌了一些抽象的东西"[10]。这无关紧要，因为列维-斯特劳斯是个令人愉快的人，跟他讨论他的论文才是最适宜的。他已经出人头地。1957年，乔治·巴塔耶基本上原封不动地把文章收入了《情欲》一书里。

作为科研工作者，列维-斯特劳斯并不需要这种知名度。他其实更厌恶这种有害甚至危险的东西，它会因导致简单化而损害他的科学工作的可靠性。可是，他的地位却因此而更加彰显。生活于是变得容易一些。无须为出名而努力了：人人都知道他是谁。无须斟酌立场：那是人人都了解的。而且不管他做什么，肯定都得到批评界的青睐——无论他们读过没读过他的书。这固然还算不上荣耀，因为声望卓著的杂志面对的不是大众，而是知识精英。列维-斯特劳斯获得博士头衔以后，它们的鼎力支持赋予他另一种正当性，范围更广，曝光度更大，也更有象征意义，即合理合法地跻身于一个说话举足轻重的团体。 185

二、在人文科学的丛林里

列维-斯特劳斯不满足于安享过去的工作成果。他继续完成自己

① 美国印第安人中流行的一种节庆活动。不同的印第安人部族有不同的庆祝方式。——译者注

的任务。两年以前，他在《亲属关系的基本结构》的前言里宣布将进一步研究复杂结构，然后再考察各种家庭态度。他的论文只是一个两部曲中的头一个方面，甚至是三部曲的头一个方面。在这样的前景下，撰写前言和出书仅仅是一种继续工作前的一次“暂停的标志”[11]。1949 年，这个计划依然具有现实意义。可是，其他更紧迫的计划和兴趣吸引了他的注意。

他投身于一项宏大的事业中，历时十多年：在社会科学和人文科学中，对民族学加以定义和界定。围绕着是否把关于人的各个学科集中到一个学院里，法国战后发生过一场范围广泛的争论。列维-斯特劳斯返法时，问题已经解决。不建立学院，但在高等研究实践学院增加一个系，这就是第六系，也称为“经济和社会学系”。在争取系领导权的过程中，赢家都是著名人物：吕西安·弗布尔、查理·莫拉泽、弗·布罗代尔以及“年鉴”小组成员。社会学科围绕着历史学组织起来，历史学起着王牌学科的作用，是知识的裁决者。

在这种局面下，列维-斯特劳斯用一篇题为《历史学和民族学》的文章率先发难，就没有什么值得大惊小怪的了。文章写于 1948 年，于 1949 年在《形而上学和伦理学杂志》上发表。进化论和文化传播论的信奉者对于历史的运用颇具争议，撇开这一点不谈，两个学科殊途同归才是根本性的。列维-斯特劳斯仿佛预料到今后会被攻击否定历时性，文章首先把历时性作为一个普遍现象摆出来。“当人们（……）把自己局限于社会生活的某种时下状况的时候，那么他首先就会成为一种幻觉的牺牲品，因为一切都是历史：昨天讲的
186 话是历史，一分钟之前讲的话也是历史。更重要的是，我们注定无法了解这种时下状况。”[12]他的意思是：历史是“不可回避的”，脱离了历史，一切便无法想象和理解。除了这样声明以外，对两个学科的比较分析导致了一个假设：二者在各个方面都相似，只有一点

不同。“我们想说，这两个学科之间的根本区别不在于对象、目的或方法的不同。两者对象相同，即社会生活；目的相同，即更好地了解什么是人；方法也相同；仅有其中研究手段所占比重不同之别。它们的主要区别在于各自选择了不同的、却是互补的观察角度：历史学围绕着社会生活的有意识的表达活动组织它的数据，民族学则着眼于无意识的条件。”[13]门打开了，列维-斯特劳斯于是可以引进构成他的思想的核心和民族学的中心的东西，也就是他打算捍卫和阐明的：“正如我们所认为的那样，如果精神的无意识活动意味着把一些形式强加给某一内容，而且这些形式对于无论古代的还是现代的、原始的还是教化了的所有精神从根本上说都是相同的（……）那么，为了获得同样适用于其他制度和习俗的诠释原则，就必须把握隐含在每一种制度与习俗后面的无意识结构。”[14]

作为历史学家的朋友和同盟军，列维-斯特劳斯打算完成的恰恰是跟他们所做的相反的事情。在这里，结构的概念显然是一件效力巨大的武器，用它可以承认对方全部优点和有益之处，同时却寸土不让。在某种意义上，这位民族学家从底部绕过了历史学家。他把泡沫般的、多变的表面现象留给历史学家，而自己去负责规律和法则，也就是研究社会何以并非只是一连串偶然事件。

列维-斯特劳斯不仅重视标明他的研究领域，而且注意强调历史学家的工作的切实的重要性，并且努力培育与吕西安·弗布尔①的友谊。弗布尔曾经对他的《亚洲和美洲艺术中的裂分表现手法》一文极感兴趣。反过来，列维-斯特劳斯也开始阅读弗布尔的著作，他
的文章有些部分就来源于与弗布尔的接触。他不满意的那种历史文 187

---

① 吕西安·弗布尔（Lucien Febvre，1878—1956），法国著名历史学家，“年鉴学派”的重要人物。——译者注

献学恰好也是弗布尔要努力超越的。那个时期，人类学家列维-斯特劳斯痴迷于阅读阿尔贝·富兰克林（Albert Franklin）的一系列有关法国人昔日的私生活的作品，这绝非出于偶然。他从中看到了某些接近于民族志调查的东西，某些预示着历史学家和民族学家可以合作的东西。换言之，他的立场并不像他的文章所表现的那样具有论战性——“一切都是历史”的提法不是简单的战术让步，而是给历史学家一个接近人类学的机会。

1947 年 11 月第六系开办之时，吕西安·弗布尔就被任命为系主任。他打算让列维-斯特劳斯加入第六系的活动。他向列维-斯特劳斯提议在 1948—1949 学年开设一个研修班——第六系事实上开始运转的头一个年头。列维-斯特劳斯欣然接受。他于 1948 年 10 月入选教师队伍，为学生们讲授“原始人的宗教生活”。

弗布尔还使列维-斯特劳斯对另一个原创性计划产生了兴趣。1949 年 6 月，弗布尔考虑创办《人文地理学、语言学与民族学杂志》，由埃玛恩科学出版社列入他本人主编的《科学和工业现况》丛刊。当时丛刊已经发行了一千多期。在弗布尔呈报给行政部门审批的计划里注明，杂志将由“法兰西学院教授古鲁①先生、法兰西学院教授班维尼斯特先生、人类博物馆副主任列维-斯特劳斯先生等人负责”[15]。第六系的主要研究室均已有自己的杂志。布罗代尔的历史研究中心有《年鉴：社会、经济、文明》，查理·莫拉泽的经济研究中心则有《经济学杂志》。社会学不在此列，因为法国国家科学研究中心已有古尔维奇的社会学研究所，而且不久前刊行了《国际社会学学刊》。出于创新的科学前景，而且拥有一批新人，吕

---

① 古鲁（Pierre Gourou，1900—1999），法兰西学院热带世界讲座教授。——译者注

西安·弗布尔大概是打算接续一年前安德烈·勒鲁瓦-古杭和皮埃尔·德封丹（Pierre Defontaines）在伽里玛出版社出版的《地理学和民族学杂志》。那份杂志只出了四期就停刊了。这样的一份刊物有可能建立一个新的关注点，聚拢起其模式与方法“外在于”历史 188
学家和经济学家的其他学科。学刊只出版了一期，便由于埃玛恩出版社遇到的困难而被放弃。不过，这个想法列维-斯特劳斯并没有忘记。

另一方面，弗布尔终于对一个新颖的计划给予支持。联合国教科文组织提议他于1949—1950年度对一个法国村庄进行民族志调查。他接受以后便委托给列维-斯特劳斯。调查由曾经研究过东南亚的吕西安·贝尔诺[①]负责实施。1953年，这项开拓性的研究形成了一本名为《努维尔：一个法国乡村》的地方志，后来成为一部经典。后来，在法国伊泽尔省维也纳镇还进行了另一场民族学调查，但并不十分严肃认真。

在《历史学与民族学》一文中，列维-斯特劳斯述及社会生活的“无意识”的条件，进而踏入了一块布满地雷的区域。“无意识”本属精神分析学的语汇。他喜欢不等别人要求就做出阐释。1949年发表了两篇文章，一篇是《巫师和巫术》，另一篇是《象征的效力》。在这两篇文章里，他表明了立场。文章不再把两个组构整体拿来做比较，而是开门见山地指出两个学科在哪些方面有同一个或可以有一个研究对象。列维-斯特劳斯分析了几件巫术和治愈的案例，从中得出了萨满疗法与精神分析疗法之间的一个令人瞩目的平行现象。精神分析疗法所依据的理论为我们生活的个人主义社会建立了一个

---

① 吕西安·贝尔诺（Lucien Bernot，1919—1993），研究东南亚的法国社会学家，法兰西学院教授。——译者注

集体阐释的系统，其功能等同于萨满世界的神话功能。结论为一个关于无意识的有力假说：无意识是多个结构——“或者是结构（的）法则”[16]——的组合；导致病人做出反应的情景和事件在这些结构中完成凝固过程，无论这些反应以复杂形式（精神分析学）还是神话形式（萨满疗法）出现。这个假说使得列维-斯特劳斯重新提出潜意识与无意识之间多少已被遗忘的对立：潜意识是记忆和意象的储存库，每个人从中各取所需；无意识则是一件任何人都具备的工具，每个人都利用它组织和处理穿经自身的各种成分。“无意识永远是虚空的，或更准确地说，它与意象无关，一如胃之于经过它
189 的食物。”[17]无意识把不确定的和多变的流动物清除出去以后，就成了“实现象征性功能”的一种手段。[18]在这里，列维-斯特劳斯是在试探一个新的方向：“象征世界的内容繁多，但是受到它的法则的制约（……）其中大量空间被神话和传说所占据。可是，通过调动躲在各式各样的人物背后的若干基本功能，我们可以把它们简化为几种十分简单的类型。”[19]

列维-斯特劳斯不厌其烦地多次重复，他的最大志向是理解人类的精神，可是他的话并不总是被人接受。1949 年的两篇文章为一项宏大的工程奠定了基础。他不想冒犯精神分析学家的领地。他不无反讽地向后者谦虚地提示，他的假说对他们或许是有利的，因为这些假说提供了一个手段，可以让他们把自己的方法与他们的“伟大先行者萨满教士和巫师”[20]的方法做出比较。1949 年 12 月 3 日，列维-斯特劳斯在心理学协会讲演时，明智地仅限于对婚姻禁忌做出一般性论述。然而，在几个讨论象征性功能的段落里才能看到他的真正结论，那才是他所凭借并坚持的观点。若要说明人类如何组织生活，就应当弄清楚他们行动的手段和范围，他们的精神根据什么法则建构他们生活的世界。必须建立一门心理学，或准确地说，一门

知性心理学。列维-斯特劳斯之所以不断推迟着手研究复杂亲属关系的基本结构，原因也许正在于此。这个题目属于社会机制的范围，再说，随着人类社会组织在他看来重心已经偏移，他对此的兴趣也逐渐减少了。

他第二年又谈到无意识问题。马赛尔·莫斯去世后，为纪念这位伟大的社会学家，乔治·古尔维奇主持编撰他的文选。列维-斯特劳斯应邀撰写《马赛尔·莫斯作品导论》。他认为，莫斯自 30 年代以后便预见到现代民族学的发展能够产生什么，“换言之，民族学与精神分析学之间的靠近”[21]。文章从“个人的心理现象与社会结构之间的互补性”[22]的论断出发，引出了象征系统及其运行的问题。 190

此处，列维-斯特劳斯无异打开了一份炙手可热的档案：民族学与社会学的关系。此前，在《历史与民族学》一文里，他已经批评过欧洲尤其是法国社会学家的一种倾向：把他们的学科缩减为“社会哲学”——这也让他回忆起学生时代对形而上学的反感——他认为这与盎格鲁-撒克逊同事们的注重实证的和真正的科学方法的倾向迥异。现在他来到了问题的核心，即象征交换的问题。富于造反精神的列维-斯特劳斯开始颠覆从涂尔干继承下来的观点：“莫斯仍然认为可以建立一部有关象征手法的社会学理论，然而，显然应当去寻找社会的象征手法的起源”。[23]他不认为像《论馈赠》那样规定的“完整的社会事实”，其整体性不是靠要素的累积，而是来自于这样一个事实：每一个这样的要素都同属一个象征系统，后者是整体性的存在根源和保证。“精神生活的基本现象，即那些决定精神生活并规定其最一般形式的基本现象，位置在无意识思维的层面。因此，无意识可能是自我与他人之间的中介项”。[24]说到底，沟通活动的分析也是民族学的对象。

列维-斯特劳斯没有忘记，莫斯从未明确提出过这个观点。不过，他却为它的出现作了准备。结构主义语言学使我们能够“把一个纯现象学的，即科学分析不起作用的给定的事实，区别于一个比它简单的、赋予其全部现实性的基础结构”[25]。由于出现了这一突破，他本人认为已经掌握了让我们今日可以用来继续思考前人提出的问题的工具，甚至可以借助数学研究的最新成果，指出未来的发展方向。无意识是沟通活动的条件，因而也是一切社会现象的条
191 件；民族学是语言学的姐妹学科和数学的同盟军，它为社会学上了一堂科学严谨性的课。古尔维奇并不赞同列维-斯特劳斯的这篇文章，他在该书第一版的卷首提示里强调，此文有“非常个人的”特点。

历史、精神分析、心理学、社会学：列维-斯特劳斯用三年时间划清了人类学的疆界。他的立场对他的同事也近乎挑战。科学界也不会无动于衷。他连续几年忙着对好几场论战做出回应。不管他愿意与否，这都奠定了他的权威性地位。

三、危机与怅惘

自返回巴黎以后，列维-斯特劳斯就围绕着寻找和争取一个重要的职位安排自己的活动，机关或者学术界都行。与此同时，一条传闻也不胫而走：他要进法兰西学院了。其实他本人并没有这个要求，但是原则上也不反对。

“我一到巴黎，很喜欢我的洛吉耶①就告诉我，亨利·毕耶隆②想见我。您知道谁是毕耶隆吗？著名心理学家，法共党员，法兰西

① 亨利·洛吉耶（Henri Laugier，1888—1973），法国生理学家。——译者注

② 亨利·毕耶隆（Henri Piéron，1881—1964），法国著名心理学家。——译者注

学院教授。我见到了他。他对我说：'我们打算吸收你进入法兰西学院。'我不知道他说的'我们'指谁，但他一副很有把握的样子，我曾想冥冥中有些力量左右着这一切；只要听其自然就行了”。[26]法兰西学院当时仍然由埃德蒙·法拉尔①管理：这是个19世纪的人物，因袭传统，厌恶科学界出现的变化。列维-斯特劳斯被现代派一族当成“一匹小马驹”选中，这些现代派的教授们过于乐观。列维-斯特劳斯回忆道，法拉尔“冷冷地告诉我：休想进法兰西学院！”[27]毕耶隆引荐他担纲比较社会学讲席，但是于1949年11月27日遭到否决。一年后，教授队伍有所变动，现代派力量明显壮大，气氛也变得较为开明，列维-斯特劳斯于是第二次提出了申请。这次由班维 192
尼斯特引荐，结果再次遭到否决。时间是1950年11月26日。

不幸的申请者的两次申请都得到了几位有力人物的支持。其中一位是马塞尔·巴达庸②，历史学家和西班牙学者，文艺复兴和现代史专家，亲近布罗代尔和“年鉴”学派，1945年进入法兰西学院，后来接替法拉尔担任院长职务。随着马塞尔·巴达庸担任院长职务，新旧两派之间的斗争也结束了。另一位是班维尼斯特，第二次世界大战之前不久入选法兰西学院，担任比较语法学讲座教授，他是列维-斯特劳斯博士学位的评委委员。再就是比列维-斯特劳斯年长十岁的乔治·杜梅泽尔③，他曾热情欢迎列维-斯特劳斯返回法国。列维-斯特劳斯曾受雅各布逊之托拜访过他。杜梅泽尔1948年

---

① 埃德蒙·法拉尔（Edmond Faral，1882—1958），法国文学史家，1924年起在法兰西学院执教中世纪拉丁文学长达30年。——译者注

② 马塞尔·巴达庸（Marcel Bataillon，1895—1977），法国历史学家，专治西班牙史。——译者注

③ 乔治·杜梅泽尔（Georges Dumézil，1898—1986），法国哲学家，印欧语系社会和宗教史专家，法兰西科学院院士。——译者注

进入法兰西学院，担任印欧文明讲座教授，不过也曾遭到法拉尔的拒斥。最后一位是布罗代尔，他于 1950 年 4 月 1 日入选。这个年轻的军团的全体成员都支持列维-斯特劳斯，投了他的赞成票。

但是，他们遇到了一股阻力。在安德烈・马宗（André Mazon）的有力支持下，法拉尔猛烈反对列维-斯特劳斯。马宗是执掌斯拉夫语言文学讲座的教授。似乎列维-斯特劳斯与雅各布逊的友谊是他们这种态度的主要原因和障碍。所以，两次落选的原因除了原则上的敌意之外（法拉尔可能是“公开的反犹主义者”[28]），还有科研方面的冲突。造成障碍的不是列维-斯特劳斯的个性，当然也不是人类学。问题出在“结构”上。使用“结构主义”这个字眼在 1949—1950 年为时过早。他的思想尽管有令人信服的一面，但尚未形成一个完整的体系或一门学说。可是，他的同事们显然反应激烈。在结构的概念的背后，他们看到的是雅各布逊，是布拉格学派，是当代语言学，一句话：结构主义。他们的回答很干脆：不行。

对列维-斯特劳斯而言，打击无疑是沉重的。迄今为止，他一路顺风，科学研究的突破与职业的升迁交替进行，或者说总是相伴相随。失败令人沮丧，尤其因为这个学院在拒绝他的同时，还对他的
193 研究表示了关注，邀请他在鲁巴基金会（Fondation du Duc du Loubat）的范围内做过一系列讲座。鲁巴基金会成立近 50 年，每年都在法兰西学院组织一门“美洲出土文物”的辅助课程，受到邀请的院外演讲者需经教授大会通过。因此，能够入选本身就是一种殊荣，或者是一种确认（保罗・里维和安德烈・梅特罗第二年也被请去演讲）。至少在讲座期间，列维-斯特劳斯高兴地更多了解了杜梅泽尔，他是每堂课必到。另外，列维-斯特劳斯在那儿还遇到了一位老朋友，从亚利桑那州返法的马克斯・恩斯特。“我曾经讲到霍皮印第安人的一位神灵，遗憾手边没有幻灯片来辅助我的陈述。恩斯

特第二周带来一幅相当大的图画，让人挂到黑板上，我至今还保存着。”[29]另外一次安慰来自克虏伯，他建议列维-斯特劳斯重返美国，并为他推荐了一份工作。列维-斯特劳斯婉言谢绝了。再次赴美是他连想也不想的。

艰难时日还没有结束。1948 年，列维-斯特劳斯应弗布尔之邀在第六系开设研修班。对同事们而言，这理所当然是他的位置。例如在河内法国学校工作的编外民族学家和植物学家安德烈-乔治·奥德利古尔①在一封致巴黎朋友的信里所说：“列维-斯特劳斯的位置在第六系。至于我，我只接受第六系的职位，因为第四系和第五系的那些可怜的家伙都没有科学头脑。”[30]这个看法很说明问题。按照 1951 年 1 月 25 日部里的批文，列维-斯特劳斯不是被任命在第六系，而是在第五系“宗教科学系”。于是被贬到那些“可怜的家伙”中间去了。不过，这些当中不乏杰出的教授，路易·马斯尼翁②研究伊斯兰教，安德烈-让·菲图斯尔③研究古代宗教。另外也有几个熟人，包括亚历山大·科伊雷、乔治·杜梅泽尔。列维-斯特劳斯并非全是恶人相伴。不过，这项任命确实只能算半个成功：这不仅因为他的工作属于渐向第六系集中的现代研究，而第五系依然固守传统的教学与研究的观念；而且因为他最偏爱的领域，即使今后会包括神话，也并不在宗教的框架之内。他新近发表的论莫斯的文章掩 194

① 安德烈-乔治·奥德利古尔（André-Georges Haudricourt，1911—1996）法国学者，治学横跨语言学、植物学、地理学家和民族学，对古汉语音调体系颇有造诣。——译者注

② 路易·马斯尼翁（Louis Massignon，1883—1962），法国阿拉伯文化学家，法兰西学院教授。——译者注

③ 安德烈-让·菲图斯尔（André-Jean Festugière，1898—1982），法国哲学家，新柏拉图主义专家。——译者注

盖了馈赠现象的神圣方面的研究，这件事表明他“天生的”不在乎态度此时又加上了对学术地位的不在乎。不过这不是流亡。系与系之间的界线并非截然分明。列维-斯特劳斯事实上仍然挂靠在第六系，从1951年起，他以“兼职”指导教授的名义出现在第六系的教师名单上，“兼职”的意思是此人的主要工作在另一个机构。从此以后，他同时在两个系上课，两个系的课程表上都有他的名字。

诚然，这种处境没有什么不舒服，可是他的期望却落空了。三年来，他以非凡的“狂热”勇往直前。法兰西学院的拒绝是当头一盆冷水。“经历了双重打击之后，我确信自己不会有一场人们通常所说的职业生涯。我与过去决裂，重新开始了我的个人生活(……)”[31]他的精神状态犹如一个人看到自己的地位在相对的平庸状态中凝固僵化，不可能改变了。虽然仍然心系世事，但已经开始怀疑：“我心中保留着过去的信念，同时一种超脱的态度却日益加深。”[32]15年来一直激励着他的热情正在消减，至少他有一种深刻的挫折感。他为《海地的舞蹈》写的序言似乎表明了他冷漠的心情：“恍惚地，我们企盼着，当然不是企盼着坐上庄家的位置，而至少是一次新的‘发牌’，好让我们改变一下牌的组合。甚至不敢肯定这是可能的。”他接着说，综合性的海地文化提供了一个范例，证明“不同传统之间的合作孕育一个希望（……）发现一种更充实和更完整的人性”[33]。改变发牌顺序，为一种“新的人文主义开拓道路（……）使人类共享目前只有少数人能够享受的物质资源，共享其他人在兄弟们的行为中也可以寻求的精神财富”[34]。从列维-斯特劳斯身上寻找潜藏的宗教情感或信仰，这无疑是徒劳的。但在此处，我们却看到了某种类似于世俗性宗教的东西：博爱的理想，一
195 种人性观，这种人性使每个人都能够从别人那里分享最优秀的东西。可是，这种看法，这扇通向这位民族学家的梦想和期待的半开

的门却流露出一种不满情绪和渴望，他希望能够生活在一个别样的世界里。他心情哀伤，甚至无望。

列维-斯特劳斯的专业关系网庞大，但他注意保护自己的私生活，交友谨慎。“我的知心朋友寥寥可数。”[35]这些人当中有米歇尔·雷利斯、雅克·拉康。大约在1949年，列维-斯特劳斯在安德烈·科伊雷举办的一次晚宴上结识了拉康和莫里斯·梅洛-庞蒂，后者在列维-斯特劳斯落选后不久进入法兰西学院。列维-斯特劳斯清楚内幕，知道机构如何运作——理由自不待言——他跟梅洛-庞蒂分享了他刚刚获得的经验。

列维-斯特劳斯当然不是厌世者。他从不设法取悦于人，遇到令他不快或者情趣不投的人，他可以整个晚上一言不发。弗朗索瓦兹·吉鲁①说，有一次，他邀请几个朋友共进晚餐，席间有列维-斯特劳斯和拉康，这两个人都表示过希望见到皮埃尔·蒙岱斯·法朗士，“席间我们一共四个人，而我的这两个怪朋友不说一句话，一句话也没有！列维-斯特劳斯习惯如此，听说他恼怒时便沉默不语。倒是并不多言的拉康不时插上一两句话。他那边呢，一言不发。晚餐，随后是咖啡，以及适当延宕以缩短整个时间，整个过程中只有蒙岱斯·法朗士和我两人滔滔不绝，直到最后也没有听见他们再吐出一个词来。”[36]

列维-斯特劳斯住在巴黎第九区，圣拉扎尔街11号，离洛海特圣母院不远。他除了工作以外，生活很有规律，散步、讨论、去城里晚餐，每周六照例去逛逛跳蚤市场，搜寻珍玩异宝。他十分眷恋这种“吉普赛人的小日子”[37]。不过，他那些年的个人生活并不容

① 弗朗索瓦兹·吉鲁（Françoise Giroud，1916—2003），法国作家、记者和政治活动家。——译者注

易。“列维-斯特劳斯与第二个妻子分了手，很需要钱，就把自己搜集的印第安人物品卖掉了，拉康买去了一半。”[38]割舍是痛苦的，因
196 为那都是在纽约时靠借钱和省吃俭用购入的。列维-斯特劳斯后来说：“我生活遇到了困难，1950 年，我不得不把东西卖给德鲁奥拍卖行①（……）自己只剩下两三件。”[39]人类博物馆、莱登博物馆、马尔罗②以及另外几个人分得了他的藏品。

四、发现东方

1950 年，焦虑和郁闷的三个月，列维-斯特劳斯等待着法兰西学院的下一轮选举，或者被任命到实践学院的某个系的消息。这期间发生了一件令人欣喜的事。在战后法国的学术背景下，有一个机构的地位逐渐上升，这就是联合国教科文组织。教科文组织除了日常职能以外，还制订庞大的计划，组织研究项目，对各种各样的课题给予资金保证。阿尔弗雷德·梅特罗从 1950 年 4 月起担任种族关系办公室的负责人，列维-斯特劳斯获得提议，夏末秋初前往印度和巴基斯坦考察数月。

列维-斯特劳斯一到拉合尔市就感到大失所望。丑陋的城市，过去的一切都消失得无影无踪。没有丝毫美感可言。卡拉奇、白沙瓦、加尔各答、达卡，处处都是混凝土的赤裸裸的堆积。男男女女就“像肉铺里的肉”[40]一样任人宰割。糟糕的景象一个接着一个。城市化和工业化无节制地发展，满目疮痍。在印度河流域，他被领

---

① 德鲁奥拍卖行（Hôtel Drouot），位于巴黎第九区的著名艺术品拍卖行，以新艺术、装饰艺术、非洲艺术方面的艺术品和旧书刊知名。——译者注

② 安德烈·马尔罗（André Malraux，1901—1976），著名法国作家和政治家。——译者注

去参观最新的考古发掘找到的最古老的城镇遗迹，他看到了同样一些千篇一律的街道，见证着跟当代城镇一样可悲的实用精神。这令列维-斯特劳斯不寒而栗，促使他对世界史写下了一篇凄惨的简述：

> 于是，我眼前浮现出一个到处散布着工人居住区和低租金住房的亚洲，这就是明天的亚洲，她排斥一切异国情调，并且在经历了五千年的文明之后，采纳了高效率和现代化的生活风格，而这种风格也许正是亚洲在第三个千禧年中创造的，它后来转移到了世界其他地区，在当代新大陆暂时立稳了脚跟，以至于我们以为这种风格本属美洲，但是从 1850 年起，这种风格重新开始向西方蔓延，到达日本，在世界上转了一圈之后，重新返回了它的发祥地。[41] 197

历史的终结，而且是这样的一部历史：明智的人只能幻想着躲进被它遗忘了的稀有地带。不言而喻，民族学家生来就不适合工业化和密集人口。

在美洲辽阔的土地上，列维-斯特劳斯可以观察人与之之间的关系，以及人类与环境的关系。而这里却没有剩下什么，没有可以称之为人性的关系了，这中间只有一种普遍的冷漠态度。社会关系解体的根源是饥饿。少数人极为富有，多数人极度贫困，两者之间的差距大得难以衡量——自然更令人无法理解，无法呼吸，也无法接受。对于印度，列维-斯特劳斯看不到任何希望。在吉大港，他看到了什么是种姓制度，看到了纯与不纯的区别：农奴制度，一种侮辱人的方式，每个人都在寻找比自己低贱的人，以便用鄙视去压垮对方。“看来光有独立和时间是不够的，还得有别的东西才能消除这种奴性的习俗。”[42]

有几个瞬间，几次感情的流露向列维-斯特劳斯揭示出，这个令人厌恶的世界背后隐藏着一种真正的人性。乘船在孟加拉的河流上漂流，沉迷于这个安详静谧的世界，这是听任精神沉沉入睡的最佳去处。“孟加拉，人间天堂。”[43]他返法后对梅特罗这样说。但是他并没有被迷惑：对于这个国家的居民，希望和灵魂的抚慰只有通过逃离这个世界的运动才能实现。“为了能够挺下去，就得与超自然的力量结成一种强大的、纯属个人的关系。这也许是伊斯兰教和这一地区其他宗教的奥秘之一，即每个人总是感到‘上帝’就在身边。”[44]

列维-斯特劳斯除了参观城市以外，也去过乡村。他们开车一直到达位于阿富汗边境上的喀拜隘口，也去过吉大港附近。他发现村子里上演着一出悲剧：生活方式依旧原始，人们“像饲料一样被抛进世界市场”[45]，仍然是奴隶，这儿也不例外。

对列维-斯特劳斯而言，东方神话彻底破灭了。在这块土地上，
198 大多数作家和欧洲旅行者看到的不是西方的反面，就是西方的补充，他看到的却是东方的未来的景象：一个人口过剩的世界，维持人类与环境的平衡的一切手段都被消耗殆尽之后，注定会丧失一切自由和生存的意义。这与他在印第安人那里和辽阔的美洲看到的恰好相反。

不过，他也遇见了许多人，与他们有过多次讨论。他受到名流、行政官员和教授的接待。他参观了大学，观赏过演出，考古学家请他参观他们的发掘物；民族学家为他敞开大门；县长们带他走访与世隔绝的居民。所到之处，他都为乏善可陈的大学制度和交谈者狭隘的民族主义感到吃惊。

9 月初，季风刮得正猛。几天内他短暂地“实地调查”了吉大港地区的两个村子，莫哥村和库吉村，这儿离缅甸边境不远。在库吉人那里所做的调查，后来写成了两个简短的研究报告，主要内容

是亲属关系的系统，1952年在美国杂志上发表了。与莫哥人的接触最终形成一篇关于佛教、印度教、家族崇拜和巫术等宗教混合现象的分析文章。这是民族志研究者的本行工作：计算、测量、描述。可是，他说，他被莫哥人“令人动情的”[46]生活方式感动了。莫哥人物质条件极其俭朴，可是仍然过着内容惊人的复杂的宗教生活。

这次旅行使他第一次走进了两个一直陌生的世界：伊斯兰教和佛教。对伊斯兰教，至少可以说他觉得没有任何亲近感。返回法国三年后，他在《忧郁的热带》里列述了这种文化中令他反感的东西：一门关于习惯的艺术。当它达到巅峰时，或许还有令人赞赏之处。但是，这个短暂的时刻一过，它就崩溃了，沦为“一套疲软无力的习惯，既无法恢复活力，也缺乏繁育能力”[47]。精致的表面“用于掩盖粗陋的风俗和过分的虔诚”[48]。“摆出来的宽容面孔，尽管有劝人皈依的热忱，其强迫的特点却显而易见。”[49]列维-斯特劳斯认为伊斯兰教徒是一些心怀焦虑的人。其他更开放更自由的文化在他们看来都是持久的威胁。他们受到卑微感的煎熬，自我封闭，赞美男性价值，禁锢女性：“倘若一个警卫能够信奉宗教，那么伊斯兰教看来对他最理想。”[50]说到底，最为严重的是伊斯兰教徒甚至意识不到自己缺乏宽容性，“忍受不了他人作为他人存在”[51]。 199

列维-斯特劳斯是个彻底的不可知论者，不会对一切都处在宗教的约束下的世界抱有好感。他对伊斯兰教的看法当然不是科学家的看法。这一看法是一个反宗教活动家自然的看法。他甚至说自己有一种反宗教的心理反射。不管怎么说，他的分析虽然近乎严酷，至少有一条好处，就是不把刻板言辞与真理混同起来，打破了在伊斯兰问题上的陈词滥调。这种反感与他对佛教的赞赏态度形成强烈对照。他终于在佛教里找到了一种可以接受的宗教，换言之，佛教并不把信仰强加给信徒，不要求“拜倒在偶像脚下，或者狂热信奉一个超自然的人物”[52]。佛教2 500年以来所做的，仅仅是把一个有大智大悟者的思想交给人们去思考。

五、神话的位置

列维-斯特劳斯的讲座在第五系，题为“未开化民族的宗教”。这个讲座从 1901 年到 1940 年一直由马赛尔·莫斯担任。从 1941 年至 1950 年，莫里斯·林哈德接任。他本来是牧师，后来做了莫斯的助手。他也是研究美拉尼西亚文明的专家，大洋洲文化学者协会的创始人。列维-斯特劳斯接任这个讲座不是一帆风顺的。林哈德坚持要由他自己的学生而不是列维-斯特劳斯接替他。事隔多年以后，列维-斯特劳斯才了解到，杜梅泽尔的大力支持最终起了决定性作用。

讲座的名称“未开化民族的宗教”始于 1888 年，是创立之时确定的。这个名称显然已经陈旧。开课第一年就有几个学生，或
200 许是来自所谓的“未开化”世界吧，向新来的列维-斯特劳斯教授表示名称不妥。列维-斯特劳斯在行政部门积极活动。可是，尽管是改变一门已经有半个世纪之久的学科的名称，手续也相当繁复。部里的批文终于在 1954 年 2 月 9 日下达，决定改为“无文字民族的比较宗教学”，同时还确定列维-斯特劳斯从以前的讲席转入新的讲席。

新名称并没有消除所有的障碍，却暴露了民族学研究方法的模糊性。民族学关注的社会是根据其所无的东西定义的：过去无文明，今天无文字。列维-斯特劳斯意识到这个问题。“但是，这个名称仅为一种事实的表述，不包含丝毫价值判断。除此之外，看来在我们所研究的社会里，没有文字对于必定保持口头性质的传统起到

了一种调节作用——这一点甚至是我们思考的一个主要题目（……）这些传统更适合于实验性研究，而且要求研究对象相对稳定。”[53]发展缓慢的社会也是冷漠的社会。例如，他在吉大港一带调查过的部落与邻近城市的居民之间便有保持连续性的办法。总之，与文明的概念相反，文字的概念有其优点，即能够提供一个完全客观的筛选标准。

第五系的办公地点在索邦大学内。列维-斯特劳斯每周三下午2点到4点在E号楼梯授课。在学生们的眼里，他不同于其他教授。他早就很有名气，也可以说早就头戴光环。伊萨克·希瓦（Isac Chiva）是列维-斯特劳斯早期的学生之一，用今天已经被遗忘的说法，列维-斯特劳斯是把他引上研究之路的“教父”。在他的记忆中，列维-斯特劳斯是个不寻常的教授，出口成章，没有“大概、也许”等，没有不完整的语句，遣词造句恰如其分，他从来都十分注意语言表达。作为研究导师，他要求学生写出好文章。有个学生十分折服于他的优雅风度。“他好像受过牛津教育的亚述王子，与他的同事们的‘万金油’似的风格形成强烈反差。”[54]他的工作包括每周两个小时的“讲座”，一个小时讲课，一个小时研讨班。研讨班一般 201
是先由学生、合作者或访问学者作报告，之后进行讨论。学生大多是已经得到认可的民族学家。列维-斯特劳斯无须讲究教学技巧，因为通常听课者可以达到他的水平。班上的学生多于学校的规定：头几年有15人左右，50年代末期达到30余人，其中好几个人很快成为他的合作者。经常有同事和朋友来听课，例如梅特罗、欧热、拉康——拉康说曾经从列维-斯特劳斯的课题里得到“支持和鼓舞”，特别是因为列维-斯特劳斯始终强调“能指的作用”[55]。最初的几年，列维-斯特劳斯交替介绍别的民族学家的研究和出版物，以及验证和深化他自己的假说的工作。被邀请的教授中有班维尼斯特，讲数学的形式化问题；路易·杜蒙①，他正在准备一篇关于印度南部种姓制度的论文；乔治·巴朗蒂耶②，研究加蓬和喀麦隆等国的冯格人的婚姻关系；从越南返回的乔治·孔多米纳斯③；伊萨克·希瓦在法国索罗涅地区从事民族志研究。新手，新方向，未来的合作者或竞争者。列维-斯特劳斯的研讨班是思想交锋之地。

可是，列维-斯特劳斯的课程沿着一条坚定的路线展开，从不偏离。“迄至此时，我主要忙于研究婚姻和亲属关系系统的法则（……）忽然间，我不得不改变方向。”[56]看来他从未打算研究宗教本身。他很快就把讲座的名称转向神话这个他早已关注的方面，偶然地担任这个讲座促使他给予神话研究以特殊地位。第一堂课的主题是“魂灵到访”，探讨生者与死者的关系。他的分析弥补了他过去对博罗罗人社会所作的研究的不足。那时他有意避开了涉及宗教和魂灵的方面，现在他有了把它们纳入一种全面的解释的手段。最后他认为自己已经指出“形而上学的理念和宗教信仰（……）不可202 与社会生活的其他方面截然分离，那些社会所表现的死者与生者的关系只是一种投射，在宗教思想的层面上反映着生者之间的真实关系”[57]。只比较宗教，而不考虑它们所赖以产生的社会，这是错误的。这门课的内容后来为《忧郁的热带》里关于博罗罗人的一章提供了材料。根据这个信念，他在书中做出了更接近于其情感源泉的说明：“然而，人是会死的，永远不会复活。而任何社会秩序都接

① 路易·杜蒙（Louis Dumont，1911—1998），法国结构主义人类学家，印度学专家。——译者注

② 乔治·巴朗蒂耶（Georges Balandier 1920— ），法国民族学家和社会学家，巴黎大学荣誉退休教授。——译者注

③ 乔治·孔多米纳斯（Georges Condominas 1921— ），出生于越南的法国民族学家。——译者注

近死亡，正因为它拿走了某种东西，却没有给予对等的补充。”[58]

随后几年的课程专讲美洲神话学。列维-斯特劳斯1948年在第六系讲授的课程，刚刚结束的课程，加上几篇关于神话的文章，再加上新近的东方之旅的经验，其实都是此时开始着手的研究的前奏。这一系列课程使得列维-斯特劳斯的研究初步成形并系统地展开，最终导致了《神话学》。

对“魂灵到访”的研究得出了极为普遍的结论，而且在某种意义上为今后的研究投下了一块奠基石，于是他开始系统地工作。列维-斯特劳斯把握主题的方法无疑是新颖的。他绝不随便进入神话的世界，绝不向叙事或吟咏的魅力让步。既没有心灵主义，也没有唯美主义。神话研究绝不意味着在神话的主题上添加另一个主题，好像是在解释某种意义，其实只是“诗意地”或“幼稚地”改写一通。通过对一系列关于普韦布洛人神话的研究，列维-斯特劳斯提出并检验了他的方法的原则：将神话定义为所有说法的总和；分出序列，确定后者的或可逆或不可逆的特点，以及它们的“可替换性”（这个概念借自丹麦语言学家叶姆斯列夫）。于是，他提出了一门所谓的神话物理学，其科学的丰富性将随着研究的推进，通过澄清一些问题而建立起来。“我们于是建立起一个中介人物的前哥伦布时代的特征，一般认为此人是晚近时期的舶来品。这个阳具之神是奉献给灰烬和垃圾的，它司掌野兽、迷雾、晨露和贵重衣物（……）连细节都显示出它跟灰姑娘——在欧亚舞台上被矮化为小人物——之间存在着极为规律的对应关系。”[59]这类从结构主义的分析方法得出的对照，表明神话的逻辑具有“一种不可否认的必然性和普遍性的特点”[60]。

运用同一种方法，列维-斯特劳斯随后提出了神话和仪式的关系问题。他对认为这两个领域有直接关系的传统假说表示怀疑。反过来，他提出“存在着一个潜在的心理社会学系统，神话和礼仪可能只是它的两个侧面”[61]。因此，神话和仪式不能用同一种方法研究。神话是“元语言表达”（métalangage），利用语言表达意义；仪式是“泛语言表达”（paralangage），“选择在另一个场所表达意义”[62]。前者可以在语言学里找到解释模式，后者“其实更应当到博弈理论里寻找它的解释模式”[63]。仪式的分析于是“退场”，至少要等到神话分析完成。

教学生涯的头四年，从 1951 年到 1954 年，列维-斯特劳斯给予他的讲座一个意义明确的名称：“比较宗教”的研究不参照任何宗教，它的研究领域是神话，它借助的手段则是结构语言学提供的。观点、对象、方法，三者兼备。在一个主导权变动无常，既得服从于知识的不确定性，也得屈从于朝三暮四的人性的机构里，列维-斯特劳斯为自己开拓了一块井然有序、疆界分明的土地。

六、非殖民化与圣诞老人

同一切笨重的机械装置一样，联合国教科文组织必须在尽可能多的方面展开工作，才能证明它的存在价值。阿尔弗雷德·梅特罗在种族关系办公室十分活跃。1950 年他发起编辑了一套丛书，题为
204 “面对现代科学的种族问题”。他邀请各方面的专家学者各抒己见，包括米歇尔·雷利斯在内的好几位民族学家受到邀约。1951 年，列维-斯特劳斯在朋友的邀请下，也写了《种族与历史》的短文，次年发表。

列维-斯特劳斯在这本书里表现出令人惊异的自由精神：在一篇 50 页左右的论文里，他同时处理历史、人类、进步、文明等题目，用大众化的语言把这一切融为一炉；急风暴雨般的概念和见解使读

者感到目不暇接。问题的关键不在民族学本身，而在于民族学可能而且应当导致改变人们注视别人时的目光。列维-斯特劳斯注意到,种族的概念丝毫说明不了文化的多样性；他还打破了那种进化是从童年到成年的被普遍接受的观念——成熟自然是以西方文化为标准的。与那种清一色和普适的进步的图景相反，他提出存在着多种多样的变动，各行其是，节奏和方向都不一样，特别是结果也迥然不同。对于它们的评价本身，也是随着观察者的视角而变化的。如果说他指斥殖民主义意识形态和西方优越论的捍卫者，那么他同样毫不留情地批评那些眷恋社会停滞的人：“在国际会议上，‘欠发达’国家并没有责怪别的国家把它们西方化，而是抱怨没有尽快地把实现西方化的手段交给它们。”[64]一番概要论述之后，他提出了关于人类文明的冒险的看法：人类历史上曾经两次发生过一系列发明创造，它们分别汇集和导致的变化触及全人类。第一次是新石器革命，至今我们还不知道它开始于何时何地。第二次是工业革命，它是否开始于英国或者非洲腹地，最终都不重要。“以千年为度，此类让我们获得这么大的优越感的孰优孰劣的问题又会变成什么样子呢?”[65]他最后为“文化之间的合作”提出辩护，重提他理想中的人类，其中每一种文化都与其他文化分享它自己最优秀的东西。

此时正值非殖民化时代，尽管政客们把持的法国与英国相反， 205
仍在竭尽全力地死抱着一些陈旧的、已经丧失了影响的信仰，但也无能为力了。列维-斯特劳斯的这本小册子表明了一个民族学家在这个问题上能够保持的立场。这当然不是一篇战斗檄文，但集中阐述了支持非殖民化的知识分子所持有的信念和态度，表明了在危急时刻扮演主导角色的两个立场之一（在民族学家当中，另外一个没有形成文字的立场，表现在雅克·苏斯戴尔在阿尔及利亚事件中的积极角色①)。这是这本写于 1952 年的小册子备受人们推崇的原因。不仅在非殖民运动问题上，这本书还为读者提供了一把在世界上确定自己的位置的钥匙。“从 1952 年起（……）文化相对主义便与列维-斯特劳斯的名字联系在一起，在近半个世纪当中指导着民族学的方法论和职业道德，最后成为今日数以千计的中学生写作论说文时的题目。”[66]

我们无法不强调这本高屋建瓴的著作的卓越之处，它完成于两次科学伟绩之间，并且正逢精神危机之时。学者和知识分子是有区别的。列维-斯特劳斯十分清楚何时必须中断学者的工作，以便深入思考种族和文明的问题。但是，他的思考是学者式的。如果仍有必要的话，结果能够证明他敏锐的洞察力。无论是什么问题，对于关键所在和可能出现的发展，列维-斯特劳斯都有令人极为惊异的把握能力。他的文章还表明他的建立概念和说法的能力，它们能够简洁地概括在特定时刻与某一对象相联系的大量语词、意象、直觉和信仰。学者的方法一旦服务于普通人，会使他的言辞超越科研活动的范围，不论他愿意与否。

1952 年春天，他分别在友人保罗·杜阿尔特②在圣保罗主办的《安年比》杂志（Anhembi）和《现代》杂志上同时发表了文章。两篇文章的某些方面思路相同。他乐此不疲地分析了一则社会新闻：第戎市的神职人员象征性地处决了一位圣诞老人，理由是他忘记了耶稣的诞生日。圣诞节是异教、天主教、基督教各个传统的交会
206 点，其结构与民族学家在各地发现的各种相似的信仰和做法相吻

① 指雅克·苏斯戴尔在担任阿尔及利亚总督期间（1955—1956），反对阿尔及利亚独立，推动将阿国留在法国内的运动。——译者注

② 保罗·杜阿尔特（Paulo Duarte，1899—1984），巴西考古学家和人文主义者。——译者注

合。暂且不说历史，圣诞节的庆祝活动反映着“从属于最普遍的社会生活条件的思想和行为的形式”[67]。更准确地说，它们是营造死者与生者的关系的一种方式。这篇文章后来从没有再版，列维-斯特劳斯也没有把它收入任何一部文集。这说明他明白，学者虽然有权对本行以外的问题提出看法，但应在自己认为适可之处止步。评论家对此感到十分遗憾，理由既简单又明显：那是一篇妙文。另外一点也是真确的，即无论这篇文章多么有意思，它预示着此后几十年当中形成的一个习惯：借助一副科学的“栅格”，从一个研究对象里提取外行人难以看出的含义。从罗兰·巴尔特到翁贝尔托·埃科①，语义学家都运用这个办法，甚至滥用了它。在这方面，列维-斯特劳斯的审慎态度使他的作品更具有说服力。

七、美国攻势

鉴于法国科研工作者对结构的概念采取了谨慎甚至是过敏的态度，列维-斯特劳斯选择了在美国的土地上继续思考人类学的基础的目标。既然承认在人文科学当中，只有结构主义语言学才做到了建立起一门客观的学问，同样的方法如果运用到其他社会现象上，能否得出同样的结果？1949 年，他在纽约召开的美洲文化学者国际会议上的发言中提出了这个问题（后来以法文发表时的题目是“语言与社会”）。他的回答是把原理普适化，几年来他的努力就是依据这个原则，因为社会现象表面上多种多样，本质却相同；它们是“构

---

① 罗兰·巴尔特（Roland Barthes，1915—1980），法国著名文学批评家、社会理论家和哲学家。他的著述跨越包括符号学在内的文科多个领域，具有世界性的影响。

翁贝尔托·埃科（Umberto Eco，1932—　），意大利著名符号学家、哲学家和小说作家。——译者注

成人类精神的无意识活动的普遍法则”[68]的投射。他在亲属关系的
207 问题上阐述过这一点：同样的论证一定也可以用于其他领域。他的态度构成一种挑战。“对社会生活各个方面的分析都必须深入到一个可能实现它们之间的过渡的层次，也就是要建立起一套具有普遍意义的代码，它能够将分属每个方面的特殊结构的共同特点表达出来。”[69]

1952年7月，“国际人类学家和语言学家大会”在印第安纳州布卢明顿市召开。列维-斯特劳斯出席了大会，并在会上做了题为《迎接一门关于沟通的普遍理论》的发言。语言学家已经达到了极高的科学性，高到从此以后可以借助工程师的工作来验证他们的假说，他对此十分感兴趣；他希望对存在于所有社会系统中的沟通活动也能够从事这样的研究。他负责对大会的人类学部分做出最后的综合报告。语言学部分由雅各布逊负责。列维-斯特劳斯用不同的措辞表达了他在1949年的会议发言中想说的内容。他总结说，人类学家和语言学家接踵而行，彼此都想取长补短。这使得他们似乎在研究不同的对象，一个是语言，一个是文化。列维-斯特劳斯补充道，这样做其实是忘记了“我们当中还有一位嘉宾：人类精神，尽管没有人想过邀请它参加我们的讨论”。[70]对于最广义的人类之学来说，它的任务正是要揭示这一精神的“秘密动因”[71]。

1952年的总结性发言回答了1949年引来的争议。他的理论假说击中了要害，尤其是在美国。在一个倾向于把知识分割隔离的学术界，列维-斯特劳斯提出的“普遍法则”或“人类精神”的理念凸显了他的强有力的立场。这一点从他应邀在首次聚合起人类学家和语言学家的大会上致闭幕词这个事实中可以略见一斑。他为同事们提供了一个参照点，一块理论天地，他们当中有些倾向是向这个端点靠拢的。这是个获得承认的参照点，抑或是个遭质疑的参照点，

这是个见仁见智的问题，但是它的存在却是无人能够否认的。1949年和1952年的论点之对于《亲属关系的基本结构》里的论点，很像广义相对论和狭义相对论的关系：旧话重提，但领域拓宽了。以前 208
是把结构主义方法运用于一个精心选取的分析领域，现在是提出一门完整的真正的人类学的原则，一门关于人的科学的原则；借助结构分析，这门科学拥有和自然科学一样有效的调查和解释的手段。列维-斯特劳斯的这样一套纲领必然激起更大的兴趣和争论。由于向同事们发出了有力的挑战，他也成了他们关注的焦点。

但这还不够。他还为由芝加哥大学刊行的"第29届美洲文化学者会议论文集"写了一篇文章，题为《巴西中部和东部的社会结构》。关于某些部落的二元性或非二元性组织的特点，他提醒说，人类对于社会的表象方法很少符合后者的现实，实地考察者必须清楚地把实践与理论表述区分开来。

1952年6月，列维-斯特劳斯还在纽约参加了"温奈尔-格林基金会国际人类学研讨会"。会上，他谈到"社会结构"——这个词后来在法语里译成"民族学中的结构观念"。在发言以后的讨论中，他把人类学家比作在历史的垃圾堆里捡破烂的人。同事们不喜欢这个比喻。"会后，玛格莉特·米德①走过来对我说：'有些话永远不要说出口。'从此开始了我们的友谊，直到她去世。"[72]

他的演讲一石激起千层浪。列维-斯特劳斯围绕人文科学里的结构的观念，它的起源、定义、位置和影响范围，做了大量开拓性的和澄清耙梳的工作。从博厄斯到克虏伯，他征引认识论以及本学科的大师，以摆正、提出和讨论自己的思想的基础。"一条根本的原

① 玛格利特·米德（Margaret Mead，1901—1978），美国著名文化人类学家。——译者注

则是，社会结构的概念跟经验现实并无联系，而是跟在后者基础上建立起来的模型发生联系。”[73]这个原则构成他的立场的核心——同时也成了永远解不开的误解之源。我们不曾、也无法通过描述一系
209 列对象并指出它们之间存在着关系就能揭示某种结构。模式不在自然当中，它是一种心智的建构。讨论了结构的概念引出的方法问题以后，列维-斯特劳斯又从结构与地理学和历史学、生态学和人口学的关系对它进行考察；然后，分别从女人的、财富的和信息的交流的角度——换言之，从亲属关系、经济和语言的角度——进行考察；最后从社会动力和附庸关系的角度进行考察。

因此，他在满满的 50 页中提出了对于在整个人文科学中的“结构”的总体看法，从而为研究以往社会学家所重视的“完整的社会事实”的一种全新方法打下了基础。这种方法从此不是建立在没有什么效果的元话语之上，而是依靠精确的研究手段，并考虑到数学思想的最新突破。如果要给列维-斯特劳斯的结构主义确定一个开始时间，那就应当是 1952 年。这一年的文章普遍开始使用带有-isme（主义）的词语。后缀-isme 可以合理地加在形容词 Structual（结构）之后。他以往的直觉、手段和方法正在充分发展为一个连贯一致和影响深远的系统。

这些形成体系的言论都是列维-斯特劳斯在美国完成的，这一点并非无足轻重。越过大西洋，法国同事们就鞭长莫及了，而且可以让言论在本学科内最有分量。在保证自己的思想获得最佳讲坛和最大的接受程度的同时，他使自己变得无懈可击。此外，他在美国的活动也在历史上留下了一笔：他是纽约美国自然史博物馆馆员，并且定期给包括《美国人类学家》在内的多家美国杂志撰写书评。如果反向推理，他把有关结构主义的概念的研究工作留给美国，这个事实更凸显了这一策略。他的与神话有关的假说还没有获得必要的

充实，所以要务不是指明研究方向，而是精心打造工具和巩固立场。

因此，同一时期他为法国撰写的文章《民族学中的远古概念》是整个精神生活中结构主义特点最少的。文中提议对民族学的对象进行思考。他当然乐于接受，处在一个可争议而顽固的传统中的民族学，其研究的对象是所谓的“原始”社会这个观点。这个名称的 210
可取之处是可以清楚地表明，规定民族学的不是方法——像时下某种倾向努力使人相信的那样——而是它的研究对象，虽然还必须摈除蒙在它上面的哲学和伦理学的残留物。原始民族既不落后，也不是没有历史。列维-斯特劳斯努力消除远古的说法的障碍，这个陈旧的字眼甚至会导致对他的专业产生误解。民族学家研究的社会没有文字，这使他必须采用一些特殊的调查手段。可是，时间的长河照样流经这些社会，也就是说它们也被事件所贯穿。“它们必然存在过，延续过，并因此发生过变化。”[74]在列维-斯特劳斯看来，重要的不是“原始人”究竟是幸存者还是退化的结果，而是把他们与观察者分隔开来的差异：“从这个意义上说，民族学倒也不妨定义为一门有关如何脱离家乡的技巧。”[75]

这篇文章——及其这条绝对文学味道的定义——均在古尔维奇的《国际社会学学刊》上发表。或许列维-斯特劳斯还没意识到，他在此使用的策略和他的“远离”的策略是对称的。随着这篇文章的发表，他踏进了一个敌对的领域。

八、联合国教科文组织

联合国教科文组织的使命之一是推进科学工作者与研究人员的合作。为此，它倡导建立一系列机构：国际社会学协会、国际比较法律协会，以及建立于 1949 年、直到 1952 年才正式运行的国际社会科学委员会。人们很快就发现需要一个秘书长来协调它的活动。列维-斯特劳斯被提议担任这个职务，他欣然接受，并于年底走马上任。这个新职务的好处之一是可以改善他的物质生活条件。“我设法造成一种印象，一个既无目标又无功能的机构照样有存在的理
211 由。”[76]有了钱就得花。邀请世界各地的教授，举办研讨会和会议，题目由他确定。他履行了职责，尽管并非信心十足，一直到1959年。

“我们不再搞研究了，我们管理研究。”[77]1953年的10月间，列维-斯特劳斯曾向梅特罗吐露心曲。1953年6月，他婉拒了法国国家科研中心给他的职位，并且转而建议由乔治·巴朗蒂耶来担任。不过，他同意成为科学委员会中的一员。这样可以参与法国政策的讨论和制定。他是巴黎大学民族研究所总干事、国家科学委员会的成员，以及科研与技术进步高级委员会的成员。在这些机构任职，占去了他很多的时间和精力，但是却像中继站一样加强了他在学术界的地位，并且使他有机会广为介绍自己的观点。列维-斯特劳斯成了一个有影响的人物。

在联合国教科文组织的众多使命中，有一项是负责为全世界的科研状况“立此存照”和开展主题多样的调查。1953年，列维-斯特劳斯再次被请求为一项研究提供帮助：对社会科学在法国的教学做出总结，要求他评估人类学在其中的地位。这对列维-斯特劳斯是一个机会，可以继续返法以后一直进行的学术领域的定义和划分工作，同时进一步明确他对教学的总的设想，也可以在各学科的同事们当中，给自己的关注点和研究方向确定位置。

民族学的对象最难捉摸：它的名称在不同的国家有不同的叫法，地位在不同的大学里也有变化，而且随教授而变。列维-斯特劳斯自己注意到，从人类学的角度讲授无文字民族的宗教，已经在某

种意义上“污染”了高等研究实践学院的宗教科学系。在这样的背景下，列维-斯特劳斯的主要担心是，包括人类学在内的社会科学自成体系，与精密科学和自然科学的阵营形成对立。“因为，今天连生物学家和物理学家也越来越意识到，他们的发现具有社会影响。 212
或者说，意识到他们的学科的人类学含义”。[78]困难在于既要肯定人类学的学科特殊性，又不孤立它；既要把它与许多相关学科联系起来，又不削弱它。这一苛求导致他澄清了民族学的对象的一个新特点。民族学研究的不是缺少文字的社会，它所研究的社会是那些与之相比，文字的发明使我们失掉了真实性即“某种本质的东西”[79]的社会。由于出现了文字，人们之间的沟通不再是瞬间完成的了；没有文字，任何信息的传达都得通过“与人的实际接触”[80]。因此，我们对一个仅有数百居民的法国村庄的调查是合乎情理的，尽管其交流活动要素书面语进行，可是在人口数以万计的大居住区所进行的同样的调查却导致谬误。实际接触的终结导致而且继续在导致人性的丧失。

与此同时，列维-斯特劳斯在杂志《第欧根尼》上发表了《民族学综述：1950—1952》。杂志是教科文组织发行的，主编是罗歇·卡伊瓦。文中描述了有关日期鉴定的最新的技术突破，环视了民族志调查在每个人陆上的方方面面，最后指出了结构的概念在民族学家当中日益深入的影响。他指出，例如在一部纪念拉德克利夫-布朗①的文集里，在G. P. 默多克②的《社会结构》里，以及在他自己的作品里都可以看到结构的概念：“列维-斯特劳斯本人则致力于利

① 拉德克利夫-布朗（Alfred R. Radcliffe-Brown，1881—1955），英国社会人类学家，结构功能派理论的创立者。——译者注

② G. P. 默多克（George Peter Murdock，1897—1985），美国著名民族学家。——译者注

用常量为结构定义，而常量是他既通过对文化从整体上进行严密分析，也借助于一些现代数学思想得到的。"[81]

几个月以后，在为联合国教科文组织的另一份出版物《国际社会科学通报》撰写的引言里，他系统地思考了数学问题。这一期通报有一组专论数学与人文科学的关系的文章。文章首先谈到许多学
213 科的专家，从生物学家到控制论专家，从经济学家到心理学家，都逐渐注意到数学手段可为他们提供一种共同的语言。例如，人口学家和经济学家一直运用数学手段进行测量和定量。语言学和民族学家紧跟其后。但是，他们运用数学手段的方式导致研究对象变得越来越贫乏枯燥，因为被归结为一些统计数字和平均值，无法反映对象的多样性。幸亏"眼下正在蓬勃发展的新数学的诞生"[82]，一种非纯粹定量的方法，因而也不是简单化的方法是完全可能的。列维-斯特劳斯特别想到冯·纽曼和莫根施坦①的博弈论，以及控制论专家C. 商农和社会心理学家古特曼②在各自领域内的突破性成果。这些"人性的数学"——列维-斯特劳斯赞同在很大程度上尚待完善——的可取之处是适合于运用到较小的数量上。因此在研究小型的社会群体时，可以借助这种方法。民族学利用它只会有百利而无一弊。所以，列维-斯特劳斯在文章最后发出两点呼吁：社会科学的所有领域里的下一代研究人员都应该接受数学训练；同样，他希望数学家努力发明出适合于人文科学特殊性的数学模式。"通过努力统一思维的方法——这些方法对于知识的不同领域，不会永远是不

① 冯·纽曼（J. Von Neumann，1903—1957），量子力学的创立者，并且在博弈理论、纽曼代数等领域建树颇巨。莫根施坦（Oskar Morgenstern，1902—1977），奥地利经济学家，与冯·纽曼一道创立现代博弈理论。——译者注

② 路易·古特曼（Louis Guttman，1916—1987），以色列社会心理学教授，以色列应用科学研究所的创立者。——译者注

可还原的——我们就能对找到一种内在和谐做出贡献，或许（……）内在的和谐才是每一种智慧和和平的真正条件。”[83]

1953年底，在联合国教科文组织的办公室里，列维-斯特劳斯接待了一个来访者，证明了他前一年在美国的发言产生了巨大的效果。路经巴黎的社会学家塔尔科特·帕森斯来看望他。列维-斯特劳斯在纽约任法国驻美使馆文化参赞期间，他们就认识，后来没有再见过面。这位社会学家的出现令列维-斯特劳斯大为惊讶。他从公文包里拿出了哈佛大学的全职教授合同。一个极为宝贵的职位。“我可以成为正式教授（……），一个无人可以辞退你的职位。”[84]合同已经拟好，只需签字即可。“其实，最初这是哈佛大学人类学家克莱德·克拉克洪①的主意，我和他一直相处得很愉快。”[85]做出答复之前，列维-斯特劳斯向高等教育局长加斯东·贝尔热征求意见，贝尔热建议他立刻接受，不要犹豫。“当时我不过是高等研究实践学院的研究导师，这份聘书看起来是求之不得的。可是，我回绝了。”[86]他的生活在巴黎。 214

不仅如此，他有一个日益增强的信念：美国尽管享有声望，甚至可以为他提供一个难以攻克的后方基地，但是已经无法起到战前的那种作用了。英国亦然。1953年2月，他曾去伦敦大学参加了“高校特殊系列讲座”，当时还去过剑桥大学和牛津大学作报告，并且被聘为大不列颠及爱尔兰皇家人类学院的荣誉研究员。成功和荣誉丝毫不能改变根本。照梅特罗所言，他的观点是决定性的：“列维-斯特劳斯认为美国人类学已经是穷途末路，英国的情况也好不到哪里去。”[87]毕竟，法国才是他最有可能讲话举足轻重的地方。

---

① 克莱德·克拉克洪（Clyde Kluckhohn，1905—1960），美国人类学家，以对纳瓦霍印第安人的研究和文化理论知名。——译者注

九、失落的天堂

一方面受到哈佛大学的邀聘，另一方面在巴黎羁身于外表显贵、实际平庸的职位，列维-斯特劳斯既有理由期待未来在职业上的发展，同样也有理由担心职业生涯走不远。1954年新年伊始，他处于矛盾之中。教师和行政的双重头衔可以担保长期衣食无忧。他也明白自己近两年的文章，再加上以前发表的，已经深刻地改变了人们对他的职业的看法，因为这些文章迟早会引起反响，而且也许会在他的职业生涯里引起一些后果。他一边顺从地过着平淡无奇的生活，一边期待着发生假设的效果，他处于一种不妨称之为飘忽不定的精神状态当中：一切都可能发生变化，也可能依然如故。

215 此外，他的个人生活也处在十字路口。列维-斯特劳斯与罗斯-玛丽·洛尔莫四年前在困难的条件下分了手，终于宣布离婚。列维-斯特劳斯马上把新女伴娶回家。他是在拉康的家中邂逅莫尼克·罗曼的。比他小18岁的莫尼克在高等研究实践学院听过两年他的课。列维-斯特劳斯不是旧体制时代的人物，他并不期待妻子一心料理家务。这一点可以从莫尼克有一次告诉梅特罗的话得到证实："她对我说希望找一份工作，假如她想保持列维-斯特劳斯对她的器重，她就必须工作。"[88]列维-斯特劳斯当年46岁，"面颊峻削，毫无血色（……）整个身躯前倾，绷紧，被探索绷紧"[89]，这是给造访他的人留下的印象。头发过早地花白了。他担忧病势沉重的父亲，一直在照顾他。

在这种不稳定的局面下，列维-斯特劳斯很难像前几年那样紧张地工作。他暂时停下了发表科研文章。不过，他一项计划也没有抛弃：在亲属关系方面，他一直有写一部关于“复杂亲属关系的结构”的志向；在神话方面，“他打算研究所有的北美神话”[90]。这些计划全都搁置了。他失去了投入科研工作的心情。“那个时期，面对一个变量多得思维难以把握的世界，我总有一种无力感。”[91]这有点像哲学的无望感穿透了冰冷严肃的科学。现实太沉重了。

他的心在别处。“列维-斯特劳斯谈到他的计划，他想把数学运用到音乐上，让乐句变形，变得无法辨识。”[92]音乐和数学，只有这两门学科才要求天赋。埋在这位学者内心深处的艺术家之情始终在呼吸。

受普隆书店的委托，爱斯基摩人和拉波尼亚人、青年专家让·马洛里①打算编辑一套民族志丛书，名为《人类的大地》，他请列维-斯特劳斯写一部游记。此时，列维-斯特劳斯正处在生命的一个特殊时刻。一方面学术追求暂时松懈下来，另一方面前途未卜，个人生 216
活也变动不居。这个请求就像安德烈·布列东所说的那种“客观的偶然”，恰好完全符合他的期待。列维-斯特劳斯仅用四个月便完成了写作。在写作过程中，他想到那部战前便起笔、终于又放弃了的小说，于是决定仍然用小说的名字：《忧郁的热带》。

他紧张地工作着。做学问不能在回忆生平经历上浪费时间。“但是（……）我有一肚子的话要说，如同骨鲠在喉。”[93]他后来多次谈起，他是“想到哪儿，写到哪儿，不假思索地”[94]。把脑中闪过的一切都记下来。他补充道，由于身陷争取某个大学职位的竞争之中，他从来没有享受过这样大的自由。紧迫感、气愤和听天由命，三者混合赋予了这部作品一股新鲜气息，不足之处反倒显得不重要了。

① 让·马洛里（Jean Malaurie，1922— ），法国民族学家、地理学家和作家。——译者注

这部著作的确写得很大胆。他采用一种文学体裁，这种体裁随着探险活动的终结而结束了。20 世纪 50 年代，游记大多让位于旅游指南。用这种体裁写作的人也不得不加以创新。不可能像 18 世纪那样叙述旅行经历了。空间的移动变为反映内心的追求。游记作者于是成为作家，至少不是简单的游客了。而列维-斯特劳斯是一位学者，这个挑战于是更复杂。叙述内心感情的变化恰恰与科学精神的要求相反。他不得不违背正常工作中的客观性原则。再者，自我审视，沉浸于回忆，尽力搞清楚从何处来，到哪里去，这些都与他的性格和他笃信的“自我是可恨的”信念完全矛盾。所以，《忧郁的热带》在某些方面是反自然的。列维-斯特劳斯把它当作对传统的哲学旅行的敬意呈现给读者，但是也放入了多于思考和分析的东西。他袒露了自己的灵魂，这不是一个力图解释自己与镜子的关系的自私者的灵魂，而是一个游历世界者的灵魂，他在努力确定自己在所
217 看到的事物当中的位置。如果说他希望提出一些普遍性的问题，那也是来源于他本人的特殊经历。

情怀浪漫的旅行家，映入眼帘的是广袤无垠的宇宙，他觉得自己如此渺小，不敢肯定自己在其中有一席之地。“世界洪荒时代是没有人类的，终结时也不会有。”[95]纷涌的思考和见解，以及集中论述普遍性问题的几个篇章反映出一种张力：一方面确信民族学家的工作有意义，另一方面忧虑这一切会不会落得徒劳一场。书的最末几页再次提到这些矛盾的情感，以堪入一部文学选编的拟人手法把它们串联起来，放入对熵这一热力学原理的最富于文学意味的描写当中：“‘人类’。如同一部机器（……）全力以赴地致力于瓦解某种原初的秩序，推动某种组织坚固的质料走向一种日益加剧的惰性，终有一天将无可挽回。”[96]

这种科学的、隐喻性的看法——我们是终将赴死的生命物——

具有两层含义。对列维-斯特劳斯而言，作为一种社会存在，他有行动的义务，而且行动不止，即使没有一个目的："如果说，人类不懈工作从来就只为建立一个能够生存的社会，那么曾经激励我们祖先的力量，我们身上也有。一切尚未成为定局，一切都可以重新开始。已经做过的和没有做过的事，全都可以重新来过。"[97]如果我们的尊严在于我们能够希望，那么我们不能也不应怀有错觉，因为完美属于开头，而不属于结束。"人类在开创时才是伟大的；无论哪个领域，唯有第一步才有价值。"[98]天堂依然是失落的。

返回起点。列维-斯特劳斯阐明了自己的选择与激情的来源："民族学家的志向（……）总是追根寻源。"[99]他的职业、他的科学、他的努力永远无法取消熵的作用，却让他享受到一种幸福：他在前不久发表的一篇文章里曾经呼唤"失落的和谐"[100]，现在他听到了回声。 218

十、起死回生

1955年，情况奇异地发生了变化。列维-斯特劳斯几个月前还在为前途担忧，现在却成了一个公众人物。事情开始于他与罗歇·卡伊瓦的一场争论。卡伊瓦读了《种族和历史》，书中的论点使他非常不悦。1954年12月和1955年1月，他在《法国新杂志》① 上发表文章《颠倒的幻觉》，猛烈攻击列维-斯特劳斯。文章内容大致如下：文化相对论不应该妨碍我们承认科学远胜过巫术，理智远优于迷信，民主政体远胜过部落组织。文中指责列维-斯特

① 1908年创刊的法国知名文学杂志。——译者注

劳斯背叛了他声称为之服务的科学，盲目仇视自己的文明，对真理视而不见。此外，他还冠冕堂皇地揭发列维-斯特劳斯与超现实主义者的友谊。

这是人身攻击。受到中伤的列维-斯特劳斯开始反唇相讥。他在1955年3月号的《现代》杂志上发表了一篇文章，这篇极具摧毁力的文章题为《躺着的第欧根尼》。“第欧根尼用走路来证明运动。罗歇·卡伊瓦先生躺了下来，为的是视而不见。”[101]他逐条驳斥蔑视他的指控，恢复被断章取义的引语的原貌，文章结尾提出一个假设，卡伊瓦是在清算他自己的少年时代遗留下来的症结。这篇文章本意不在科学论证，反倒显示出列维-斯特劳斯的深藏不露的才能：玩弄词语和悖论，从尖刻的批评转入真情流露。寥寥几页的文章证明他是一个可怕的论战斗士。

不过，卡伊瓦的攻击却触及了他的一个敏感之处：一方面是民族学家的文化归属，一方面是他希望客观地摆脱这一归属的意愿，两者之间存在着无法化解的矛盾。这就引起了列维-斯特劳斯的思考，使他继续着《忧郁的热带》里的这类思考，语调不无忧伤：

> 与所谓的探险家和旅行者不同，民族志学家在旅行中可以充分利用他在世界上的位置，超越这个位置的局限。他并不是来往于未开化的和开化的国度之间，因为无论去哪一边，他都是从死者当中返回的。他把自己的传统和信仰交给无法还原为他个人的社会经验去检验，解剖他自己的社会，相对于自己的
> 219 世界，他已经确确实实地是个死人了；假如他能够做到返回自己的世界，经过重组自己的文化传统中的散落成分，他将仍然是一个死而复活者。别人，别的胆小怕事和墨守成规的人们，将又羡慕又惊恐地打量他。[102]

论战还没有结束。《现代》杂志的下一期发表了两人的通信。其他人也参与进来。艾梅·瑟塞尔①在最后一分钟为他的《关于殖民主义的讲话》一文追加了一个附录，全文发表在《非洲的影响》杂志上。他激烈地指责卡伊瓦。《新评论》发表了一篇署名马克西姆·罗丹松②的文章。随后，《快报》周刊也介入了。此类思想交锋正是巴黎人所乐此不疲的。梅特罗为此感到兴奋不已："卡伊瓦与列维-斯特劳斯的论战在巴黎文人圈里是最大的事件"，他在写给朋友皮埃尔·维尔热③的信中说。"列维-斯特劳斯的答复（……）无论是推理、语言，还是毫不留情等方面都堪称杰作。"[103]

《忧郁的热带》在10月里出版了。其中三章在《现代》8月号上提前刊登过。作品立即获得了成功。所有的重要评论家都长篇累牍地盛赞这本书。乔治·巴塔耶定下基调："一部人性的作品，伟大的作品。"这是他发表在《评论》上的文章的标题。在《共和国学刊》上发表文章的有弗朗索瓦-雷吉·巴斯蒂德、安田朴、罗歇·格勒涅、莫里斯·布朗肖、米歇尔·雷利斯，《快报》周刊刊登了玛德莱娜·沙普萨尔写的评论，让·拉克鲁瓦和安德烈·布翰的文章发表在《世界报》上，《费加罗报》则有安德烈·毕利和雷蒙·阿隆，让·卡泽诺夫在《年鉴》上、卡埃当·毕克同（Gaëtan Picton）在《法兰西信使》上、克洛德·鲁瓦在《自由报》上，都为这部作

① 艾梅·瑟赛尔（Aimé Césaire，1913—　），出生于马提尼克岛的法国黑人诗人和政治家。——译者注

② 马克西姆·罗丹松（Maxime Rodinson，1915—2004），法国马克思主义历史学家和社会学家，熟悉多种语言。长期担任高等研究实践学院非洲语言教授。——译者注

③ 皮埃尔·维尔热（Pierre E. Verger，1902—1996），法国专门研究非洲黑奴贩运和非洲宗教的民族志学家摄影艺术家。——译者注

品的问世撰写了评论。[1] 热烈的反应还波及意想不到的地方，《旧金山观察家报》有一篇书评，《摩洛哥回声报》有一篇署名F·德·米奥曼德的赞美文章。有一点共识：《忧郁的热带》是一部文学作品、艺术作品。列维-斯特劳斯不无得意地坦言，他用了过多的亚历山大体和不少略显笨拙的说法。他的读者却大谈美妙与神奇。书中对卢梭的谕示，对夏多布里昂的零星回忆，都使他们很敏感，并认为此书颇具小说的特色。

220 最热情的褒扬来自龚古尔学院。此书发行数日之后，龚古尔学院[2]在公布罗歇·伊科尔[3]获奖的前夕发表了一份公告，为评委会未能将大奖授予《忧郁的热带》感到遗憾，只因这不是一部小说。皮埃尔·马克·奥尔朗[4]是评委之一，他写信告诉列维-斯特劳斯他多么喜欢这本书。他回忆起少年时代的激情，写信时想到了作者。这

---

① 弗朗索瓦-雷吉·巴斯蒂德（Francis-RÉgis Bastide，1926—1996），法国小说作家。安田朴（René Étiemble，1909—2002），法国著名作家和文学教授。罗歇·格勒涅（Roger Grenier，1919— ），法国作家、记者和电台节目主持人，著有小说《冬日的宫殿》等三十几部作品，曾多次获得文学大奖。莫里斯·布朗肖（Maurice Blanchot，1907—2003），法国作家、文学批评家和哲学家。玛德莱娜·沙普萨尔（Madeleine Chapsal，1925— ），法国记者，长期为《快报》周刊工作。让·拉克鲁瓦（Jean Lacroix），法国记者、作家和英语教授。安德烈·布翰（André Bourin 1918— ），法国作家、记者和文学活动家。安德烈·毕利（André Billy，1882—1971），法国作家，《费加罗报文学版》专栏作家。雷蒙·阿隆（Raymond Aron，1905—1983），法国著名哲学家、社会学家和记者。让·卡泽诺夫（Jean Cazeneuve，1915—2005），法国社会学家、电视工作者。克洛德·鲁瓦（Claude Roy，1915—1997），法国著名诗人和散文家。——译者注

② 龚古尔学院（l'Académie Goncourt），法国著名的文学组织，1900年按照法国作家和出版家爱德蒙·龚古尔的愿望建立，当时有跟官方的法兰西科学院对着干的意图。——译者注

③ 罗歇·伊科尔（Roger Ikor，1912—1986），法国作家和社会活动家。——译者注

④ 皮埃尔·马克·奥尔朗（Pierre Mac Orlan，1882—1970），法国作家，尝试过多种文学体裁。——译者注

使列维-斯特劳斯非常感动。学者方面显得态度较为矜持。保罗·里维此前一直支持他，对他一直十分友善。他曾经邀请列维-斯特劳斯陪同神父岱拉尔·德·沙尔丹①共进晚餐，那是一次奇特的邂逅。但是这一次，他真的认为列维-斯特劳斯出了格，跑到文学里去了。“保罗·里维从此对我关上了大门（……）直到他生命垂危，我才见到他。他住在医疗所，把我叫到病床前，与我言归于好。”[104]其他人态度都很审慎。同事的一次出轨是可以原谅的：大家期待他返回科学领域，以便决定他的命运。至于列维-斯特劳斯，他更愿意让这件事告一段落。“我本想写一部幻想作品，可是没能做到。民族学家指责我做了一件业余爱好者的工作，公众则认为这是部博学的作品。这，我倒无所谓。一本书写完了，对于我，它也就死了。这么说吧，我只是投入了一场令人迷醉的仪式，它显示了我的思想的一个侧面。”[105]

此书一版再版。自 20 世纪 60 年代初以后，出现了多种译本，一直很成功。1960 年，德国新闻界专门为他举办了热烈的欢迎活动。列维-斯特劳斯从此不得不在生命中添加一项新的内容：他成了公众人物。这样一来，他就得满足各种各样的征询，首先当然是接受记者的采访。

出于各种理由，他的私人生活也发生了变化。列维-斯特劳斯离开了圣拉扎尔大街的居所，搬入第十六区的一套居住至今的公寓。他的书籍摆放得别具一格，他为此显得很自豪：“我的藏书是一大奇观。整个世界都在墙上再现，每一部书都摆在（……）有关社会本应在地图上占据的位置上。”[106]他的妻子于 1957 年为他生下第二

---

① 岱拉尔·德·沙尔丹（Teilhard de Chardin，1881—1955），法国耶稣会教士，生物学家和哲学家，以《人类现象》一书知名。——译者注

个儿子马蒂厄。长子洛朗并没有被忽视，《忧郁的热带》就是题赠
221 给他的。暴风骤雨的时代已经过去。“我的生活变了。”[107]

十一、一道公式

列维-斯特劳斯抽身引退，并且巩固了自己的立场。他的脑际曾有一些遐想浮现：“《忧郁的热带》发表之后，我不时产生幻想，说不定有哪一家新闻机构会登门，建议我搞个什么大型报道。”[108] 只是遐想而已。科学研究要求他全身心的投入。1955 年秋，他在《美国民俗学刊》上发表了一篇引起轰动的文章。同 1952 年一样，跨越大西洋意味着他有了需要介绍的理论突破。重返结构，这一次与神话有关。

写完《忧郁的热带》，他有一段时间偃旗息鼓。他一度犹豫不决，不知是应当继续深入探讨复杂的亲属关系，还是继续神话研究。1955—1956 年冬季，他在高等研究实践学院讲授的“婚姻禁忌”的专题课便可证明这种犹豫。列维-斯特劳斯使用的是塔尔科特·帕森斯尚未发表的成果，那是他热心地交给他使用的。他由此出发，引出有关涉及婚姻的禁忌的起源和功能的讨论，然后提出宗教表现和社会组织的关系问题。宏大的计划：解释这些关系将开启全面研究的大门，这两个研究领域将在全面研究当中汇合。这个尝试为时过早：“把亲属关系的事实按照一个独立的系统处理，这对民族学家大有裨益；把研究不同范畴之间的关联推迟到其后的研究阶段同样大有益处。”[109] 在亲属关系和神话之间，婚姻问题暂且延后。取舍是非有不可的。亲属关系依然在视野里。“我很快就发现，这些复杂系统无法用手工方式处理：必须借助计算机科学。我缺乏这方面的实际手段，再说也一窍不通。”[110] 可是他有时间，顺带着写了一篇名为《家庭》的文章。这篇文章破除了若干成见，从而为后

来的研究开辟了一块园地：人们在工业化的西方所看到的那种一夫一妻制的家庭，并不像19世纪时人们认为的那样是长期进步的结果，而是原始部落人民的最普通的婚姻形式之一；这是因为普天之下，家庭都是以婚姻为基础的。显然，“婚姻现在和过去都不是一件私人的事，也不可能是。”[111]他扩展了《亲属关系的基本结构》的论点，把社会与家庭两相对照。前者属于文化，后者“源于那些自然的要求，即必须进行组合”[112]。提出这一点之后，列维-斯特劳斯回过头来研究神话。 222

1955年秋天发表的《神话的结构》使得作出这个决定更容易。一条新路已经开辟。列维-斯特劳斯指出，通常所采用的研究神话的方法是不够的，无法表现研究对象的细节。他提出了自己的方法。他说，神话叙事属于语言行为，因而包含一切语言行为都有的两个层面：语言（langue）和言语（parole），而且是用“组构成分”构成的，“（……）也就是音素、词素和义素”[113]。然而，神话里还有一个多出来的、为它所独具的层次：叙事。于是，列维-斯特劳斯建议在语言的构成成分之外，再加上一个更高更复杂、唯有神话才有的层次“神话素”（mythème）。他建议，分析神话如同识乐谱：既有横向的（或历时的），即按照叙事给予它们的顺序，也有竖行的（或共时的），即按照其构成成分的协调一致性。“写在竖行里的全部音符组成一个大的构成单位，一个关系束”[114]：神话素。正是这个“关系束”之间的组合赋予了神话素“意义功能”[115]。

有了这些假说和这种方法，列维-斯特劳斯对广为人知的俄狄浦斯神话提出了独特的解读办法。在研究的结尾，他提出“每个神话的定义须根据其所有的版本”[116]。从这个角度看，弗洛伊德的解读只是这个神话的一副外加的面貌，所谓“最初的”版本或“真正的”版本——比照其他版本的完整程度的依据——不光是没有的， 223

而且叙事的含义只能在这种多样性中才会彰显。列维-斯特劳斯接着说，通过为神话的所有已知变体排序，可以得到一个“一组某种意义上的置换，其中位于这个系列的两个极点的变体相对地形成了一种对称而相反的结构”[117]。最关键的一点在于：在神话所能想象得出的大量无序的人物和情境当中，有一种逻辑在发挥作用。

> 如果说我们已经做到了以一组置换的形式把一整套变体加以组织，我们就能够期望找出这个组合当中的规律。就现阶段的研究而言，我们还只能满足于非常近似的指标。无论下面的表述今后必须如何精确化和改动，看来现在我们就可以认为任何一种神话（作为所有变体的集合）都可以还原为一条标准关系式：
>
> $$F_x(a):F_y(b)::F_x(b):F_{a^{-1}}(y)$$
>
> 这条关系式由于同时给定了 a 和 b 两项以及它们的两个函数 x 和 y，所以我们假定，在两个条件下，在由项次和关系的颠倒所分别规定的两种情况之间存在着一种等值关系。这两个条件是：(1) 某一项被其对立项替换（即上述关系式里的 a 和 a^{-1}）；(2) 两个成分的函数值和项值之间发生了关联性颠倒（上述 y 和 a）。[118]

列维-斯特劳斯胸有成竹。他在这里提出的，正是民族学传统后来称之为“经典公式”的东西。这个形式化的表达方式里，有着某种非现实的东西，在某种意义上出自作者的突发奇想，基本上既没有解释，也没有进一步发挥。固然，它的突然出现很早以前就有所准备了。列维-斯特劳斯还记得安德烈·韦伊为他的论文的第一部分添加的数学附录；他一直紧密注意有关亲属关系的数学研究的发展，而且从此把复杂亲属关系与掌握计算机科学联系起来。两年前，他为教科文组织绘制了一张显示数学和人文科学的关系的图表；从 1951 年起，他定期参加拉康、班维尼斯特及数学家乔治·吉尔博（Georges Guilbaud）的聚会。吉尔博是他在高等研究实践学院的同事，他们一道致力于“在人文科学与数学之间搭起一座桥 224
梁”[119]。但是，他在自己的研究中从未直接使用数学手段。说实在的，他对这个公式的地位依然不确定。这个公式符合他从前的梦想，即利用某种隐性的模式打开真实世界之门，因此它是一个美学的客体，一种自娱自乐的办法。它又是艰苦劳动的成果，是从多样性中找出整体性的不懈意志的结果，因此它也是一个精神客体，一场征服，证明以往的努力获得成功，而且展示了新的前景。剩下的就是给它评定一个地位，说明它未来的科学运用。列维-斯特劳斯暂时没有做进一步说明，这表明他宁可采取谨慎态度。事隔好几年以后，他才回到这个问题上来。

另一方面，他自信已经阐明，神话无法像人们往往硬说的那样，汇集起一切功能或象征，它们有自身的严密的逻辑。民族学家可以将它作为一个独立的对象研究。反过来，列维-斯特劳斯的结论是充满热忱的发现：神话思想基于一种同现代实证主义思想同样严密的逻辑。这就回到了与卡伊瓦的论争上：原始人和文明人在劳动中使用的手段相同，没有等级，也没有高下之分，甚至也没有进步之说。列维-斯特劳斯大胆地作出假设，人类从存在那一天起就从来没有进步，仅仅是不断地拿新的对象来比照自己罢了。

十二、论战

列维-斯特劳斯已经是无人能够充耳不闻了。从 1955 年至 1956 年间，他不得不回答一系列精心策划的攻击。这些攻击来自多个领域，目的是动摇他自1948年以来构建的知识大厦。最激烈的攻击来自乔治·古尔维奇。古尔维奇曾经在纽约与列维-斯特劳斯共事，现在是高等研究实践学院第六系的“普通社会学”教授，他以大师的身份驾驭着一个领域，不肯把任何一部分拱手让给外来的学科或
225 同事。1955年，他发表了一篇论文，专谈“结构的概念”。他把同事列维-斯特劳斯作出的分析视为“一本名副其实的日课经，汇集着有关这个概念的已有的和可能有的大部分谬误，以及它自称存在的与数学的联系”[120]。然后下结论说“列维-斯特劳斯的尝试彻底地失败了”[121]。列维-斯特劳斯被搞得措手不及，但立即做出有力回击。“他根据什么权利，以什么身份充当我们的审查官呢？他对具体的社会又有多少了解？”[122]重要的是社会与事实的关系。对社会有真正深刻的了解的人才能在科学战场上取胜。可是，每个人都把别人当成瞎子。列维-斯特劳斯强调指出，结构主义者从搜集原始材料开始，对于结构分析将予以处理的素材没有偏见，而形而上学家则满足于从真实世界投射出抽象的概念程式。这就是差别所在。

两军对垒，两种无法调和的观点。古尔维奇固守传统，这个传统被列维-斯特劳斯唤做社会形而上学，并且与“完整的社会事实”的本体论现实相联系。列维-斯特劳斯希望把实证主义方法赋予自然科学的那种科学严谨性也赋予人文科学。这有点像古今之争，但也是立场之战。古尔维奇统驭着大学内的一个牢固的王国，而列维-斯特劳斯几年来利用几篇文章也在构筑一个自己的王国。仿佛出于偶然，古尔维奇的攻击恰好发生在对手逐渐获得全胜，变得令人畏惧的时候。他攻击的文章写于1953年，应当说，以前的文章内容并不值得古尔维奇如此激烈地进攻。尽管列维-斯特劳斯此时仍然是《国际社会学学刊》编辑委员会的成员，两人从此绝交：“我们不见面了。”[123]

同期《国际社会学学刊》提到了最后一个问题，语气却并不那么具有论战性。在一篇题为《语言学与社会学》的文章里，列维-斯特劳斯的两位同事，安德烈·乔治·奥德利古尔和乔治·格拉奈①责备他悄悄地把社会归结为语言。这对列维-斯特劳斯来说，正好提供了一个做出总结的宝贵机会。“他们都把民族学中运用的结构方法想象成怀有取得全面的社会知识的野心。那其实是十分荒唐的。我们只是希望，从观察和描述永远无法囊括无遗的丰富多彩的经验事实当中，把一些反复出现在不同时地的常量提取出来。”[124]他与美国式的“元语言学”保持着距离，这种正在美国时髦的“元语言学”有将语言学方法滥用到到其他领域的趋势，而且生硬地比较性质不同的对象。结构主义并非专制霸道，它不追求把全部真实都塞进一只口袋里。不过，它的志向远大：“例如经济、语言等社会生活的诸多形式一旦表现为一些关系，一条大道便开通了，它通向一门被设想成关于各种关系的一般理论的人类学（……）”[125] 226

常量，关系的系统：结构主义方法有某种极为令人自豪，又极朴素的东西。仅仅看到和理解永远还不够。对事实必须绝对服从。在这个意义上，结构主义者永远不会是观念论者。他极为注重原始材料的存在、多样性和丰富性。他认为这一切将丰富人性，而不是把它们禁锢在信仰的桎梏里。同时，结构主义也要阐明法则，可以解释和预见的法则。在这一前景下，结构主义者绝对不会把世界丢给偶然性便万事大吉。他用心智的解剖刀将深层的东西剖开、分离和分析，提取其中的成分，并且通过这些成分制造对于世界的理解。

1955年，列维-斯特劳斯不得不正视马克思主义者马克西姆·

① 乔治·格拉奈（Georges Granai），法国社会学家，以城市社会学方面的造诣知名。——译者注

罗丹松的攻击。他在《新评论》发表了两篇文章，他从《种族与历史》和《忧郁的热带》里摘取只言片语，笼统地指责列维-斯特劳斯没有弄明白结构的概念，谈论的是文化，而不是社会，指责他摧毁了进步的理念，当然也就“使无产阶级失望”。列维-斯特劳斯在一封致《新评论》的信里猛烈反驳——文章虽然未获刊登，但收入了
227 《结构人类学》一书的一个脚注里。他反过来批评罗丹松想“一股脑否定”[126]民族学 50 年以来所取得的成果，胡乱引用他的文章，并告诉罗丹松，他已经落在马克思主义的正统理论后面了。不过，说到文化与社会的观念，他指出自己曾经尝试“把两个概念放入一个与马克思主义的原理相一致的视角”[127]。1956 年，他为自己对古尔维奇的回答做出进一步阐述时，又回到这个题目上。那篇文章致力于证明，单就马克思主义本身来说，罗丹松的推理也有毛病：“我的观念远比他更接近马克思。”[128]他断言，自己的民族学方法试图把对于他所研究的社会的尊重同“积极参与改变我们自己社会的努力”[129]协调起来。他补充道，自己不仅没有摧毁进步的理念，而是把它“内化于每个社会，而且剥去它的超验性”[130]。他提醒说，马克思也承认上层建筑与经济基础之间存在多个中间层次，文章最后揭露罗丹松在观点上的错误——马克思早已揭露过——即认为以前的社会的历史只是为今天的社会的到来做了准备。

这些论点里包含着一种带有爆炸性的东西。从什么时候开始，列维-斯特劳斯关注自己是否跟某一学说的“原理”相符，且不说是何种学说呢？他一向欣赏马克思，经常阅读他的著作。不过，一如他所喜爱的任何作家，他阅读马克思的方式是不放弃自己的思想自由。他不会改变或扭曲自己的思想，以迎合一套既成的著作，哪怕自己已经接受了其中的一些说法。列维-斯特劳斯是个哲学型的马克思主义者，他已经而且将继续把马克思的一些思想运用到自己的方

法中；但是他不是政治意义上的马克思主义者。这种歧义性在他的论点中有所体现。诚然，他对社会转变感兴趣：读报，关注政治局势，站在左翼一边。但是，他决定放弃参与政治的意愿。他当然没有摒弃在最宽泛的意义上的进步的理念：一个社会或多或少地能够与其固有特性保持和谐。但是，这一点并不意味着取消《忧郁的热 228
带》的哲学背景。此外还有一个上层建筑与经济基础的问题，以及涉及具有“静态的”历史的社会的问题：列维-斯特劳斯以哲人的身份关注知识，关注人类学思考的现状，而罗丹松是用传统的解读来衡量他在多大程度上与之相符。两人的对象是同一个，但各说各话。

较之针对古尔维奇的反驳，列维-斯特劳斯对罗丹松的语气显然要缓和得多，认识论方面的话语除外。这种适可而止的语气部分地反映出，在这位民族学家看来，古尔维奇属于一个过时的思想世界，已经不合时宜了，而马克思主义者们指称的是被他视为最伟大的作家之一。这种语气或许也是——借用一种委婉的说法——由于气候的影响。20 世纪 50 年代末期，马克思主义者在一个强大的政党和一套咄咄逼人的学说的支持下，在学术界无处不在。他们可以左右人们的职业。与其被他们归入敌人之列，不如被划为朋友，哪怕是不太牢靠的朋友。

1956 年底，一位哲学家和论战新手，让-弗朗索瓦·勒威尔①发表了他的第一本书，名为《要哲学家做什么?》。书中有一章猛烈批评列维-斯特劳斯。民族学家们——他指的是莫斯和列维-斯特劳斯——滥用抽象的方法，在不具备相应手段的情况下，自以为必须提出普遍性的解释。他们最好还是老老实实地做他们的田野考察。

① 让-弗朗索瓦·勒威尔（Jean-François Revel，1924—2006），法国社会学家、作家和记者。——译者注

勒威尔顺便强调，与假设性的精神结构相比，用生产方式和经济做出的解释能够更好地说明人类行为。列维-斯特劳斯尖锐地指出，勒威尔和罗丹松同属恩格斯早在1883年就在考茨基的思想里看到的偏离。他把问题又抛了回去："对啊，没错，要哲学家做什么？"[131]

列维-斯特劳斯一边反驳学术界的攻击，一边利用接受新闻界访谈和约稿，展开了一场普及民族学的宣传活动。人们向他提问，阅读他的文章。他无疑是法国唯一有机会让大众了解这门学科的民族学家。没有任何理由不这么做。他的推动是有力的，"民族学一直
229 兼顾传统人文主义的各个方面，可是却全面超越了人文主义。它的领域涵盖人类栖居的整个世界，它的方法结合了所有的知识形式：人文科学加上自然科学。"[132]他是灵活的宣传家，他着重强调科学的尊贵与追求进步的运动之间的一致性：文艺复兴时期的人文主义是贵族的人文主义，18世纪的人文主义是资产阶级的人文主义，而今天，民族学正在奠定一种"民主的人文主义"，只因它关注"地位最卑微的民众"。[133]

1956年9月，他在《快报》周刊上谈到"旅行的权利"时，表达了他对几个最热门的现实问题的思考。他毫不留情地揭露渴望异国情调的伪探险家，把他们与民族学家的艰苦枯燥的职业加以对照。从今以后，民族学家已经无法去原始丛林深处的人民那里从事发现了，而不得不去贫民窟里找那些耄耋老人。他明确地指责权力当局漫不经心，他们最好是建立"科学机构"，而不是建造"豪华邮轮"，因为"由足够人数的民族学家从事的50年的研究，谦卑而且不事渲染，本应为越南和北非找到解决办法，至少部分地像英国在印度所做的那样——仰仗一个世纪的不懈的科学研究。或许现在对黑非洲和马达加斯加还来得及"[134]。这个立场进一步明确和补充了他在一年前表明的态度，当时他在一封学者和知识分子的公开信

上签了名，他们声援建立一个维护阿尔及利亚和平的行动委员会，这个行动委员会的领导人有蒂奥尼斯·马斯克罗（Dyonis Mascolo）、罗伯尔·昂代尔默（Bobert Antelme）、路易·勒内·戴福莱（Louis-René des Forêts）、埃德加·莫兰（Edgar Morin）。公开信于1955年11月7日刊登在《快报》周刊上。签名者当中还有罗歇·马丁·杜伽尔、弗朗斯瓦·莫里雅克、伊莱娜·约里奥-居里，弗雷德里克·居里奥、安德烈·布列东，法国顶尖建筑师让·卡苏、让-保罗·萨特，小说家让·罗斯唐、让·瓦尔，著名导演让·高克托，作家雅克·马多尔，修道院院长皮埃尔，戏剧家让-路易·巴罗尔、乔治·古尔维奇，哲学家乔治·刚吉朗和乔治·巴塔耶。[①]

这是列维-斯特劳斯自1933年以来头一次参与和他的研究没有直接关系的公众事务，也是最后一次。参与其中的都是社会名流， 230
除了那些在让巴黎这块天地群情激动的请愿书上常见的几个签名者以外，这一次增加了几位不常露面的或应邀签名的知名人士。邀请各行各业的签名者参与，表明行动委员会希望动员尽可能多的政治派别和势力。因此，列维-斯特劳斯的介入并不意味着他在阿尔及利

① 罗歇·马丁·杜伽尔（Roger Martin du Gard，1881—1958），法国小说家，曾获1937年诺贝尔文学奖。弗朗斯瓦·莫里雅克（François Mauriac，1885—1970），法国天主教作家，曾获诺贝尔文学奖。伊莱娜·约里奥-居里（Irène Juliot-Curie，1897—1956）和弗雷德里克·约里奥（Jean Frédéric Joliot，1900—1958）夫妇，法国物理化学家，1935年双双获得诺贝尔化学奖。让·卡苏（Jean Cassou，1897—1986），法国作家，文艺评论家。担任过高等研究实践学院教授、《欧罗巴》杂志主编和现代艺术博物馆馆长等职务。让·罗斯唐（Jean Rostand，1894—1977），法国作家和生物学家。让·瓦尔（Jean André Wahl，1888—1974），法国哲学家、巴黎大学教授。让·高克托（Jean Cocteau，1889—1963），著名法国戏剧艺术家。雅克·马多尔（Jacques Madaule，1898—1993），法国作家、天主教学者和政治活动家。让-路易·巴罗尔（Jean-Louis Barrault，1910—1994），法国演员和艺术活动家。乔治·刚吉朗（Georges Canguilhem，1904—1995），法国认识论哲学家。——译者注

亚问题上与某一政党或机构的立场一致，但清楚地表明，他厌恶法国在阿尔及利亚的政策。他在 1956 年的文章中表明了这个立场的主要内容。撤离，以避免战争，这就是仍然是一个殖民大国的法国所能期望的一切。导致了“我们正在遭受的灾难”[135]的原因是当局的疏忽大意，将其他文明视为“可忽略的一笔”，以及灾难性的一系列错觉和错误判断。

列维-斯特劳斯以民族学家的身份做出判断。狂热的立场和事关原则的请愿都与他无关。数年以后，他拒绝在《121 人宣言》① 上签名；30 年以后，他甚至不记得曾在 1955 年的呼吁书上签过字。这是因为他与这些行动完全无关。涉及激情与原则时，一位学者应当在自己专长的领域内行动。

十三、综合与启示

列维-斯特劳斯很早就计划出版一部论文选集。“投入写作《忧郁的热带》之前，我带着这本书，或者不如说是此书的计划，去伽里玛出版社见布里斯·帕兰②，他接待了我，否定了计划。他对我说：‘您的想法还不成熟。’《忧郁的热带》问世以后，加斯东·伽里玛又想方设法让我回去找他们。可是普隆出版社早已接受了，我就留在普隆没走。”[136]1956 年间，列维-斯特劳斯重新拾起出版文集的计划。他把 1945 年以来主要的文章汇集起来，据说唯一没有入选的重要文章是《受刑的圣诞老人》。他按照主题加以分类。一篇独

---

① 《121 人宣言》于 1960 年 9 月 6 日发表在《真理与自由》杂志上，表明签名的知识分子反对法国政府，同情阿尔及利亚人民要求独立的愿望。——译者注

② 布里斯·帕兰（Brice Parain，1897—1971），法国哲学家和散文作家，著作多与时政和意识形态有关。——译者注

立的文章《历史与民族学》用作导言。其余分成五个部分："言语活动与亲属关系"、"社会组织"、"巫术与宗教"、"艺术"、"关于方法与教学的问题"。全书冠以一个如同宣言一样的响亮的名字——《结构人类学》。当然，他选择这个题目是参照了结构主义语言学，这是核心，一切都由此引出。"我只是想表明，在精神上我与索绪尔、特鲁别茨柯依、罗曼·雅各布逊和班维尼斯特等人是相通的。"[137] 231

除了已经写过的文章，他在 1956 年间还增加了两篇颇具新意的文章。他参与撰写了纪念荷兰民族学家 J. P. B. 若斯兰的文集（我们还记得，此人是第一部有关《亲属关系的基本结构》的著作的作者）。列维-斯特劳斯认为他在 20 世纪 30 年代从事的研究宣告了人类学结构主义的诞生。列维-斯特劳斯在文中研究了二元组织。他将这位同事在印度尼西亚的实地考察与他自己在南美的实地考察加以比较，表明一个关于社会组织的问题——即此处所说的二元体系和三元体系之间的矛盾——如何能够在无法建立任何直接联系的文化之间得到对称的处理。这个论证完全符合《结构人类学》中专谈社会组织的部分。在另一部献给罗曼·雅各布逊的纪念文集里，列维-斯特劳斯回到了神话与礼仪的关系上。过去在高等研究实践学院上课时，他已经指出两者的关系不是传统意义的因果关系，即一个表明或者补充另一个。现在他可以明确地指出，这是一些颠倒的或者对立的关系，"应当从某种辩证关系出发去构想两者的关系；而且首先把两者都还原成它们的结构成分。"[138]列维-斯特劳斯意在言外。他想把辩证法的概念加在结构的概念之上，从而架起一座接通马克思的桥梁："结构的辩证法并不与历史决定论相抵牾，它需要后者，并且为它提供一个新的工具。"[139]这个论点没有得到进一步的阐述，而全文只是对《结构人类学》中关于巫术与礼仪

CLAUDE LÉVI-STRAUSS

de l'Académie française

ANTHROPOLOGIE STRUCTURALE

Avec 23 illustrations dans le texte
et 13 illustrations hors-texte

PLON

《结构人类学》法文版扉页

部分的补充。

文集于 1957 年 11 月完成。列维-斯特劳斯最后追加了他给古尔维奇、奥德利古尔、葛兰言、罗丹松和勒维尔的答复，以两个“跋语”的形式附在攻击者指责他的文本末尾。他自译了原用英文写成的篇章，写了一段纪念艾弥尔·涂尔干的题记——他自以为是一个“不坚定的弟子”；增加了参考书目、索引、图片，全书杀青。这本书 1958 年初问世。它反映了 15 年左右的劳动成果，是一套民族学专论、一个结构主义理论的浓缩版。它突出了作者的精神活动的系统的特点。作者始终沿着一开始就确定的道路前进，从未偏离一步。对他来说，雅各布逊在纽约为他提供的这把钥匙是一条非比寻常的纲领性原则。而且，从这种高效率当中，也许能够找到他这些年为什么如此多产的解释。 232

20 年后，列维-斯特劳斯已经无法认出自己来了：“《结构人类学》（……）的一些阐述，今天读来让我战栗不已，那么大胆的阐述。”[140]过于简单化，过于粗略，这是因为在那个时代，他的大多数文章都力图在某个方向上有所突破。他当时必须勾勒出粗略的线条，预言可能取得的结果。《结构人类学》反映的并非一门学说，而是正在形成的思想本身，所以有点飘忽。结构的概念本身正是最敏感之点。在这一点上，列维-斯特劳斯曾经与英国同事阿尔弗莱德·拉德克利夫-布朗（1955 年去世）有过交锋。对拉德克利夫-布朗而言，社会结构是一个关键的概念，但有别于结构主义所赋予它的意义。他认为社会结构是一种经验事实，是一个特定社会的成员之间打交道的方式。在《结构人类学》一书中，结构的意思在两极之间摇摆不定。它在若干文章里表现为一种无意识的事实，应由民族学家揭示出来（此时他与拉德克利夫-布朗的观点接近）；在其他文章里，结构倾向于化为一种纯抽象的形式，得自于民族学家的精神劳动的一个模式，而不是他实地发掘出来的成果。这种含混和矛盾恰好说明，为什么《结构人类学》一问世就成了一本有争议的书。思想虽然极有条理，但没有形成一个系统贯通的全套语库。其中一切都持之有故。读者从中可以看到一些意义的偏移，有些假说
233 十分有力，但论证软弱。这些都足以让读者兴奋不安，作出取舍，以及指责作者是——各取所需吧——教条主义、翻云覆雨、想入非非，甚至是一位圣人。从此以后，列维-斯特劳斯就总是官司缠身，不是被控告玩弄巫术，就是被尊奉为神明。

正当《结构人类学》一书将他的研究状况"立此存照"之时，这位人类学家在研究中又取得了长足的进展。在高等研究实践学院，他继续着神话领域里的探索。1956 年至 1957 年间，他建立起一门关于灵魂的类型学，此后的两年中又重新研究二元组织的问题，他把民族学家提出的相关理论，存在二元组织的社会对它的解释逐一进行了分析。通过分析二元组织在社会和神话方面的体现方式，他达到了一个假说：这些表象提供了"一种显示出神话思想的结构特点的近乎实验性的方式"[141]。最后，自 1959 年至 1960 年的课程专讲北美猎鹰的习俗：对差异作出测定，对相同成分的变换作出描写，从而开创了一条新路，它通向《野性的思维》中关于图腾分类中的逻辑的思考。

一本书是以往工作的总结；一堂课则是探索性的工作，是新的想法和思路的共鸣箱。尽管新的路线尚待标明。列维-斯特劳斯没有放松基础的工作，缺少基础研究，一切都将是徒劳的。有个记者问他，民族学家是做什么的，他的回答是纯粹学者式的："通过对例如北美神话的研究，我能够带来点东西。"[142]此时是 1958 年 3 月，列维-斯特劳斯正在研究"阿斯蒂瓦尔的武功歌"，这是加拿大太平洋沿岸钦西安印第安人的一个神话。这是他第一次掌握了完整的神

话，也就是说掌握了这个神话的所有说法，并且运用结构主义方法进行全面探讨。他在满满 50 页的论文里，力图达到两个目的：“一方面，我们要分析和比较这个神话的演变的不同层次，其中包括地理、经济、社会和宇宙观等（……）另一方面，我们打算对这个神话的不同版本做出比较，对它们之间或其中若干个版本的差异作出诠释。”[143]在这篇文章里，阿斯蒂瓦尔的武功歌的不同说法，描写钦 234
西安人的社会、范围和生活条件，确定人物历险过程中出现的地理、社会、技术概况，确定差别之处，这些概况和真实世界的主要情形之间的倒置或者关联，这一切都巧妙地交织在一起。列维-斯特劳斯的结论是：“神话与给定的事实固然有联系，但这种联系不是一种再现，而是一种辩证的关系，而且神话所描述的制度可能与实际制度正好相反。当神话试图表达一种负面的现实的时候，情况甚至总是如此。”[144]

列维-斯特劳斯把这个研究当作一次试验，用来证明“神话思想的领域同样是毫无疑问地结构化的”[145]，结果是大有希望的一场发现。神话是移动的。它们从一个部落转移到另一个部落，从一个社会转移到另一个社会。边转移，边发生变化，而且它们的变化不是现实的变化的直接反映。“例如当一种神话图式从一个群体传递到另一个群体时，由于两者在语言、社会组织或生活方式上的差异而造成沟通不畅，神话于是开始变得贫乏和头绪混乱。但是，即使在极端的情形下，人们也能够发现某种过渡，神话此时并未因为失去它的所有轮廓而彻底毁灭，而是颠倒过来，并且重新获得了它的一部分精确性。”[146]列维-斯特劳斯指出了这个根本特性，从而保证了神话研究的独立性，同时也便利了把领域扩大到神话所延伸到的一切地方。

这篇文章 15 年之后才正式发表。此时，他只是作为一篇习作，一个成功的实验，它证明结构主义方法也可以用于神话研究，可以带来可信的成果。随后撰写的《温内巴哥神话四则》是在同一个方向上完成的。文中列维-斯特劳斯表明，他的方法能够合乎逻辑地解释在传统分析看来是荒唐的神话叙事。他在从事此类探索性工作的期间，也发表过一些涉猎旁及的短文。1958 年 4 月 10 日，列维-斯特劳斯在《快报》周刊上发表文章，提到新近出版的 R. G. 瓦松夫
235 妇合著的两卷本著作①的重要性，这部作品专门讲述各个社会对于真菌植物的态度，以及蘑菇在某些西伯利亚民族中所起的作用。

十四、面对历史

有一份卷宗自 1948 年以来便悬而未决。列维-斯特劳斯当时对历史学持有一种有力的立场。在高等研究实践学院第六系的“英雄”时期，历史学家占据主导地位，他们一直扮演真正的主角。列维-斯特劳斯的教学横跨第五和第六两个系，一边是“兼职”，另一边是“非兼职”教授。也就是说，他在第六系的课程表中排名名单末尾，并注明人在第五系授课。可是，他的研究方向是“社会人类学”，而且他在第六系里更为活跃，而按照学校的说法，第五系却有些萎靡不振。这一点从《1956 年度工作预算的建议》中可以看出，那是第六系主任吕西安·弗布尔 1955 年 6 月签署的。在关于增加预算的章节中可见以下请求：“只有在生机勃勃的研究工作的基础之上，人类学、民族学和民族志的教学才能真正带来益处。为此，我们与第六系的研究导师苏斯戴尔、列维-斯特劳斯和巴朗蒂耶

① 指瓦松（R. G. Wasson）夫妇 1958 年发表的《苏摩：永恒的神菇》一书。——译者注

诸先生一道，考虑建立一个人类学与民族志研究中心，负责汇集必要的资料和进行实地考察——在黑非洲，以便进行按小规模设计的研究。”[147]此前不久，列维-斯特劳斯曾就法国的公权力短缺问题对新闻界发表过意见，这种短缺在有关科研的政策上也有所反映。他认为，为了避免黑非洲的毁灭，只要一丝机会尚存，就应当抓住不放。如果法国政治不在乎学者的研究，至少应该以科学的名义继续出现在非洲大陆。1956 年夏天，列维-斯特劳斯自告奋勇，充当洛克菲勒基金会资助计划的律师的角色。基金会应自第六系建立起， 236
连续资助三年，而且继续再给予实质性的支持。但没有成功。

这个小插曲是在一个更大的背景下发生的，即第六系内部实施的所谓“文化大区”计划。费尔南·布罗代尔 1956 年接任了弗布尔的领导职务，他是这一计划的主要设计者。在美国的“地区研究”的启发下，他想建立一系列研究方向，培养一批专长世界各个地区的专家：黑非洲、中国、印度、伊斯兰地区、俄国。计划确定以后，第六系的教师队伍迅速扩大。但是，洛克菲勒基金会对黑非洲并无多大兴趣，非洲研究终因无法增加资金而相对停滞。

列维-斯特劳斯与布罗代尔的关系不太明朗。表面上一切顺畅。列维-斯特劳斯 1955 年说：“接替弗布尔的主任职务以后，您本来可以向教历史的同事们让步，让学校首先服务于这个学科。您一直拒绝这么做。”[148]可是，布罗代尔在 50 年代正思考文化大区的问题，他觉得这方面的研究必须依赖三个学科的带动：地理、历史和哲学。地理学旨在理解环境，历史学是为了弄清楚带根本性的运动，哲学则把一切逻辑化。按照这个计划所服从的整体视角，有关人的科学是其中的一个辅助性学科。很奇怪，民族学不在其列。全因为布罗代尔看不上眼。

其实，他看不上眼的恰恰是列维-斯特劳斯所理解的民族学。在1958年发表于《年鉴》的一篇长文中，他含蓄地指出了这一点。列维-斯特劳斯的思想对历史学家是一种挑战。对于其中的三点必须做出反响："无意识的历史、模式、社会数学。"[149]无意识的概念引起了有关短时段的老问题，因为历史学家确实尤其看重事件，但是用无意识的历史取代它的"半模糊性"，这个概念本身仍然十分模糊。
237 模式问题与时间的延续性有关，延续性本身便能提供一个检验模式的含义和价值的标准。至于社会数学，它的一个很大的长处，就是有利于研究和表述肉眼看不到的结构性法则。不过，布罗代尔嘲讽地说，人们说话时用不着操心音素。布罗代尔用事件反对无意识，用持续性反对模式，用事实反对数学。

这场攻击是半认真半戏谑的，但十分严肃。在布罗代尔看来，列维-斯特劳斯的文章确实形成了一股强有力的刺激，因为他被迫申明他的工作假说。可是，两个人在人文科学中的研究方法截然不同。列维-斯特劳斯很乐意把编年史或者传统的历史叙事这一块让给历史学去做；他总是说，而且多次重复，历史学是存在的，而且在事实中到处都有，对于他的工作也有必要，即便是有限的。但是，在一块科学领域里，他只打算把历史学仅仅视为一个有用的辅助性工具，能够提供资料和信息，而后者只能在一种包含并超越历史学的研究方法中被提出和理解。虽然是出自学术友谊的抗辩，列维-斯特劳斯因此依然被视为一个对手。《结构人类学》的发表使他的论点得到广泛传播，但无异于向布罗代尔宣战。"列维-斯特劳斯的进攻成为定局之时，历史学与社会学便合成一条团结阵线：布罗代尔在基本问题上与古尔维奇的观点一致，断言整体社会现象不可能归结为结构。"[150]

战争是相对的。列维-斯特劳斯与布罗代尔的关系良好，而且保持了下去。但他们很少有共同见地，也不大见面，不过，列维-斯特劳斯没有因为声言结构的优越性而成为不受欢迎的人。他说："布罗代尔天性善良，敏感，大度。"[151]所以，与别人比较起来，列维-斯特劳斯对布罗代尔采取了大事化小的态度。1960年，他在《年鉴》上发表了《面对历史学的社会人类学》一文，强调民族学家不应该，也无法排除历史观点。他还提醒说，他在自己的领域里是历史学的捍卫者：活像马林诺夫斯基在谴责任何对历史的冒犯。在法兰西学院的就职演讲里，他特别强调对于历史的眷恋："以上这一番崇奉历史的宣 238
示可能使人感到惊讶，因为我们时常被指责摈弃历史，(……)我们并非从事历史研究，但我们尽力给予它应有的权利。"[152]

从学术体制方面来看，这无疑是最好的"君子协定"。人类学家和历史学家很清楚，他们代表两个极点，两个无法调和的模式，有关人的科学从此围绕着两者平分天下：每一方都承认对方的存在及其领域的合法性。既然是同路人，他们心甘情愿地承认，双方的边界并非一清二楚，接近以至交错都是可能的。这一点正好体现在布罗代尔担任第六系领导期间的所作所为当中。尽管有不信任，尽管列维-斯特劳斯的非洲计划落空了，但"文化大区"创建后的头一批受益者恰恰是民族学家。

十五、法兰西学院①

列维-斯特劳斯用了十年时间构筑了一个知识帝国。对于科学界来说，结构主义是一门由语言学家创立并且运用到他们的封闭的领

---

① 法兰西学院（Collège de France）是法国著名的高等教育机构，但是有别于一般的综合大学和专科学院，听课无须注册，也不颁发文凭。法兰西科学院（Academie Francaise）创建于1580年，曾名为皇家学院，1795年起改用今称。法兰西科学院设40个席位，院士死后方可接替，故称"不朽者"。——译者注

域的学说。结构主义现在成为一件工具，它给人类学披上了一副盔甲，取得了无法比拟的功效。对于那些不满足于仅仅描述和划分事实，而怀有解释事实的抱负的学者，它提供的是一个模式。列维-斯特劳斯被公认为这场成功的运用的能工巧匠。大受欢迎的《忧郁的热带》的发表更是锦上添花。在那些并非专家，其见解却点缀着最有名的杂志栏目的人们那里，他的科学成果也会引起反响。学者不一定仅从自己的学科中汲取营养。列维-斯特劳斯的声望反过来也影响到人们接受他的成果。一句话，他的境况大变。这位杰出的民族学家，独立从事研究，一篇接一篇发表富于挑战性的文章，现在成了一个中心人物，一个非提到不可的人物。只剩下给他找到一个合适的学术位置了。

239 列维-斯特劳斯无人不识。法国民族学家川流不息地前来聆听他讲课。盎格鲁-撒克逊世界的民族学知名学者路经巴黎时，绝不会不去拜访他；他本人也参加了无数国际会议、协会、博物馆顾问团、本学科内倾向不同和领域各异的杂志的编委会。尽管他一直注意保护自己的私生活，但还是引起了不小的动静。梅特罗小住巴黎之际，参加过无数次“在列维-斯特劳斯家中”举行的晚餐，他在那儿遇到一些同行和相关学科的代表，例如地理学家皮埃尔·古鲁、老相识雷利斯夫妇或定居或路过巴黎的昔日纽约法国社团的成员，如A. 科伊雷、维西娅·黑塞尔（Vitia Hessel）和雷蒙·德·索绪尔。乔治-亨利·里维埃跟列维-斯特劳斯一样爱好文字游戏和“让我们玩了好几年的填词押韵的小技巧”[153]，因此成了家中的常客：“他、我和我妻子三个人——特别是身兼女主人和厨师、不避一切风险的我妻子——之间有个约定，只需一个电话，他晚上到我家就能看到，他的那副餐具已经摆好。”[154]雅各布逊旅行频繁，也定期来巴黎。他的到来总是一件大事：雅各布逊滔滔不绝，体魄像铁一般强健，他使主人既快乐无比，又精疲力竭。列维-斯特劳斯的时间表没有空白：科研计划、大学课程、教科文组织的职务、不得不处理的行政事务、上流社会的应酬，这些都令人精疲力竭。他每天紧张地工作 15 个小时。幸好他知道周末娱乐，8 月份外出度假。

在他的老交情中，有些友谊受到了时间的影响，与安德烈·布列东的关系实际上结束。他们之所以能够长期保持关系，是因为各自有不同的活动领域。布列东 1955 年或 1956 年得到约稿，要他写一本关于“巫术”的书。运思过程中，他生出一个用问答表的方式写作的念头。他把表寄给几个朋友，列维-斯特劳斯位列其中。“一个致命的错误：我们的专业刚好冲突（……）我不喜欢他的巫术的研究方法，没有答复。”[155]布列东再次来信，说明可以随意回答：重要的是有个回答。列维-斯特劳斯便满不在乎地让长子代填，那时他还是个孩子，问答表寄出，而且告诉了布列东谁是作者。“他不久 240
便回了信，这次发火了，信是这样开头的，‘亲爱的朋友，倘若语词在我们之间还有意义的话（……）’书出版以后，我收到了，（……）是题赠给我儿子的。此后，我们有过来往，但关系与以往永远不一样了。”[156]

他与拉康倒没有发生过决裂。有几年他们的关系甚至很密切。1956 年 4 月 13 日，拉康在他位于吉塘古尔镇上的家里宴客，庆祝 55 岁生日。列维-斯特劳斯到场。莫里斯·梅洛-庞蒂也在。“我们不谈精神分析，也不谈心理学，谈的多是艺术和文学。他博学多识，购入许多画和艺术品，这成了我们的一个主要话题。”[157]全部困难仅在于他们的研究往往被第三者拉来比较，他们之间反倒避免谈及。他们的友谊只有在不谈哲学和专业的情况下才能维持。对列维-斯特劳斯而言，这种局面时间一长便难以忍受。从 50 年代初开始，拉康便主持他那著名的“研修班”，列维-斯特劳斯列席过一次，仅仅一次。有人问道："你怎么看待他的工作?"他的回答再简单不过："应当理解这些工作。"[158]没有比这更明确的回答了。梅洛-庞蒂也同样持这种怀疑态度。要跟上拉康的思路，就得把他的作品阅读许多遍，可是他们没这个时间（……）不过，列维-斯特劳斯注意到，对"理解"一词，那些热衷于拉康的人显然赋予了跟他不一样的含义。奥秘或者神秘，他对拉康的秘诀很不以为然。"我们俩的思想、表达方式，连心理卫生也算上，一切都使我们恍如隔山。"[159]友情逐渐冷却了。

几十年来，无数记者问过列维-斯特劳斯，他与萨特、波伏瓦和存在主义者之间是什么关系。他不厌其烦地回答说，他们没有或几乎没有打过交道。除了有一次在让·布庸①家共进午餐之外，他还偶然地见过萨特两三次，但没有建立任何个人之间的关系。萨特是关于主体的哲学家，列维-斯特劳斯是结构主义人类学家。二人之间
241 没有任何共同点。他们各有自己的思想节奏，研究的对象不同，对他们感兴趣的公众也不同。至于与波伏瓦的关系，问题应该换一个角度提出。她在《现代》杂志上把列维-斯特劳斯捧上了天，此后有些热衷于《第二性》一书的女读者对列维-斯特劳斯非常不满，因为他在《亲属关系的基本结构》中断言是男人互相交换女人。岂有此理。列维-斯特劳斯俏皮地洗刷了自己："如果我说是女人互相交换男人，女权主义者就能满意的话，那么这丝毫不会改变理论，只需用负号代替正号就行了，一切依然如故。"[160]除此之外，他只在一个场合下见过波伏瓦。有一次，玛格利特·米德路经巴黎，他觉得让这两位知识界"巾帼英雄"见个面，应当是很有意思的事情。因

① 让·布庸（Jean Pouillon，1916—2002），法国文人，先后服膺萨特的存在主义和列维-斯特劳斯的结构主义，并曾经担任几家有影响的杂志的主编。——译者注

此，他专门为她们组织了一次招待会，“她们彼此未发一言！（……）各占据房间一角，身旁围绕着崇拜者。”[161]

至于莫里斯·梅洛-庞蒂，这位存在主义者的长期战友成了列维-斯特劳斯的密友。“莫里斯·梅洛-庞蒂（……）十分关注经验知识。除了我对他的私人感情以外，我也极为欣赏他的文笔（……）正是这一点使我亲近他。”[162] 梅洛-庞蒂是 1952 年入选法兰西学院的，他从 1954 年起便一再坚持要列维-斯特劳斯重新申请法兰西学院。可是列维-斯特劳斯没有任何反应。他沉浸在《忧郁的热带》的写作当中，他自嘲地说一旦发表这部“寡廉鲜耻”[163]之作，被法兰西学院接受的可能性就会更微乎其微了。或许梅洛-庞蒂还记得这个小插曲，在他生前的最后一部著作《符号》里，他为朋友作出事后辩护，有些民族学家可能读到过这段话：“出发的意愿本身便含有个人动机，后者可能改变见证。所以，如果想要真实的话，这些动机恰恰应当提出来，这倒不是因为民族学属于文学，反而因为只有当谈论人类的人自己不戴面具时，民族学才是可靠的。”[164]

1959 年，他重整旗鼓，毅然为朋友列维-斯特劳斯提交了申请书：“他不仅推举列维-斯特劳斯，而且牺牲掉三个月的生命，而生命之线那么快就断了。”[165]（梅洛-庞蒂死于 1961 年，享年 53 岁）。 242
十年以来，法兰西学院发生了变化。“法拉尔阵营”的成员尽管仍在，但变成了少数。前一年的 11 月 30 日，梅洛-庞蒂在教授会议上宣读了《关于建立社会人类学讲座》的报告。报告事先取得了列维-斯特劳斯的同意。新讲座获得通过。随后，他根据程序提议任命列维-斯特劳斯为社会人类学教授。列维-斯特劳斯提交了一份说明书，列述“职称与成果”。原则上应当有第二个人提出申请，但纯属走形式。无人自荐，或者更准确地说，无人获得推举。法兰西学院没有自我推荐一说。列维-斯特劳斯成为唯一的候选人。几位对此感到不快的教授投了反对票，其他教授投了赞成票。他 1959 年 6 月 29 日当选。

列维-斯特劳斯一向与“大学”保持着距离。从开始职业生涯以来，他就避开了在课堂上絮叨的发展方向，那也正是索邦大学所竭力摆脱的。因为他是个探索者。这倒不是因为他去过马托·格罗索荒原，而是因为他的思想没有停顿，也没有重复，而且厌恶滞留在已知的领域。他的使命在于耕耘新开垦的田野。恩斯特·勒南①曾说，法兰西学院的使命在于“正在形成中的”[166]科学。这意味着比表面看起来艰巨得多的劳动：“教授们都同意把已知物当作出发点，自己要不断地添入新成分。”列维-斯特劳斯生来就是要进法兰西学院的，法兰西学院也是为列维-斯特劳斯而设立的。梅洛-庞蒂完全有理由坚持推举他。经历十年奋斗，我们的人类学家终于名至实归。

注释

［1］ André Leroi-Gourhan，*Les Racines du monde. Entretiens avec Claude-Henri Rocquet*，Paris Pierre Belfond，1982，p. 109.

［2］《Discours de M. Lévi-Strauss》，*Discours de réception de M. Jacques Soustelle à l'Académie française et réponse de M. Jean Dutourd*，Paris，Flammarion，1984，p. 112.

［3］ Claude Lévi-Strauss，Didier Eribon，*De près et de loin*，*op. cit.*，p. 76.

［4］ *Idem*，p. 77.

［5］ *Le Magazine littéraire*，n° 223，octobre 1985，p. 23.

［6］ Claude Lévi-Strauss，Didier Eribon，*De près et de loin*，*op. cit.*，

① 恩斯特·勒南（Ernest Renan，1823—1892），法国著名哲学家，著作多与宗教和政治有关。——译者注

p. 80.

[7] 《Un anarchiste de droite…》, *L'Express*, 24 octobre 1986, p. 69.

[8] Simone de Beauvoir, 《Les structures élémentaires de la parenté》, *Les Temps modernes*, n°49, novembre 1949, p. 949.

[9] "Un anarchiste de droite…", *L'Express*, 24 octobre 1986, p. 69.

[10] Georges Bataille, *Euvres complètes*, t. X, Paris, Gallimard, 1987, p. 212.

[11] Claude Lévi-Strauss, *Les Structures élémentaires de la parenté* Paris-La Haye, Mouton, rééd. 1967, p. XI.

[12] Claude Lévi-Strauss, *Anthropologie structurale*, Paris, Plon, 1958, p. 17.

[13] *Idem*, pp. 24 - 25.

[14] *Idem*, p. 28.

[15] Archives nationales, cote F/17 /17715, Ecole pratique des hautes études.

[16] Claude Lévi-Strauss, *Anthropologie structurale*, Paris, Plon, 1958, p. 224.

[17] *Idem*.

[18] *Idem*, p. 225.

[19] *Idem*.

[20] *Idem*, p. 226.

[21] Marcel Mauss, *Sociologie et anthropologie*, Paris, PUF, réédition 1999 (Quadrige), p. X.

[22] *Idem*, p. XXIII.

[23] *Idem*, p. XXII.

[24] *Idem*, p. XXXI.

[25] *Idem*, p. XXXV.

[26] Claude Lévi-Strauss, Didier Erdier, *De près et de loin*, *op. cit.*,

pp. 74 - 75.

[27] *Idem*, p. 75.

[28] Pierre Daix, *Braudel*, Paris, Flammarion, 1995, p. 272.

[29] Claude Lévi-Strauss, Didier Eribon, *De près et de loin*, *op. cit.*, p. 53.

[30] André-Georges Haudricourt, Pascal Dibie, *Les Pieds sur terre*, Paris, A. M. Métaillé, 1987, p. 112.

[31] Claude Lévi-Strauss, Didier Eribon, *De près et de loin*, *op. cit.*, p. 76.

[32] *Le Magazine littéraire*, n° 223, octobre 1985, p. 23.

[33] Katherine Dunham, *Les Danses d'Haïti*, Paris, Fasquelle, 1950, pp. 10 - 11.

[34] *Idem*, p. 11.

[35] *Le Magazine littéraire*, n° 223, octobre 1985, p. 26.

[36] Françoise Giroud, *Leçons particulières*, Paris, Fayard, 1990, pp. 131 - 132.

[37] Claude Lévi-Strauss, Didier Eribon, *De près et de loin*, *op. cit.*, p. 85.

[38] Elisabeth Roudinesco, *Jacques Lacan*, Paris, Fayard, 1993, p. 280.

[39] Claude Lévi-Strauss, Didier Eribon, *De près et de loin*, *op. cit.*, p. 51.

[40] Claude Lévi-Strauss, *Tristes Tropiques*, *op. cit.*, p. 144.

[41] *Idem*, p. 145.

[42] *Idem*, p. 156.

[43] Alfred Métraux, *Itinéraires*, *op. cit.*, p. 301.

[44] Claude Lévi-Strauss, *Tristes Tropiques*, *op. cit.*, p. 159.

[45] *Idem*, p. 167.

[46] Claude Lévi-Strauss, "Le syncrétisme religieux d'un village mogh du Territoire de Chittagong", *Revue de l'histoire des religions*, Paris, PUF, 1952, p. 236.

[47] Claude Lévi-Strauss, *Tristes Tropiques*, *op. cit.*, p. 462.

[48] *Idem*, p. 463.

[49] *Idem*.

[50] *Idem*, p. 466.

[51] *Idem*, p. 467.

[52] *Idem*, p. 475.

[53] Claude Lévi-Strauss, *Anthropologie structurale deux*, Paris Plon, 1973, p. 78.

[54] Michel Tournier, "Claude Lévi-Strauss, mon maître", *Le Figaro littéraire*, 26 mai 1973.

[55] *Bulletin de la Société française de philosophie*, n°3, juillet-septembre 1956, p. 114.

[56] Claude Lévi-Strauss, Didier Eribon, *De près et de loin*, *op. cit.*, p. 104.

[57] Ecole pratique des hautes études, section des sciences religieuses, *Annuaire 1951—1952*, p. 23.

[58] Claude Lévi-Strauss, *Tristes Tropiques*, *op. cit.*, p. 276.

[59] Claude Lévi-Strauss, *Anthropologie structurale deux*, *op. cit.*, p. 82.

[60] Ecole pratique des hautes études, section des sciences religieuses, *Annuaire 1953—1954*, p. 29.

[61] *Idem*, *Annuaire 1954—1955*, p. 26.

[62] *Idem*, p. 27

[63] *Idem*.

[64] Claude Lévi-Strauss, *Anthropologie structurale deux*, *op. cit.*,

p. 402.

[65] *Idem*, p. 410.

[66] Michel Panoff, *Les Frères ennemis. Roger Caillois et Claude Lévi-Strauss*, Paris, Payot, 1993, p. 45.

[67] Claude Lévi-Strauss, "Le Père Noël supplicié", *Les Temps modernes*, n° 77, mars 1952, p. 1584.

[68] Claude Lévi-Strauss, *Anthropologie structurale*, *op. cit.*, p. 75.

[69] *Idem*, p. 71.

[70] *Idem*, p. 81.

[71] *Idem*, p. 91.

[72] Claude Lévi-Strauss, Didier Eribon, *De près et de loin*, *op. cit.*, p. 171.

[73] Claude Lévi-Strauss, *Anthropologie structurale*, *op. cit.*, p. 305.

[74] *Idem*, p. 126.

[75] *Idem*, p. 132.

[76] Claude Lévi-Strauss, Didier Eribon, *De près et de loin*, *op. cit.*, p. 90.

[77] Alfred Métraux, *Itinéraires*, *op. cit.*, p. 529.

[78] Claude Lévi-Strauss, *Anthropologie structurale*, *op. cit.*, p. 394.

[79] *Idem*, p. 401.

[80] *Idem*, pp. 400 - 401.

[81] Claude Lévi-Strauss, "Panorama de l'ethnologie", *Diogène*, n° 2, 1953, pp. 115 - 116.

[82] Claude Lévi-Strauss, "Les mathématiques de l'homme", *Bulletin international des sciences sociales*, vol. VI, n°4, 1954, p. 647.

[83] *Idem*, p. 653.

[84] Claude Lévi-Strauss, Didier Eribon, *De près et de loin*, *op. cit.*, p. 83.

[85] *Idem*, p. 82.

[86] Claude Lévi-Strauss, *Paroles données*, Paris, Plon, 1984, p. 258.

[87] Alfred Métraux, *Itinéraires*, *op. cit.*, p. 482.

[88] *Idem*, p. 477.

[89] Béatrice Beck, "Claude Lévi-Strauss", *La Revue de Paris*, juin 1956, p. 115.

[90] Alfred Métraux, *Itinéraires*, *op. cit.*, p. 511.

[91] *Le Magazine littéraire*, n° 223, octobre 1985, p. 23.

[92] Alfred Métraux, *Itinéraires*, *op. cit.*, p. 396.

[93] *Le Magazine littéraire*, n° 223, octobre 1985, p. 24.

[94] "Claude Lévi-Strauss, êtes-vous surréaliste?", *Le Nouvel Observateur*, 4 mai 1984, p. 62.

[95] Claude Lévi-Strauss, *Tristes Tropiques*, *op. cit.*, p. 478.

[96] *Idem.*

[97] *Idem*, p. 454.

[98] *Idem*, p. 472.

[99] *Idem.*

[100] Claude Lévi-Strauss, *Anthropologie structurale*, *op. cit.*, p. 132.

[101] *Les Temps modernes*, n°110, mars 1955, p. 1187.

[102] *Idem*, p. 1217.

[103] Alfred Métraux-Pierre Verger, *Le Pied à l'étrier*, *Correspondance*, Paris, Jean-Michel Place, 1994, p. 210.

[104] Claude Lévi-Strauss, Didier Eribon, *De près et de loin*, *op. cit.*, p. 87.

[105] Béatrice Beck, "Claude Lévi-Strauss", *La Revue de Paris*, juin 1956, p. 121.

[106] *Le Magazine littéraire*, n° 223, octobre 1985, p. 26.

[107] *Idem*, p. 23.

[108] Claude Lévi-Strauss, Didier Eribon, *De près et de loin*, *op. cit.*, p. 220.

[109] Claude Lévi-Strauss, *Paroles données*, Paris, Plon, 1984, p. 259.

[110] Claude Lévi-Strauss, Didier Eribon, *De près et de loin*, *op. cit.*, p. 78.

[111] Claude Lévi-Strauss, *Le Regard éloigné*, Paris, Plon, 1983, p. 75.

[112] *Idem*, p. 91.

[113] Claude Lévi-Strauss, *Anthropologie structurale*, *op. cit.*, p. 232.

[114] *Idem*, p. 234.

[115] *Idem.*

[116] *Idem*, p. 240.

[117] *Idem*, p. 248.

[118] *Idem*, p. 252.

[119] Elisabeth Roudinesco, *Jacques Lacan*, *op. cit.*, p. 469.

[120] Georges Gourvitch, "Le concept de structure sociale", *Cahiers internationaux de sociologie*, vol. 19, juillet-décembre 1955, p. 19.

[121] *Idem*, p. 21.

[122] Claude Lévi-Strauss, *Anthropologie structurale*, *op. cit.*, p. 356.

[123] Claude Lévi-Strauss, Didier Eribon, *De près et de loin*, *op. cit.*, p. 103.

[124] Claude Lévi-Strauss, *Anthropologie structurale*, *op. cit.*, p. 95.

[125] *Idem*, p. 110.

[126] *Idem*, p. 364.

[127] *Idem*, p. 365.

[128] *Idem*, p. 369.

[129] *Idem*, p. 368.

[130] *Idem.*

［131］*Idem*，p. 374.

［132］Claude Lévi-Strauss，"Les trois humanismes"，*Demain*，n° 8，1956，p. 14.

［133］*Idem*.

［134］Claude Lévi-Strauss，"Le droit au voyage"，*L'Express*，21 septembre 1956.

［135］*Idem*.

［136］Claude Lévi-Strauss Didier Eribon，*De près et de loin*，*op. cit.*，p. 100.

［137］*Idem*.

［138］Claude Lévi-Strauss，*Anthropologie structurale*，*op. cit.*，p. 266.

［139］*Idem*.

［140］"Ce que je suis，par Claude Lévi-Strauss"，I，*Le Nouvel Observateur*，28 juin 1980，p. 15.

［141］Ecole pratique des hautes études，section des sciences religieuses，*Annuaire 1958—1959*，p. 52.

［142］Yvon Hecht，"Claude Lévi-Strauss évoque les grandeurs et la misère de l'ethnologie"，*Paris Normandie*，21 mars 1958.

［143］Claude Lévi-Strauss，*Anthropologie structurale deux*，*op. cit.*，p. 175.

［144］*Idem*，p. 208.

［145］*Idem*，p. 223.

［146］*Idem*.

［147］Archives nationales，cote F /17/ 17715，EPHE.

［148］Claude Lévi-Strauss，*Discours de remise de l'épée d'académicien*，18 mars 1985，p. 97.

［149］Fernand Braudel，"Histoire et sciences sociales. La longue durée"，*Ecrits sur l'histoire*，Paris，Flammarion，1969，p. 92（Champs）.

［150］Giuliana Gemelli, *Fernand Braudel*, Paris, Odile Jacob, 1995, p. 159.

［151］Claude Lévi-Strauss, Didier Eribon, *De près et de loin*, *op. cit.*, p. 92.

［152］Claude Lévi-Strauss, *Anthropologie structurale deux*, *op. cit.*, p. 24.

［153］"Allocution de Claude Lévi-Strauss", *Ethnologie française*, vol. 16, n° 2, avril-juin 1986.

［154］*Idem.*

［155］*Le Magazine littéraire*, n° 223, octobre 1985, p. 22.

［156］*Idem*, p. 23.

［157］Claude Lévi-Strauss, Didier Eribon, *De près et de loin*, *op. cit.*, p. 107.

［158］*Idem.*

［159］"Ce que je suis, par Claude Lévi-Strauss", Ⅰ, *Le Nouvel Observateur*, 28 juin 1980, p. 17.

［160］"Un anarchiste de droite. *L'Express* va plus loin avec Claude Lévi-Strauss", *L'Express*, 24 octobre 1986, p. 70.

［161］Claude Lévi-Strauss, Didier Eribon, *De près et de loin*, *op. cit.*, p. 22.

［162］"Ce que je suis, par Claude Lévi-Strauss", I, *Le Nouvel Observateur*, 28 juin 1980, p. 17.

［163］*Le Magazine littéraire*, n° 223, octobre 1985, p. 24.

［164］Maurice Merleau-Ponty, *Signes*, Paris, Gallimard, 1960 (rééd. 2001, Folio), p. 194.

［165］Claude Lévi-Strauss, Didier Eribon, *De près et de loin*, *op. cit.*, p. 89.

［166］*Annuaire du Collège de France*, 1952, p. 23.

第五章　神话的帝国

（1960—1971）

一、在自己人当中的民族学家

第二次世界大战末期，美国发表了霍皮印第安人唐·C·达莱耶斯瓦（Talayesva）的自传，这本书极受列维-斯特劳斯的喜爱。1945年他曾写过一篇书评，发表在美国的《社会研究》上，1948年又转载于《社会学年鉴》。在《亲属关系的基本结构》一书中他又一次提到这本书。1959年，J. 马洛里把它译成了法语，名为《霍皮人的太阳》，前言便出自列维-斯特劳斯之手。达莱耶斯瓦一生经历过两个世界。他在一所美国学校里接受教育，自以为很好地融入了现代生活。但是，他生病住进了医院。他在医院的病床上做出决定，返回童年生活的故乡。“唐病愈出了院，可是变了个人：他返回了故乡的小村庄，充当了古老礼仪和风俗的严格守卫者。”[1]又是一个起死回生者。这个霍皮印第安人从死人当中归返故乡，成为自己人当中的“开明的保守派、谨守规矩和一丝不苟的反动派”[2]。列维-斯特劳斯走的是同一条道路，不过方向相反。他从原始的国度返归文明社会。现在他回到了自己人当中，他的角色肯定是谈论他曾经到过的世界；西方的心腹地带应当为他者留有一个位置。然而，他同样要对统治着自己的世界的秩序作出思考。由于他了解事物的另一面，知道任何社会现实都建立在如此脆
244 弱的平衡上面。在同胞们的眼中，他是一个见证者，能够帮助他们理解什么是支持他们活下去的力量。

1959年10月、11月和12月，法国电台电视网（RTF）在《法国文化》节目中播出了一组专访。这是列维-斯特劳斯接受艺术评论家乔治·夏博涅①的采访的录音。当时学术体制正准备承认他的研究工作的合法性，在这些面向广大听众的访谈中（后于1961年刊行），他谈到了自己的职业、他所了解的社会、尤其是他所身处的社会。对于所谓原始社会与工业社会的差异，列维-斯特劳斯提出了一种独特而有划时代意义的解释。第一类社会是“冷”社会，依照机械原理，像钟表一般运行。第二类是“热”社会，依照热力学原理运行，好像蒸汽机。第一类社会消耗能源少，但生产量也不高，属于弱熵。第二类社会生产量大，但消耗大量能源，属于强熵。

这一区别澄清了对历史的不同态度。一个“冷”社会是逃避历

---

① 乔治·夏博涅（Georges Charbonnier，1921—1990），巴黎大学文学教授，有多篇名人访谈录出版。——译者注

史的，它力求重复原始时代，事件对它只能是一种干扰。这就是我们为什么有时候会认为“原始”社会也都是“无历史”的社会。这是错觉，因为它们也都跨越了许多世纪和数千年，所以也有自己的历史，只是一部缓慢的历史罢了。“热”社会则相反，它们消耗大量的热量，制造大量混乱。正因为如此，一切都变得复杂起来，一切都政治化了。“热”社会像蒸汽机一样，需要严重的社会差异。换言之，它们需要人剥削人，例如主人剥削奴隶，也需要愈益复杂的组织、法律条款、等级制度，最后是可怕的权力手段，即文字。当区别性差异缩小的时候，它们又发明出别的对立：君主和臣民、资产者和无产者、殖民地和被殖民地。一方面，“冷”社会实行一致性的规则，做决定时小心翼翼，避免互相伤害；另一方面，“热”社会孕育无序、冲突和战争。

乍一看，列维-斯特劳斯的做法不同于唐·C·达莱耶斯瓦，他不把自己变成秩序的卫士。全然相反，他依然忠实于青年时代的理想，反抗打着文明的旗号的不公正和残酷行径。但是，他从自己所 245
确认的事实中得出却是独特的教训。此时，他又回到了真实性与非真实性的概念上。真正的人之间的媒介和中继物越多，就越不真实。在我们的社会的政治生活中，议会凝聚着最大的非真实性，而在乡镇一级，人人都相互认识，做决定根据这种即时的了解，从而保证了最大的真实性。政策应该尽可能贴近公众以及他们的关注点。列维-斯特劳斯的遐想在驰骋：“如果民族学家敢于担当改革家的角色（……）他一定会倡导各方面的权力下放，这就能够造成在这些真实的层次上完成大量的社会经济活动，群体由彼此有具体了解的人组成。”[3]这正好与民主集中制是对立的。列维-斯特劳斯绝非不愿意看到历史符合阶级斗争的逻辑，但并不把后者视为一条行为的准则。他不再从事政治活动了，但是假如他必须加入一个政党，我们可以假定，他绝不会同情一个意识形态最沉重、组织规模最大的政党。

其实，真正的行动在另一方面展开了。我们的社会大量地制造无序，可是文化却产生秩序。“对于我们的社会来说，我们不妨设想，实现进步和最大限度的公正必须依赖熵从社会向文化的转移。”[4]在人类学意义上，文化产生农业、房屋、道路和工业品。狭义地说，文化也生产艺术品。乔治·夏博涅是艺术评论家，而列维-斯特劳斯痴迷绘画。文化的主题把他们带到一个共同的绘画领域。对于一个知识分子来说，如果行动说到底就是把精神活动用于一个对象，而且尽力改进同代人对这个对象的理解，那么民族学家无疑在这个方面可以表现得最积极、最有效。他的眼光变化了，被他与其他的视平线之间的距离和接触变得更加敏锐。他能看见别人只能勉强望见的事物，他能表
246 达别人虽然可以感觉到，却不知原因何在的东西。列维-斯特劳斯在这几次“访谈”中，环顾了20世纪之初的美学创造活动。

昔日的热情已经消退。印象主义、立体主义、抽象艺术，一度影响了整个时代的深刻的运动，没有一个真正达到了目的。这是因为没有一个学派看出艺术问题在我们的社会里是如何提出的。在“原始人”那里，艺术起到沟通的作用，表现为一个符号系统，在西方则通过表象来拥有对象。当代艺术借以摆脱对象的革命，不过是用学院派的能指（即语言，或不如说“代码”或“方式”，因为艺术家无法独自创造本属一种社会现象的语言）取代了学院派的所指（对象）。于是才产生了毕加索的多重绘画手法和斯特拉文斯基的多重音乐手法。这也是为什么非形象绘画终于走进了死胡同。因为它纯属装饰，毫无蕴意。抽象艺术使列维-斯特劳斯怀念约瑟夫·维尔耐①笔下的巨大海港——“让我产生如此深刻的情感的画

① 约瑟夫·维尔耐（Joseph Vernet，1714—1789），法国风景画家。——译者注

作是不多的”[5]。因为艺术家并不单单摆弄形式，“艺术家使对象憧憬语言，如果可以这么说的话。他面对一个对象，而且当他面对着这个对象时，确实存在着一种萃取活动，一种憧憬，从而能够把这个对象从一种自然的存在变为一种文化的存在。”[6]列维-斯特劳斯的梦想正是这样“一幅风俗画，一幅卓越的形象画”[7]，它把一个比人们生活的世界更完整的文化世界呈现给爱好者，令他们感官和精神更满足的世界，“一个更宜居住的世界”[8]。列维-斯特劳斯超越了时空和艺术流变的阻隔，与司汤达汇合了。“美就是对幸福的承诺。”

二、法兰西学院的首次演讲

1960 年 1 月 5 日下午 2 点 15 分，克洛德·列维-斯特劳斯教授
在法兰西学院登台授课。这是极为风光的大事件。名流云集。列维- 247
斯特劳斯为同事和听众做了一场丰富而紧凑的演讲，颇有 17 世纪风格，不时插入几句俏皮话。开讲没有几句话，他就利用变换数字 8 让梅洛-庞蒂浑身打战。两人均生于 1908 年，而梅洛-庞蒂最不喜欢别人记得这一点。“正好我看起来比他老，的确如此（……）此外，尽管他对我很宽厚，他无法掩饰困惑不解的神情，他相信我能够做出最荒唐的发明。”[9]他接下去说，社会人类学讲座本来在 16 世纪就应该设立，让一位首次考察巴西的旅行家主持。他无意于提醒在座的一些同事，他们早就该听到这堂课了——准确地说，十年前就该听到了。列维-斯特劳斯毫无客套，不滥用感谢的言辞。无论从哪方面来说，这个讲席早已非他莫属。将他拒之门外的做法最多只能推迟必然发生的事。下课以后，一个年龄不详的办事人员走近了演讲人，“他说，听我的结束语，好像听到他特别喜爱的笛子独奏《阿尔勒城的姑娘》那样，令他激动不已。赞美的话从来没有让我比这

个更感动的了。”[10]

这也是法兰西学院的一件大事。首讲代表着一个新讲席的诞生，法兰西学院历史上第一次肯定了这个学科。事实上这个学科早就存在了。弗雷泽、博厄斯、涂尔干、莫斯，这四个名字概括了过去，列维-斯特劳斯的人类学继往开来，并且完成了特殊和艰巨的使命。列维-斯特劳斯给自己的首讲起的题目是《人类学的领域》，从而一上来就先声夺人，占据了一个突出的地位。他并不是要在模糊不清的理论和可能的教学方法内部确定自己的位置。他无意寻求“形成学派”。他打算推动的不单单是一个学术领域里的专业，而是一个整体，也许是唯一的一个其使命是随学科本身的逐渐清晰才能扩大的学科，他的作用，归根结底，是“在每个案例中都必须追究整个人类”[11]。列维-斯特劳斯抱负远大，不是为了个人，
248 而是为了他的王国，他从此以后能够自诩把这个王国扩展到“整个人类社会”[12]，梦想它“临到末日审判之时，在自然科学中间仍能独自保持清醒”[13]。这个讲座不仅为他提供了实现抱负的手段，而且使他能够从一直工作的前景中掉转身来：迄今为止他一直努力给他的知识搭建框架、界定范围，从此他可以致力于牢固、充实和拓展它。

对他个人而言，这个事件除了满足个人愿望之外，还为他提供了一个机会，可以在几个敏感的问题上阐明自己的立场。这尤其是个表明自己对于涂尔干的立场的时机。涂尔干一直被认为天才地营造了一座“神奇的大厦”，但是，很可惜，一些“形而上学的幽灵”使他裹足不前。不过，通过确认社会学的特殊性，他为一门真正的科学奠定了基石。涂尔干是一位“造物主”[14]，包括语言学在内的人文科学在20世纪之初之所以能够焕然一新，都应归功于他。随后，莫斯出现了。他沿着涂尔干的道路继续前进，并

使之更为纯正，正如列维-斯特劳斯沿着莫斯之路，并使之更为纯正一样。这种传承关系是直接的。这位新任教授告别了叛逆的少年时代。法兰西学院是个古老的学术机构，成为其中一员就意味着留名青史。这就可以解释为什么他选择了这个时刻，既向索绪尔、雅各布逊和特鲁别茨柯依致以敬意，也友善而策略地向布罗代尔和历史学家的时代表达了感激之意。

法国至少有一个人不觉得他的当选值得庆贺。几个月以后，巴黎大学在推迟两年之后，终于决定纪念涂尔干的诞辰。仪式在索邦大学大阶梯教室里进行。由于乔治·古尔维奇的反对，列维-斯特劳斯仅作为听众列席，事后只能满足于在《巴黎大学年鉴》上发表一篇题为《涂尔干对民族学的贡献》的文章。文中对涂尔干从 1895 年发表《社会学方法的准则》和 1912 年发表《宗教生活的基本形式》之间，何以对民族学从怀疑到产生极大兴趣做了解释。关于与古尔 249
维奇的争论他却一字未提。已经没有必要了，现在圈内人都知道谁是承继人。列维-斯特劳斯没有任何理由向对手多费唇舌。

从一个今天已完全确立的传统来看，他的首次演讲也可以看成是个历史事件。1960 年 1 月 5 日这一天，不仅是一个新的十年的开端，而且标志着一个时代的开始。列维-斯特劳斯这位预知主体已死的先知，率领着处于上升期的现代意识的教皇，庄严地进驻法国声名最隆的官方学府。他紧随罗布-格里耶、布托尔、布雷[①]和巴尔特之后而来，并且以他的强大理论裹挟和引领着他们，本来应该由他来宣布和准备"现代派"攻占巴黎：此后几个月里，让-厄岱尔·阿

---

① 罗布-格里耶（Alain Robbe-Grillet，1922—　），农艺师出身的著名法国作家，"新小说"运动的作家和理论家。米歇尔·布托尔（Michel Butor，1926—　），法国"新小说"运动的著名作家，尽管他本人并不喜欢这个标签。皮埃尔·布雷（Pierre Boulez，1925—　），法国作曲家和音乐指挥家。——译者注

利耶①、菲利普·索莱尔和其他几个人创办了《如是》杂志，让-吕克·戈达尔②拍摄出《筋疲力尽》，然后是福柯、拉康，还有其他人纷至沓来。心存怀疑的见证者让-保罗·阿隆③为后世记录下了这个五彩缤纷的场面："凭着与所谓的文学'现代性'观念的默契，他高屋建瓴地完成了庙堂供职者与艺术的大综合。"[15]

米歇尔·福柯、雅克·拉康、列维-斯特劳斯、罗兰·巴尔特（原载法国《文学双周报》）

可疑的默契。一个倡导风俗画的人其实不会走向美学的"现代性"。他的名字与那些照说体现着现代性的艺术家、作家和思想家的名字搅在一起，大概只是出于偶然。除了在自己的领域，列维-斯特劳斯从未有过成为一名"思想大师"的野心。不过，结构主义理

① 让-厄岱尔·阿利耶（Jean-Edern Hallier，1936—1997），法国作家，与菲利普索莱尔等创办著名的新派文学评论杂志《如是》（又译《太凯尔》）杂志。——译者注

② 让-吕克·戈达尔（Jean-Luc Godard，1930— ），著名法国电影工作者，"新浪潮"运动的中坚分子之一。——译者注

③ 让-保罗·阿隆（Jean-Paul Aron，1925—1988），法国作家和记者，死于艾滋病。——译者注

论确实汇入了一股宏大的思想潮流当中，但它并非其中唯一的理论。借用费尔迪南·德·索绪尔的说法，结构主义理论属于“符号科学”：人类学的对象本质上属于象征。在这个极为一般性的层面上，在20年当中，结构人类学肯定为符号大举入侵一切美学意识和知识意识提供了武器和增援。再者，按照类推作用，结构人类学对数学的憧憬也使她像是一些形式化模式和模型的一位近亲，而列维-斯特劳斯却与之没有，也不会有，近似之处，例如新小说、布雷的十二音体系，等等。在形式主义这个问题上，还有一个重要事实：列维-斯特劳斯跟他一生遇到的大多数运动都没有关系。他与现代派的猛男烈女们不同，正如他在首次演讲里所说，他无条件地服从于他所说的 250
“现实”（Realia）[16]。人类学是一门具体的科学，她重视解释对象和技术手段，也同等地重视表象和实践。再说，民族学家还得从事田野考察，这对于他恰如实验室试验之于物理学家和化学家：“我们所研究的小型社会的独特之处，在于它们每个都是一场完整的实验。”[17]形式主义倾向于把生活变得干涸，甚至会否认生活，就像列维-斯特劳斯的几个同代人所做的那样，而结构主义却力求更好地把握生活。

近似也好，五花八门也好，总之，1960年1月5日是一个头等重要的日子。为列维-斯特劳斯设立的讲座并不是寻常地为法兰西学院多提供了一门课，而是起到了演示作用，它实际上通过认可一个人及其著作，批准了关于人文科学的某种观点及其社会地位可以登堂入室了。当让-保罗·阿隆谈到“供职庙堂者与艺术之间的大综合”时，他过早地将列维-斯特劳斯看成一位肩负普世使命的“精神导师”。不过，他倒是触及一个实在的课题，即关于人的科学、艺术和文学三者在精神世界里的关系。人文学科及其理想的普遍主义都已经成为过去。列维-斯特劳斯想用“与人类般配的人文主义”取而代之。[18]他的做法倾向于与艺术家和作家展开竞争，甚至超越他们。现在轮到他——一位学者，一个运用科学来研究人的人——负责向同代人揭示看起来混乱无序的事物的意义了。马拉美曾经穿过可能性的沃野，将诗歌发挥到极致，而后世把用偶然来创造诗歌的权利交给了别人。按照列维-斯特劳斯的设想，人类学家的“教父”，既比赶时髦的萨特派知识分子的教父更谦虚——因为后者自诩能够评断一切，然而又更雄心勃勃，因为他希望为同代人带来光明，照亮他们看不清楚的东西。

251 三、一位教授

法兰西学院是个梦。没有课程进度，没有必要的考试，不带学生，没有论文评审委员会。教授的职责只有一个：每年处理一个新的主题。对他们只有一项期待：他们得说话。要求听众不提任何问题。年复一年，学院多少有点拘谨的气氛随着时间的推移缓和了下来。课前和课后允许提问了。讨论却是很久之后才允许的。授课是否成功，教授必须根据教室里的气氛的紧张程度来判断。

列维-斯特劳斯每周上课两小时，同时保留着高等研究实践学院的两个课题导师的职务（他从 1959 年起，结束了在联合国教科文组织的工作）。因此，他每周上四小时课。课程安排必然是两个小时用于讲课，两个小时用于研修班。根据他的关注点和研究的进展情况协调两种教学形式。头一年的教学是短促的，但是他希望取得进展。1960 年 1 月 6 日上午 9 点整，他开始教授第一门课程，题目是“霍皮人的三个神”。至于星期二下午的课，他在首讲中已经讲了一部分，题目是“民族学的未来”。

为了进入角色，列维-斯特劳斯选择了先把现状讲清楚。他对霍皮印第安人的神灵的分析采用了结构主义方法。对于各个神灵的职能和含义，他从礼仪与社会意义的角度透彻地分析了它们的机制。“民族学的未来”是对于时下人类学的热门主题的一系列思考，被称为“原始的”社会日益减少，或者融入更大的群体当中。这样一来，民族学的框架和范围就必须重新考虑。列维-斯特劳斯提出一个假设：在以往由民族学家研究的社会里，民族学家可能得让位给历史学家或文献学家，让他们继续深化和补充他的研究；而他今后的关注点应当超越目前的立场，转向一些仍然不为人知的群体，或者深化自己的知识，特别是首先转入分析出现在西方式文明内部的区别性差异，而这在过去是不在民族学的研究范围之内的。从某种意 252
义上看，列维-斯特劳斯这是在保障人类学的后院无虞。既然人类学关注的是人，那么人类能够延续多久，它就注定会存在多久，它必须在包括现有所有学科的大方向之下，在学科之间搭桥引线——从心理学到人口学，从经济学到生物学。社会人类学尤其应当避免与体质人类学隔绝，尽管二者呈现出逐渐疏远的趋势。体质人类学也可以寻找常量，而且出人意料的是，后者的属性有时候显得更接近姐妹学科所研究的问题。民族学是一门有关差异的科学，列维-斯特劳斯认为它是一门“间隙式”的科学，它处于而且永远处于“每个时代为人类规定的边界上”[19]。

学者在力求保持距离，把他的知识放在其他人类知识中间考虑时，采取的是一种诗意的立场。他所建构的研究对象，更多的是靠它所产生的共鸣，而不是靠推理得到把握的。科学方法的极度精确性的确可以做到规定一种存在，可是蔽人眼目的抽象性却掩盖着一种鲜活感与逻辑性、愉悦感与分析性、感性与知性的混合。从这种距离望去，民族学与普遍经验并无二致，那种惊讶于丰富多样的物种和形式、类型和风俗、奇异怪诞、异国情调都能吸引民族学，她“注定要探索那把可能与不可能的事物隔离开来的变动中的边缘”[20]。民族学从一开始就必然站在这样的边缘上，即站在已知世界，其他科学以及人类解释其自身怪异性的能力的边缘上。

第一年是导论性的，这两门课列维-斯特劳斯后来没有重提，也没有进一步阐发。可是，从第二年即1960年秋起，他自创了一种此后20余年一直使用的教学方法。一门课就是一本书，也可能是一篇论文的基本素材。与许多同事不同，列维-斯特劳斯上课从来不拿定稿，仅满足于在付梓之前念给听众。他临场发挥。这不等于说他讲话前后不连贯，或者不完整。听众一致认为他的口述一向结构严整，语言无可挑剔。按照教授规章，年终他需为《法兰西学院年
253 报》撰写一个课程概要。换句话说，他给自己找了一种风险极大的做法。“对于像我这样的教授，只靠几条笔记，在从6页到12页不等的几张纸上，浓缩了几个星期或几个月的思考与研究。不难想见这种智力训练意味着怎样的精神劳动，以及神经有多么紧张。”[21]每个星期的讲演质量会有变化。题材不固定，方法和解释也不固定，讲演者的心情会有变化，听众的接受程度也不尽相同：对于列维-斯特劳斯，这是一个检验的时刻，也是一种激励。一下课，他就知道讲得好不好，哪些地方需要调整、补充或修改。所有的评论一经形成，一份案卷就可以进入下一个阶段。“我不喜欢讲话，也不喜欢写作。不是非写不可，但作为教授，话是非讲不可的。讲课是澄清一份案卷的机会。这件工作一旦完成，一本书就写成了一半。就此，讲课是一种逼迫自己写作的办法。”[22]

自1960年起，列维-斯特劳斯便遵照这种方式开始了一种严苛的生活方式。人得去上课，靠不成文的契约与听众保持联系；向他们介绍了一份原始素材之后，他就致力于以一本书的形式向他们展示成品；只要有可能，他继续增加自己的出版物的频率和数量。他的时间主要地，或者说大部分都用于“厘清—教课—写作”三位一体的

工作；这是教师职业的一个探索性的方面，也就是从事研究和创造。

1959 年和 1960 年之交的冬季，他在高等研究实践学院的工作用在一本书上。列维-斯特劳斯和学生们一起，着手翻译、分析和注释弗拉迪米·普洛普①的《民间故事形态学》。路经巴黎的罗曼·雅各布逊参加了一次讨论。列维-斯特劳斯 1960 年分别在英文和法文杂志上同时发表了自己的思考，题为《结构与形式》。文中的见解对形式主义构成了一场攻击，无疑是彬彬有礼的，但也毫不容情。普洛普研究的是民间故事，他研究神话，二人很接近。普洛普的著作发表得很早（1928 年），他的研究才刚刚开始。他心甘情愿地承认，自己和结构主义语言学都从俄国形式主义获益匪浅。可是，除此以外，俄国形式主义却陷入了死胡同。普洛普将民间故事归结为一系列功能，从而把后者变得贫乏枯燥，这是令人难以接受的。“除非把内容悄悄地结合进形式当中，否则后者就注定会停留在一个毫无意义可言的抽象层次上，而且没有丝毫启发意义。形式主义毁灭了它的对象。”[23]证据：完成了从具体到抽象的过程后，它却无法返回到作为出发点的经验事实上。这正与列维-斯特劳斯的做法相反，“如果说结构主义少量地脱离了具体事物，那么它大量地又回到具体事物上来”[24]。普洛普的错误在于他认为既然民间故事的要素可以相互置换，所以它们是任意的。这等于说叙事的细节都不重要，民间故事说到底只有唯一的一个。只有句法，没有词汇。 254

自 1960 年开始，列维-斯特劳斯一边在法兰西学院开始使用他的新方法，一边在高等研究实践学院集中精力于工作的教学法和方法论方面。每周两次的“讲座”，除非例外，主要以研修班的形式

① 弗拉迪米·普洛普（Vladimir Propp，1895—1970）俄国结构主义文学批评家。他对俄国民间故事和神话的划时代的分析方法力图揭示少量的最基本成分。他的作品 20 世纪 50 年代初译介到西方以后，影响了包括列维-斯特劳斯和罗兰·巴尔特在内的一大批结构主义学者。

进行。教授隐退，让学生讲话。学生介绍他们在第三阶段即博士阶段的研究成果，汇报所负担任务的进展情况，分析文本，交流经验，试验和讨论新的方法。不过，落在列维-斯特劳斯肩上的这方面的任务很快就被纳入了一个更宏大的计划。

四、网络

如果就任一个颇有声誉的职位只能带来名声，那就没有什么益处可言。法兰西学院的一个讲座代表着一种新的自由，开启了新的门户，并且为获得认可的学科的研究活动带来可观的资金。上任伊始，列维-斯特劳斯便着手对学科内部的不同部分进行重组和协调。
255 讲座位于核心，思想和理论在此建立，各种机构围绕着它建立起来的网络负责使之投入运行，将其扩展。

从1960年夏季开始，社会人类学实验室建立了。这是民族学研究的中心。很久以来，法兰西学院的一些讲座就配备有实验室；教授、助手和博士们在此工作从事实验。建立实验室不限于物理学、化学或者自然科学，同样也适用于人文科学，例如历史学和哲学，尽管并不多见。列维-斯特劳斯的做法完全符合法兰西学院的规章制度和精神。再说，“实验室”这一名称，因其蕴涵之意，肯定不会令他不快。

社会人类学实验室同时分属法兰西学院和高等研究实践学院。建立一个新机构不是一桩小事。找地方安置，配备家具，安装技术性基础设施，聘用工作人员，尤其必须有事可做——此事就是启动研究课题，并为其找到研究资金。列维-斯特劳斯支持的小组面临的首要问题自然是物色地点。多亏高等研究实践学院第五系，问题得以很快解决。此前刚刚成立了一个宗教史资料中心，吉美博物馆①愿意把它的两处附属建筑之一，位于耶拿大街19号的一所旧宅让给资料中心使用。资料中心也愿意把两间屋子暂时借给社会人类学实验室。法国国家科学研究中心（CNRS）为他们提供了第一批设备。实验研究应当尽快投入运行，搬家必须抓紧。他们以神奇的速度进驻生存领地。“我和三四个合作者共用一间以前曾是厕所的房间。彩釉瓷砖墙上还露着下水管道。我脚下是浴缸的地漏的残留物。这间憋屈的陋室勉强可以让我们挪动身子。我在楼梯平台上接待访客，那儿能凑合放下两把快散架的露天用扶手椅。”[25]

列维-斯特劳斯之所以急于求成，不光出于对开展研究和知识的渴望。耶鲁大学多年来为美国政府编辑出版了《人际关系领域资料库》（*Human Relations Area Files*），这是民族学领域无可匹敌的一套完整的资料，只印行了25份。欧洲的唯一一份被教科文组织获得，“为的是把它交给法国，条件是向欧洲的所有研究者开放”[26]。 *256*
教科文组织把这套资料转给了高等研究实践学院第五系。列维-斯特劳斯参加了转让的全过程，他取得布罗代尔的同意，把它放在社会人类学实验室。第二个房间于是立刻派上用场。只消数个星期，“涉及170个民族，按照地区和主题系统地分类的130万张卡片”[27]安放和排列完毕，以供研究人员使用。此后头几年，这个资料库每年大约增加30万份资料，涵盖遍及全世界的数百个民族。于是，尽管尚未启动研究项目，这个实验室已经成为全欧洲的民族志参考资料中心。列维-斯特劳斯一向身兼行政职务。他懂业务，有办法，对自己的目标有明确的认识。整个行动出自大师的筹划和领导，使他

① 吉美博物馆（Musée Guimet），即巴黎东方艺术博物馆，拥有丰富的亚洲艺术品馆藏。——译者注

以一个大规模的政治“举动”开始一切。

一个专职小组随即成立了。从 1960—1961 年之交的冬季开始，这个小组由 9 个人组成，其中 7 人来自高等研究实践学院第六系，只因业务相近。伊萨克·希瓦担任副主任，负责行政事务。莎朗日·潘东（Solange Pinton）是基础设施负责人，专门负责管理与利用《人际关系领域资料库》。她负责答复研究人员的要求，为博士生准备资料。来自巴黎大学的妮可·贝尔蒙（Nicole Belmont）负责科技文秘事务，多个研究课题建立起来了，它们涉及“神话逻辑、空间的利用方式、饮食习惯、民族学思想史”[28]，等等。关于口头文学的语义分析，他们是与国家科研中心的考古学资料分析中心合作进行的，中心由让-克罗德·嘎尔丹（Jean-Claude Gardin）领导。在科技研究委员会的支持下，实验室对于族内联姻的系数极
257 高的法国某地展开了调查。这次调查由米歇尔·伊扎尔主持，持续了数年。实地考察并非心血来潮之举。1962 年，实验室参加筹建“科研培训班”，培养未来的民族学家。实验室的合作者组织和指导研究活动、参与研究，使研究结果形诸文字。这批人从此以后主要负责实践学院的研修班，介绍自己的研究，也邀请校外人士参加。

多年来，这个小组的好几个成员便参加列维-斯特劳斯在高等研究实践学院组织的研究活动。勤奋的希瓦 1953 年起就定期介绍在法国农村的研究结果。吕西安·贝尔诺继列维-斯特劳斯之后，前往吉大港考察莫高人。弗朗索瓦兹·埃里帖①与其夫米歇尔·伊扎尔曾去非洲上沃尔特②考察。他们的参与和专业素质保证了小组的协调

---

① 弗朗索瓦兹·埃里帖（Franoise Héritier，1933— ），法国人类学家，法兰西学院人类学讲座教授，列维-斯特劳斯的继任者。——译者注

② 今称布基纳—法索。——译者注

和有效地从事研究。列维-斯特劳斯从此尽量限制他的学生人数，因为频繁的人员更替会损害小组的工作效率。他本人依旧置身其外。他历来重视独立工作：合作者们不为他提供服务，他独立搞他的写作。“可是那时我可以争取到一些落脚点和经费，所以能够给几个年轻的研究人员提供工作手段。至于我本人，除了有一个秘书，购买书刊、有一台复印机之外，领导实验室其实是我主动愿意做的事。”[29]作为研究导师，他昔日的学生们都认为他极为大度，不干涉他们的研究方向。列维-斯特劳斯既不教条也不专制，他不要求学生跟他一样或者亦步亦趋。他只要求他们从事真正优秀的科研工作，认真地把它们写成文章，这就足够了。这并不是轻而易举的事，从来也没有可让他抱怨的：总的来说，实验室取得的成果具有很高的水平。

高等研究实践学院有一个特别之处：接受和培养非本专业出身的学生。尤其是学院允许他们经过补课以后很快升入第三阶段（博士）。于是，实验室在高等研究实践学院第六系内，开办了“社会人类学入 258
门”的课程，而且很快获得成功。每年参加的学生在 40 个左右。“加上巴黎大学有关教授负责的民族学研究培训中心，我们在巴黎于是开始拥有一个学校或研究所的雏形，可以从事民族学者的专业培训。”[30]

实验室小组取得不少成果。应该有个发表这些研究成果的刊物。且不说实验室本来就肩负着一个使命，即成为全世界人类学家交流和交锋的场所。它应当拥有一个论坛。自 1961 年起，一份杂志和一套丛书面世了。杂志名为《人类》，丛书名为《人类学刊》，两者均由让·普雍负责。此人自 30 年代中期起就是萨特的忠实战友，《现代》杂志的编委之一。1956 年，他曾受命为《忧郁的热带》撰写书评。他工作热情，所做的远不止于此。列维-斯特劳斯所有的文稿他都读了，最后写成一篇精到的书评《列维-斯特劳斯的作品》。

这篇文章成了关于人类学家列维-斯特劳斯的思想的第一篇全面的研究。与此同时，他还去高等研究实践学院旁听列维-斯特劳斯的课，开始投身于民族学，并且于 1958 年第一次前往乍得考察。普雍已经入了门，他懂行。在他的推动下，印刷机自 1961 年起转动起来。丛书并不都是新的。《人类学刊》有一些从 1956 年起就发行了。丛书曾经中断过，这次出版采用“新丛书”的字样，以示区别。《学刊》确定的目标比杂志低得多，它主要发行实验室的民族学者写的论文或专题研究。不过，它发表的第一篇文章说明普雍的嗅觉相当灵敏。这是一篇研究珀尔语[①]的文章，作者是阿马杜·昂巴德巴(Amadou Hampaté-Ba)。

杂志当然是整个学术机制的中心环节。列维-斯特劳斯重启《人文地理学、语言学和民族学杂志》的计划。这个计划十年前曾经由吕西安、弗布尔发起过。那时，历史学家弗布尔提出，这份有待诞生的杂志将由皮埃尔·古鲁、班维尼斯特和列维-斯特劳斯三个人领
259 导。三个名字，三门学科。列维-斯特劳斯动用了原班人马。从机构角度讲，这个选择可以向最有保留的人士证明，过去的十年是白白流逝的。语言学家班维尼斯特是印欧语系的专家，在一份结构主义注定占有显著地位的杂志里，他的参加是再自然不过的了。古鲁曾于 1936 年发表过《北部湾的农民》一书，列维-斯特劳斯很赞赏。他当编委是要提醒人们，法国的一个传统依然存在，即处于地理学、历史学和民族学的交叉点上的人文地理学。

第一期 1961 年春季发行了。杂志作为高等研究实践学院第六系的出版物，由牡东书局发行。封面由瑞士艺术出版商阿尔贝·斯吉

---

① 喀麦隆东部民族的语言，另有不同的名称，法语的叫法来自沃洛夫语。——译者注

拉（Albert Skira）设计。第一个编委会工作了三年。由于实验室规模扩大，杂志的分量增加，编委会很快就需要扩大。1964 年春季，从原来的三个主要编委增加到五个。新来的两人是安德烈·勒鲁瓦-古杭和乔治-亨利·里维埃。1971 年，安德烈·乔治·奥德利古尔也加入进来。一个史前史学家、两个民族学家，加上一个地理学家、一个语言学家和一个民族学家，编委会的构成十分明确——杂志所服务的学科有三个代表。相邻学科有三个代表，这就使杂志的内容更丰富，视野更宽阔。但没有历史学家。停战并不意味着合作。

编委会是精心搭配起来的。既不过于拥挤，也不过于杂乱。人的素质恰逢其时地加强了编委会的力量。奥德利古尔曾经以大量科技史论文知名于世。几年来，他又对语言学产生了兴趣。他过去曾经奚落过列维-斯特劳斯。列维-斯特劳斯也曾在《结构人类学》一书中反唇相讥。事情已经过去了。列维-斯特劳斯“极为推崇”[31]他，尤其是因为他们有着一个共同的爱好：植物学。至于乔治-亨利·里维埃，他俩自 50 年代初期就交往密切，他曾经是爵士乐钢琴师，参加过人类博物馆的草创，并且建立了从属于法国国家科研中心的法国民族学中心。他是民间艺术与传统博物馆的创建者兼馆长。

勒鲁瓦-古杭从 1956 年起就担任索邦大学教授，他所代表的古生物学引起一点问题。虽然两人的专业活动经常是交叉的，但他不 260
在列维-斯特劳斯的密友之列。两人后来都强调说，他们的研究方法往往接近。可是，数十年的时光未能消除彼此之间的不信任感。“不幸的是，法国人类学内部有一种从前人继承下来的气氛：一种互相怀疑的气氛。”[32]列维-斯特劳斯回想起来，依然为两人之间，以及与路易·杜蒙之间——别人暂且不计——一直保持距离而感到遗憾，杜蒙的研究其实和他十分相近。他还补充说，如果它们之间的关系能够改善，定会加强法国的民族学研究。其实，邀请勒鲁瓦-古杭进入编委会丝毫不能说明两人突然间接近了。这件事不过说明列维-斯特劳斯认为后者的学科应该占有一席之地。

《人类》不是结构主义的杂志，而是一份民族学杂志。在这一点上，列维-斯特劳斯的态度很清楚。美国人有《美国人类学家》，英国人有《人类》(*Man*)，法国人也得有《人类》(*L'Homme*)，"这是法国民族学的喉舌，不是某个团体的喉舌"[33]，也不是他个人的讲坛。最初十年，他只投过四篇文稿：一篇纪念性文章，一条短评，两篇合写的文章。反过来，头三年他只限于参加对新出版物的评论，并写过 30 条短评，有些写得非常详细。正如创办者所期望的，杂志迅速成为公认的法国民族学喉舌，并且与其盎格鲁-撒克逊样板旗鼓相当，可以一比高低了。

五、图腾与野蛮

列维-斯特劳斯曾经耕耘五年，写出《亲属关系的基本结构》，形成了结构主义思想的最初阶段。被任命为比较宗教学讲座教授以
261 后，他便投入神话研究，这或许早于他原来的计划。他的注意力逐渐集中到神话的主题上。1956 年，他将亲属关系的复杂结构暂时搁置一旁——但并没有放弃——开始神话研究。从此他构建起一种结构主义的探索方法，并且成功地具体运用之。在他被选入法兰西学院时，他对这方面的问题已经有了十年的工作和思考。

有了亲属关系，结构主义就把握了一个密实的对象。神话则是他试图把握的一种流动的物质。结构的概念本身"先验地"显得适合于固化的现实，它们是按照轮廓明确的体系组织起来的，家庭即是一例，但与神话的无限的和流动的多变性隔绝。这些年中，列维-

斯特劳斯所冒的最大风险在于，他必须证明结构主义方法与某种未卜先知的证明相反，其实比任何一种其他方法都更适合于神话叙事，因为它可以把所有的变体都考虑进去，并能够解释其全部细节。

1958 年，《结构人类学》曾经部分地介绍了这些突破。从那以后，研究不断推进。身处整个进程的此时此刻，列维-斯特劳斯需要重新回到这些突破上，为它们奠定基础。这就是他在 1960—1961 年度的课上和研修班上所做的事情。每个星期三在法兰西学院的课是“关于北美印第安人的象征主义的研究”。这是基础性研究，发掘和利用美国民族志学家所搜集、整理、归类的数以千计的神话。他集中在一个易洛魁人的神话上。通过研究这个神话，他澄清了一些印第安人社会对于青春期和乱伦关系的一系列相反的态度。列维-斯特劳斯后来没有利用这些课程的素材。事实上，他设想采用一种完全独特的形式将其呈现出来：他坚信一部电影将会“让观众直觉地把握结构分析的原则、步骤和复杂性”[34]。但他还没有准备好把这个意图解释给某个电影制片商。因此，要实现这个计划，就得学习电影制作。计划于是始终是海市蜃楼。令人遗憾的是，列维-斯特劳斯当时没有一位能够理解和演绎这个想法的电影界朋友。他本来可以通过抽象与具体的结合，通过理念、人物、环境和行为之间的结合，为人们提供一份既罕见又饶有兴味的资料：用影像表达理论。 262

高等研究实践学院星期二的课和至少一部分研修班课程在内容上是一致的。研修班分析让-保罗·萨特新近发表的《辩证理性批判》。布庸是萨特思想的追随者，他负责介绍此书。课程则以《今日图腾制度》为题。这两门课的素材第二年会合成一个贯通的整体，以两本书的形式面世：《今日图腾》和《野性的思维》分别在 1962 年 3 月和 5 月差不多同时发表了。两本书是一个整体。列维-斯特劳斯在书中奠定了他的思想的哲学和认识论基础。

《野性的思维》法文版封面

列维-斯特劳斯选择了图腾作为出发点。“我迄今一直避免碰这条‘蝰蛇’。可是民族学的家宅（maison）迟早得清理，也就是说，必须把图腾制度的概念扫地出门。”[35]他认为那是民族学家的凭空臆造，只为迎合他们的需要。其实最严肃的民族学家早就注意到，图腾制度只是一种幻想，用来凸显一个能够把图腾和自然相提并论的原始意象；不用说，与之相对的就是文明和文化了。此外，图腾制度还不合理地侵入了民族学领域。列维-斯特劳斯上溯到博厄斯、弗雷泽，重提马林诺夫斯基、拉德克里夫-布朗和其他几个人，指出了有关图腾制度的假说的不一致之处，有力地证明它们都无法解释现实；他另采自己的说法取而代之。“图腾”——图腾动物——并非一种把图腾动物与某个人或某个部族等同起来的手段。它不是宗教性的，也不像弗洛伊德所说的，其性质本属心理学。“可以肯定的是，社会行为不是每一个人凭一时情感的自发行为（……）每个人都依照他被允许或规定的行为方式去感受。”[36]图腾是一件概念性的工具。只有承认它是区别性差异的一个指标，我们才能理解它为何物。一个图腾相对于另一个图腾的关系，正如它所指谓的一个群体相对于另一个图腾所指谓的另一个群体之间的关系。图腾结合起一系列差异，一些属于自然界，一些属于社会，从而利用多样性建立起整体性。而这方面，图腾恰好与无文字社会的一种普遍态度相吻合——图腾的概念本身于是就淡化了。“所谓的图腾制度只是以其独特的方式（……）表达了一些关联和对立的关系，而这些关系完全可以用不同的方式形式化（……）因此，（它）归根结底是问题的一种特殊的表达方式：勿使对立成为整合的障碍，而是使它服务于整合。”[37] 263

《今日图腾》不光是结构主义的一场应用演示，这本书还分析了列维-斯特劳斯所说的“内部图腾”：远在图腾的概念出现之前，卢梭就提出了这方面的问题。柏格森在《道德与宗教的双重起源》一书中也谈到对图腾的理解。列维-斯特劳斯甚至对照列出两段话，一段是达科他州印第安人智者的语录，另一段是柏格森的话，两段话完全一样。1960—1961 年度的课程一开始，列维-斯特劳斯就从这一不寻常的巧合中得出了教训："图腾制度，或者被这样称呼的制度，与其说是一种可从外部看到，其客观现实性尚未建立的，异国情调的建制，不如说是一些普遍可见的思想方式，身处比民族学家更优越的地位的哲学家们可以从内部，而不是外部，把握它们。"[38]这里提出的问题显然就是《野性的思维》里提出的问题。

在第二本书里，列维-斯特劳斯并非要描写"野蛮人的思维"，他想到的是"野性状态下的思维"，一个普遍的对象，本乡人和外乡人都具备——但在这本书里是与日趋流行的"被驯化的"思想相互竞争的。在某种意义上，他是在认识论与哲学的天地里进行了一次民族学的访问。此书多为技术性描写，反映出不同的社会对于动植物世界的物种分类方式。图腾制度的研究使列维-斯特劳斯确信，许多错误都来源于对土著人的分类方式的无知，从而过于匆忙地把它视为社会生活的功能性附属物。"与通常认为的相反，大多数所
264 谓的原始社会都拥有一整套动物学和植物学知识，而且往往极为系统全面，这个特点丝毫不逊于现代社会。凡属社会组织、宗教生活、仪典活动和神话思想的研究，都要求非常熟悉种族—矿物学、种族—动物学、种族—植物学，它们是否还能够长期为我们所用，现在已经无法肯定了。"[39]因此，还应当看到，《野性的思维》一书的封面就使用了蝴蝶花——也叫三色堇——的雕版画面。从此以后，列维-斯特劳斯的案头总是堆积着动物学和植物学书籍。

通过研究土著人的区分法和分类学，列维-斯特劳斯把在西方世界流行的思想方式编织成一个比较的和类同性的稠密网络。在很多

阿兰达人的水彩画

上图：驼背上的巡逻队，罗本·帕勒卢尔提亚（Reuben Pareroultja）作。

下图：奥尔帕拉，西麦克唐奈尔山脊，阿尔伯特·纳马提拉（Albert Namatjira）作，澳洲情报局摄。

方面，诗歌和艺术的创作方法，民间信仰都属于“野性的思维”。尤其是我们所说的“修修补补”，它运用的逻辑推理和精神机制与神话思维相似。归根结底，土著人的知识并不像我们所以为的，与我们的科技知识毫无关系。他们发展起列维-斯特劳斯所说的“具体的科学”：从借助相同的分类过程和相同的精神手段来看，这门科学与我们的科学乃是一回事。只有方向不同：野性的思维利用事件创造结构，而科学的理性思维利用结构创造事件。野性的思维利用从路旁捡拾到的东西（事件）来产生意义（结构）；理性的思维则利用假设和理论（结构）产生结果和应用（事件）。从事修修补补者，其工作方式正如神话一样：利用零碎物、片段、散落物——也就是事件的残留——试图生产一个结构化的整体：在前者是一个可派用场的客体，在后者是一篇连贯的叙事。同样道理，艺术家也是从事件走向结构：他拿来一个物体，一个场景，“去发现它的结构”[40]。——这个机制可以澄清西方文化中的一个中心的现象：“美学情感来自于处于一个人类创造的事物内的（……）那种结构和事件两范畴之间的结合。”[41]

西方世界的科学理性强大无比，可惜它有一种把野性的思维贬
265 斥到社会边缘的倾向。修修补补仅作为一种消遣方被允许，而艺术成了一种“文化储存”，既是残留物，又是不在现场的明证。列维-斯特劳斯是一个唯美主义者，喜爱各类器物，在这本书里他把萦绕于心的想法纳入了他的思考。现代科学是通过用心智范畴代替感性范畴形成的。它从中汲取了一种不可否认的力量，正如技术文明已经表现的那样。但是，它从中也被削弱了。神话的世界与（不论是否与图腾有关的）分类法的世界一样，都有某种令人宽慰的东西。它们为 18 世纪所说的感性品质正了名。

野性思维的特点在于怀有一种非凡的雄心。它既要具备分析

性，又要具备综合性，它要把进入其领域的一切都加以甄别，并且担保赋予它某种意义。“规定野性的思维，既有一种吞噬一切的象征主义雄心，（……）又有一种关注具体事物的小心翼翼的态度，再加上一条隐含不露的信念，即这两者不过是一回事。”[42]这样一来，巫术就变成了一种实践，它具有“与自然界肇因的连贯性相同的必然的特点”，其基础是“坚信人类能够介入自然决定的过程，对它作出补充或改变其进程”[43]，这是一种客观的操作。至于外在于一切超自然的宗教，于是就可以按照一个与之相反的过程来看待，因为巫术把人类行为转变为自然进程，将自然的法则人性化。此乃一种神人同性论。“我那时必须让民族学摆脱一些幻觉，不然会把对于无文字社会的宗教现象的研究搞乱”[44]，列维-斯特劳斯如是说。他把图腾制度归入分类体系，然后把宗教归入一个将大自然的人与人的大自然整合起来的诠释机制，这样就完全实现了他许下的人类学演讲集。宗教现象融入了社会，它要么维系，要么表达；不是加固，就是反映。无论是哪一种情形，它都属于这种“完整的社会事实”，而这正是所谓的原始社会在毫不知觉的情况下，通过每一首武功颂歌、每一种思想所实际表现出来的东西。

六、众人当中的民族学 266

1961 年 6 月 12 日至 10 月 16 日期间，列维-斯特劳斯写完了《野性的思维》。四个月的紧张工作包括纯粹的民族学研究，大量涉猎自然科学，讨论马克思和卢梭的思想，以及针对他的方法的哲学地位的深刻思考。阅读萨特的《辩证理性批判》促使他投入思考，也激励和惹恼了他。他用论战性的最后一章结束全书，题为“历史和辩证法”，对萨特的民族学观点发难。

萨特称那些把人类当成蚂蚁研究的学者为唯美主义者。此话正中下怀。列维-斯特劳斯很乐意接受这一说法，对他来说，这个称呼适用于每一个科学工作者，只要他是不可知论者。他认为这个首要的立场有一个明确的含义："因此，我们接受唯美主义者的称号，这恰恰是因为我们认为人文科学的最终目的不是构成人，而是分解人。"[45]民族学通过测定差异以发现常量，倾向于把"个别的人性融入普遍的人性中。这是民族学做的头一件工作，它还会引发别的（……）由精密科学和自然科学完成的工作，那就是，让文化重归自然，最终让生活重新归于它的全部物理化学条件"[46]。当然，列维-斯特劳斯的意图并不是把人类从这个地球上排除掉。分解并非毁灭。作为出发点的要素依旧存在。这就是他何以同样谈论"还原"的原因。接受还原的现象绝对不会，也不应该，在这个过程中贫瘠化；一切造成它的丰富性和独创性的东西都应当被保留——宗教即使化为一种社会现象，也是一个有别于其他的整体，有其特定的特征。再者，对于还原过程能够使对现象的理解达到的层次来说，如果它不能显著地丰富这个层次，还原过程本身就失去了意义，因为"民族志的还原活动所致力的一种普遍人性的观念，将不会与以往的相关观念有丝毫联系"[47]。知识是阶段性深化的，目标是形成一种统一，人与环境将从中获得完整的解释，彼此既互为解释，又同时获得解释。

267 换言之，列维-斯特劳斯是萨特思想的激烈反对者。他从原则上就无法接受一种将自我与他人、人类与世界对立起来的思想。攻击从笛卡儿继承下来的主体哲学，此时正是时机。"任何人只要一陷入那些关于自我的所谓证据里，就难以自拔了。关于人类的知识对于那些落入个人同一性的陷阱的人，有时候似乎更容易把握。可是这样一来，他们就关上了认识人类的大门（……）实际上，萨特成了他自己的‘我思’的俘虏”。[48]列维-斯特劳斯认为，萨特自称建立起一门人类学，这是令人无法接受的。萨特的分析同这一目标相悖，反而倾向于把他对自己的社会的想法用来反对所有其他社会，而且使民族学倒退到列维-布留尔之前的时代。列维-斯特劳斯嘲讽道，萨特对于惰性实践（pratico-inerte）分析“干脆复活了万灵论的语言”[49]。1962年6月，列维-斯特劳斯在与安德烈·帕利诺（André Parinaud）交谈中说，这是“一种精神上的同类相食”[50]。此外，从人类学角度来看，《辩证理性批判》没有提出任何特别令人感兴趣的东西：萨特大加渲染的综合化的要求，对于民族学家并不是什么新鲜的东西，“进步—倒退”的方法也是民族学家长期以来所运用的；在列维-斯特劳斯看来，辩证理性被哲学家萨特截然对立于分析理性，既缺乏一致，也过于绝对，“好像是行进中的分析理性”[51]——凌驾于自身之上的分析理性，换言之，“理性还是同一个，不过挺勇敢”[52]。

归根结底，萨特的舛误在于让历史充当了神话的角色。这个问题已经超出了萨特一人的思想，是把法国大革命当成神话的思想。萨特在很大程度上紧步法国历史文献学的后尘，倾向于把大革命时期视为囊括了全部历史意义。此前都是史前史，要么就是提前发生；此后都是继续，或为大革命的计划收尾。列维-斯特劳斯看得十分清楚，历史在此扮演的角色，正是自己研究的社会所返指的那个神话的往昔：相对于在他的时代和国家占据统治地位的信仰，他的地位只会显得十分突出。

> 左派仍然对一个当代历史时期纠缠不放，因为这个时期赋 268
> 予它们特权，即实践的必要性与阐释图示之间的一致性。这一历史意识的黄金时代也许已经过去了；人们至少可以设想这一偶然性，证明那只是一种偶然的情况而已，正像一个光学仪器

> “调整”的那样，其镜头与焦点一个相对于另一个而移动。我们还聚焦在法国大革命“这一点”上；但是，假如我们来世更早，我们就可能聚焦在“投石党”上了。[53]

历史越久远，越不容易理解。那些在我们看来最富有意义的事情，经过几代人之后意义就淡漠了，再过一千年便毫无意义。列维-斯特劳斯又回到了民族学和历史学的争论上。他现在采取了一种尖锐的立场。历史学是民族学的补充。前者在时间中所作的正是后者在空间中所为。在这一限度之内，历史学是完全值得尊重的。可是一旦越出这个限度，历史学就会违背科学精神的基本原则。这是因为，我们不能严肃地断言，时间维度比空间延伸能够使我们更好地理解社会，正像某些人以为的那样。这种错觉与我们以为自己的未来具有一致性的印象有关。但是，历史学不比民族学更具有连续性。历史学的对象是建构起来的，历史学家不仅在事实和材料中作出筛选，而且还根据一些代码组织材料，而且时间顺序肯定不是其中最简单的代码。此处，列维-斯特劳斯想到的是布罗代尔，以及短期、中期和长期的时间段。他的结论是，把历史设想为一种连续性，这不仅是幻觉，而且是矛盾的，甚至是弄虚作假。换言之，而且重提萨特，他奋起反对“把历史和人性等同起来的观念，这种强加给我们的等同性，其未可告人的目的是把历史性变成一种超验的人文主义的最后庇护所：似乎只要放弃那些内容极为贫乏的自我，人们就可以在我们这方面找到关于自由的幻觉”[54]。

269 可怜的历史主义。我们来到这个世界上，而且非得为它找到意义不可。但任何意义总有一天都会消解。萨特自己也承认，存在着一条限度，一切的一切至此都会溶解。列维-斯特劳斯认为，这就能够把人的位置和他所能够梦想的独特完整性还给他。

任何意义都可以从一个较弱的意义得到证明，后者赋予它最高的意义；如果照这种倒退，最终达到承认“一条偶然的法则，对它人们只能说：就是如此，不是别的”（萨特，p. 128），那么，这个前景对一个丝毫不受超验性叨扰的思想来说，就没有丝毫令人不安之处，哪怕是潜藏的。因为只要在服从这一偶然的法则的条件下，人如果做到确定自己的实际形式，将其余一切都交给可理喻性，就可以获得他合理地期望的一切。[55]

《野性的思维》对《忧郁的热带》是一个补充。可知的未来与完美的昔日相对应。列维-斯特劳斯不仅在寻找初始的和谐。当知识完成了巨大的“还原”之后，把社会引向了人，把文化引向了自然，把生命引向了促使它诞生的法则，它的使命也就完成了。列维-斯特劳斯的圆满实现说（L’entéléchie）① 宣告了一条明证的最终登场，一种针对笛卡儿式的自我证明的哲学对立物，一条针对任何超验性企图的反论，甚至是针对任何神学残留物的一味解药。如同“世界即如此”这句话一经说出，便在恢复了人类的羞辱的生物性条件的同时，也恢复了人类作为思维的和社会的生物所享有的全部尊严。

有个问题一直悬而未决。1962年6月28日，列维-斯特劳斯应邀前往日内瓦参加让-雅克·卢梭诞辰250周年的庆祝活动，借此机会他发表了演说，对这个问题做出了果断的回答。问题涉及民族学在当今世界上的地位。在某种意义上，人类返归宇宙，这个看法没有妨碍他用政治昏睡来应对萨特的革命神话。列维-斯特劳斯在日内瓦的发言令人惊讶地激进，正如卢梭当年那样。列维-斯特劳斯认

① 亚里士多德用语，意指“完美的实现，完成”，指身心都获得满足的个体。——译者注

270 为，《论人类不平等的起源和基础》的作者应该获得无条件的敬重和最仔细的关注。他是人文科学的奠基人，为民族学奠定了基础。不仅如此，卢梭针对笛卡儿所做的，恰恰就是他前不久针对萨特所做的：卢梭摧毁了“我思论”的荒谬而令人昏睡的哲学。“因为，一个人若想被他人接受——这是民族学家给人类知识规定的目标，首先必须拒绝自己。”[56]他看到的不是令人讨厌的关于自我的证明，而是看到了在自我的内部从事思考的一个“他者”。针对笛卡儿极为肯定的“我存在”，他提出“我存在吗?”这是个尚无确定答案的问题，只因“内心体验所提供给卢梭的，只有被他揭示并清醒地探讨的这个‘他者’”。

这个重大的突破并不是纯粹哲学意义上的。列维-斯特劳斯认为，它构成“人文科学的真正的原则，伦理学的唯一可能的基础”。归根结底，民族学家从来没有写过别的，他写的全是忏悔。这些忏悔表明，由于他与他人认同，实际上拒绝了认同自身。“于是，自我和他人摆脱了唯有哲学才会鼓吹的对抗，找回了两者的统一。重新缔结的最初联盟使他们能够一道以我们反制他人，也就是反制一个与人类为敌的社会。”列维-斯特劳斯所有的政治悲观论都集中在这个所谓的“他者”上面，尽管他已经远离政治和对政治失望。那是一个史无前例的残酷世界，“灭绝、屠杀和酷刑的手段在那里横行肆虐”，用它“可耻的暴行”威胁着每一个人，继续着“根本无力在人类身上发挥道德作用的那种人道主义的缺陷”。这一切源于一些人窃取了把人性与兽性分离，并宣称人性优越的权利，同时又窃取了像对待牲畜那样对待同类的权利。正是在这个方面，卢梭特别值得称道。他虽然独居，却没逃脱迫害。他找到了反对迫害的最好办法：“寻找自然社会，以便在那儿对社会的性质进行思考。”在隐居生活当中，他发现了没有恻隐之心的社会“既不可能有法律，也不可能有风俗和道德”。卢梭与一切生命形式认同，包括最卑微的，也曾表示“正如其他一切生命体一样，人是受苦受难的 271 生命体”。

如果说，列维-斯特劳斯在卢梭那里找到了他的道德观，他在马克思那里找到的就是他的政治观。1961年9月，国际社会科学委员会组织了“关于工业化的社会前提的圆桌会议”，会上的发言为他提供了一个总结一下从马克思思想中获益之处的机会。列维-斯特劳斯认为，马克思解决剩余价值问题的方式具有明显的民族学特点。殖民化过程被马克思设想为发展资本主义的前奏。“在马克思看来，资本家和无产者之间的关系不过是殖民者和被殖民者之间的关系的一种特殊情形。从这个观点出发，几乎可以断言，马克思思想里的经济学和社会学最初带有一种民族志的特征。”[57]民族学是关于人的科学之母，这个提法只会让列维-斯特劳斯感到欣悦。无论我们是否同意他把马克思思想与民族学相提并论，马克思的立场却可以让我们明了一个基本的事实，一个势必被人掩盖的事实。一些人以摧毁别人为代价取得了进步。西方“通过暴力、掠夺和行凶”制造出了所谓的欠发达国家，这才取得了发展。“西方文明在关注于解决欠发达国家的工业化问题时，首先遇到的，是它当年为求生存而不得不从事毁灭活动的畸形的形象，这是个历经数个世纪固定下来的形象。”提出当前的发展问题时，必须考虑以前的这种悲剧性的依赖关系。

列维-斯特劳斯还提醒人们注意他心中挂记的几点。原始社会都崇尚统一。对于它们而言，以多数通过的选举是一种疯狂的举动，决定应当是一致通过的，哪怕此前须经过目的在于取消争议的讨论。面对众多的问题，他们依然把自然放在首要地位。“他们对经济价值的孰轻孰重的划分，可能与我们全然不同。最后还须指出，这些社会不喜欢历史。他们竭力从内部消除任何形成历史变化的可能性。”这些事实是一套良好的经济发展政策所不应忽略的。

272 列维-斯特劳斯在《野性的思维》一书中阐述了他的哲学思想的核心部分，把与之相关的问题分别留给地方和机构——日内瓦和国际社会科学委员会。这些问题跟他在法兰西学院的课程是不一样的。因为他的讲座是严格意义上的科学讲坛，必须只谈人类学，而非伦理学或政治方面的问题。不过，他坚持对这些问题提出自己的观点，这个事实表明他的退隐立场毫不是，也不可能是一种无所谓的态度。这样，列维-斯特劳斯一方面表明，作为民族学家，他愿意对自己的能力所及的领域发表看法和意见，例如与发展有关的政策；另一方面也表明，他拒绝扮演一个无所不能的知识分子的角色。他是专家，不是法官。他的帝国疆域广大，但他知道界限在哪里。

尽管如此，他的政治立场并未真正清楚地界定。那些被称为“欠发达的”社会几个世纪以来已被西方毁灭和摧残。所谓“原始的”社会用它们的统一的意志、对大自然的尊重和拒绝历史来对抗发展。一边是负罪感，一边是抵抗。依然没有脱离伦理问题。这种局面所导致的政治立场却没有露面。列维-斯特劳斯的介入到此止步：他十分乐意提供分析的数据，但把从中提取政治意义的事情留给别人。

七、机器与猫

列维-斯特劳斯的物质生活明显改善了。法兰西学院的职位使他获得了永久性工资收入和安全感；他的作品，即使是那些最难读懂的，也是书店里的抢手货。不妨奢华一下，他在乡下买了一座房子。“我和妻子想在乡间找个隐居所，拉康刚好买了辆雪铁龙汽车，他想开车兜兜风。我们四人出发了，真令人开心。请看拉康的神气，到了一个小镇，他把车停在一家破旧的客栈前，颐指气使地让人马上给浴缸放满水！”[58]四人帮穿梭于法国，看遍了全法各个地区的几十所房子，最后选中了列维-斯特劳斯满意的一所，位于勃艮第省和香槟省交界处的兰格高地。他们常去那儿小住。这个地区的气候可算是全法最恶劣的之一。列维-斯特劳斯心中再次生出那种在无边无际的远古大漠或美洲大地上孑然一身行路的感觉。 273

列维-斯特劳斯既属于新石器时代，又属于超现代。在精神生活中，他不断努力将野性的思维与驯化的思维完美地结合起来。这位民族学家在民族学工作中最富于“野性”，因为分析“野蛮性”恰恰要求与对象保持最大的差距，因而也就是最大限度地保持驯化的精神机制。当他保持距离的时候，他反而任凭自己的思想在野性的思维内像脱缰野马似的自由驰骋。说到底，民族学本身至少部分地属于野性思维。“民族学在我看来就像艺术创造。这是一个人与一个社会之间的私下对谈。”[59]列维-斯特劳斯是他自身意义上的修补匠，从远近不同地区的奇珍异物里获得营养。这些都不是创造活动，而是对已有知识的补充、纠正、说明，以便更正确地从更多的角度把握和厘清这些知识，进而能够采取一种最佳的角度，反过来将这些知识放入更宽广、更全面的知识空间。

这里当然包括植物学和自然科学。青年时期的热情从未减退。1952 年，恰逢他潜心研究语言学和人类学的结构观念期间，他欣然做过一场演讲，《关于蜜蜂语言和香水》[60]。研究神话的主要魅力很可能来自这样一个事实：他不得不大量阅读科学作品，从植物学到天文学，从解剖学到气候学，没有他可以不去了解的领域。他不断充实自己的知识宝库，多年积累的学识远远超出了业余爱好者的水平。除此之外，还有一项令他乐此不疲的义务：他所需要的知识是18 世纪的，而非当代的。他查阅狄德罗和达朗贝尔的《百科全书》，比查阅《大英百科全书》还要频繁，他甚至查阅了普里尼①的作品。

274 这种兴趣当中掺杂着科学精神、审美快感和对于采集植物标本时代的眷恋，但并没有完全转向过去的知识。列维-斯特劳斯保留着阅读科普读物的习惯：他收到美国的经典出版物，再加上阅读法国杂志，例如《研究》等随出随寄的各期杂志。“我并非对一切都明白，远非如此。”[61]他无意让人觉得自己是无所不晓的学者，只想保持广泛的兴趣爱好。在撰写《野性的思维》期间，阅读科普杂志可以让他享受调换口味。18 世纪所珍视的感性品质因实证科学而长期失宠，现在再一次成为现实。当代科学关注香味、滋味、花卉形状、鸟鸣。或许，调和的时代开始了。

在这个从具体科学到纯抽象的阶梯的另一端，列维-斯特劳斯热情地关注着信息科学的进展。在博弈理论的帮助下，控制技术致力于把人们原以为只属于人类精神的各种功能纳入机器。“人们发现小型计算机依靠二进制能够获得最令人满意的运行，正像思维一样。因此，机器不止为我们提供实际的服务，而且能够告诉我们思维活动的一些基本机制。”[62]这是令人瞠目的结合。彼此最为对立的学科，一是“计算机理论”，一是“关于异国思维形式”的思考，能够相互阐发申明。经历数千年分途之后，两个领域或许准备好要融会了。

能否进一步推动两者的汇合，并且找到数学手段来综合民族学所取得的成果呢？这些年当中，列维-斯特劳斯一直在关注这个问

---

① 老普里尼（Pline l’Ancien，23—79），罗马时代自然史学家，著有《自然史》。——译者注

题。他建议同事乔治·吉尔博（Georges Guilbaud）和社会数学与统计中心的合作者参加研修班和讨论。他同乔治·吉尔博一道，在社会人类学实验室成立了一个小组，研究如何把数学运用于人类学。其实，他自己退居一旁，原因很简单：他没有能力从事这方面 275
的研究。他对乔治·吉尔博坦言道："如果您给我提出一个用公式表示的课题，公式我能懂，但运算到第三步，我就忘记那些符号代表什么，无法对公式进行思考了。"[63]他只能远距离思考数学问题，从运行和逻辑方面看问题，但不能从数学本身，按照数学的步骤一步步推导。这可能是列维-斯特劳斯的一个遗憾：他没有作曲的天赋，同样也不具备数学天赋。这倒也无妨，因为别人会按照他的要求去工作。

这些合作给了他一个重温旧梦的机会：将亲属关系的基本结构形式化。1955 年时，他将这个课题搁置起来，因为他确信手工操作无济于事，必须借助计算机手段研究才能深入。1961 年至 1962 年间，他在每个星期三法兰西学院的课上重提这个问题。首先是在事隔 15 年以后，对《亲属关系的基本结构》作出总结。"同血统"的社会，即实行父母双系血统继嗣的社会随后登场。最新研究已经表明，此类社会的数目远比人们想象的大得多。它们的存在表明，从亲属的基本结构向复杂结构的过渡，不能与从所谓的原始社会向所谓的文明社会的过渡混为一谈。然后，列维-斯特劳斯回答了埃德蒙·利奇①就澳大利亚和缅甸社会对他的多次指责——在英国人类学界，此君既始终捍卫他的学说，又是他的最严厉的批评者之一。在高等研究实践学院研修班的范围内，这一番阐述导致第二年重提

① 埃德蒙·利奇（Edmund Leach，1910—1989），英国社会人类学家，英国皇家科学院院士。他在把列维-斯特劳斯介绍到英国方面用力颇多。

安德烈·韦伊1947年应他的要求作出的代数式形式化——被他用在了博士论文的第一部分里。这个研究可以进一步扩大。为达到这个目的，他取得了第六系里专治数学的同事以及属于法国国家科学研究中心的研究员的帮助。这个小组力图利用数学形式表达一组复杂
276 的家庭系统，即所谓“克劳-奥玛哈”体系。结果不太成功。“我们缺少一套从理论上解决克劳-奥玛哈体系的办法，而那无疑会遇到新问题和付出大量努力才能建立，所以我们至少在这些系统的性质、定义以及应有助于解决问题的程序的一般特点上取得了一致意见。”[64]问题悬而未决。三年后的1965年，《人类》的一份双期专刊“亲属关系的研究”用很大篇幅发表了菲利普·库雷日（Philippe Courrège）的一篇文章，“亲属关系的基本结构的数学模式”。这既是一个返归已经探讨过的领域的迹象，又表明一种深化和系统化的意向。

零碎的研究工作是无止境的。正如对待科学一样，列维-斯特劳斯又转向艺术和文学，脑海中带着同样的疑问，手中运用同样的手段。1962年，雅各布逊又一次来巴黎旅行，他向列维-斯特劳斯谈起诗学，告诉他法国诗歌给他留下的困惑。“他走后，《猫》便开始在我脑际盘旋，这是少数我能够背诵的诗歌之一。按雅各布逊说明的思路，一个阐释的轮廓慢慢出现了。”[65]他把自己对波特莱尔的这首诗的初步分析告诉了雅各布逊，随后两人开始书信往还，深化和明确共同的分析办法。雅各布逊再次来到巴黎。一天早上，他们围坐在办公桌前，由列维-斯特劳斯执笔。一天下来，他们写出了一篇文章《查理·波德莱尔的猫》。不久便在《人类》杂志上发表了。雅各布逊说：“实际上，这篇文章几乎每一句都是两人共同拟定的（……）双方的贡献绝无可能分开。”[66]他又说，这篇文章是“把诗歌语法运用于一个具体例子的首次尝试”。每个词，每一

行诗句的位置、价值、功能都拿来与其他的词和诗句逐一做出了比较。这是对一首诗做出的彻底的“解构”，揭示出把意义和力度赋予这首诗的潜藏的力量。语言学家和民族学家联手使文本的内涵变得历历可见。这种分析的价值在它引起的反应和争论中可以看得更清楚，语言学家（乔治·穆南[①]）、文学评论家（米歇尔·里法泰尔[②]）都加入进来。支持神秘和不可言说的观点的人责备他俩取消了诗的魅力。雅各布逊则反问他们，是否拿得出更严肃的东西。 277

列维-斯特劳斯后来没有直接回到这上面来。三年后，在一篇短文里，他对于把结构主义方法运用于文学评论表示怀疑。对于这方面的尝试，他认为大多数情况下得到的只是意义不大的镜中之物。事实上，它们的最大好处是为结构分析见证我们这个时代的各种神话。在这个名目下，各种神话可以用同样的方法，例如，“解读塔罗纸牌[③]、咖啡残渣或手掌的纹路，谵言妄语只要说得通就行”[67]。列维-斯特劳斯懂得如何做到清晰、果断和干脆。

八、光荣与名誉

1955 年以来，列维-斯特劳斯的名字不断地在书店和评论界出现，《忧郁的热带》和《结构人类学》相继发行之后，1961 年至 1962 年，《与乔治·夏博涅的谈话》、《忧郁的热带》袖珍本、《今日

---

① 语言学家乔治·穆南（Georges Mounin，？—1993），法国著名社会语言学家。——译者注

② 米歇尔·里法泰尔（Michael Riffaterre，1924—2006），法国结构主义文学理论家和批评家。——译者注

③ 主要用于占卜，共 78 张。——译者注

图腾》和《野性的思维》相继问世。五部作品有三部立即被视为经典。各个阵营、各个学派的诠释者蜂拥而至。评论界反应热烈，随着每一本书问世，报道内容越来越丰富。评论界向《野性的思维》发出敬意，因为这本重要的作品一举摧毁了自列维-布留尔以来的传统表现方法，因为后者把野蛮人的巫术思想与我们的所谓理性精神截然对立起来。在平等对待他人的方向上，列维-斯特劳斯迈出了决定性的一步。这一步，按照克洛德·鲁瓦的说法，堪与弗洛伊德用《日常生活的心理学》使我们的意识跨出的那一步相提并论。在一篇长文里，在巴黎学术界言论日益重要的罗兰·巴尔特也对这位新的伟大人物大为激赏。他在文中评估了列维-斯特劳斯在人类学上运用的结构主义方法在哪些方面可以进一步用于社会学。让·拉克鲁瓦在《世界报》上发表感想，为列维-斯特劳斯把社会、文化和思
278 维置于它们物理化学的基础之上而感到触动。他写道："总之，没有肆意攻击，没有寻衅挑战，完全是脚踏实地的研究，列维-斯特劳斯也许正在构筑当今最严格意义上的无神论哲学。"[68]不和谐的声音只有一个，1962 年和 1963 年，伽里玛出版社的《法国信使》，针对《与乔治·夏博涅的谈话》和《野性的思维》发表了两篇抨击文章，口气却似学者闲谈。两篇文章皆由蒂娜·德雷福斯署名。

从此以后，列维-斯特劳斯成了名人。让·拉克鲁瓦在《世界报》上发表的文章提到"他在法国和国外有众多听众，涉及不同学科的整整一代青年"。影响的范围难以估量。但可以肯定的是，结构主义观念深入人心。他的时代和他本人的关注点是一致的。20 世纪 60 年代的年轻人不再相信历史主义有什么益处，也不愿回到人文主义时代。他们寻求一个不再陷入游移于历史学和主体之间的解释原则。列维-斯特劳斯为他们提供了一幅在客观性和严谨性方面都符

合他们的期待的图景。作为一个名人，列维-斯特劳斯有权具备一个公众形象。克洛德·鲁瓦在《自由日报》上要言不烦："尽管具有伟大的精神和品格，列维-斯特劳斯却有一个弱点：多少有点易怒。热爱真理，勇于发现，这有时会使他当着一个冥顽不灵的对话者的面，生出极恶劣的情绪。与他进行科学论战，有时候会沦为一场神经质的棍棒相加。"[69]此言含有恭维之意，因为巴黎的公众还记得他与卡伊瓦、勒威尔以及其他一些人之间的唇枪舌剑。尖酸刻薄、含沙射影的言辞令人叫绝；有列维-斯特劳斯在，你绝不会感到无聊乏味。

也许正是出于这个理由，舆论的制造者总是想在萨特和列维-斯特劳斯之间掀起一场公开交锋。1960 年，让·布庸负责在高等研究实践学院的研修班上介绍《辩证理性批判》，他惊讶地发现，数周之内听众日渐增多。他在其中认出了吕西安·哥尔德曼①。实际上，既没有论战，亦无交锋，似乎有过那么一两次，萨特对《野性的思维》最后一章作出了反应。他认定列维-斯特劳斯根本 279
没有读懂他的书。其实这等于什么也没有说，只说明列维-斯特劳斯对萨特有反感，萨特对列维-斯特劳斯亦无好感。凡是学者或思想家都一定有打算实现的计划，这两个人也一样，他们最关心的是如何取得进展。他们没必要相互较劲，交锋如果有，也只是通过陆续发表的著作展开，而且两人研究的课题也有交叉之处。

在评论界取得成功并赢得公众，自然也会在学术界引起反响。从 1963 年起，关于列维-斯特劳斯和结构主义的杂志专刊陆续出现。《现代》杂志率先在 1963 年 7 月和 8 月号上发表了一套内容充实的

---

① 吕西安·哥尔德曼（Lucien Goldmann，1913—1970），法国马克思主义哲学家和社会学家，高等研究实践学院教授。——译者注

资料，题为“列维-斯特劳斯和虚无的诱惑”。作者皮埃尔·维尔斯特拉藤（Pierre Verstraeten）介绍了这份杂志上发表过的列维-斯特劳斯的文章和有关他的文章，通过一段段文章概要，他提出的东西很像是《现代》对于列维-斯特劳斯及其理论的总看法。根据这位民族学家近来发表的著述，他最后做出了一番综述，并与马克思主义原则做出了比照。

让-玛丽·多莫纳克①主编的《精神》杂志同年11月份出版专刊，主题是《野性的思维》与结构主义。引言部分着重强调，列维-斯特劳斯已经成为凡是叩问“人类在世界上的存在意义”这个问题者都必然参考的一位作家。[70]这一期的重头文章出自保罗·利科②的笔下，“结构主义的事业（……）在我看来完全合情合理，不容任何批评，只要它对自身的效力，也就是其限度有所意识”[71]。问题在于从《结构人类学》到《野性的思维》，也就是“从一门结构科学到一门结构主义哲学”[72]，列维-斯特劳斯是否越过了这条限度。利科认为他的立场“在几个哲学的萌芽之间摇摆。有时似乎是没有超验性主体的康德主义，甚至是一种绝对的形式主义”[73]。此外可见另一个哲学萌芽，它把结构当成“实践”（praxis）即原始整体性和实际做法的媒介；这个立场使得列维-斯特劳斯能够做到“民族学上的结构主义者、哲学上的马克思主义者。可是，这是什么样的马克思主义呢?”[74]最后，还有“一种十分不同的哲学的构想。在
280 这种哲学中，范畴既是事物的范畴，也是事物本身”[75]。其后果是导致一种完整的唯物主义。指出这几处含糊点以后，利科便给限定

① 让-玛丽·多莫纳克（Jean-Marie Domenach，1922—1997），法国左翼天主教作家。——译者注

② 保罗·利科（Paul Ricœur，1913—2005），当代著名法国哲学家，以胡塞尔思想在法国的传播和结合现象学与解释学而闻名于世。——译者注

在有效性之内的这种结构主义以及他本人的学科——解释学，分派了一些补充任务。结构主义因其能够保持一定的距离，可用于分离和建构研究对象，解释学随后从事“反复”（reprise）的工作，目的是得出一个在世界中的补充意义。结构主义于是成了哲学思考的科学手段。

不管克洛德·鲁瓦如何评论，列维-斯特劳斯还是不失时机地应邀参加了与《精神》杂志“哲学组”成员的对话。这一期杂志以这场谈话的记录结束。他首先给《野性的思维》的方法定位。这本书与其说标志着一种结果，不如说一种过渡。“它在我的思想里是（……）一次暂歇，一个阶段，一个让自己喘口气，得以观照周围景色的时刻，而那些景色却恰恰是我不会前往之处，我不能，也不打算前往：那是一幅供我远眺的哲学景色，我让它保持依稀可辨，因为它不包括在我的旅程之内。”[76]明确了这一点之后，他表明在自己心向往之的众多哲学当中，他更喜欢“无超验性主体的康德主义”。但是，列维-斯特劳斯是民族学家。他特别强调这一点，这就提前回答了无论吹捧者还是敌对者的评论和疑问：“我没有建立一门哲学的意思。”[77]不过，利科的解释学立场在一个根本问题上与他的立场形成反照：意义（sens）。哲学家利科所说的“意义”乃是“意义的意义，意义背后的意义；在我的视野里，意义从来不是一种首要的现象，意义永远是可约减的。换言之，任何意义的背后都有一个无意义，反过来却不行。在我看来，意指（signification）永远属于现象学”[78]。列维-斯特劳斯认为，利科所珍视的“意义的反复”只能是对某种操作的效力的一次事后检验。没有它，意义就只是学者的一种自我满足，因为他也是一个人：“这是意识在品味一组元素时所尝到的特殊滋味，但是，单独品尝其中任何一个元素都 281
不会获得同样的滋味。”[79]

解释学与结构主义始终未能合流。二者依然彼此无法还原。在它们的方法方面，利科所宣称的互补性无法消除这一事实：二者的方向相反。解释学是知识大厦的王冠，在超出知识本身的方向上涵盖了知识，并使它向其他东西开放。结构主义把意义的大厦纳入超出它的知识，并把它引向分解。归根结底，列维-斯特劳斯的立场是不折不扣的哲学立场。他承认，他讲话时就像“受过哲学训练似的，而且或多或少是一位哲学家”[80]。他的思想虽然参考了康德主义，却可能更丰富多彩：“我坦白，我的研究工作需要的是那种最脚踏实地的哲学，是您的研究所描述的哲学当中最简洁的那一种（……）因此，假如有人指出，结构主义终致恢复某种庸俗唯物主义，我不会感到惊讶。”[81]这种假设他只喜欢一半：“我看到了路标，我不让自己朝指示给我的那个方向前行（……）”[82]安慰来自利科本人：“您对意义感到失望（……）您挽救意义，不过那是无意义的意义，是对一篇内容空洞的演说的出色的句法安排。我觉得您处于不可知论与极高明的句法的结合部。正因其如此，您既让人着迷，也令人担心。”[83]

这场争论始终没有重新发表，它为列维-斯特劳斯思想的发展画上了一个休止符。无论利科本人愿意与否，他都是哲学界的代言人，现在他针对一位同事的思想提出了一种冷峻的诠释。也许，这是荣誉所招致的最重负担，因为从今以后，必须接受众目睽睽，也就是说，得接受被人定位，被人评价，甚至可能幽闭于一间相当促狭的诠释的牢房里从事工作。列维-斯特劳斯是失望和无意义所造就的。结构主义可能是虚无主义的一个充满英雄气概的方面，是人类
282 返归大自然之前，人类的创造活动获得的暂时救赎，这些创造活动除了形式上的完美，没有任何东西能让人相信，它们曾经必须脱离大自然。结构主义因而是一种美学，而列维-斯特劳斯则与陀斯妥耶

夫斯基相仿——“美将拯救世界”。

列维-斯特劳斯的荣耀表现在各个方面，及于公众、人类学家、知识分子和科学家，同时也触动了各种机构。从此，列维-斯特劳斯各种名誉称号加身。如果一一罗列，将是烦琐无益的。仅从1960年至1964年间的几个例子来看，就可见其势之连绵汹涌。1960年4月22日，列维-斯特劳斯被选为美国哲学协会会员；1962年3月23日，成为挪威科学与文学院的外籍院士；1962年11月8日，被聘任为布鲁塞尔自由大学名誉教授；1962年5月8日，当选为美国艺术与科学学院外籍院士；1963年，被任命为国家博物馆艺术委员会委员；1964年1月1日，法国荣誉勋位团，授官佐衔；1964年6月6日，被聘任为牛津大学荣誉教授，这种情况20余年当中未曾间断。

可以肯定，列维-斯特劳斯对这些雨点般纷纷落下的荣誉不会无动于衷。或许他会想起不算太久以前，在马赛登船前往未知世界时，曾经连最基本的权利也不能享受。他比任何人都清楚，礼仪并非游戏，它们总是能满足某种需要，即使连当事人对它们的作用也不总是十分了然。

九、热衷神话

“我从1950年起就关心神话问题。1970年完成了《神话学》。在20年的岁月里，我黎明即起，陶醉在各种神话里，真好像生活在另一个世界里。”[84]最初是1950年的那些大量突破，然后是远观和综合的过程，最终写成《野性的思维》。这部作品完成后一个月，即1961年11月，列维-斯特劳斯在法兰西学院开了一门课，名为“自然向文化过渡阶段的神话表现”。又过了十年，《裸人》问世。 283

这期间，凡与神话研究没有直接关联的活动和应酬，他都尽量避免参加，专心写作他的四部曲。“我像一个和尚。”[85]第一堂课上，说到形式的多样性和相似性所归结的“隐藏的法则”，他援引了歌德的一句诗。这种精神的契合并非偶然，正如歌德谈论他自己的作品那样，列维-斯特劳斯也可以认为自己的作品得之于一场大规模的组织活动。

这场探险并非从零开始：列维-斯特劳斯在十年中提出了问题和解决问题的方向；他调整并检验了自己的方法论工具；他推敲了课题的哲学和伦理背景。着手解决问题之前，他已经做好了准备。然而，他无法了解，在开发这片他决定丈量的大陆的过程中，他会走至何处。起初，他以为这个工作无须很长时间便可以完成，会像以往写论文那样，导致写出一部独立的著作。因此，他才把 1961 年和 1962 年之交的整个冬季，用于兼顾美洲的神话和亲属关系的基本结构。但是，很快他就发觉一门课不够，必须放下其他工作，把注意力集中在神话研究上。第二年的两门课程（从此以后都是逢周一和周二上课）和第三年的课程全部用于研究神话。1962 年 6 月至 1963 年 7 月之间，他撰写了四部曲的第一卷，《生食和熟食》于 1964 年秋问世。

列维-斯特劳斯是执著的。与《亲属关系的基本结构》那个时期一样，他从最广泛的问题谈起——说到底，这是个涉及整个民族学领域的问题：从自然到文化的过渡问题。他雄心勃勃，打算通过考察神话是如何回答这个问题的，证明“存在着一种感性品质的逻辑”[86]。野性的思维放入环境里加以把握，指出它符合一些程序和法则。神话是一些话语，他想建立起它们的句法。换言之，他的目的并不是研究整个美洲的神话，而是从中选取一组——那些能够反映从自然向文化的过渡的神话，看看它们是如何相互衔接的。在四部曲之第一卷的“开篇”中，列维-斯特劳斯指出了他本人在从前和

《神话学：生食和熟食》法文版封面

未来的作品的整个构架当中所处的位置。自《基本结构》问世以
284 来，他按部就班地执行着一套计划。如果说《野性的思维》曾经造成一种印象，好像他游离出了民族学的范围，那么不应该忘记，他只是打算确定自己的方位而已，然后继续上路：“我们决心不让自己长时间地脱离我们的道路，不去碰那些受到哲学良好保护的猎物——小规模的偷猎除外”[87]，一句话，“目的地不变”[88]。

不可否认，列维-斯特劳斯的思想极有条理，他知道走向哪里。尽管如此，他此处所描述的旅程却至少部分地很像一场重建活动，带有简单化和大而化之的特征。正如步其后尘者所做的那样，大量的“亲属关系”与大量的“神话”可以拿来相比吗？从他开始致力于亲属关系的基本结构到他的“重头作品”对这个问题作出结论，其间过去了 5 年的时光。而从他开始接触神话世界到完成四部曲，22 年的岁月流逝了。最初的工作是重提、再探和继续从前的主题。第二阶段的工作建立在传统的阐释之上，没有沿用以往的任何说法，或者更确切地说，把它们视为一套附加的神话。亲属关系的研究是在一种已经确立的传统之内进行的，而神话研究的目标却是建立一个全新的传统，其基础是素材，而且大多尚未得到发掘。此外，导致列维-斯特劳斯将精力转向神话分析的，主要是 20 世纪 50 年代初期的一些偶然的机缘。所以，怪也不怪，列维-斯特劳斯的著作的第二根支柱既是计划当中的，也是偶然造成的，但比第一根支柱更具有个人特点，是一系列独创性研究的表达和结果。

依然是在他的新作品的“开篇”里，列维-斯特劳斯就哲学“偷猎”重提他的参照系，完全赞同他与“无超验性主体的康德主义”之间有着亲缘关系的假设，因为在他看来，抽掉主体结构主义方法的一个正常合理的结果。这个假设有助于他提醒人们，结构主义计
285 划里包含着一种心理学抱负：“在民族志经验的基础上，总是要一

一列出精神范围（……）而且达到一个层次，必然性在这里表现为内在于自由的幻觉。”[89]精神是遵循法则运行的，因而是被规定的。倘若能够阐明精神是在它享有发明和遐想的绝对自由之地——在神话里——那就应当承认，精神无处不被规定。这个阶段的精神可视为“事物中的事物”[90]。在康德主义背后，总是而且依然能够依稀窥见唯物主义：列维-斯特劳斯提出了问题，同时也界定了问题，因为他提醒我们，结构主义的灵感是“决定论的和现实主义的”[91]。

既然万物均受法则的制约，神话就成了一个自足的客体，依照自身逻辑运行，须澄清的正是这种逻辑。“因此，我们打算指出的，不是人们在神话中如何思维，而是神话在人们那里如何思维，而且不被人们所察觉。或许（……）应该走得更远一些，不考虑一切主体，只观察神话之间如何以某种方式思维。”[92]继无超验性主体的康德主义之后，又出现了没有主体的无意识。列维-斯特劳斯开辟了一条通向没有任何实体论残余的心理学之路。

《生食和熟食》尽管运用了严谨的结构方法，仍然显得是一部辞藻华丽的著作。阅读可从任何一页开始：列维-斯特劳斯不厌其烦地一再重申，神话世界是圆的，可以选取任何一个神话进入，然后沿着围绕它编织起来的符号和标记的网络所指示的无数路径，走向其他神话，而且一步步地接进其他文化区域。最初，他曾经考虑以北美普韦布洛神话作为出发点。这些神话他在1951年至1954年的研修班上讲授过，后来又经过吕西安·瑟巴格（Lucien Sebag）和让-克洛德·加尔丹（Jean-Claude Gardin）的大量清理。但他觉得这些神话“过于拘囿自闭”，最后选定了他在1957—1958年研究过的博罗罗神话“掏鸟窝者”，后者马上把他引入问题的核心。我们 286
从中得知人们是如何与美洲豹缔结联盟的，此物掌管火种，也因而专司食物烧烤——一个孕育着文化的形象和象征。

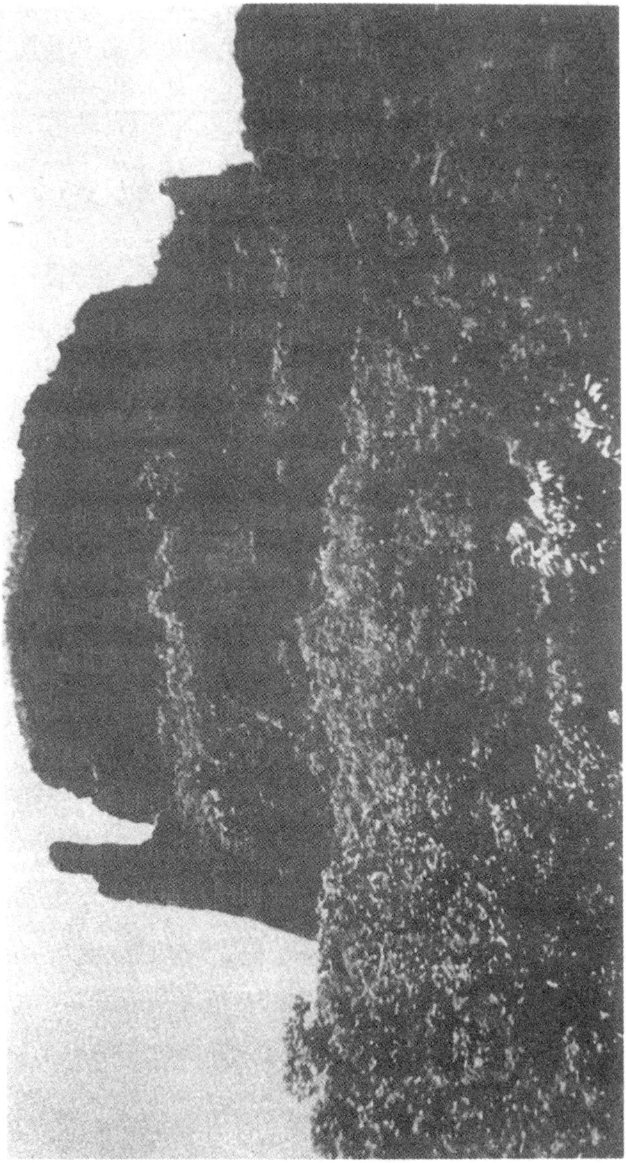

查帕达山(chapada)的层岩的一个侧面，博罗罗人在那里摸金刚鹦鹉的巢。

羽毛新丰的金刚鹦鹉

列维-斯特劳斯一发而不可收。“他不是在解释神话，而是把神话接受下来。一面接受这些神话，一面也就接受了精神和世界。”[93]神话故事前后接续、混合、盘错。或者说，他们如同语言学上的音素，组合、对立和变换。一个人物与另一个相呼应，同一种情形换了叙事会颠倒，某地的某一缺失意味着另一地存在着延伸。此类盘根错节和对它们的甄别工作，列维-斯特劳斯将其描写为一个“绘制圆形花饰”的系统。

> 无论把什么样的神话作为核心，它周围都环绕着一些变量，形成一组圆形花饰，逐渐扩展，渐趋复杂。而且，无论把处于外围的哪一个变体当作新的核心，都会出现同样的现象，出现第二组圆形花饰，与第一组部分重合，而且超出第一组。如此周而复始，但不会无尽无休，直至这些曲曲折折的线条返回开始的地方。结果是一个原本模糊不清的区域里可以依稀见到一些主线条，而且显露出一个高度组织化的网络。[94]

在第一册里，对于神话世界的考察开始于南美洲，主要是巴西中部和东部。列维-斯特劳斯当年穿越马托·格罗索州时，对神话并不太感兴趣。自从到第五系教书以后，他发现这个地区存在着大量的神话传说，都是慈幼会传教士在20世纪初搜集起来的。他对187个神话做了介绍和素材处理，这些神话的主题十分丰富，从火的发明到饮食方式，样样俱全。它们并不是按照线性一一排列的，因为神话可以像乐谱那样进行分析。

十、音乐的比喻

列维-斯特劳斯按照一部乐曲的布局安排《生食和熟食》的各个章节：“主题与变奏”、“咏叹调”、“交响乐”、“赋格曲”、“大合
287 唱”，等等。他在关键性的几页中对此做出了解释。一旦选择了随物赋形，别的布局方式看来就都办不到了：那会显得过于平铺直叙，过于僵化。唯有音乐附和神话，因为二者是相通的。

列维-斯特劳斯酷爱音乐，唱片使音乐成了他日常生活的一部分。音乐随时随地伴随着他，尤其是工作的时候。“我的思路听着

音乐会更清晰。音符话语的衔接流转与我的思路两者之间有一种对位关系。”[95]往日对瓦格纳的激情使他保持着一条信念，“倘若应当认为瓦格纳是当之无愧的神话的结构分析之父（……）那么，具有高度揭示意义的是，这种分析首先是在音乐中形成的。”[96]按列维-斯特劳斯的观点，音乐与神话之间的相似性来自于两者在一场相同的运动中，既借助于时间，也否定了时间。它们都在一场时间的绵延中展开，但这个绵延随即被它们变成了一个自我封闭的共时性整体。音乐使时间凝固不前，“以至于边听音乐，而且就在倾听音乐的过程中，我们可以达到某种永恒”[97]。

还应当进一步分析。音乐在两个层次上进行，一个是生理的，一个是文化的。它开发和利用了听者的生理节奏即呼吸，也运用了一系列乐音，其数目和相互之间的关系随着文化的不同而有所变化——此即音阶。列维-斯特劳斯感到着迷的，是极少数人能够作曲，而大多数人只能做到对音乐敏感。“在所有的言语活动当中，唯有音乐具有这个矛盾的特点，既是可以理解的，又是无法转译的，这就使作曲家成为一个具有神性的人物，使音乐本身成为人文科学的最高堂奥，它使人文科学到此止步，它掌握着人文科学进步的钥匙。”[98]

对于音乐的最新演变，酷爱音乐的列维-斯特劳斯不会漠然处之。出于对称性方面的理由，他责备分享了所谓精致音乐的天下的两个音乐模式。以“具象音乐”闻名的音乐忘记了一点：当它声称用噪音谱曲时，音阶就脱离了自然，成为一种编码行为的效果。它自诩依据“伪音”建立起来的语言是荒谬的。“具象音乐颇为得意它所说的幻觉，其实只是言不及义的不知所云而已。”[99]十二音阶音 288
乐的情形较为复杂。它毫不含糊地站到乐音方面，构建起一部精细的语法和句法。就这一点看来，它也许有助于把音乐从丰富性已趋穷尽的形式中解放出来。它牺牲了“自然的依托”；缺少了这个依托，它的任何语言行为都注定会随波逐流。“就像一艘没有风帆的船，船长对让它充当浮桥感到厌倦，于是驶向深海，因为他窃信，只要让船上的生活服从于一套严格的规矩，就能使船员摆脱对原籍港的惦念，对目的港的关心（……）。”[100]总之，就十二音系而言，“只有航行是真实的，而非大地，路途被航行规则所取代。”[101]列维-斯特劳斯引用皮埃尔·布雷的话，把十二音阶音乐比拟为一个扩展中的宇宙。据他说，这个意象可以从两个方面理解：或者是听众与作曲家的区别逐渐模糊，前者按照个人所需重组后者的创造活动；或者相反，二者分道扬镳，音乐越来越难以分辨，音乐的情感熄灭了，连音乐的理念本身也消失得无影无踪。对于这后一种假设，列维-斯特劳斯感到担忧，但他十分清楚——他甘愿承认自己“天生就不会创作乐曲”[102]——头一个假设只是一种空想。道路的尽头，不是声音嘈杂就是静无声息，《生食和熟食》恰恰以这两个主题结束全书。这场崩溃可以比拟为抽象艺术给绘画艺术带来的命运，只因它把绘画禁锢在以往装饰艺术所扮演的角色当中（……）。

这些思考在现代性的捍卫者那里反响强烈，后来又反复受到评说（特别是翁贝尔托·埃科和亨利·勒弗布尔两人，从 20 世纪 60 年代末以后就不断重提这一问题）。对于列维-斯特劳斯来说，这些思考是引入音乐比喻方法的一种手段。“音乐和神话在听者方面诉诸同样的精神结构。”[103]这跟他从前的观点相比是完全颠倒的。他将
289 神话与发音语言的关系搁置起来，而这种关系以前他却最重视。音乐由于同时作用于感官和精神，是自然和文化之间的最佳媒介。在这个意义上说，音乐虽然是一个与发音语言迥异的符号系统，对于神话研究却是一个难以超越的模式：神话叙事及其变化是按照跟各种音乐形式一样的模式组织起来的。列维-斯特劳斯借用谱曲手法来

命名全书各章，根据的正是这种相似性。他甚至做过把这种运动颠倒过来的事。在撰写第一册时，有个神话难以分析：它虽有结构，却找不到与之对应的音乐形式。列维-斯特劳斯找到一位朋友，既是音乐理论家，又会作曲的勒内·莱波维兹①，向他请教一个按照同一样式呈现的作品应当如何称呼。“他说，据他所知，整个音乐史上都没有这种结构的例子。可是，时隔几周，他寄给我一部乐谱，是他利用我给他讲述的神话结构写出来的。”[104]

《生食和熟食》把神话比作一种音乐形式的做法招致了一些批评。列维-斯特劳斯被指责任意处理某些平行现象。或许应当把这种情绪与列维-斯特劳斯倾听贝里奥（Luciano Berio）的《交响乐》时的感受两相对照，那是《生食和熟食》所阐述的令他“感到困惑”的“神话变换在音乐上的对等物”[105]，在随后的几册里，直接的参照减少了，代之以使用不太直露的共鸣和提示，借助音乐的逻辑来澄清神话的内在逻辑。列维-斯特劳斯毫不含糊地坚持要他的《神话学》形成一个四部曲——甚至不惜让第四卷仅收集一些足够发展成多册使用的素材。这是因为向瓦格纳致以敬意不仅是重温他个人长期耳濡目染的回忆，也是为了感谢瓦格纳的洞察力。“主旋律预示着神话素。”[106]瓦格纳的歌剧通过交替把主题乐章与歌唱乐章重叠与对立，使得情节的不同时刻在时间流动中达到重合。在这方面，歌剧本身就形成了一种结构分析。

对神话的开掘接近完成，在《裸人》一书中，列维-斯特劳斯再次肯定并补充了他的论点。他说，音乐和神话提供了“一个从另一个变换而来的意象”[107]。与靠音与义相交构成的发音语言不同，不 290

① 勒内·莱波维兹（René Leibowitz，1913—1972），波兰裔法国著名音乐家。——译者注

妨认为一个使用乐音而无须借助意义，另一个仅靠意义而无所谓语音。这种地位在结构方面存在已久。列维-斯特劳斯估计它在发明赋格曲的时代，即 16 世纪和 17 世纪就形成了。那时，神秘思想开始隐退，代之以科学知识和浪漫主义叙事。然而，此后出现的赋格曲和作曲形式可以被诠释为采自神话世界里已有的模式和结构。“因此，一如灵魂脱离肉体，神话必须消亡，才能让它的形式从中逸出，向音乐求得一个再次现身的手段。”[108] 从这个时期起，直到 20 世纪初，音乐使神话的形式获得了永恒——小说则负载了“变了形的残余部分”[109]。后来一切都发生了变化。从瓦格纳开始，音乐才意识到它肩负着神话的信息：

> 在这种意识的觉醒中，可以看到一个开端，甚至是另一个阶段的肇因，音乐已经没有别的选择了，只能把可用的神话结构剥离出来，使神话以一种针对自身的话语形式，达到自我意识。所以说，在我从事的神话搜集和现代音乐的事业之间存在着一种相互关联和相互对立的关系，后者自十二音阶革命开始以来，反倒力图彻底摆脱神话。[110]

这是一幅作为音乐家的艺术家形象。完成神话学探索之时，列维-斯特劳斯把自己的作品置于西方文化的悠久历史当中。倘若 20 世纪是一面镜子，能够折射出此前各世纪所完成的工作，那么列维-斯特劳斯比任何人更能体现出这一点。结构主义使他能够与人文主
291 义和形而上学的残余实行最彻底的决裂，同时也为他提供了一个手段，得以汇集以往的遗产，并召唤零碎的文化要素都来赶赴他的盛宴（《神话学》中谈到了厨艺及其附属物），他提供了既从整体上又作为一个整体理解这种文化的手段。借助并通过音乐，借助并通过神话，结构分析使往昔重获现实意义并使其改观。结构分析以自身

的方式完成了《失而复得的时间》[1] 这个令人感伤的课题。

十一、机构与人

《神话学》是一项大工程。由于列维-斯特劳斯拥有基础设施和一组精干人选，任务变得容易一些。60 年代中期，社会人类学实验室聘用了大约 15 个人——具体人数根据研究计划资金的多寡而定。其中多人参加了《神话学》的撰写。列维-斯特劳斯在法兰西学院根据一部讲稿讲授，让·布庸听课并笔录所讲内容，作为备课和写书的中间阶段。列维-斯特劳斯常说自己记忆力差，凡没有记录下来的都会丧失。布庸的笔记使他得以生动地再现课堂上的表述。在电脑技术出现以前的那个时代，完成一部书稿真是一桩大事：翻译、调整图表和图解，标明出处和相关资料、选择和处理插图、打字、校对，形成此书的这些过程都由实验室人员完成。伊莎克·希瓦和莫尼克·列维-斯特劳斯负责审阅清样。

在这份初期工作以外，列维-斯特劳斯还可以依靠遍布全世界的朋友和同事。他在南美和北美的大学同事给他提供材料和明确细节，回答他的问题，提出建议，指出未发表过的数据、资料。他们的参与不是为了保证这本书面面俱到——他并无此野心——而是最大限度上的适切性。只要能够做到，凡是可能为他的演讲所用的内容都留存和归档。在民族学的领域和美洲以外，他也可以向各种专 292
业的学者发出请求：数学家、植物学家、天文学家、语言学家、东方学家，等等——例如勒内·莱波维兹便负责帮助他明确《裸人》

① 法国小说家布鲁斯特（Marcel Proust，1871—1922）的名著《追忆似水年华》的第 7 卷的题目。——译者注

一书最末几页的思想。

法国民族学正经历着变化。有些名字远离或者消失了。雅克·苏斯戴尔受到法国司法机关的起诉后，于1962年至1968年间流亡意大利。1901年出生的米歇尔·雷利斯结束了在法国国家科学研究中心的职业生涯。1963年4月，阿尔弗·梅特罗在退休后不久自杀。“他的死，”列维-斯特劳斯后来追忆道，“使我万分震惊，就像对于他的朋友一样。不过，今天回想起来，我觉得他的私生活是使他逐渐走向自杀的原因。”[111] 自杀前，梅特罗写下了八页纸的遗书，其中除了有对苏格拉底之死的思考和一些引述的话之外，还提到了几位朋友，其中包括雷利斯和列维-斯特劳斯。

列维-斯特劳斯无疑在学术机构里占有十分重要的地位。同事当中最有创新精神的大概是乔治·巴朗蒂耶，他在高等研究实践学院第六系教授黑非洲社会学，同时还在政治学院发起了与发展有关的研究工作。在索邦大学，安德烈·勒鲁瓦-古杭教授普通民族学和史前史，罗歇·巴斯蒂德自1959年起担任民族学和宗教社会学教授。他一上任便以这一名义组织了一次研讨会，讨论“结构的术语在人文和社会科学中的运用和意义”，从而一劳永逸地划清了古尔维奇的社会学与结构人类学的界限。索邦大学记载并确定思想运动，而并不领导。

在渐渐浮现的名字当中，大多数人曾经在或正在列维-斯特劳斯的“网络”下的某个机构工作：法兰西学院、高等研究实践学院、社会学实验室、《人类》以及《人类学学刊》。两个昙花一现的人物尤其在这些机构里留下了印迹。一个是皮埃尔·克拉斯特（Pierre Clastres），哲学家。进入人类学之前，甚至在取得实地考察的经验之前，他已经建立起一套关于酋长管辖权的独特理论；他多次在瓜亚基（guayaki）印第安人中间，随后在瓜拉尼（guarani）印第安人中间考察研究。他建立了一套关于人类学的政治观，可是这项工作因为他 1977 年死于车祸而中断。20 世纪 60 年代期间，他经常参加实验室的工作和高等研究实践学院的研修班，并多次报告过他的“实地考察”。他的文章经常发表在《人类》上。1963 年他曾前往巴拉圭考察，当时由另一位参与人类学研究的哲学家陪同，后者的特殊之处在于他经由拉康介绍而来。这位吕西安·瑟巴格曾是拉康的忠实门徒，而且一直是他的精神分析对象。列维-斯特劳斯和梅特罗都很欣赏他的个人品质，帮助他做出准备，并委托他去瓜亚基人那里考察。在写给《现代》和《人类》的一系列文章中，以及在 1964 年发表的《马克思主义和结构主义》一书中，他都捍卫了这一理念：只有承认存在着使从一个水平过渡到另一个水平的代码，才能解释上层建筑与经济基础之间的关系。在高等研究实践学院，列维-斯特劳斯要他“当研究小组的组长，一起研究现有的全部有关东部普韦布洛人神话的材料”[112]。研究结果以《普韦布洛印第安人的世界起源之说》一书于 1971 年发表。在法兰西学院，列维-斯特劳斯邀他在鲁巴基金会的范围内做了一系列讲座，并定于 1965 年 1 月 15 日开讲。讲座没有办成，吕西安·瑟巴格在此前一周自杀身亡。 293

列维-斯特劳斯的最令人称道的合作者——克拉斯特、瑟巴格以及日常工作中最接近他的让·布庸和米歇尔·伊扎尔——都是哲学家，或者是对哲学极感兴趣的人，这个事实很难被视为一种偶然。列维-斯特劳斯指出：“由于教授的正式职称，讲座本身须采取理论性方向。”[113]他的合作者虽然都有朝政治上而不是在结构方法上发展的倾向，但他们同属一个知识大家族。在瑟巴格的悲观性格和克拉斯特的悲观看法当中，或许还应看到，历经数十年，民族学家与自己的世界之间的鸿沟越来越加深。在这方面，他们本身的存在可能在“结构上”就是意味深长的，因为他们见证着渐趋消亡的“原始人”与正在全球化的“文明”之间的日益增大的区别性差异。

294 这几年中的大事，是社会人类学实验室的搬迁。耶拿大街 19 号的两间房子曾经临时为社会人类学实验室所用，最终的位置尚未确定。法兰西学院教授大会一致通过决议：在 1965 年秋把社会人类学讲座移到“实验室讲席”的框架之内。机构的行政地位从此确定下来。实验室由“法兰西学院和高等研究实践学院共同创建（第六系、社会经济学）”[114]。在第六系主任费尔南·布罗代尔慷慨的支持下，高等研究实践学院获得了大量资金——工资、运行和发表作品所需的费用。法兰西学院提供场地和相关费用。自 1966 年 1 月 1 日起，这个机构成为国家科学研究中心“第 51 号联合实验室”，并由国家科研中心负责研究经费和科技人员的聘用。

实验室坐落于法兰西学院内，马尔斯兰-贝托莱广场 11 号。法兰西学院院长马塞尔·巴达庸建议把列维-斯特劳斯安置到学院侧翼最高一层的两个大厅去，这里曾是地质学实验室的办公室和物品堆放处。列维-斯特劳斯回忆 6 年前他第一次申请地质学讲席职位时的情景。“我心为之一动，没有什么地方比这儿更让我乐意度过我的日子了，宽敞，清静，而且隐蔽，俨然是人们可以想象的 19 世纪中期的集体工作场所（……）就在我第一次踏进这梦幻般的地方，我从来不敢妄想的奇迹实现了。”[115] 1965 年 10 月开始动工。两个大厅，一个用作图书馆，另一个为“人际关系领域资料库”所用。共同名为比较民族学资料中心：250 万张卡片，重达十余吨，占地 20 立方米（……）从此成为中心的基础。只可惜这个场所的魅力却由于新的安迁有所减少，尤其是此地还得隔出工作间，以便研究人员
295 远离打字机的噪音。可是，列维-斯特劳斯坚持要他的办公室保持原貌，“旧书橱和那些仿橡树图案的木制品”[116]。1966 年春，卡片、

图书馆、技术设备、秘书处、几个研究人员均到位。1966 年至 1967 年之交的冬天，最后一批研究人员也搬迁过来。从此实验室可以扩大到足以容纳源源不断的图书资料。科技人员在 60 年代末达到三十多人。《人类》期刊从一年 3 期增至 4 期。伊莎克·希瓦继续担任副主任，协助列维-斯特劳斯。

研究既包括民族学的传统领域，也包括新的研究趋势。美洲的地位优先，因此列维-斯特劳斯的研究集中于此。瑟巴格和克拉斯特专门研究巴拉圭和玻利维亚，阿尔莱特·弗里古（Arlette Frigout）研究霍皮印第安人。非洲也在内，因为有让·布庸和罗伯特·若兰（Robert Jaulin）专门研究乍得，阿尔雅娜·希瓦-德吕兹（Ariane Chiva-Deluz）研究象牙海岸，弗朗索瓦兹·埃里帖研究上沃尔特[①]；以及 Le Grand Nord，因为有贝尔纳·萨拉丹·当古吕尔研究 Labrador，尼科尔·白尔蒙（Nicole Belmont）研究西方世界；法国则有米歇尔·伊扎尔对于不列塔尼乡村，伊莎克·希瓦对于勃艮地的考察，以及布拉西特·朗博（Placide Rambaud）对关于乡村社会学的研究。此外，伊莎克·希瓦在实验室的范围内，还负责《乡村研究》杂志的编辑部秘书处，杂志的两位主编是乔治·杜比[②]和图卢兹文学院院长丹尼尔·福歇（Daniel Faucher），由高等研究实践学院刊行。由于有其他机构负责，关于东方的研究不太多，然而有好几项考察和工程在爪哇岛和波利尼西亚、台湾和孟加拉湾进行。莫里斯·戈德里耶（Maurice Godelier）在新几内亚的山区待了 3 年。

① 今称布基纳法索。——译者注

② 乔治·杜比（Georges Duby，1919—1996），法国著名历史学家，以对中世纪史的研究知名。——译者注

1966年，一个研究非洲的课题组在克劳德·塔尔蒂（Claude Tardits）的领导下成立了。格雷玛斯①领导的符号-语言学课题组也成立了。格雷玛斯的到来把新的关注点、研究领域，尤其是重要人物带入了实验室——列维-斯特劳斯所说的符号科学。“从此时起，人类学中的结构方法显然置于现代语言学的旗帜下。这样便可以理
296 解，为什么一些关注于把语言学扩大为一门符号科学，以涵盖（……）社会生活内的符号研究的语言学家，都认为我们的实验室为来自各个学科的志同道合的专家提供了最佳交流场所。”[117]格雷玛斯由电影专家克里斯蒂安·梅兹②协助。几个月后，罗兰·巴尔特也加入进来。朱丽亚·克里斯多娃、钱拉·日奈特、茨维坦·托多洛夫均参与研究和发表成果。1968年1月至4月，每个月的最后一个星期二，列维-斯特劳斯与格雷玛斯共同主持两个小时的研修班。“这是民族学家和符号语言学家之间跨学科合作的一种尝试，研究一个共同感兴趣的课题：书面与口头文学中的叙事。”[118]这个课题组开展了自主的研究。1968—1969学年期间，它在高等研究实践学院第六系内部形成了一个独立的培训中心，脱离了实验室。

民族学的对象往往会发生变化。对于所谓“发展”问题，以及处于工业界的“野蛮的”边缘地带的问题，有越来越多的研究人员感兴趣，他们倾向于从权力关系着手寻找解释。1965年9月17日，

---

① 格雷玛斯（Algirdas Julien Greimas，1917—1992），原籍立陶宛的著名法国结构主义语义学家，巴黎符号学派的创立者。——译者注

② 克里斯蒂安·梅兹（Christian Metz，1931—1993），法国电影理论家，以把符号学分析成功运用于电影批评而知名。朱丽亚·克里斯多娃（Julia Kristeva，1941—　），保加利亚裔法国哲学家，心理分析学家和结构主义文艺批评家，在20世纪西方有广泛的影响。茨维坦·托多洛夫（Tzvetan Todorov，1939—　），保加利亚裔法国著名语言学家、文学批评家。

列维-斯特劳斯应邀前往华盛顿，参加史密森尼学会的缔造者詹姆斯·史密森诞辰250周年的纪念活动，他在利用发言的机会赞扬了“老式的”民族学研究：

> 居高临下地谈论人类学的衰落是（……）一种时髦，只因为人类学的传统的研究对象，所谓原始民族正在迅速地消失。据说，人类学要存活下去就得放弃基础研究，转为一门应用科学：也就是致力于研究那些被称为欠发达国家的问题，以及我们自己的社会生活中的病态现象所带来的问题。我并非无视这些新型研究的意义，但我以为，在很长一段时间内，传统领域仍有许多事情要做。恰恰是因为所谓原始人民短期内陆续面临灭顶之灾，所以对他们的研究应当获得绝对优先的地位。[119]

在这场持久的争论中，列维-斯特劳斯立场鲜明，始终没有动 297
摇。这并不是呼唤墨守成规。人类学应当把最多的研究人员和手段集中起来，研究正在消失的民族。为此人类学需要改变，鉴于这些人民逐渐变得稀少，它应该调整工具，并使分析更精细化。

在写给《科学》杂志的一篇介绍实验室的文章里，列维-斯特劳斯强调了民族志工作悲剧性的紧迫性。罗伯特·若兰和索朗日·潘冬（Solange Pinton）在哥伦比亚一个人所未知的社群里生活了几个月，正好赶在石油勘探队到来之前，勘探队几天之内便导致村庄被摧毁，传染病又夺走了四分之三的人口。安娜·夏普曼（Anne Chapman）在火地接待了会说本族语言的最后一个奥纳部落的代表，此人不久便于95岁去世：一个世界因而免于被永远遗忘的命运。类似的情形到处可见。“人际关系领域资料库”所记录的4 000个群体，大多数已经永远消失。最理想的情形是“每个民族学家在他25

岁至50岁之间”应该可能“每三年中至少有一年在作实地考察”[120]。现实距离这样一个目标遥不可及。民族学家必须施展浑身解数，向行政当局争取少得可怜的资金，从而不得不在恶劣的条件下开展工作，甚至要冒危险，民族学并不像某些人所声言的那样，已经走到尽头，它反而应该加强，多派任务小组去考察。它将为人类的记忆做出贡献。

十二、众多的神话

从1964年5月至1965年7月，列维-斯特劳斯写完了四部曲的第二卷《从蜂蜜到烟灰》——1966年底进入书店。这部书在已经研究过的187个神话的基础上又增加了165个。考察范围扩大了，但仍然只限于南美。第一卷研究的神话的各种感性品质中的逻辑，这次逐渐让位给“形式的逻辑：虚实，容器和内容，内与外，等
298 等”[121]。这一年，他在法兰西学院的课程的主题有点偏离了一贯的思路：树懒。他认为，树懒这种出现在亚马孙盆地的贫齿动物及有关风俗是否在印第安人的神话里也会出现。果不其然，而且其处理方式也见证了野性的思维的丰富性和洞察力：“野性的思维极为自如地运用的一些概念，轮到我们的社会里，精神分析也才刚刚发现。”[122]这个主题在《神话学》的第二、三册里都只是浅尝辄止，直到80年代才获得全面的研究。

连续三年，从1965年秋至1968年夏，列维-斯特劳斯的课程系统地考察了以后各卷的题材；撰写是同时进行的。从1966年春到1967年9月，他写了第三卷《餐桌礼仪的起源》，然后一鼓作气开始写第四卷。这两部作品涉及北美地区，先是处理了176个神话，随后补充了285个神话。《神话学》总共探讨了813则神话，另外应

《神话学：从蜂蜜到烟灰》法文版封面

该算入一千多个神话变体；借助圆形花饰法，它们相互关联，形成一个完满的整体。“我试着把自己当成各种神话所穿经之处。”[123]把一个神话以某种形式出现在某个地方的逻辑必然性建立起来，这并非易事。“一个神话得在心里酝酿几天、几周、有时甚至几个月，直至思想的火花突然闪现，或者直至在一个神话的某个无法解释的细节里辨认出另一个神话的某个改头换面的细节，如此便可把它们归入一个单位。”[124]在全身心沉浸于神话研究的日子里，其他活动多少都被搁置一旁。“我每天生活在那些人当中，生活在他们的童话般的神话当中。”[125]

精神沉浸远非只是一种精神状态而已，也是一种方法。人文科学的独特之处，尤其是神话分析，在于运用精神的手段来研究精
299 神。就被观察对象和观察主体之间的吻合是否会导致混淆这个问题，吉尔·拉普日①向列维-斯特劳斯提出质疑。列维-斯特劳斯认为，这种近似性恰恰是一种幸运。“其实，我的所有努力（……）结果都是隐约看到了追寻中的精神与生成研究对象的精神之间的某种契合。”[126]所以结构方法不应排除利用一些被视为主观的手段，“尤其是对人文科学而言，我认为应当重视嗅觉、美学感知以及某种形式的直觉。”[127]从这种自由的状态中，研究工作能够产生最强烈、最明快的时刻。“是的，精神有时候会出现一个可以辨认的触发时刻，如同对于某物，我们一向是从外部理解的，突然间我们从内部察觉到了。正是如此：突然，我们知道了这个神话，我们本来能够生活在这个神话里，相信它。如果命运使我们生来也是印第安人，我们就会明白神话在我们身上是如何作用的。”[128]这是主体与客体之间理想的邂逅：借助研究和严谨性的恩赐，童话渗透到现实当

① 吉尔·拉普日（Gilles Lapouge，1923— ），法国记者和小说家。——译者注

《神话学：餐桌礼仪的起源》法文版封面

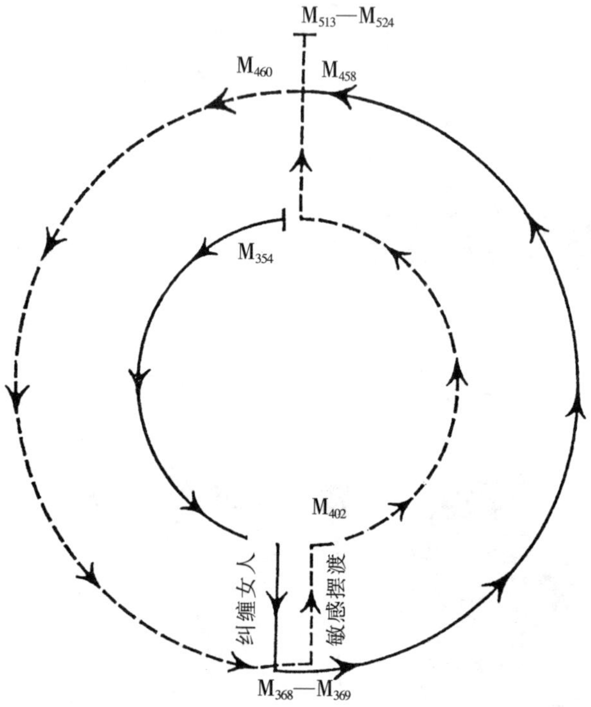

内环线：南美洲的行程
外环线：北美洲的行程
实线：“往”程
虚线：“返”程

《餐桌礼仪的起源》一书在神话域中行过的旅程

中，变成了科学。

尽管工作繁重，列维-斯特劳斯仍然没有脱离政治舞台，这当然是通过连续不断发表作品所引发的评论，也通过相当频繁地接受记者的采访。利用这些讨论机会，他能够以通俗的形式阐明自己确信的想法。通过这样一幅思想的概略图表，人们可以大致了解他对于科学领域之外的关注和担忧。他表现出对于那种可谓生态学的世界观日益敏感。60 年代，当时生态学尚未成为一种意识形态和一个党派，便出现了保护地球、维护大自然平衡的第一次浪潮。列维-斯特劳斯的远见卓识和严肃态度对生态学做了无疑是最彻底的表述，而且绝无玩弄辞藻之意。他认为，崇奉人本主义的人由于只看重自己，摧毁了自己的生存环境，结果也将自身置于毁灭的危险当中。
“人类从未像今天这样表现得如此野蛮。”[129]在他看来，只是在新石 300
器革命时期，也就是大发明时代——农业、纺织、陶瓷，等等——人类才给自己提供了最平衡的生活条件。那时，人类在生存无保障的旧石器时代与破坏环境的工业时代之间找到了一条中庸之道。今天的问题是，面对一个日趋千篇一律的世界，我们是否还能找到“最大限度的多样性”[130]。

昔日作品中提到的其他主题再次出现。列维-斯特劳斯重申他对马克思的偏爱。马克思懂得必须把社会现实作为一个整体加以分析，而且只有借助模式分析才有可能。但是，历史哲学，就像任何这一类哲学一样，皆属神话。政治上，列维-斯特劳斯呼吁真实性，换言之，在社会生活方面，按照群居生活的模式保持个人之间的直接接触。对教育方面，他认为大学的现行组织结构不合宜，大学应当具有较大的自主性和对资源的支配权，这样才能使大学完成已属必然性的专业化。最后，在宗教方面，只有一个传统或许可以满足他的不可知论：“假如我生活在一个非得传授某种宗教不可的社会，我不会为当佛教徒而感到有什么不便。”[131]

人们问他的问题五花八门。1966 年，巴黎大殿堂和小殿堂举办了毕加索画展。安德烈·帕利诺在《艺术》杂志上发表了对列维-斯特劳斯的访谈录。这是个提出他对毕加索的作品逐渐失望的机会。那些他少年时代曾期待从中获得形而上学启示的作品，如今天不过是一些“室内装潢品”[132]。这个机会还让他能够揭露，当代艺术已经陷入一套过度欲满志得的说辞而无法自拔，他从中看到的是“对于人类蒙受的日益加剧的自我禁锢行为的一个见证”[133]。较之这一积弊，他更喜欢直白和鲜活之气，但那是如马克斯·恩斯特或保罗·戴尔沃①等少数几位画家才能够保持的。再说自然：“针对雕虫小技——哪怕是颇显才气者，我们还能想得出别的什么对症良方
301 吗？”[134]无论是艺术的未来、都市世界，还是当今世界的价值观，列维-斯特劳斯都不厌其烦地反复重申，人类正在摧毁赖以生存的环境，如果他们继续自视为创造之王，继续把自然与其他生物看成开发的资本，那么人类必将以自我毁灭而告终。

1966 年至 1968 年，有关列维-斯特劳斯的人类学理论及其知识界地位的文章呈指数上升，一个公众形象开始形成。正当他生活在印第安人神话世界的大量人物和动物之中时，另一个列维-斯特劳斯正在文化界形成。他的名字是结构主义的同义语。尽管他不大乐意——我们已看到这一点，他通常被介绍为民族学家和哲学家；结构主义被视为一种新哲学，指导着或应该指导努力认识世界的人们。一些公关人士把时尚的接续与理念的传承混为一谈，以为他是存在主义和马克思主义之子，大众传媒把他说成导师和榜样，他于是摇身一变，成了萨特的承继者、年轻人的教父。这些年轻人以为理解当今世界非用结构不可，非进行结构主义革命不可。专栏作家们也在调侃：“有位专栏作家嘲讽道：家住纳伊区的那些政治学院的姑娘们（……）一边在沙龙里举止优雅地品尝小点心，一边谈论着结构主义，态度一如她们朝保姆说脏字一样肆无忌惮（……）在

---

① 保罗·戴尔沃（Paul Delvaux，1897—1994），比利时超现实主义画家。——译者注

她们的老娘的耳朵里，结构主义这个粗俗不堪的字眼正好跟社会主义一词合辙押韵，有一股令人战栗的火药味。”[135]知识史上的一个奇怪的把戏：一个生活在神话中的人自己倒成了神话式的人物。

这种趋势因他的荣耀日益瞩目而逐渐加强。1965 年 11 月，皇家人类学院在伦敦授予他赫胥黎纪念奖章。1966 年 4 月，他去芝加哥和华盛顿接受了维京人类学基金会的金质奖章，这一殊荣是来自全世界的民族学家一致投票通过的结果。1965 年，他被耶鲁大学授予名誉教授称号。1967 年和 1970 年，又先后被芝加哥大学和哥伦比亚大学授予名誉教授称号。还是在美国，他成为国家科学院院士。列维-斯特劳斯成为法兰西文化威望的新体现。1968 年 1 月 11 日，在国民教育部长阿兰·佩雷菲特①的主持下，他获得了法国国 302
家科学研究中心的金质奖章，这是对具有国际水平的学术生涯的最高荣誉。列维-斯特劳斯心里很清楚，围绕着自己，各种误解开始形成。在授奖仪式上，他发表了极为清晰有力的演讲。“正确运用结构主义不会带来什么信息，它不是一把万能钥匙，不自诩造成一种新的世界观或人类观；它注意不去提供一套治疗方法或一门哲学。”[136]几天后的电视上，在米歇尔·特莱盖（Michel Treguer）主持的长时段节目“一瞥”中，他又回到专业和结构主义上面来。他讲述了自己如何发现了结构的观念，简要地解释了这一概念所蕴涵的东西，同时强调它并非一付万灵药，只是一种分析方法，仅此而已。他无法肯定澄清问题的努力是否达到了目的。无论他是否愿意，从此以后，他的探索活动已经纳入人类历史和 20 世纪的标志性思想的经典叙事当中。他在集体的想象世界中占有了一席之地。关

① 阿兰·佩雷菲特（Alain Peyrefitte，1925—1999），法国学者和政治家，1977 年成为法兰西科学院院士。——译者注

于结构主义的综合性介绍开始大量出现，从而推波助澜，将列维-斯特劳斯的形象纳入一幅总体的画像当中，连列维-斯特劳斯也认不出自己来了。例如《文学新闻》1968 年 3 月 7 日登载了一篇署名让-玛丽·欧齐阿斯（Jean-Marie Auzias）的文章，文中列举一连串新星的名单，列维-斯特劳斯为首，随后是阿尔都塞[①]、福柯、拉康以及几个被认为类似的人物——罗伯-格里耶、索莱尔、德里达、法伊和巴尔特。这篇资料翔实的文章是现状的记录：结构主义无处不在，无人能够逃避。在这个标签之下，一个神圣家族正在诞生。

这种囫囵吞枣的做法幸而从其他的文章和研究中多少得到了纠正。列维-斯特劳斯的阐释者越来越多。《象征主义国际学刊》、《思想》都出过结构主义专刊。《精神》1967 年 5 月又回到这个问题上，
303 对自 1963 年发刊以来出现的趋势做出总结。《现代》1967 年 11 月有“结构主义问题”的一组专题论述，大多集中于列维-斯特劳斯的结构主义；其中有马克·巴尔比（Marc Barbut）关于数学问题、格雷玛斯关于历史、莫里斯·戈德利耶[②]关于与马克思主义的关系、皮埃尔·布迪厄[③]关于精神创造的社会学、皮埃尔·马施海[④]关于文学分析等文章。在“前言”里，让·布庸则尝试为结构主义提出

---

① 阿尔都塞（Louis Althusser，1918—1990），法国马克思主义哲学家，通常被视为 60 年代最重要的结构主义者之一。——译者注

② 莫里斯·戈德利耶（Maurice Godelier，1934— ）法国人类学家，以研究大洋洲土著文化知名。——译者注

③ 皮埃尔·布迪厄（Pierre Bourdieu，1930—2002），著名法国社会学家。国际社会学协会评价他的著作《区隔：趣味判断的社会批判》是 20 世纪最重要的十部社会学著作之一。布迪厄积极投身社会活动，引起不少争议。——译者注

④ 皮埃尔·马施海（Pierre Macherey，1938— ），法国马克思主义文学批评家，法国后结构主义的主要理论家。——译者注

定义。

《拱门》季刊 1968 年第一期为列维-斯特劳斯专刊，布庸撰写了一篇名为《萨特与列维-斯特劳斯》的短文，尝试了一件无法做到的事：说明他的这两位导师的作品是和谐地互为补充的。同一期中，列维-斯特劳斯根据从《神话学》最后一卷的准备工作中提取的材料，指出了烹饪主题的一些变化。这篇习作，因其煮制、烤制和熏制之间多少有点超现实主义的细微区别，后来引发了许多评论，有些从中寻找理解结构的真相的钥匙，有些则谴责滥用修辞方式。杂志主编贝纳尔·潘戈（Bernard Pingaud）重构了列维-斯特劳斯的结构主义冒险之旅的起源；人类学家吕克·德·厄施则将他的思想从他们共同的学科内部加以考虑；赛莱斯坦·德烈日讨论了音乐问题；日奈特用文学批评方法谈论结构主义；最后，卡特琳娜·巴凯斯-克莱蒙（Catherine Backès-Clément）介绍了四部曲的最后一卷。此人后来成为研究列维-斯特劳斯的专家。紧跟在其他研究后面，她于 1970 年写过一篇关于列维-斯特劳斯的杰出论文；伊万·西蒙尼斯（Yvan Simonis）1968 年发表了社会科学博士论文，题为《列维-斯特劳斯，或乱伦的激情》；让·维耶（Jean Viet）的《结构主义方法》是第一部从整体上描述结构主义运动的论文。墨西哥诗学大师欧克塔维奥·帕兹（Octavio Paz）于 1967 年发表了《克洛德·列维-斯特劳斯或伊索的新宴席》，他后来把此文收入在马塞尔·杜尚作品的启发下撰写的《两种透明度》一书里。

一个令人惊讶的现象是，在这些潮水般涌来的评论中，有很大一部分，甚至可以说主要部分，出自马克思主义者或昔日马克思主义者。全面反击外来户闯入的时代已经过去。人们对他悉心关照，详加分析，在他的思想与马克思主义的解释之间架起通道。弗朗索瓦·弗雷①自 1967 年以后便提出一种解释："进步意识的幻灭大大削弱了马克思主义对于左翼知识分子的影响。但是，在因此形成的真空中，崛起的不是雷蒙·阿隆，而是列维-斯特劳斯；不是自由派和经验论的马克思主义批评，而是一种超级知识主义和系统化的思
304 想，并有发展成一套关于人的普遍理论的趋势。马克思主义者或前马克思主义者不仅可以将他们的过去纳入其中，而无须自我否定，而且一旦'剔除了意识形态'，不再天真地相信历史的介入和方向，他们从中还发现了能够把人文科学和他们以往囊括一切的幻想结合起来的雄心。"[137]历史主义模式与结构主义模式表面上互不相容，背后却隐藏着一种相似的决定论。人类能够自我解释，因为它无法自我创造。

1966 年秋天，雅克·德里达②以另一种笔调发表了一篇有关卢梭和列维-斯特劳斯的短文，列维-斯特劳斯马上做出了反应。"我无法摆脱一种尴尬的感觉，如此细致入微地探讨我的文章，这岂不是开哲学的玩笑？这些文章要是来源于斯宾诺莎、笛卡儿或康德，那也许值得这样做。坦率地讲，我写的东西并不值得这么重视（……）因此，我不得不得出一个印象，德里达先生在剖析那些谵言妄语的时候，是在用狗熊似的优雅手法玩弄排中律。"[138]这就再次提醒人们，哲学不是他的目的。"我的目的并不是建立一个系统。"[139]哲学顶多提供了一些手段，可以在他觉得适宜的时候，帮助他解释他认为重要的东西："一种生活方式，一种建制，一种信仰，一组表象，等等所具有的独特味道。"[140]在学术舞台上，符号学的兴

---

① 弗朗索瓦·弗雷（François Furet，1927—1997），法国历史学家，法兰西科学院院士。——译者注

② 雅克·德里达（Jacques Derrida，1930—2004），著名法国哲学家，他创立的"解构"的概念或分析方法被广泛运用到文学、绘画和心理分析等领域。——译者注

起招致了大量多少有点啰里啰唆的诠释，这让他难以忍受。他认为这提出了一个沟通的问题。“人们要求非常难懂的作品（而且，出于智力的某种邪恶取向，人们似乎盼望作品非常难懂）在读者的意识里起到魔法的那种作用。因此可以说，这是神秘主义在我们的社会里重现的一种形式（……）我对此感到很厌恶。”[141]

他的作品一版再版，并译成了英、德、葡萄牙、西班牙、意大利等多种文字。《亲属关系的基本结构》每隔一段时间就再版一次，有英译本，也有法文版，列维-斯特劳斯为法文修订版写了前言。1966 年 2 月间，他为这一版添加了总的结论的要点，它们是多年孕育《神话学》的过程结出的果实。他的论文过去试图解决的课题现 305
在发生了变动。他现在觉得自然与文化的对立是一种人为意义上的对立。对立不在现实当中，而存在于人的头脑里。“在这个对立中，应当看到文化的一种人为的创造，一道防御工事，是文化在周边挖掘出来的，因为只有把证明它与生活的其他表现之间有联系的一切通道统统切断，它才会觉得能够确认自己的存在和独特性。”[142]或许是出于反对同代人滥用微言大义吧，列维-斯特劳斯越来越倾向于接受大自然，把大自然视为唯一适切的整体。他是十足的唯美主义者，所以无法满足于纯粹的形式主义；他的博学使他无法满足于循环论证。意义迟早应当回到生活中来。

十三、“五月风暴”

1968 年，政治问题首先以雷蒙·阿隆的一本小书的形式再次浮出：《戴高乐、以色列和犹太人》。阿隆针对六日之战做出反应，针对法国犹太人的态度，尤其是针对戴高乐将军那句名言：“自信而且有支配权的民族”。他认为这个说法无法接受：“我并非指责将军是反犹太主义者，我指责他对他们的称号，即使不是贵族式的，至少也是合法的称号。”[143]列维-斯特劳斯4月9日写信给他，表明对此持保留态度。他认为，法国新闻界对阿拉伯世界的围攻令人惊愕；犹太社群本不该随声附和。“作为犹太人，我对此感到耻辱，尤其是一些犹太名人于光天化日之下竟敢以公众的名义说话。隔阂如此严重，一番训诫大概无法避免。我采取这种形式感到遗憾，同时也承认，很不幸，至少这一次人们选用的修饰语符合实际情况。”[144]之后两人有过通信来往，列维-斯特劳斯在信中进一步明确了立场。既然他把在美洲登陆的受迫害者对印第安人的毁灭视为罪恶，他就无权把受迫害者为了移居而将巴勒斯坦人逐出家园视为公
306 正。尽管“我和阿拉伯世界的短暂接触使我心中存在着难以去除的反感”[145]。在法国本土，犹太社群本应切记，勿为那些用“反真相”混淆视听的人为虎作伥，这样做的人“是对我们大家犯下了一项严重的错误”[146]。

不妨说，列维-斯特劳斯只信奉一门“宗教”，那就是科学。对于以色列和巴勒斯坦的关系的态度，他的“作为犹太人”的立场全然是学者的：尊重事实，拒绝情感介入。法国犹太人利用1967年的时机，宣称他们既是法国人也是犹太人，对此他无动于衷。“我认为恰恰相反，他们不该如此要求，更不该悄悄煽动这种情绪。”[147]在“身份认同”的问题上，列维-斯特劳斯坚决支持法国化。或者说，同化早已完成，身份认同对他已经不是一个问题。他后来曾试着解释梅特罗的一句话，梅特罗有一次说他是“典型的犹太知识分子”，这句话简单空洞，等于什么也没说，顶多是抛向朋友一个最好由他自己去解释的意象而已，假如他愿意赋予这句话某种意思的话。

列维-斯特劳斯和阿隆年轻时并不相识，他们分别在自己的领域里耕耘。战后他们开始接触，不过从来都只是在工作或正式的场合

见面，没有共用过午餐或晚餐，但彼此却颇有好感。列维-斯特劳斯说："很惭愧，我觉得阿隆身上具有一切我所不具备的。"[148]阿隆的天赋尤令他佩服。阿隆的思想是在闪念之间便形成的。"而思想于我，更像雕刻家手中的一块石头：形态无疑是有了，可是要做到表达、提取，我得花多大的气力啊！"[149]列维-斯特劳斯还承认阿隆敏感，自制力强，尤其是坚忍不拔，这在他看来是"达到真理的不可或缺的品质"[150]。他毫无保留地认为他的分析十分细腻和严谨。 307
1967年，阿隆寄给他一份反对阿尔都塞的马克思主义的论文：《神圣家族：从一个到另一个》："列维-斯特劳斯感谢我寄书给他。他回信说，这本书让他确信有理由不去读《为了马克思》和《阅读〈资本论〉》（阿尔都塞的两部主要作品）。"[151]阿隆不光是楷模，还是个兄弟。在一个津津乐道于摧毁一切限制的时代里，这两个人代表着沉稳持重的精神。兄弟般的情谊使他们能超越政治和意识形态，同属一个伦理道德家庭。20世纪，人们必须在萨特和阿隆之间做出选择。催问之下，列维-斯特劳斯回答得再清楚不过："阿隆的思想正确，萨特的思想错误。"[152]

因此，1968年5月的风暴来临时，他的处境微妙：人们以为他是萨特的继承者，其实他站在阿隆一边。这种模糊性反倒对列维-斯特劳斯有利，至少避免成为必须打倒的敌人。他从未受到学生的责难。在风暴最猛烈的时刻，他仍然处于旁观者的位置。

> 我在被占领的索邦大学散步，用民族志专家的眼光环视四周。我也和几个朋友一起参加了几次讨论会。有一两次是在我家举行的（……）最初的新鲜感一旦消失，也腻烦了那些可笑的举动，1968年5月便令我讨厌了（……）我不赞同砍倒树木来构筑街垒（树有生命，应当尊重），我不赞同把公共场所变成垃圾场，那是大家的共同财产，我不赞同把大学建筑物等涂

抹得乱七八糟。我也不赞同研究工作和学校管理因无谓的口水仗而陷入瘫痪。[153]

列维-斯特劳斯只有一次显出不安，那是设置路障的夜晚。那天是 5 月 11 日，星期六，他与雷蒙·阿隆、查理·莫拉泽、让-皮埃尔·维尔南等人参加了一个会议。他在一份动议上签了名，据阿隆
308 回忆，这个提案反对“尤其是暴力行为”[154]。他的行动仅止于此。他似乎既无意向扩大事态的企图让步，也无意像阿隆那样行动。那几个月他参与的公众活动都与当时的“事件”无关。3 月，他致信巴西共和国总统厄·西尔瓦·科斯塔将军，抗议印第安人保护局采用野蛮手段，屠杀那些他们声称保护的印第安人。卡特琳那·克莱蒙回忆道：“我还记得，在高等研究实践学院的小客厅里，列维-斯特劳斯的愤怒神情。”[155]同样他也为囚禁在玻利维亚的雷吉·德伯莱（Régis Debray）积极奔走。“因为我了解南美，知道一个哲学学衔教授的价值。”[156]

他所在的机构不是避风港。因各实验室聘用的合同工的转正问题，法兰西学院受到行政方面的冲击，但没有被冲垮。传统的分野在这个问题上依然如故：“科学家们”都赞同法兰西学院的所有工作人员均为正式员工，其余的人都认为实验室只是不无益处的附属单位。列维-斯特劳斯的研究不是非得靠社会实验室才能继续。于是，它与大多数人文学科的同事一道，支持明确的行政划分：“一边是法兰西学院，即一个由 50 多个教授组成的小团体；另一边是各个实验室，其成员可以按照他们的意愿自行组织。”[157]

他自己的机构里充满民主气氛。成员分成小组工作，没有职位和等级之分：“我们定期开实验室全体会议，所有的人都平等参加，包括清洁女工。”[158]实验室自建立之初便采取协调的原则。列维-斯特劳斯每天早晨与合作者希瓦见面。问题与争端均摆在桌面上讨

论，大家共同做出决定。这一程序加上纪律和规则解释了团队何以能够长期步调一致。

5 月，骚乱也开始闹得同事们头脑发热，列维-斯特劳斯采取了非常策略的行动。“我找到各种借口隐居家中，随他们的便。内部骚乱一周左右，有人来找我了。”[159]同年 10 月，在写给阿隆的一封信中，他明确表达了他的民主观，从确真性的主题变化而来的民族观。真正的民主只有在小范围内才有可能，“意识形态分歧在那里受到人与人之间关系的确真性的约束”[160]。正因其如此，1968 年“五月风暴”所热衷的共同管理方式——社会人类学实验室一直在实行——只能在人数有限的团队里实行。一个教授组成的小团体，人数有限的大学生。换言之，要实行共同管理，首先要做出选择，“从而使学生的质量出自受珍视的机缘，而不是来自自甘堕落的权利（……）缺少这一点，大学便会不可避免地丢给大批学生的幼稚行为和参与者的狭隘诉求”[161]。 309

从政治方面看，这一立场可以理解为进步主义与传统主义的混合物。列维-斯特劳斯是雅典式的民主派，而非 1968 年式的民主派；他赞成平等的和精英式的工作组织，从而取消了等级之分，因为其中每个人都有自己的位置和角色。列维-斯特劳斯坚定不移地朝着他几年后称为“右翼无政府主义”的方向前进。从大前景看，一个自我调节的社会的模型浮现出来了。这种社会里的秩序依从责任的原则，而不是权威的原则。列维-斯特劳斯非常清楚，社会是一些沉重的机制，仅靠一番想象或辞令无法使它运转。在他眼中，政治上的意识形态属于神话学。如果说世界应当改变，那要靠严谨的态度、聪明才智和团结，而不是靠 1968 年“五月风暴”的价值观的恩赐。正当民族学家漫步徜徉、分析时势之时，伦理学家也在场。他的反应只能是反对，因为他认为学生的行动和诉求无谓而且愚蠢。法兰 310

西学院遇到格雷玛斯时，他痛心地说："完了！所有的科研计划都得推迟 20 年。"[162]他对 1968 年"五月风暴"的结论是，那是"大学在早就开始的倒退中又下了一个台阶"[163]。

十四、结构与虚无

《神话学》第三卷《餐桌礼仪的起源》于 1968 年 5 月出版。时机并非最佳。新闻界报道相对贫乏。没关系，此书属于一个系列，先前发表的各卷已是一种支持。列维-斯特劳斯的主题扩大了，他继续"从感性品质的逻辑和形式的逻辑两个方面，提取指导神话思维的深层逻辑"[164]，他这次从中找出了一种道德观。神话所做的正是他本人一直想做的：解释从自然向文化的过渡。像他一样，神话表明，自然和文化这两个词项并非涵盖相互分离的领域。文化从自然本身浮现出来，同时影响它的形态。在某种意义上，自然已经"文化化了"。反过来，神话又使文化自然化，因为神话借助自然以解释或掩盖社会的运行。让·布庸概括道："总之，文化的定义不是一个领域，而是一种运作过程，是使自然成为真正的宇宙的运作（……）这一运作过程是一个媒介（……）它既分离又结合，将人与物之间、物与物之间、人与人之间维系在一个适当的距离上。因此，就上课一语的全部意义而言，印第安人神话给我们上了一堂如何维系的课。"[165]

神话的媒介不是无关痛痒的，它提供了一种积极的道德观。"神话的内在道德观与我们今天所宣扬的恰好相对。无论如何，神话教导我们，'他人是地狱'这个说法不构成一个哲学立场，而是
311 对一种文明的民族志见证。这是因为，我们从小就被教会习惯于害怕不纯洁的身外世界。相反，当野蛮民族宣告'地狱是我们自己'

时，他们便给我们上了一堂保持谦虚的课。”[166]此话直指萨特，有一种实际作用，它概括和明确了这位民族学家的立场，但同时也在知识界把列维-斯特劳斯摆在与萨特截然对立的位置上。萨特的思想把人——即《存在与虚无》时期的“我”和《辩证理性批判》时期的“我们”——放在世界和历史的核心。人本身即是自己的超验，自己的创造者和上帝。对于列维-斯特劳斯而言，“合理的人本主义不是从自我开始的，它重视世界更甚于生命，重视生命更甚于人，尊重其他生命体更甚于自爱”[167]。人类虽然在这个世界上繁衍生息了一二百万年，可是这并不是糟蹋它的理由。

我们身处20世纪，上帝已经死了几十年。马克思、尼采和弗洛伊德已经和上帝结清了账。剩下的只有两种态度：要么找到他的替代物——历史，超验性主体，要么试着思考一个没有替代物的世界，而且使陀斯妥耶夫斯基的名言失效，根据这一名言，如果上帝死了，那么做什么都可以。这正是列维-斯特劳斯所做的事，因为他说世界没有我们照样运转。有些评论家在他思想当中将看到一种模糊性。我们不妨将他归入自然崇拜和某种类型的泛神论，而且这样做不至于失之牵强。列维-斯特劳斯早已料到对他的这种判读，所以一直注意不使任何非得之于严谨的科学研究的东西进入论证过程。他的方法力求准确严密，一丝不苟，加上一贯的严肃态度，所以从来不给思辨和玄学留下任何位置。这个立场使他免于任意发挥。他拥有能够抗拒无中生有的诱惑的手段。

1968年初，在一次和米歇尔·泰凯（Michel Treguer）的电视交谈中，列维-斯特劳斯再次谈到利科几年前向他提出的问题，意义（signification）的“反复”。大意是，《神话学》的读者不应搞错角度。期待由他来解释神话的整体含义，那是没有用的，因为他没有 *312*
答案。他认为，询问意义，这“表明人在以下问题上犹豫不决：究竟是意义内在于人，还是人内在于意义。然而（……）我们十分清楚这一取舍当中的两个词项是什么。如果说人在意义当中，那就是采取一种宗教态度。这是完全值得尊重的态度，但是应当了解它导致什么后果。反之，如果不接受这个宗教前提，结果必然是意义在人当中”[168]。换言之，在人未出现以前，意义是不存在的，而且随着他的消失而消失。意义问题不过是人类制造的一种伪迹，丝毫不能改变世界的现实。

无神论归根结底指的是知识及其运用。如果说，人类的尊严存在于努力寻找自己的位置，并争取归入自身为其成分之一的整体当中，如果他起初就已这样做了，如果神话有助于他在所谓的原始社会里继续这样做下去，那么在我们的世界里，人类便已经失去了这种做法的意义和兴趣。此后只有科学和艺术能够帮助他理解和把握自我。1968 年，列维-斯特劳斯多次强调他对科学方法的信心和希望。对人的认识方面，科学方法尚处在咿呀学语的阶段。他甚至认为人文科学还不配称为科学，无论如何不可跟生物学或化学同日而语。这两门学科早已把它们的对象分离出来了，而人文科学还停留在确认哪些是事实的阶段。列维-斯特劳斯就此向同事，向各个学科发出了挑战：“有关人的科学要么是结构主义的，要么不是结构主义的。”[169]同年，在为高等研究实践学院百年校庆而写的一篇文章里，他解释说，他的思想能够证明这一断言之不虚：“除了自己的既有想法之外，当民族志学者认为自己还成功地找出了土著人的既有想法之时（……）他们就会感到心满意足。我们希望给我们的学
313 科补充一项新的要求：在人们对于自己的社会观念的背后，找出‘真实’体系的影响。换言之，将探索深入到意识的范围以外。”[170]

为了追求客观性和真理，人类精神为了从自身状态中解放出来而建构了最可靠的方法：数学。在列维-斯特劳斯的研究视野里，有

着俊美如阿波罗的数学公式，可将无数运算化为一条简洁的公式。自从1955年他在《神话的结构》一文中表述了他的“经典公式”以后，他很少回到这个问题上来。1964年，在四部曲的“开篇”里，他说明他的书不时借用“逻辑和数学风格的符号，对此不可当真”[171]，并强调那不是一条真正的数学公式，这些符号的作用仅在于使报告简明扼要，让读者“一眼便明白一些关系和变换的复杂组合”[172]，所以只是隐喻手法而已。他补充道，分析所使用的词汇本身暂时排除了借用数学手段。“被我们当成凑手工具使用的那些粗略范畴，应该用更细腻的范畴进行分析，应用时应讲求章法。而且只有神话可以经受真正的逻辑数学的分析”[173]。

从那时起，4年过去了。《现代》1966年11月号登载了一篇署名马克·巴尔比的文章，关于“结构一词在数学中的意义”。巴尔比在高等研究实践学院的社会数学中心工作，他认为结构的概念只能用于代数里的“克莱因组”①，它在“数学中很有名，在人类的多种活动中也多有运用”[174]。“克莱因组”是个四项变换的程式，这个概念与布尔巴基对数学的推动有关，在人文科学中已有其历史。第一次世界大战以后，奥斯瓦尔德·施本格勒在《西方的堕落》一书中就已提及：“问题在于为一个抽象的形式系统（……）找到要素； 314
相对于一组特殊的运算——系统的变换——这些要素依然独立于后者的效果，具有恒定性。”[175]“克莱因组”呈现为“一个四项组，其中第一项通过两次交叉运算与最后一项连接”[176]。这种配置使人想起已经包含着项次和关系的倒置的经典公式。巴尔比在文中强调，

① 武汉大学吴泓缈教授在他的《符号学矩阵理据考》一文中把groupe de Klein译成克莱因组。我采用了他的译法。刘汉全先生译的《嫉妒的制陶女》中将此译作“克莱因瓶”。特此说明。——译者注

只有当应用于简单的现象时，数学模式才有效。“对于复杂的实际情况（……）为了能够运用数学，必须懂得如何从一个只保留几个特点的角度进行观察，几个要紧的特点；一般来说，我们在确定这些特点的时候，并未进入社会科学。”[177]

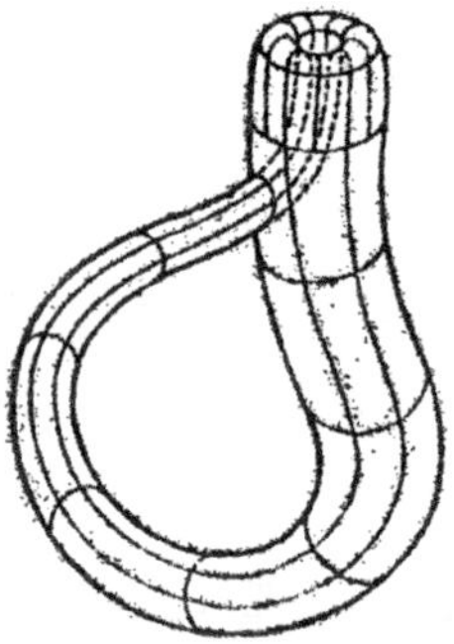

克莱因组

这是一个挑战。先是在《餐桌礼仪的起源》一书里，而后在《裸人》中，列维-斯特劳斯把四项结构的出现与“克莱因组”系统地结合起来，其条件是它们包含“一个主题，主题的对立物，及两者的颠倒”[178]——即处于倒置关系中的四个词项。这种比照的解释意义并不大。列维-斯特劳斯不过把它用作一个描写和图式化的手段。他十分清楚，任何逻辑数学分析在神话分析中都会遇到许多的障碍，亲属关系的研究即是一例。其实，运用“克莱因组”只是为了点明一条途径。列维-斯特劳斯表明，在自己的领域里，他已经成功地完成了其他人文学科的同事们难以做到的事情，即至少部分地把现实事物还原为几个适切的要素，对其进行某种意义的“加工”，使之可以接受某种数学表达，后者与其说已经成为一种实践活动，不如说是一道前景或一种可能性。采用数学手段，说到底，科学地反映出结构分析从此能够超越意识与表层，切实做到触及“真实”。

列维-斯特劳斯从一部最复杂最飘忽不定的语料库出发，终于做到了提取出简单的运行路线和规则。

他接近了研究的尾声。在他选择的美洲神话的考察领域里，他迫 315
近了一直在追寻的目标：理解人类精神如何运行。他成功了。结构主义的成功只认可了25年来他许诺的扩大知识范围的努力。然而，他的心情是复杂的。为四部曲画上句号的时刻临近，这使得列维-斯特劳斯感到晕眩。“大凡每个科学工作者，或希望具有这种品质者，他们的生命中都会有那么一个时刻，觉得完成了自己的作品，说了该说的话。”[179]他年届60岁了。面对电视摄像机，他说“进入老年了”[180]。

十五、《裸人》

《神话学》第四卷的撰写开始于1967年10月，进展很快，但在1968年至1969年之交的冬天，速度放慢了。健康问题迫使列维-斯特劳斯不得不量力而行。法兰西学院的课“断断续续地”上着，主题是关于萨利施人（Salish）神话中的雾与风，这些人生活在洛克斯山脉与太平洋之间。只有一部分讲课内容收入了《裸人》一书——列维-斯特劳斯20年以后又提及该书。此后，他笔耕不辍。为了给写作这部新“作品”积累前期资料，列维-斯特劳斯利用了从1965年到1971年间在法兰西学院先后讲授的4个年度的课程。从前的几部书只需一两年的课便可以成熟了。这个区别是“因为这部作品需要我投入更多的时间和研究，以积累大量材料，实际上，这些材料本来是好几本书的内容”[181]。“终曲”于1970年9月写完。最后一个冬天的课是考察一系列从未研究过的北美神话，对照和核实数据与假说，最终的校对和修正。作品于1971年10月15日发 316
表。封面装帧是列维-斯特劳斯请他最欣赏的当代画家保罗·戴尔沃设计的。

在最后数年的忙碌当中，列维-斯特劳斯只有几次短暂地脱离神话世界。1967 年，他运用纯粹的结构主义方法撰写了《星座的性别》一文，辑入纪念罗曼·雅各布逊 70 诞辰的论文集。相反，他与拉康的关系实际上已经结束。1964 年 1 月，他曾经参加过这位旧日朋友的第一次“研修班”。但是，五年后，高等师范学校校长罗伯特·弗拉瑟里耶（Robert Flacelère）对他关上了校门。列维-斯特劳斯拒绝在一份让·瓦尔散发的请愿书上签名，“同时强调说，请来的客人绝不该在沙龙里吵闹”[182]。同弗拉瑟里耶一样，他认为将“研修班”变成一种神秘的上流社会的仪式与严肃的教学不符。他尤其讨厌“记者的怪癖，把拉康的名字与我联系起来”；他明确表明，他们两人的道路截然不同，“一个远离哲学，另一个往哲学上扯”[183]。出于同一理由，他坚持要把他的名字与米歇尔·福柯分开。他认识福柯，但不熟悉。福柯曾经给他寄过作品，有一次弗朗索瓦·雅格布（François Jacob）邀请福柯同他一起共进晚餐。他不信任福柯，觉得他在书中提出论点“仿佛提前就知道想证明什么，然后再寻找可以支持他的论点的论据”[184]。他对《词与物》很不以为然。迪迪耶·厄里蓬（Didier Eribon）说，1970 年，“当米歇尔·福柯成为法兰西学院的候选人时，列维-斯特劳斯投了反对票，尽管杜梅泽尔写信游说。”[185]究竟谁是结构主义者？1970 年 5 月 30 日，在写给卡特琳娜·巴凯斯-克莱芒的信中，列维-斯特劳斯断然说道：“法国真正的结构主义者只有三个人：班维尼斯特、杜梅泽尔和我”；
317 至于拉康、福柯和阿尔都塞，很简单：他们“纯属滥竽充数”[186]。

两个月以前，他给罗兰·巴尔特发了一封短信，感谢他寄来的新作《S/Z》。列维-斯特劳斯在信中列出了“荞麦”（sarrasin）一词的一系列语义变化，巴尔特后来十分赞赏这位同事的渊博。几年后，列维-斯特劳斯坦言，那只是个玩笑：“《S/Z》，我并不喜欢。巴尔特的评注与穆莱尔和勒布的《仿效》中的里贝吕尔教授的评注过于相似。于是我寄给他那几页纸，‘本人另行补充’，多少有点反讽的意味，以代替我说不出来的恭维话；为了脱身，不得不如此，而他却当真了。”[187]

这一年，两册共计 1 500 页的《交流与沟通：列维-斯特劳斯六十岁寿辰纪念论文集》发表了，主编是让·布庸和皮埃尔·马朗达(Pierre Maranda)。第一册开篇就是一幅画谜式的作品，是马克斯·恩斯特专门为他设计的。这两册书的安排代表着对他的一种致敬方式：布庸和马朗达没有按照任意决定的主题安排论文，而是按照它们各自的题目之间的相近性编排。以《南比夸拉印第安人的社会与家庭生活》开头，以《神话学》收尾。论文作者包括了全球整个人类学领域，以及几个相关学科，尤以语言学家为多，也有历史学家——值得注意的是布罗代尔并没有参加——哲学家、艺术和音乐爱好者。

1971 年，列维-斯特劳斯自己也参加了为纪念雷蒙·阿隆而编辑的《纪念论文集》。阿隆前一年进入了法兰西学院。列维-斯特劳斯刚刚写完《神话学》，此刻正在琢磨“神话如何消亡”。这篇概括了他的研究的文章再次以萨利施人神话里的风与雾为主题，指出神话如何从一个部落到另一个部落，从一种变换到另一种变换而逐渐消失。这样一来，就为神话打开了两条途径，也是其终极变形和唯一的继续存在的可能性：要么变成小说，要么变成历史。如果变成 318
历史，它就会变成回顾性或前瞻性的叙事——从而使传统秩序合法化或使正在形成中的未来合法化。《猞猁的故事》说明的就是这种朝向小说的过渡。在这本书里，一只突然出现的猞猁咬死了英雄，这是一种“惩罚叙事本身”的方式，“只因忘记或者弄错了叙事的原初性质，而且否定了自身的神话性质”[188]。人离开神话世界的时候，绝不会不留下自身的某些东西：这本书的口气仿佛列维-斯特劳斯在宣告诀别一个曾经羁留经年的世界。从此以后，他很可能仅仅偶尔涉及它。

在《诸神的黄昏》一书中，列维-斯特劳斯以他特有的方式告别了诸神、动物、英雄和悲剧的世界，这个世界因人类的自私而被摧毁，却被强大的造物主保护了下来，并且重新赋予它形态和生命。与瓦格纳以一场大崩溃结束的处理不同，列维-斯特劳斯以一道投向“神话的黎明”的目光为全书收尾。点燃火焰的动作紧随摧毁瓦拉拉（whalalla）的大火之后：这是关键性的经验，“因为这个动作象征性地对人类的那些意义深远的对立组做出了裁决，这些对立物包括物质秩序中的天与地、自然秩序中的男人与女人、社会秩序中的姻亲。”[189]人性仅在初始时代才是完美无缺的。掌握火种的人，头一个讲故事的人，已经拥有了开启宇宙的钥匙。他们生活在一个完整的世界里。“黄昏”属于当下。我们身居其中，连讲述这一崩溃的神话也没有了。

在“终曲”里，列维-斯特劳斯恢复使用了此前有意避免的单数第一人称。“如果说，存在着一个‘我’可以再现的时刻，这个时刻只能在他完成了从头到尾都排除了‘我’的作品之后（因为与人们可能以为的相反，‘我’更多的是作品本身，而不是作者，在整个写作期间，他变成了一位只因他才存在的誊写员的作者），此时‘我’便能够，也应该拥有一个总的看法了。”[190]这一“总的看法”首先是一篇辩护词。针对他的第一部作品问世以来的评论，列维-斯
319 特劳斯作出了解释和澄清，尤其是针对让·皮亚杰①的观点。两人

① 让·皮亚杰（Jean Piaget，1896—1980），瑞士心理学家，以研究儿童认知心理知名。——译者注

是 40 年代的旧交。皮亚杰从未提到过列维-斯特劳斯在《亲属关系的基本结构》一书中对他的批评。50 年代初，他参加过高等研究实践学院的一个研修班。列维-斯特劳斯认为“皮亚杰在当代思想中起到了决定性的作用，因为他赋予心智心理学全部应有的权利，而在那个时代，人们看重的是情绪、情感、主观性等等（……）”[191]皮亚杰不久前发表了一部有关结构主义的普及读物，书中责备列维-斯特劳斯没有考虑到任何结构都有一个创始过程。对此，列维-斯特劳斯回答道：是的，凡是结构都是生发出来的，然而却是从其他结构生发而来的。他也回答了一种常见的、已经成为抗拒结构主义的经典的批评。此前不久，米盖尔·杜弗尼在《为了人类》一书中对之作出了综述。他被诟病把神话的实质归结为一种无生命的形式，一篇空洞无物的演说。这是对任何意义和人性的全盘否认。在这个问题上，他觉得有理由显示他的骄傲感：“（……）远非废除意义，与大约 2 500 年来，哲学家对神话的思考从未超出的那些老生常谈相比，我从对一小部分美洲部落的神话的分析中所获得的意义要多得多；只有普鲁塔克不在那些陈词滥调之内。”[192]

与此同时，他向哲学发难，认为哲学已经不可救药地跟在存在主义的后面裹足不前，陷入存在主义“从事意识形态交易的咖啡馆”，他责难哲学“以某种‘哲学艺术’的形式”胡言乱语，沉迷于“在美学意义上糟蹋前人的课题、方法和词汇”[193]。总之，这种演化与当代艺术的演化相仿。1968 年的疲劳感已被忘却。列维-斯特劳斯精力充沛，横扫一切异议与批评，以及各种假冒伪劣。他琢磨的问题之一便是“‘结构主义构想’在哲学和文学界已经可见大行其道（……）它是否为当代文学所流露出的厌烦情绪充当了借口的角色”[194]。

然而，否决和气愤不过是泡沫，其背后有着 30 年来对人文科学 320

的全面思考。他认为，目前状态下的人文科学如同“一台皮影戏。把舞台让给它们的物理学和自然科学自己也不知道投射在屏幕上的木偶身在何处，也不知道它们是用什么做成的”[195]。人文科学尚处于童年，应当满足于大致正确的成果。他们的成果仅仅预示着“一些今后将由其他科学审核的操作，那时它们会抓住我们目前只看到浮光掠影的对象”[196]。四部曲开启了一条道路，说明可以前行，但是要做的工作还很多。列维-斯特劳斯的否决不是出于一种过度膨胀的自我意识，而是出于对薄弱的科学意识的权衡，是在呼吁谦逊。学者面前有大量的工作，不会把时间浪费在建筑沙石城堡上。

列维-斯特劳斯清理了场地。面前是几乎尚未开垦的土地，但已经形成能够并且应当运用他的方法的领域。“作为一种工作假设，我将提出（……）结构的研究领域包括四大家族：数学存在物、自然语言、音乐作品和神话传说。”[197]课题已经确定。列维-斯特劳斯并没有自视为上帝，也没有断言结构主义是一把可以打开人类意识所有大门的钥匙。他不想把世界置于一条数学公式之下。诚然，他有这种向往，至少他认为科学知识本身便蕴涵着这种向往。但这只是个最终目标。它指示着方向，然而仍须从已经得到的东西出发，日复一日地努力取得进展。列维-斯特劳斯的科学道德观也是一种职业道德观，游手好闲和华而不实，他都不喜欢。

他的方法里有某种看似矛盾的东西。一方面是某种类型的科学乐观主义，它恰恰反映在坚定地相信人类世界终将被人所掌握，而且在某种意义上被人的意识所“拯救”，因为人的意识终将理解
321 它的各个方面和丰富性，将从一种科学的大彻大悟中看清自己；然而，他的方法里也有着一种本体论意义上的悲观主义，因为这种科学的彻悟只能是一种终结。所以，一个目标，跟着是一种完

成，最后是消亡殆尽，因为人类终将从这个世界里消失，像记忆那样的生命痕迹也将完全消失无踪。辛劳、痛楚、磨难都将归于虚空。人类的意识如同一股“气息”。列维-斯特劳斯在一往直前和绝望的两极之间摇摆。他没有提到第三条道路。“终曲”的最后几页的主题回到诸神的黄昏。他的四部曲是在瓦格纳之后一个世纪出现的：已经不是为人类庆生的时代了，而是宣告其黄昏的时代。他们将一去不复返。哈姆雷特的问题是任何文化所赖以建立的无数对立与区别的象征，终有一天会获得答案：存在将堕入非存在。人不会剩下任何东西。列维-斯特劳斯后来提到他的“终曲”的时候，说明最后一句话中的形容词“悠然”，寓指他所欣赏的戈比诺[①]，也寓指他所说的话：人类消失之后，地球继续“在太空中悠然绕行”。

不过，尽管出路大概是没有的——终将消亡的世界，终将结束的生命——可是却存在着不显得完全符合逻辑，而且不必绝望也可以继续生存下去的理由。列维-斯特劳斯已经到了生命的黄昏时节，于是为自己画了一幅肖像：“我的职业生涯进入了黄昏（……）”他已经年届 62 岁，身体尚健。他回忆起年轻时的一个场面。在驶向巴西的航船上，他努力在夜幕完全笼罩世界之前，把握住西下夕阳的先后相继的样态。壮丽的景色。说到底，凭借黄昏所显现的绚丽景象，注目凝视和把握景致的意识，三者结合便可穿越几十年的时光，重新获得黄昏。再次回到了美学。在学者的眼中，被抵消的事物之美，对于万物注定死亡的确信——或许还有感到美必然邻近死亡的意识，深信一切人性必将消亡，这些都为现实增加了一种悲剧

---

① 戈比诺（Joseph Arthur de Gobineau，1816—1882），法国外交家和作家，种族优劣论的鼓吹者。——译者注

的特点。

但是，列维-斯特劳斯有一条发自内心的理由，可以不让他受眩晕的摆布。20 年的不懈努力完成之时，他感到一种从未有过的
322 激动。他用一个普鲁斯特式的曲意婉转的长句反映了这种情感。从他个人的探索历程来看，这句话也许可以引出《神话学》的真正结论。

> 音乐利用一个相对短暂的时段，成就了生命本身无法永远企及的东西，以月、年或整个一生为期也是如此，那就是：一项计划与它的成功之间的结合。在音乐上，这种结合能够汇合感性与知性，简洁地再现那种圆满完成后的欣悦，只有事业、社会或爱情方面的成功才可能在费时更久之后带来这种欣悦。可是这种成功要求全身心地投入，紧张的心情随着成功的到来突然松懈下来，引发与之相反的轻松感，这种幸福的轻松感与遭遇失败后的轻松感完全不同，它也会引发泪水，但却是高兴的泪水。[198]

注释

[1] Don C. Talayesva, *Soleil Hopi*, Paris, Plon, 1959, p. Ⅸ.

[2] *Idem.*

[3] Georges Charbonnier, *Entretiens avec Claude Lévi-Strauss*, Paris, Julliard-Plon, 1961, p. 63.

[4] *Idem*, p. 48.

[5] *Idem*, p. 117.

[6] *Idem*, p. 150.

[7] *Idem*, p. 113.

[8] *Idem*, p. 114.

[9] Claude Lévi-Strauss, Didier Eribon, *De près et de loin*, *op. cit.*, pp. 90 - 91.

[10] Claude Lévi-Strauss, *Paroles données*, *op. cit.*, p. 9.

[11] Claude Lévi-Strauss, *Anthropologie structurale deux*, *op. cit.*, p. 44.

[12] *Idem*, p. 43.

[13] *Idem*, p. 29.

[14] *Idem*, p. 13.

[15] Jean-Paul Aron, *Les Modernes*, Paris, Gallimard, 1984, rééd. Folio / Essais, p. 154.

[16] Claude Lévi-Strauss *Anthropologie structurale deux*, *op. cit.*, p. 20.

[17] *Idem*, p. 24.

[18] *Idem*, p. 44.

[19] Claude Lévi-Strauss, *Paroles données*, *op. cit.*, pp. 35 - 36.

[20] *Idem*, p. 36.

[21] *Idem*, p. 10.

[22] "Claude Lévi-Strauss, êtes-vous surréaliste?" *Le Nouvel Observateur*, 4 mai 1984, p. 62.

[23] Claude Lévi-Strauss, *Anthropologie structurale deux*, *op. cit.*, p. 159.

[24] *Idem*, p. 140.

[25] Claude Lévi-Strauss, Didier Eribon, *De près et de loin*, *op. cit.* p. 93.

[26] *Idem*, p. 94.

[27] *Annuaire de l'Ecole pratique des hautes études*, *Section des sciences religieuses*, 1960 - 1961, p. 67.

[28] *Idem*, 1961 - 1962, p. 42.

[29] Claude Lévi-Strauss, Didier Eribon, *De près et de loin*, *op. cit.*, p. 94.

[30] Claude Lévi-Strauss, "Présentation d'un laboratoire d'anthropologie sociale", *Revue de l'enseignement supérieur*, 1965, n° 3, juillet-septembre,

p. 89.

[31] Claude Lévi-Strauss, Didier Eribon, *De près et de loin*, *op. cit.*, p. 98.

[32] *Idem.*

[33] *Idem*, p. 95.

[34] Claude Lévi-Strauss, *Paroles données*, *op. cit.*, p. 12.

[35] Gilles Lapouge, "Claude Lévi-Strauss: 'Surtout ne pas confondre pensée sauvage et pensée de sauvage'", *Le Figaro littéraire*, 2 juin 1961.

[36] Claude Lévi-Strauss, *Le Totémisme aujourd'hui*, Paris, PUF, 1962, p. 105.

[37] *Idem*, p. 131 - 132.

[38] Claude Lévi-Strauss, *Paroles données*, *op. cit.*, p. 44.

[39] *Idem.*

[40] Claude Lévi-Strauss, *La Pensée sauvage*, Paris Plon, 1962, p. 38.

[41] *Idem*, p. 37.

[42] *Idem*, p. 291.

[43] *Idem*, p. 292.

[44] Claude Lévi-Strauss, Didier Eribon, *De près et de loin*, *op. cit.*, p. 104.

[45] Claude Lévi-Strauss, *La Pensée sauvage*, *op. cit.*, p. 326.

[46] *Idem*, p. 327.

[47] *Idem.*

[48] *Idem*, p. 330.

[49] *Idem.*

[50] André Parinaud, "L'intelligence qu'est-ce que c'est?" Entretien avec Claude Lévi-Strauss, *Arts*, 30 mai-5 juin 1962.

[51] Claude Lévi-Strauss, *La Pensée sauvage*, *op. cit.*, p. 332.

[52] *Idem*, p. 326.

[53] *Idem*, p. 337.

[54] *Idem*, p. 347.

[55] *Idem*, p. 338.

[56] Claude Lévi-Strauss, *Anthropologie structurale deux*, *op. cit.*, p. 48. Les citations qui suivent sont tirées des pages 49 à 56 du même ouvrage.

[57] Claude Lévi-Strauss, *Anthropologie structurale deux*, *op. cit.*, p. 368. Les citations qui suivent sont tirées des pages 368 à 376 du même ouvrage.

[58] Claude Lévi-Strauss, Didier Eribon, *De près et de loin*, *op. cit.*, p. 107.

[59] Gilles Lapouge, "Claude Lévi-Strauss: 'Surtout ne pas confondre pensée sauvage et pensée de sauvage'", *Le Figaro littéraire*, 2 juin 1961.

[60] Alfred Métraux, *Itinéraires*, *op. cit.*, p. 350.

[61] Claude Lévi-Strauss, Didier Eribon, *De près et de loin*, *op. cit.*, p. 156.

[62] André Parinaud, "L'intelligence qu'est-ce que c'est? Entretien avec Claude Lévi-Strauss", *Arts*, 30 mai-5 juin 1962.

[63] "Vive les mathématiques !", entretien de Georges Guilbaud avec Claude Lévi-Strauss, *L'Express*, n° 521, 8 juin 1961.

[64] *Annuaire de l'Ecole pratique des hautes études* (V^e^ *section*) *-Sciences religieuses*, 1963－1964, p. 42.

[65] Claude Lévi-Strauss, Didier Eribon, *De près et de loin*, *op. cit.*, p. 230.

[66] Roman Jakobson, *Une vie dans le langage*, Paris, Minuit, 1984, p. 148.

[67] Claude Lévi-Strauss, *Anthropologie structurale deux*, *op. cit.*, p. 324.

[68] Jean Lacroix, "La Pensée sauvage", *Le Monde*, 27 novembre 1962.

[69] Claude Roy, "Un grand livre civilisé: *La Pensée sauvage*", *Libération*, 14 juin 1962.

[70] *Esprit*, n° 322, novembre 1963, p. 546.

[71] *Idem*, p. 605.

[72] *Idem*, p. 611.

[73] *Idem*, p. 618.

[74] *Idem*, p. 619.

[75] *Idem*, p. 620.

[76] *Idem*, p. 630.

[77] *Idem*, p. 633.

[78] *Idem*, p. 637.

[79] *Idem*, p. 641.

[80] *Idem*, p. 652.

[81] *Idem*.

[82] *Idem*.

[83] *Idem* pp. 652 - 653.

[84] Claude Lévi-Strauss, Didier Eribon, *De près et de loin*, *op. cit.*, p. 185.

[85] *Le Magazine littéraire*, n° 223, Octobre 1985, p. 24.

[86] Claude Lévi-Strauss, *Le Cru et le Cuit*, Paris, Plon, 1964, p. 9.

[87] *Idem*, p. 18.

[88] *Idem*.

[89] *Idem*.

[90] *Idem*.

[91] *Idem*, p. 35.

[92] *Idem*, p. 20. Souligné dans le texte.

[93] Jean Lacroix, "Le Cru et le Cuit", *Le Monde*, 2 janvier 1965.

[94] Claude Lévi-Strauss, Didier Eribon, *De près et de loin*, *op. cit.*, p. 179.

[95] *Idem*, p. 246.

[96] Claude Lévi-Strauss, *Le Cru et le Cuit*, *op. cit.*, p. 23. Souligné dans le texte.

[97] *Idem*, p. 24.

[98] *Idem*, p. 26.

[99] *Idem*, p. 31.

[100] *Idem*, p. 33.

[101] *Idem*.

[102] Claude Lévi-Strauss, *L'Homme nu*, Paris Plon, 1971, p. 580.

[103] Claude Lévi-Strauss, *Le Cru et le Cuit*, *op. cit.*, p. 35.

[104] Claude Lévi-Strauss, "Mythe et musique", *Le Magazine littéraire*, n° 311, juin 1993, p. 44.

[105] Claude Lévi-Strauss, Didier Eribon, *De près et de loin*, *op. cit.*, p. 245.

[106] *Idem*, p. 242.

[107] Claude Lévi-Strauss, *L'Homme nu*, *op. cit.*, p. 583.

[108] *Idem*.

[109] *Idem*.

[110] *Idem*, p. 584.

[111] Claude Lévi-Strauss, Didier Eribon, *De près et de loin*, *op. cit.*, p. 56.

[112] Claude Lévi-Strauss, préface à Lucien Sebag, *L'Invention du monde chez les Indiens pueblos*, Paris, Maspero, 1971, p. Ⅱ.

[113] Claude Lévi-Strauss, "L'anthropologie sociale", *Sciences*, n° 47, janvier-février 1967, p. 123.

[114] Claude Lévi-Strauss, "L'anthropologie sociale", *Sciences*, *op. cit.*, p. 128.

[115] Claude Lévi-Strauss, Didier Eribon, *De près et de loin*, *op. cit.* pp. 110 – 111.

[116] *Idem*, p. 111.

[117] Claude Lévi-Strauss, "L'anthropologie sociale", *Sciences*, op. cit., p. 128.

[118] *Annuaire du Collège de France*, 1968, p. 308.

[119] Claude Lévi-Strauss, *Anthropologie structurale deux*, *op. cit.*, pp. 65 –

66.

[120] Claude Lévi-Strauss, "L'anthropologie sociale", *Sciences*, *op. cit.*, p. 117.

[121] Claude Lévi-Strauss, Didier Eribon, *De près et de loin*, *op. cit.*, p. 189.

[122] Claude Lévi-Strauss, *Paroles données*, *op. cit.*, p. 111.

[123] Raymond Bellour, "Entretien avec Claude Lévi-Strauss", *Les Lettres françaises*, n° 1165, 12－18 janvier 1967.

[124] Claude Lévi-Strauss, Didier Eribon, *De près et de loin*, *op. cit.*, p. 186.

[125] *Idem*, p. 185.

[126] Gilles Lapouge, "Claude Lévi-Strauss collectionne infatigablement les mythes", entretien, *Le Figaro littéraire*, n° 1085, 2 février 1967.

[127] *Idem.*

[128] *Idem.*

[129] "Valons-nous mieux que les sauvages?", *Beautés*, janvier 1965, p. 51.

[130] *Idem.*

[131] *Idem*, p. 53.

[132] Claude Lévi-Strauss, *Anthropologie structurale deux*, *op. cit.*, p. 326.

[133] *Idem*, p. 330.

[134] *Idem.*

[135] Gilles Plazy, "L'étrange regard de Lévi-Strauss", *Télévision-Radio*, février 1968.

[136] *Le Monde*, 13 janvier 1968.

[137] François Furet, "Les intellectuels français et le structuralisme", *Preuves*, n° 92, février 1967, repris dans *L'Atelier de l'histoire*, Paris, Flam-

marion, 1982, p. 52.

[138] Claude Lévi-Strauss, "A propos de ' Lévi-Strauss dans le XVIIIe siècle'", *Cahiers pour l'analyse*, n° 8, 1969, p. 89.

[139] *Idem.* p. 90.

[140] *Idem.*

[141] Francine Mallet, "Entretien avec Claude Lévi-Strauss", *Le Magazine littéraire*, février 1967.

[142] Claude Lévi-Strauss, *Les Structures élémentaires de la parenté*, *op. cit.*, p. XVII.

[143] Raymond Aron, *Mémoires*, Paris, Juillard, 1983, p. 516.

[144] *Idem*, p 520.

[145] *Idem.*

[146] *Idem*, p. 521.

[147] *Idem.*

[148] Claude Lévi-Strauss, "Aron? Il possédait tout ce qui me manquait", *Le Nouvel Observateur*, 21 octobre 1983.

[149] *Idem.*

[150] *Idem.*

[151] Raymond Aron, *Mémoires*, *op. cit.*, p. 579.

[152] Claude Lévi-Strauss, "Aron? Il possédait tout ce qui me manquait", *Le Nouvel Observateur*, 21 octobre 1983.

[153] Claude Lévi-Strauss, Didier Eribon, *De près et de loin*, *op. cit.*, pp. 115 - 116.

[154] Raymond Aron, *Mémoires*, *op. cit.*, p. 472.

[155] *Le Magazine littéraire*, n° 223, octobre 1985, p. 49.

[156] "Ce que je suis, par Claude Lévi-Strauss", II, *Le Nouvel Observateur*, 5 juillet 1980.

[157] Claude Lévi-Strauss, Didier Eribon, *De près et de loin*, *op. cit.*,

p. 115.

[158] *Idem*, p. 114.

[159] *Idem.*

[160] Raymond Aron, *Mémoires*, *op. cit.*, p. 494.

[161] *Idem.*

[162] François Dosse, *Histoire du structuralisme*, t. Ⅱ: *Le Chant du cygne*, 1967 *à nos jours*, Paris La Découverte, 1992, p 150.

[163] Claude Lévi-Strauss, Didier Eribon, *De près et de loin*, *op. cit.*, p. 116.

[164] Claude Lévi-Strauss, *L'Origine des manières de table*, Paris, Plon, 1968, p. 422.

[165] Jean Pouillon, "Une leçon de maintien", *La Quinzaine littéraire*, août 1968.

[166] Claude Lévi-Strauss, *L'Origine des manières de table op. cit.*, p. 422.

[167] *Idem.*

[168] Catherine Backès-Clément, *Lévi-Strauss ou la structure et le malheur*, Paris, Seghers, rééd. 1974, p. 205.

[169] *Idem*, p. 201.

[170] Claude Lévi-Strauss, *Anthropologie structurale deux*, *op. cit.*, p. 85.

[171] Claude Lévi-Strauss, *Le Cru et le Cuit*, *op. cit.*, pp. 38 - 39.

[172] *Idem*, p. 39.

[173] *Idem.*

[174] *Les Temps modernes*, n° 246, novembre 1966, p. 797.

[175] Oswald Spengler, *Le Déclin de l'Occident*, Paris, Gallimard, rééd. 1948, t. Ⅰ, p. 99.

[176] Lucien Scubla, *Lire Lévi-Strauss*, Paris, Odile Jacob, 1998, p. 82.

[177] *Les Temps modernes*, n° 246, novembre 1966, p. 814.

[178] Claude Lévi-Strauss，*L'Homme nu*，*op. cit.*，p. 581.

[179] Catherine Backès-Clément，*Lévi-Strauss ou la structure et le malheur*，*op. cit.*，p. 212.

[180] *Idem.*

[181] Claude Lévi-Strauss，*Paroles données*，*op. cit.*，p. 16.

[182] Elisabeth Roudinesco，*Jacques lacan*，Fayard，1993，p. 445.

[183] Raymond Bellour，"Entretien avec Claude Lévi-Strauss"，*Les Lettres françaises*，n° 1165，12－18 janvier 1967.

[184] Claude Lévi-Strauss，Didier Eribon，*De près et de loin*，*op. cit.*，p. 105.

[185] *Le Magazine littéraire*，n° 311，juin 1993，p. 28.

[186] Catherine Backès-Clément，*Lévi-Strauss ou la structure et le malheur*，Paris，Seghers，rééd. 1970，p. 196.

[187] Claude Lévi-Strauss，Didier Eribon，*De près et de loin*，*op. cit.*，p. 106.

[188] Claude Lévi-Strauss，*Anthropologie structurale deux*，*op. cit.*，p. 311.

[189] Claude Lévi-Strauss，*L'Homme nu*，*op. cit.*，p. 558.

[190] *Idem*，p. 563.

[191] Jacques Grinevald，"Interviews avec Jean Piaget et Claude Lévi-Strauss"，*Revue européenne des sciences sociales*，t. XXII，1984，n° 67，Genève，Droz，p. 174.

[192] Claude Lévi-Strauss，*L'Homme nu*，*op. cit.*，p. 572.

[193] *Idem.*

[194] *Idem*，p. 573.

[195] *Idem*，p. 574.

[196] *Idem*，p. 575.

[197] *Idem*，p. 578.

[198] Claude Lévi-Strauss，*L'Homme nu*，*op. cit.*，p. 587.

第六章　大地丈量者

(1971—1985)

一、思想大师

323 列维-斯特劳斯还有未来吗？1968 年 5 月的一天，社会学家让·杜维纽①在索邦大学的阶梯教室里高声宣告“结构主义已经结束，它死了”[1]。几个月后，《世界报》专门就“结构主义是被 1968 年‘五月风暴’摧毁的吗?”展开讨论。一种庸俗的说法很快流行起来，“五月风暴”是萨特对列维-斯特劳斯的报复。但 1969 年初，拉康发出了一句惊人之语，宣告 5 月“是结构走到了大街上”。拉康说得不错，

① 让·杜维纽（Jean Duvignaud，1921—2007），法国社会学家和小说家。——译者注

但有一点出入：移动位置的不是结构，而是结构主义者，不是走入街头，而是一举占据了所有的讲台。

1968 年“五月风暴”标志着古老的人文大学的结束，使其离开了严肃的讲台。这些变化带来了教师队伍的重组，结构主义者是其中最大的受益者。符号科学经历了一段短暂的真空之后，又以强劲的势头重返学术界。年轻的助教和教授都接受过结构主义学派的训练。这个学派在学术界取得了优越地位，因为它为所有关于人的科学提供了科学性的担保。看法激进的人甚至认为它可以成为一道阻 324
挡“意识形态”的屏障，其他思想流派据信都充斥着这样的意识形态。与此同时，在那些寻找信仰的不满现状的大学生当中，某种拉康和阿尔都塞的思想的混合物风靡一时。

乱哄哄中，拉康、阿尔都塞、福柯成了登峰造极的时髦人物，列维-斯特劳斯则处于缔造者的地位。在法国大学和高等教育机构里，他的思想和著作都是数不清的辩论会的中心话题。经过一段时间的杂志专刊和专题报道之后，出现了综合性著作和总结。1968 年，雷蒙·布东[①]在伽里玛出版社发表《“结构”的概念有何用?》，他提供的回答部分地依据列维-斯特劳斯对亲属关系结构的分析模式。同年，一本内容翔实的《什么是结构主义?》问世，作者是丹·斯佩伯[②]，他用大量篇幅论述“人类学中的结构主义”。同年 12 月 4 日和 11 日，他在高等研究实践学院参加了列维-斯特劳斯的研修班。他宣称：“对结构人类学的批评通常都是反动的或者边缘性的，我们却提出一种内部批评，其结果是将模式普遍化，而且将证

① 雷蒙·布东（Raymond Boudon，1934—　），法国哲学家，巴黎大学社会学教授，在国际学术界十分活跃。——译者注

② 丹·斯佩伯（Dan Sperber），法国当代人类学家和语言学家，以跨学科研究知名。——译者注

实这些模式的假说暂时充实一下。”[2] 1970 年，一个天不怕地不怕的年轻教师，米歇尔·勒布里①，以皮埃尔·克莱桑的笔名发表了《列维-斯特劳斯》，该书着力使人忘掉列维-斯特劳斯的作品所引发的哲学争论，他认为那些均已过时，而应当注意他采用的系统的和科学的方法。第二年，吕克·德·厄施②主编的《为什么与他结婚？及其他随笔》发表了，此书的雄心是“把马克思主义放进列维-斯特劳斯思想的花园里”[3]，并且把结构主义的设想与马克思的设想结合起来。1973 年，在《列维-斯特劳斯的结构主义》一书中，米海伊·马克-利皮扬斯基（Mireille Marc-Lipiansky）系统地介绍了结构主义的方法、哲学和研究课题。

无疑，结构主义思潮与关于人的科学的蓬勃发展密切相关。结构的概念保证了用语与方法之间的协调一致，从而避免了知识体系零散破碎。它巩固了一个正在蓬勃发展，因而可能分化为多个领域的学科。从这方面看，人们对列维-斯特劳斯的思想所进行的大量阐
325 释，已经不是追求时髦，而是一种需要。大学生也好，研究领域的新手也好，都竭力把结构主义纳入到自己的知识和话语当中，以免陷入主观的印象主义，或坠入飘浮不定的话语的迷雾。吸收“精选”的列维-斯特劳斯的作品成了一条必经之路，一种取得“科学性”和获得重要职位的保证。如此一哄而上，其结果只能损害结构人类学，这倒并非因为它应当只服务于少数“幸运儿”，而是因为这样做可能导致结构主义化为良莠不分的混合，而这正是福柯、巴尔特、列维-斯特劳斯的“圣书”多少取得了成功之处。1968 年至

① 米歇尔·勒布里（Michel Le Bris，1944— ），法国作家、哲学家和记者。——译者注

② 吕克·德·厄施（Luc de Heusch，1927— ），比利时人类学者和电影制作人。——译者注

1973 年之间，列维-斯特劳斯获得了最广泛的成功：那是世界上与他有关的文章发表最多的几年。但是，与此同时，结构主义退潮的条件也是在这几年形成的。他的思想被肢解和混同于与他根本不相干的思想家的思想，变成了一套无孔不入的辞令的组成成分之一，“结构主义构想”——这正是列维-斯特劳斯最难以忍受的——正在走向形式主义和无意义。

列维-斯特劳斯的事业在法国，但美国是他的“后方”，他的重大的理论突破都是在那里取得的。他的作品在美国的接受渠道不同于法国。他不在那里教书，然而，他对美国新一代同行的直接影响与日俱增。每年都有研究生和教师来到巴黎，参加他在高等研究实践学院主持的研修班和社会人类学实验室的研究。例如，1967 年至 1969 年间，马赛尔·萨兰①在实验室就有专用的办公室。1969 年春，他把自己对毛利人的互惠关系的研究结果和莫斯及其后继者对此的理解作了介绍。几年以后，他在芝加哥大学当教授期间，回忆起他向列维-斯特劳斯提问：“说到底，结构主义究竟是什么？”列维-斯特劳斯耸了耸肩，答道：“就是正确的人类学呗”[4]。在巴黎逗留之后，这些理念传递者便将结构主义的“病毒”带进各自的大学。萨兰对此的评断是“有一些结构主义的原则打入了知识界，至少可以说，人类学永远不会同以往一样了”[5]。

如同在法国一样，列维-斯特劳斯的声望在盎格鲁-撒克逊世界 326
逐渐越出了人类学范围。这种情况开始于 60 年代初。苏珊·桑塔格②是纽约所谓“进步”文学评论界的教母，她扮演的角色跟西蒙

---

① 马赛尔·萨兰（Marshall Sahlins，1930— ），美国著名人类学家，芝加哥大学教授。——译者注

② 苏珊·桑塔格（Susan Sontag，1933—2004），美国作家和著名社会活动家。1966 年出版的《反诠释》是她的第一部散文集。——译者注

娜·德·波伏瓦在巴黎知识界一度扮演的相仿。1961 年，正逢《忧郁的热带》的英译本出版之际，桑塔格在《反诠释》一书中专辟一章，把列维-斯特劳斯介绍给美国人文科学者，从而使他在纽约文学界取得了正当地位。与罗兰·巴尔特一道，列维-斯特劳斯从此成为带有法兰西情调的一朵奇葩，既令人刺激又略微使人不知所措。它并没有质疑统治一切的经验主义，不过给后者添加了一根哲学精神的花刺。

起初，如同在法国发生的那样，这种兴趣体现在越来越多的文章上，既有如《美洲文化人类学家》这样的专业杂志，也有如《纽约时报图书评论》一类的文学副刊，后者发表对他的著作的评论。继而出现了集体著述和综合性评论。1970 年，著名的麻省理工学院发表了《列维-斯特劳斯：英雄人类学家》一书。人类学家、哲学家和评论家撰写了一系列论文，对他的全部作品给以全面的审视，其中既有崇敬又不乏嘲讽，既有赞赏又有怀疑。“是科学，还是拼凑?”哈佛大学人类学教授戴维·马伯里-刘易斯①多少带点恶意地提出了问题，他对《神话学》中的蜂蜜与烟草的关系不甚理解。对此，爱德蒙·利奇的回答是一篇对《创世记》作出结构性诠释的文章《伊甸园中的列维-斯特劳斯》。文人们似乎对列维-斯特劳斯更为信服。乔治·斯坦纳②把列维-斯特劳斯置于当代哲学思潮当中，将他的作品理解为 20 世纪及其神话的一种诗学隐喻。同年，安东尼·伯吉斯③在《观众》杂志上发表了《家常菜文化》。从此以后，交谈中只要提及列维-斯特劳斯的名字便显得很时髦。

---

① 戴维·马伯里-刘易斯（David Marbury-Lewis），哈佛大学人类学教授。——译者注

② 乔治·斯坦纳（Georges Steiner，1929— ），出生于巴黎的美国作家和哲学家，曾长期为《纽约客》周刊撰写评论。——译者注

③ 安东尼·伯吉斯（Anthony Burgess ，1917—1993），英国小说家、诗人和作曲家。——译者注

这些对立的态度反映出列维-斯特劳斯对他的盎格鲁-撒克逊同事提出的问题，他们——或者其中一些人——很愿意接受他的著述所依据的庞大理论体系。即使他们不赞同理论本身，他们也愿意承认它的益处。但是，一旦涉及应用及应用范围，他们就难以跟上他 327
的思路了。埃德蒙·利奇出自功能主义传统，剑桥大学教授，他在1970年发表了小书《列维-斯特劳斯》，简单扼要地谈了这个问题。此书很快便被译成法文。利奇对同事的指责十分严厉："列维-斯特劳斯对于各种概率的代数问题似乎比对经验事实更为关注"。[6]他的方法"只会把我们引入一个什么都有可能，但什么都不真实的世界"[7]。他不分青红皂白地指责列维-斯特劳斯无视民族志成果，教条主义日益膨胀，有一种满眼都是人类思想的普遍机制的怪癖。他认为，对于盎格鲁-撒克逊国家的民族学家，列维-斯特劳斯的方法只适用于同一文化区域内的神话。超出了这个范围，他们就不追随他了。利奇下结论说，《神话学》的庞大漫游只不过与弗雷泽的《金枝》相似而已。

提出弗雷泽的名作虽然不会影响到列维-斯特劳斯的声誉，但利奇的非难毕竟令人感到有点不舒服。有条有理的非难和尖锐性似乎拒绝任何辩解。民族学家应该满足于清理和归类。万一非解释不可，他也只应给出关于某一个特定社会的令人信服的报告。至于人类学，在一个分工细密的世界里，它只是几缕散漫的光线罢了。这种说法比列维-斯特劳斯关于熵的说法更令人沮丧。撇开旧大陆与盎格鲁-撒克逊世界之间古老的文化纷争不说，这种不理解凸显出列维-斯特劳斯所处的矛盾境地。在法国，他被迫一再重申自己是民族学家，不是哲学家；而英吉利海峡和大西洋彼岸的同行们却提醒他，他的民族学工作里包含哲学立场。

列维-斯特劳斯在盎格鲁-撒克逊世界的接受情况始终带有这种

反差。哲学—文学的传统尽力把他的作品纳入当代思想和敏感性的主要潮流，从布恩（J. A. Boon）1971 年发表的《从象征主义到结构主义——文学传统中的列维-斯特劳斯》，到大卫·佩斯（David Pace）1983 年的《克洛德·列维-斯特劳斯——灰烬掌管者》都是这样做的。在此期间，人类学家都承认他是重要的学科经典，例如
328 1973 年在芝加哥发表的《社会与文化人类学手册》中便有关于他的大量篇幅，但是围绕他的观点却存在着鲜明对立。这些主要传播者当中当然有埃德蒙·利奇，他虽然批评列维-斯特劳斯，却写出了许多篇关于这位同事的文章。他反对纯粹的功能主义，并依据列维-斯特劳斯的观点，指出社会是变化的——这种说法在 60 年代引起了轩然大波。这些人当中还有罗德尼·尼德汉姆[①]，他在牛津大学大力推广列维-斯特劳斯关于亲属关系的结构的论点。玛丽·道格拉斯[②]先是在伦敦，后来在美国，她在禁忌问题上所捍卫的观点与列维-斯特劳斯的十分相似。新一代的评论者当中，特别是勃伯·肖尔特（Bob Scholte）、弗朗西斯·柯恩（Francis Cohen）和雨果·纽蒂尼（Hugo Nutini）都探讨过是应当集中于列维-斯特劳斯的理论建构，还是应当返回理论所解释的事实上。他们致力于列举《亲属关系的基本结构》中出现的失误，探讨它们是否会伤及列维-斯特劳斯的解释，他们还提出了结构主义理论背后的意识形态的问题。几年以后发表的一些撰述对这些争议做出了综述：勃伯·肖尔特于 1969 年在伯克利发表了论文，题为《人类学传统内的民族学：关于英美对法国大陆结构主义的评论的比较研究》；1974 年，纽约出版了《文化

---

① 罗德尼·尼德汉姆（Rodney Needham，1923—2006），英国著名社会人类学家，懂汉语。——译者注

② 玛丽·道格拉斯（Marie Douglas，1921— ），英国人类学家，专治文化人类学和象征手法。——译者注

中的无意识——展望列维-斯特劳斯的结构主义》一书，提供了一幅结构主义对民族学和人文科学造成的影响的图景。此后出现了有关列维-斯特劳斯本人及其著述的详尽文献和书目。

他的影响扩大到一切有民族学家的地方：意大利、荷兰、比利时、德国、斯堪的纳维亚、巴尔干诸国和澳大利亚，南美就更不用说了。每年社会人类学实验室都要接待来自秘鲁、阿根廷和巴西的研究人员。列维-斯特劳斯与巴西保持着密切接触；《忧郁的热带》的成功使他的名字在巴西几乎是神圣不可侵犯的。对此，《狂欢节、强盗与英雄》一书的作者罗伯托·达·玛塔不无嘲讽地说，巴西有一种反常的倾向，人们越是钦佩他，对他的评论越少。尽管如此，列维-斯特劳斯在这个国家的影响依然可以直接感受到，因为他昔日的考察引发了新的考察活动。哈佛大学与巴西国立博物馆共同启动了一个研究项目，从而带来了多部关于巴西中部热语（gê）的民族 329
的论著。此外，吕兹·科斯塔·利马（Luiz Costa Lima）1970 年主持发表了《列维-斯特劳斯的结构主义》一书，综述他的研究课题及其著作所引起的争论。

二、历史、基因与文化

1971 年春。列维-斯特劳斯完成了美洲神话的长途跋涉。自 1961 年到 1968 年，他远离了公众舞台。现在他回来了。他与媒体的关系发生了变化，同他的作品所引发的评论一样，也就是说，综述和总结的时期到了。3 月里，他接受了《快报》的长时间采访。6 月间，他在法国电视二台《周日嘉宾》节目上现身。采访者想知道他的一切：怎样开始从事民族学，在巴西的逗留，如何发现结构主义，亲属关系的研究，神话意义，与同代人的关系，世界观。一部记者“指南”建立起来了：一系列问题都有标准答案。这个工具很实用，只要根据场合适当变化和增添，便可以利用它向有文化素养的观众有血有肉地介绍他的职业。这对他是一种恩赐：荣誉不受时间流逝的影响。只要愿意，任何人都可以通过他的生活和作品获得可靠和实在的指引。至于其他，他照旧走自己的路。

《裸人》10月发表。列维-斯特劳斯坚持要补充和解释其中某些部分。“终曲”包括对拉威尔的《波莱罗舞曲》的分析，他在《人类》杂志上又一次提到，并增加了书中没有收入的一段乐谱，从而使他能够为萦绕于心中的一个论点奠定更具体的基础：“音乐作品是用乐音而不是用语词表达的一种代码化的神话，是一个供人破译的节律栅，一个关系的矩阵；它将内心体验加以筛选和组织，取代内心体验，而且提供有益的幻觉，似乎矛盾能够被克服，困难能够得到化解。”[8]必须承认，根据这种设想，每一部作品都提出一个问题，并且力图解答这个问题。《波莱罗舞曲》正是如此。尽管表面
330 上结构简单，围绕着主题和反主题、回应与反回应、二节拍和三节拍之间的张力，作品的旋律和节奏紧密配合：这种张力不在一个音调变化内得到化解，而是引发围绕着同一调性的一系列波动，迫使作曲家在配器的音色更新当中寻找出路，直至乐队用尽所有的乐声之后，“提高乐调”和组合式，从而将所有张力一举化解，结束作品。

为一部向马克斯·恩斯特致敬的文集，列维-斯特劳斯撰写了一篇文章。文集后来没有发表，但给列维-斯特劳斯提供了回到另一个主题的机会，即“自我”的主题。他在“终曲”中说，作者遭遇到各种事物，他自己不过是它们的施行者。其实他不是在说，而是被说出。列维-斯特劳斯提醒道，恩斯特早在1934年就提出了这个说法，从而戳穿了“艺术家的创造能力”[9]的错觉。在《神话学》一书

CLAUDE LÉVI-STRAUSS
MYTHOLOGIQUES
****
6-70.
P.DELVAUX
L'HOMME
NU
PLON

《神话学：裸人》法文版封面

中，列维-斯特劳斯采用的方法便与这位朋友的画作和拼贴画异曲同工。在一篇简短有力的分析里，列维-斯特劳斯开玩笑似的对有名的“一台缝纫机与一把雨伞在解剖台上的邂逅”做出解释，恩斯特借这种偶遇说明他的观点。列维-斯特劳斯写道，相遇并非偶然，被选用的物体之间存在着一个由对立体组成的稠密网络，因此它们的接近只能以这种方式完成。事物在我们头脑中是按照一种并非任意的逻辑组合起来的，分析它们的感性品质可以让我们搞清这种逻辑。

《年鉴》夏天出了专刊，题为《历史与结构》。“历史学与结构主义不会开战。”[10] 在前言中，安德烈・比尔吉耶尔①（André Burguière）埋葬了战后的屡次争论。历史学不再满足于只管社会生活中有意识的现象，而且正像列维-斯特劳斯所希望的那样，也不再把这些现象里的无意识的部分丢给民族学去处理。马克思主义大有裨益于历史学的这种变化，因为它使后者逐渐习惯于到流动的事件背后寻找起作用的逻辑。这样一来，历史学便致力于“使表面不一致的复杂现象变得可以理解”[11]。为此，它从结构分析借用了某些工具。对话是开放的。这一期的头一篇论文是列维-斯特劳斯写的。
331 《年鉴》对列维-斯特劳斯的欢迎表明论战已经平息。以前，列维-斯特劳斯只在这份杂志上发表过一篇文章，那是在1961年，正值不久前，他在法兰西学院的就职演讲上向布罗代尔保证过他对历史学的承认。为重返历史学家的领域，列维-斯特劳斯特意选用了《裸人》最后一章，“神话时代”。在对神话起源的思索中，他很愿意承认历史的丰厚性，上下追溯历史进程，接受神话在不同时代和不同地点会发生改变的看法。“但是，当我们过渡到一个普遍性的层次上，

---

① 安德烈・比尔吉耶尔（André Burguière），法国历史学家。高等研究实践学院历史学教授。——译者注

从外部而不是内部对体系进行观察的时候，历史考虑便不适当了。”[12]这一次是等待12年之后，《年鉴》才发表的列维-斯特劳斯的新作。

但是，列维-斯特劳斯态度谨慎。他提到的过渡与其说是结构的，毋宁说是普鲁斯特式的。他提出的观点看来首先是美学的。他囊括了所有的美洲神话，把它们当作一个鲜活而变动的整体来把握，他的目光已经远离，理解不了这些神话与时间的联系。“因此，看来最徒劳无益的调查也可能得到某种慰藉：用不着寻找和接近，反倒确定了昔日曾为希望之乡的所在地，三种不耐烦在此平静下来了：第一个是尚需等待的未来，第二个是正在逝去的现在，第三个是贪婪地吞噬现在的过去，这个过去吸引和瓦解着未来，令其坍塌在早已混同于现在的过去的废墟之中。”[13]在他的研究完成之时，他看到的不是重新找回的时间，而是悬置起来的时间。神话同我们利用图书馆和博物馆试图做到的一样，都企图使时间凝固下来。

不过，列维-斯特劳斯还是回到了结构与历史学的关系的问题上，但却是在别处提出的，那是发表在纪念埃文思-普利查德①的《论文集》里的一篇文章。论文集是在伦敦出版的。他在这篇题为《相邻民族的仪式和神话之间的对称性》的论文里指出，两个印第安人部落之间的生活越交融，神话与仪式就越呈现对称性。他解释说，这些关系不从属于“自然和精神的几条神秘法则”，而是来源于“多少是有意为之的，在历史上积累起来无数次努力，而且朝向同一个目标”：在统一性和多样性之间建立起平衡，保持“沟通与 332

① 埃文思-普利查德（Edward Evans-Prichard，1902—1973），英国人类学家，牛津大学教授。——译者注

无沟通之间的平衡，因为沟通有助于相互启发，而无沟通也不无益处，因为脆弱的差异之花需要置身暗处才能存活”[14]。

历史学提供数据，社会则尽力将其纳入一些结构。如果说这些说法并没有更新列维-斯特劳斯的历史观，反过来却强调了他拒绝与西方的历史观认同。更准确地说，这个立场为他在一个老问题上采取一种新方法铺平了道路。联合国教科文组织将1971年命名为反种族主义斗争之年。列维-斯特劳斯应邀在一场大型演讲会上首先开火。人们期待着他重复20年前在《种族与历史》中表述的观点。但是，观点已经改变，他直言所想。“那是一场相当大的混乱。我提前两天提交了讲稿。演讲的那天，在没有提前通知我的情况下，秘书长勒内·马厄（René Maheu）首先发言，目的不仅是提前打消我的亵渎言辞，而且甚至是故意要打乱预定的日程安排，以迫使我把演说辞缩短。”[15]

列维-斯特劳斯以往总强调各种文化应当将各自的优势组合起来，以求发展，现在他却强调努力发展各自的差异，以保持自己的特点。20年来，生物学和群体遗传学的发展使得种族的概念越来越模糊，难以做出规定，而且尤其表明文化行为决定着生物学变化，而不是相反。可是，种族主义依然猖獗。反对偏见和无知的斗争尽管值得赞赏，但目的还未达到。列维-斯特劳斯认为，各个社会应该学会互相保持一定的距离。不可过近，否则会失去多样性；亦不可太远，否则无法交流。他十分敏感于当代世界的同一化倾向，强调要保持一定的距离。他声言，人类应当“重新认识到，凡属真正的创造活动都意味着对其他价值保持某种程度的充耳不闻，甚至会拒绝它们，如果不是干脆否定的话”[16]。

333 列维-斯特劳斯自嘲地说，他在撰写和发表《种族与文化》时期犯下了五条“原罪”：希望群体遗传学家与民族学家联手；承认社会之间“相对的无法沟通性”[17]；揭露种族主义概念在当代的滥用；摈弃有关“一个各种文化互怀激情，只盼相互赞美的世界”[18]的概念；强调教科文组织在意识形态上的不一致与软弱。这篇演说远不如《种族与历史》那样出名。2001 年以前没有出过单行本，也从未得到公众的青睐。除了质疑联合国的官腔套话以外——数十年来这种质疑一直没有丧失其颠覆性的力量——列维-斯特劳斯尤其代表着一场反对设置禁区的正当的攻势。70 年代初，“一切皆以社会学为准绳”成了一种教条，起初用于抵制严格意义上的种族主义理论：种族无分优劣；但是这一观点僵化，变成了天赋还是后天习得问题上一种决定性的判断。社会仅在后天习得的基础上，依赖后天习得方可运行。只要寓指天赋都会被打入灭绝人寰的理论的冷宫。列维-斯特劳斯的原罪便在于使人睁眼看到当代的科学研究，认识到后者深刻地刷新了争论所使用的词语。人们完全可以谈论生物学或遗传学，同时并非种族主义者——尤其是因为这些科学证明种族主义论点是毫无根据的。他从科研的现状出发，打破了禁忌（不仅如此，可能在某些人看来，他还并非自愿地表明了政治立场：天赋说属于右翼，后天习得说属于左翼；使用基因这个字眼本身就表明一种政治取向）。另一方面，关于他所说的生物机体和文化机制两种运行之间的雷同，他的演讲并没有明确阐述。他说，遗传学家和民族学家应当“一道寻找生物现象和文化现象的分布情形是如何和以什么方式彼此阐发的”[19]。这个问题依然悬而未决。列维-斯特劳斯找出了一块新天地，剩下的问题是怎样闯入。

《裸人》一书中有某种违背常理的东西。评论界一致认为，列维-斯特劳斯的四部曲的最后这一卷分量极重，是“绕不开的”，今 334
后将是一部经典作品；他们认为他已经完成了一项历史性的工程。可是，一旦涉及对这本书的内容加以评论，评论界就变得语焉不详。大多数批评家只满足于寻章摘句地征引。1971—1972 年之交的冬天，列维-斯特劳斯出面助其一臂之力。他多次在媒体露面。他同意接受《文学杂志》的深入采访，谈谈他为 11 月那一期投的稿。11 月 11 日，他接受了加拿大广播电台的采访。在法国电视一台皮埃尔·德·布瓦岱夫（Pierre de Boisdeffre）主持的《内容与形式》节目上，他与公众见面。12 月 8 日，他上了比利时电视台的《星期四嘉宾》节目。1972 年 1 月，他与爱弥尔·诺埃尔（Emile Noël）的一系列长谈在法国电台的文化频道播出，为期一周。1972 年夏，他与电影分析专家雷蒙·贝鲁尔（Raymond Bellour）进行了实质性交谈，从而结束了这场战役。他曾于 1967 年在《法国通讯》上详细回答过雷蒙·贝鲁尔提出的问题。

通过这些参与，他试图在人类学的视野中描绘《神话学》。他强调说，《亲属关系的基本结构》和《结构人类学》都反映出他的远大的理论抱负。“总之，尽管《神话学》卷帙浩繁，但是它只是一种小小的尝试，我尝试着像语言学家那样对一门特定的语言开始作出描述——也就是美洲神话所使用的语言（……）但是，这个领域对更深入的描写仍然开放，此类研究有一天可能达到一部真正的‘词典’，一套‘句法’，一部名副其实的‘语法’。”[20]他只使用了美洲神话素材库中的 5%～10%的材料，只分析了一种神话的话语，还有别的话语。“我只是以为，我所保留的那些有一点示范的意义。”[21]当有人紧步其后尘继续研究时，他希望对其他神话的分析所得出的结果不会与他的相抵触。最后还有一个悬而未决的问题：“世界各地的神话思想的统一性：这不是一个能够预先判断其解决办法优劣的问题。”[22]研究必须扩大。这种统一性也
335 许存在，也许我们会发现神话分为不同种类，正如动物有种属之分一样。“让-皮埃尔·维尔南、皮埃尔·维达尔-纳盖和马塞尔·

德蒂安①的研究似乎表明，希腊神话中有些地方与美洲的思想几乎无分伯仲。”[23]总之，神话研究刚刚开了个头。在这项研究完成时，列维-斯特劳斯重申了他在《生食和熟食》一书的引言里所说的话：他运用的概念尚属草创；它们在研究过程中无疑已经精确化，但还不像例如某种逻辑数学处理那般精确。相对于仍然有待完成的工作，《神话学》只是一份草样。

三、旧争议与新思路

亲属关系加上神话学：列维-斯特劳斯揭示了这两个关键领域的隐秘的架构。他获得了精神上的自由。法兰西学院给予他充分的自由，可以按照自己的意愿安排工作。1971—1972 年度的课程标志着神话研究暂时停止。第一个学期，他回到亲属关系上来，组织了一系列“关于亲属关系的原子的讨论”。这个概念自 1945 年提出以来，在民族学家当中引起了一些争议。他解释说，人们让他说出了他未曾说过的话，然后一针见血地指出问题的关键：他指出了亲属关系不仅产生于与生物学现实相关的承嗣关系和血亲关系，而且产生于家族之间的社会性联姻关系。问题依然很棘手。卢克·德·厄施主编的《为何与它结合?》一书的发表促使他集中材料写出了一篇文章，1973 年在《人类》上发表了。他觉得，厄施所提出的十分复杂的实例，可以在“亲属关系和态度体系的周期表中”[24]找到了它们的位置。尽管如此，同事们所遇到的障碍是相同的。他从未断言， 336

① 让-皮埃尔·维尔南（Jean-Pierre Vernant，1914—2007），著名法国历史学家和人类学家，法兰西学院教授，以研究古希腊文化知名。皮埃尔·维达尔-纳盖（Pierre Vidal-Naquet，1930—2006），法国历史学家和政治活动家。马塞尔·德蒂安（Marcel Détienne，1935— ），比利时希腊文学专家，比较人类学家和作家。——译者注

亲属关系的原子时时处处都应该还原为最简单形式。他只是觉得，既然这些简单形式出现在为数相当多的社会里，那么一定深具意义。他再次重申："那些我们全无了解，但需要描写的亲属关系的要素，不在于其一劳永逸地规定的'位置'，而在于仅由相关的'关系'所组成的系统。"[25]看来这样说还不够清楚，列维-斯特劳斯在一篇《一个澳大利亚亲属关系的原子》的研究中又回到这个问题上。论文用英文写成，对象是英语国家的读者（这是他特地为民族学家斯特雷洛①的《纪念论文集》写的。此书后来没有发表。列维-斯特劳斯在用法文写的《遥远的目光》中再次提到这个问题）。他在文中遗憾地指出盎格鲁-撒克逊研究人员的思想倾向，材料一旦似乎有悖于先前的理论，他们就认为这一理论已经过时。例如这一次，有些年轻的同行便看到了一些现象，据他们说，这些现象与列维-斯特劳斯的观点有冲突。列维-斯特劳斯反驳说，这些材料与"亲属关系的原子"的概念完全相合，只要正确地理解这一概念。

十余年来，列维-斯特劳斯把有争议的问题搁置一旁，他不习惯对所有的评论都一一给予回答，可是他仍然十分关注保护自己的研究领域，说明他的立场有哪些发生了变化。发起于40年代末和50年代的全方位的进攻已经过去，现在开始打一场自卫战了。这对于神话研究为时尚早，因为同事们尚未完全消化《神话学》。可是对于亲属关系的研究却正是时候。50年代以来，已经积累了大量评论；两代人的研究已经逐渐积累起成果。列维-斯特劳斯带着他的文章再次走入竞技场，拖延的时间是以最坚定的方式补回的：证实以

---

① 戴奥多尔·斯特雷洛（Theodor Strehlow，1908—1978），澳大利亚人类学家。——译者注

往的观点依然有效，并努力使之巩固。

但是，他不会满足于仅仅回到已为人知的主题与争论上。他掌握了新问题。法兰西学院的1971—1972年度的课程与他历来的一股激情有关，事出偶然地成为他的关注点。读者一定还记得，在安德烈·布列东的陪同下，他曾跑遍了纽约的古董店，搜寻太平洋沿岸地区的面具。从南到北的美洲神话之旅使他终于发现，一些过去显得毫不相干的线索在一组神话中都汇聚起来了。这些神话属于一些生活在太平洋沿岸的民族，他们居住在从俄勒冈州与英属哥伦比亚省之间的地区。一是美学的，一是科学的，两条论据将列维-斯特劳 337
斯的注意力引向温哥华。从一个部落到另一个部落，他阐释了面具的变化方式和神话中的解释。“当造型保持不变时，信息的内容是相反的（……）反之亦然：当信息保持不变时，造型却是相反的。”[26]令人惊叹的对称性。它不容置疑地表明，他在神话研究中采用的方法同样可以用于造型艺术，“应用于造型艺术所表现的想象人物，它们对后者的风格处理，以及它们赋予人物的语义功能”[27]。一条新的道路展现在列维-斯特劳斯面前。

1972年至1973年之交的冬季，课程围绕着两个传统的主题，阐明与博罗罗印第安人的亲属系统有关的知识。这是一个对多种出版物加以概括的机会，其中包括分别于1962年和1969年在巴西发表的《博罗罗人百科全书》的头两卷。他专门回顾了一篇1958年的文章，那是神话的结构分析的开端，《阿斯蒂瓦尔人的武功歌》。“在这篇文章里，我清算了与几位评论家的争论：埃德蒙·利奇，罗德尼·尼德汉姆，玛丽·道格拉斯，杰弗瑞·科尔克①，以及其

① 杰弗瑞·科尔克（Geoffrey Kirk，1921—2003），英国古典文学学者。——译者注

他几个人。”这也是一个点明实证主义的理论缺陷的机会。实证主义自以为推翻了他的解释，却无法令人信服地解释他所依据的数据。列维-斯特劳斯从这门课形成了一份“附录”，补充了1958年的文章。

那些年，实验室和高等研究实践学院举办了惯常的许多报告会和研究，远征活动的筹备和复命报告，发出邀请和举办学术大会，交流和出版刊行。小组成员根据不同的地理划分，参加了多种机构，其中包括实践学院、法国或国外的大学、研究机构和博物馆。民族学已经不是人文学科的一门穷亲戚。民族学研究发展到哪里，哪里就有列维-斯特劳斯的合作者。他们尤其活跃在人类学研究的培训班里，接班人在此形成。研修班是本单位或客座研究人员介绍成
338 果的场所。这里既能够听到最具专业性的民族志报告，也可以听到方法方面的最尖端的突破，还能够听到关于文学院或人文科学院正在进行的研究。列维-斯特劳斯1971年在研修班报告了他的“关于亲属关系的原子的若干思考”。1972年4月，又谈了“语言、历史和宗教：关于费尔南·德·索绪尔的一篇未发表的文章”。那篇文章是雅各布逊阅后感到惊讶之余告诉他的。这位现代语言学之父在文中谈到一种关于诸神名字的由来的理论。对于索绪尔的假说，列维-斯特劳斯虽然有所保留，却认为它们表明“历史、语言、宗教是密切相连的，而且（……）相互影响”[28]。这些经过修订次年辑入《费尔南·布罗代尔纪念论文集》的思考一方面重提索绪尔对于历时性的保留态度，另一方面却突出了列维-斯特劳斯十分重视在结构分析中加入观察事实的历史侧面。

1971年6月1日，列维-斯特劳斯被纽约哥伦比亚大学授予荣誉博士学位。1972年3月28日，他在该校贝尔纳学院举办了一次讲座，特表达对芙吉尼娅·吉尔德斯利夫的敬意。她曾于1944年聘请列维-斯特劳斯教授暑期班。他历数几件往事，并指出一些盎格

鲁-撒克逊民族学家把他视为黑格尔主义者，给他贴上“心智主义”的标签，照这样说，精神结构就会成为文化之肇因。对此他作出了有力的自我辩护。果真如此，他只当哲学家就行了，无须劳神费力地实地就近观察世界。讲座名为“结构主义和生态学”。这是一个敏感字眼的第一次“正式”亮相。一个结构不是从天上掉下来的，而是利用社会环境所提供的无限丰富的材料建构起来的。“民族志的观察并没有迫使我们在两个假说之间做出取舍：要么是被动地被外部影响所塑造的精神，再要么是普遍的心理法则，只因与生俱来，而且到处都产生同样的效果，不给历史和环境的特殊性留下任何角色。”[29]因此，多种多样的社会形式及其产物处于两种决定论之间的连接点上：环境决定论（包括技术和经济条件）和精神配置决定论。可是，这两种决定论连接应该如何设想，同时又不陷入二元 339
论呢？在物理世界与精神把握的过程之间必当有一种相通性。应当在两种决定范畴的连接点上，也就是身体，去寻找这种相通性。大脑活动如果没有自动地把感官按区别性特征所感受的数据进行“编码”，就不会有知识。“结构分析之所以在人的精神中起作用，只是因为它的模式已经在人体之内了。”[30]再次回到了物理化学。这样观察有一个巨人的好处，即将感性与知性结合起来。“人类自从存在以来就从事这种寻找意义的活动，在它与人所出现和继续生活于其中的世界之间，存在着一种神秘的和谐。”[31]

为此，列维-斯特劳斯深入发掘美洲西北部印第安人的神话，从中寻找证据。他终于可以随心所欲地旅行了，他将注意力集中到太平洋沿岸，特别是因为自当年探访孟加拉海湾以来，他还没有发现民族志调查的新地区。1973 年整个 2 月份，他在温哥华的英属哥伦比亚大学度过，是工作而不是田野考察。然而这次逗留却为列维-斯特劳斯提供了一个直接接触一个独特的领域的机会。“1973 年，我在萨利施印第安人的保留地过了一夜，就在温哥华市内。他们拥有几公顷的土地。我参观了接纳仪式，就像半个世纪前描写的一样。”[32]仪式缓缓持续了几个小时，一丝不苟地演绎了年轻人回归生命的过程。那些年轻人“从头到脚穿着厚厚的露眼孔的蒙面衣，经过一系列考验之后，他们被接纳为社团的正式成员。”[33]

他发现了一个被纳入新文化环境的社会，这个社会长期以来已经被吸收进主流社会，却仍然保持着一些旧日的特征。他们的穿着跟别人一样，同样信奉基督教——通常是新教，以捕鱼或伐木为生。如果断言他们的文化已经消失，那就错了；如果以为他们的礼仪活动同他们的祖先一模一样，那也不对。他们的文化处在两者之间。列维-斯特劳斯震惊地看到，他们在自己筹建的博物馆里摆放着
340 那些过去被抢走，最近才归还给他们的物品。“在印第安人恢复举行的礼仪中，这些物品又拿出来使用，但是已经永远失去了昔日的庄严感。在过去，印第安人交换礼物的波特拉赤仪式具有政治、法律、经济和宗教方面的庄严性，整个社会秩序都建立在这上面（……）今日仅为定期交换小礼物，以加强成员之间的和谐和维持友谊而已。具有象征意义的是，在许多堪称世界第一流的雕塑品的传统面具的侧旁，赫然摆着米老鼠系列的物品。”[34]

列维-斯特劳斯不打算成为专门研究如何适应新的文化环境的民族志学家或民族学家。但是，在温哥华的所见所闻却改变了他对“野蛮”社会的认识。的确，昔日的平衡已经过去，熵的法则已经在历史上发挥了作用。但是，印第安人所生活的两种社会文化之间的夹缝却不是一个毫无意义的无人地带。他惊异地发现艺术家比尔·雷德①的

① 比尔·雷德（William Ronald Reid，1920—1998），加拿大雕塑家和珠宝专家，电台主持人。父亲是欧洲人，母亲是海达印第安人。——译者注

独具风格的作品，其中有些便摆放在英属哥伦比亚大学的校园内。这对他来说是一次重大发现。两人交了朋友。列维-斯特劳斯佩服雷德既能够尊重传统艺术的规则，又不至落入模仿的窠臼，佩服他在巨型作品和小件银器上的自我表达力。西北海岸的伟大艺术多亏他幸获再生。“通过他的榜样，他激发了远近其他印第安民族的一次新生。”[35]从此以后，列维-斯特劳斯知道复兴不是不可能的，文化不仅能够抵制当年传教士的禁令，也能够抵御劣质工业品的泛滥。

四、扶手椅内的人类学家

1973年春，列维-斯特劳斯将一项宏大的事业进行到尾声。自从《忧郁的热带》发表以后，无人怀疑他是一位作家。作为一个体制内的人物，他提出并且获准进入了法兰西科学院。20年代末，从事政治活动期间，他与小说家安德烈·尚松建立了友谊。尚松也来 341
自塞文山地区，他那时在距离列维-斯特劳斯父母家不远的地方拥有一所房子。两人在1940年那可怕的几个月中经常在那儿见面。再次相见则是在列维-斯特劳斯从美国返回之后，“尚松那时向我谈起法兰西学院，这在我看来简直是天方夜谭，我认为是属于好心但没什么意义的话，所以并没有在意。”[36]尚松于1956年进入法兰西科学院。不久，列维-斯特劳斯并不熟悉的弗·道麦松①给他写了一两次信，表达了同样的意思。“我依旧把它当成耳边风。”[37]他在教科文组织领导国际社会科学委员会期间，道麦松正好在他隔壁，主

① 即让·道麦松（Jean d'Ormesson，1888—1973），法国作家、记者，1973年入选法兰西科学院。——译者注

持国际哲学与人文科学委员会的工作。1972 年，亨利·德·蒙泰朗①去世以后，让·道麦松安排他与莫里斯·杜里昂②会面。“他们两人对我说：是进法兰西科学院的时候了。”[38] 列维-斯特劳斯便与常务秘书莫里斯·热纳瓦③取得了联系，热纳瓦证实他俩确实同他谈过此事。列维-斯特劳斯临去温哥华的前一天寄出了申请书。

正当他在加拿大逗留之际，1973 年 2 月 24 日，法国总统任命他为法语最高委员会成员。他从此踏入了一个心仪已久的官方领域，这个机构捍卫的是一门他使之生辉并为其随波逐流深感忧虑的语言。春天，他按照惯例拜访了一些院士。选举在 5 月 24 日那天进行。唯一的竞争者查理·德德扬④在选举前一天退出。唯一的参选者第一轮选举便通过了，但仅以微弱多数当选。27 张选票，16 票同意，1 票空白，10 票打了黑叉，这表示反对参选者的人格。列维-斯特劳斯是第一位走入这座穹顶之下的人类学家。这件事在法兰西科学院引起了轰动，讽刺嘲笑不绝于耳。《新观察》的一名记者嘲讽地说：“某些评论家表达了他们的失望，法国最伟大的人类学家和民族学家如此步履轻捷地走下了法兰西科学院的台阶，来到了孔蒂堤岸⑤。”[39]

---

① 亨利·德·蒙泰朗（Henry De Montherlant，1895—1972），法国作家，法兰西科学院院士。——译者注

② 莫里斯·杜里昂（Maurice Druon，1918—　），法国小说家，1966 年入选法兰西科学院，70 年代担任过政府文化部长。——译者注

③ 莫里斯·热纳瓦（Maurice Genevoix，1890—1980），法国文学家，以描写一次大战争和卢瓦尔河风光知名，1946 入选法兰西科学院。——译者注

④ 查理·德德扬（Charles Dedeyan，1910—2003），法国作家和古典文学评论家。——译者注

⑤ 法兰西科学院位于巴黎塞纳河畔的孔蒂堤岸 23 号院。——译者注

四天以后，他在阿姆斯特丹接受了埃拉斯谟大奖①。设立于1958年的这个奖项已经成为欧洲最富声望的奖掖之一。获得过这个奖项的有卡尔·雅斯贝斯②、马克·夏加尔、查理·卓别林、奥利维叶·梅西安③和让·皮亚杰。授奖仪式由朱丽亚娜女王主持，“她身边有贝阿特丝公主，克劳斯王子，以及众多政府官员”[40]。伯恩哈德王子致辞之后，列维-斯特劳斯重申了荷兰对于结构人类学的重要性和贡献，然后介绍了他所认为的民族学的使命：“民族学向西方传达了一条信息——如果西方愿意听的话，那就是抑制自己的虚荣心，并且启发它产生一种欲望，那就是与世界建立起更明智的关系。”[41]声望和权力不一定毫无用处。在列维-斯特劳斯看来，生态学首先意味着一种认识论方面的选择。但是在高高的讲台上，他照样可以宣告生态学应当成为一种政治选择。 342

年届65岁的人类学家神态自若。这种精神状态在一位基督教宣传家采访他时有所流露，当时这位活动家正在准备写一本书，题目为《上帝存在吗？不！某某回答说》，书中列举当代文人、学者和艺术家的一连串回答。列维-斯特劳斯尽力使对方明白，宗教信仰和上帝存在与否，对他都是毫无意义的问题。他个人从来没有琢磨过，也永远不会提出这一类问题。“在我的生命中，艺术、知识和对大自然的热爱占有极重要的位置。”[42]兴趣和爱好当然不能代替一

① 得名于尼德兰人文学者埃拉斯谟（Desiderius Erasmus Roterdamus，1469—1536），著名荷兰人文学者和神学家，文艺复兴运动的代表人物。——译者注

② 卡尔·雅斯贝斯（1883—1969），德国哲学家，著有《历史的起源与目标》，提出轴心时代的问题，认为公元前五百年前后在古希腊、以色列、印度和中国都出现了伟大的思想家，他们都对人类关切的问题提出了独到的看法。——译者注

③ 奥利维叶·梅西安（Olivier Messian，1908—1992），法国作曲家和管风琴演奏家，以1941年被囚于德军集中营期间谱写的《世界末日四重奏》知名。——译者注

门宗教，但却可以满足他的期待。有的人可能需要在人世生活之上，添加他们想要的一切其他期望。他不。这个世界足矣。他只愿把一个虚幻的位置给予上帝："我们在追求知识的过程中，永远做不到完整的综合。宗教感情，以及围绕着神性组成的一整套理念，我觉得都代表着一种潜在的光源，在那里将完成最终的综合，也就是我们感到需要，却永远无法做到的那种综合。"[43]一条没影线，仅此而已。

1973年10月5日，《结构人类学（2）》出版。书名就是一个写作计划。结构方法的价值丝毫未变，并没有因影响它的热潮而出现
343 丝毫增减。不过，有必要说明一点。第二册同第一册一样，是已经发表过的演讲和文章的辑录。一系列一般性论述，包括法兰西学院的就职演讲，把结构人类学放入历史，以及人文学科领域。接下来是关于亲属关系和神话研究的文章，反映出他的研究自1958年以来的进展。全书最后一部分是"人文主义与人文科学"，涉及从艺术到如何组织科研的一系列当代问题。

人们对于此书的态度不温不火。奇怪的指责声却到处可闻。似乎列维-斯特劳斯在重弹老调，没有什么新鲜东西，只是兜售陈旧的老一套，等等。大多数批评家显然没有注意到他们所看到的部分文章写于结构的概念刚刚得到接受之时。态度的这种急剧变化与《裸人》发表时所得到的一片赞颂声形成反差，令人瞠目。这也许反映了结构主义时尚的退潮，因为不妨认为，1973年大致是结构主义思潮达到顶峰，同时也开始退潮之时。其见证便是当年有两篇有计划地摧毁列维-斯特劳斯的文章发表——一篇出自贝尔纳·戴尔方达①之笔，要求采用纯粹的移情作用来设想民族学；另一篇的作者是拉

① 贝尔纳·戴尔方达（Bernard Delfendahl），长期在法国执教的澳大利亚民族学家，其理论强调研究者的"移情作用"，标榜与结构主义和马克思主义的不同。——译者注

CLAUDE LÉVI-STRAUSS

de l'Académie française

anthropologie structurale deux

PLON

《结构人类学（2）》法文版封面

乌尔·马卡里乌斯[1]和劳拉·马卡里乌斯，要求运用正统然而纯属僵化的马克思主义。这种变化尽管被循规蹈矩者夸大了，却无法解释形势的突然逆转。也许这是列维-斯特劳斯入选法兰西科学院所引起的直接的反效果。结构的爱好者都不是马赛尔·阿沙[2]或莫里斯·杜里昂的读者，他们不能原谅列维-斯特劳斯脱下学者的罩衫，披上墨绿色的院士服。说实在的，法兰西学院与法兰西科学院早就有彼此对立的名声。你可以要么是教授，要么是院士，但不能身兼两职。一句话，列维-斯特劳斯触犯了巴黎这个部落里的不成文的天条，为此他得付出代价。其实，就他本人而言，这改变不了任何东西，因为在接受埃拉斯谟奖时，他便为结构主义思潮的结束感到释然。张冠李戴，混淆不清的时代已经过去了。

列维-斯特劳斯十分明白，同时进入两个关系不太友善的机构得冒点风险，于是他试图通过向阿沙和杜里昂的读者介绍法兰西学院，把这两个机构拉近，或至少减少它们之间的不理解。《两个世界的新杂志》过去从未考虑请他写什么，1973 秋季却发表了他的一
344 篇文章，他在文中赞赏法兰西学院是一所真正的学院，换言之，各个学科的学者们在那儿本着打破知识壁垒的精神协力工作。

也就是在法兰西学院，他给自己安排了一个悠闲的冬天。每周只有一节课。他投身于关于“美洲圣杯”的研究，一开始他就发现了其探险的特点。他重新研究并阐发了一个 13 年前在法兰西学院就职演讲中谈过的问题，即“把‘圣杯’叙事的神话性质建立起来，说明在世界另一个地区，它们使用的成分是遵循同样的法则凝固下来

---

① 拉乌尔·马卡里乌斯（Raoul Makarius，1917—1996），原籍埃及的法国民族学家。——译者注

② 马赛尔·阿沙（Marcel Achard，1899—1974），法国戏剧作家，1959 年入选法兰西科学院。——译者注

的”[44]。在关于“圣杯”的小说里，北美神话中的大量主题都有对应物，尤其是在柯雷先①的叙事里。这些回声可以证实关于一系列普遍的帕希法②式的圣杯神话的假设，这个假设处理沟通缺失的问题（帕希法未提出他本该提出的问题），而且可以拿来比照知名度更高的一组俄狄浦斯神话，后者与之对称，处理沟通逾度（乱伦）的问题。

列维-斯特劳斯教授，高等研究实践学院第五系的研究导师，于1973年至1974年之交的冬天给研究生讲授了最后一门研修班。课上谈到包括皮亚杰、心理语言学的课题、美洲豹、东欧的农业经济、萨满教、理发匠和阿兹特克人等问题。他本人在2月7日介绍了一篇关于卡亚波人亲属系统的论文。5月30日是最后一堂课。从事了25年不间断的教学活动后，他转入“不作讲座的导师”的行列。在高等研究实践学院的年度报告里，有一条注释说明：这些导师“可以在本系保留一项活动”。减少一项任务从来只意味着从事其他活动的可能性增加了。

五、不朽者

1974年6月27日，一台电视摄影机追着列维-斯特劳斯，记录下他进入法兰西科学院之前的数分钟。披袍服，佩短剑，标志着全 345
新的归属关系。做这件事并不舒服。他觉得全身好像紧箍在一副盔甲里。在他的两位介绍人艾提安·伍尔芙③和让·道麦松的陪同下，

① 特鲁瓦·德·柯雷先（Criétian de Troyes），12世纪法国宫廷诗人，《圣杯传》的作者。——译者注

② 帕希法（Percaval），西方亚瑟王传奇中的人物，号称圣杯骑士。——译者注

③ 艾提安·伍尔芙（Etienne Wolff，1904—1996），法国试验胚胎学家，1971年入选法兰西科学院。——译者注

他走进了马扎兰小教堂。院士、新闻记者、友人和他的家庭成员——包括他的母亲，她住在距他家两步之遥的16区。同事与朋友当中，有阿兰·佩雷菲特、路易·若克斯以及新近入选的院士莫里斯·舒曼。

列维-斯特劳斯的致谢辞之前是一大通开场白。只要对民族学感兴趣，就不应该对法兰西科学院不闻不问。这里施行的仪典可以同他所研究的社会一样去理解和分析。为了证明这个观点，他把眼前的仪式与一年前他在温哥华印第安人那里参加的仪式进行了一番比较。这些话是专门说给一部分听众听的。他强调，他的袍服和佩剑“都是专门用来保护佩戴者免受社会或超自然力量的魔法之侵害，后者是凡改变社会形态者往往难以规避的”[45]①。他这是在说他的合作者和友人，他们当中的大多数对此顶多表示保留。“他们觉得我背叛了他们。他们以为法兰西科学院是个神秘之所，以为我从此会抛弃他们，走入另外一个世界（……）因为我敬重他们，所以我想做一点解释。”[46]

按照惯例，他应当赞扬曾经据有这个席位的已故蒙泰朗院士。自入选以来，他已经心怀钦佩地读了他的作品。过去他没有机会与之交往。他认为无须重提蒙泰朗的生平，“正如我的前任提到他敬重的厄利·福尔②的时候说：我无须与他结识，作家的作品即其本人。”[47]列维-斯特劳斯简述了蒙泰朗的创作经历。他通过体裁和时代的变化，看出蒙泰朗的作品有一系列内在的相似之处，从而为做

① 参见陆秉慧译，《蒙田随笔全集》下卷，10页，前言：“蒙田强烈感到社会有一种魔法：在社会中，每个人拿出来的不是自己的思想，而是思想在别人眼睛里和言谈里的反光。”

② 厄利·福尔（élie Faure，1873—1937），法国艺术史学家，著有巨制《艺术史》。——译者注

出综合而归纳出要素，而这是连蒙泰朗本人也希望达到的。在致谢辞的结尾，他提到了这位小说家的高贵的道德观，“为了人能够作为人而存在，他们之间需要留有一定的余地；人口的增长使这一点无法实现：无论在身体还是在伦理方面，我们从此相互靠得太近。”[48]我们看到他再次提到 1968 年“五月风暴”的主题。只有在小团体之内，而且只有当每个人都会自我管理时才可能实现民主和博爱。 *346*

如果没有一点小小的摩擦，法兰西科学院的接纳仪式就会缺少魅力。罗歇·卡伊瓦①是两年前入选院士的。列维-斯特劳斯听说他支持自己参选，便请求他来对自己的演说致“答辞”。这是一个告别以往的不愉快的机会。卡伊瓦接受了。但是，1955 年的争执留下了后果。在答辞里，他按照惯例介绍了列维-斯特劳斯，他的生平及其作品。说到 1955 年之争，他似乎尽弃前嫌。但他顺带地暗示道，《种族与历史》——此书的论点曾经是二人之间的论战的导火索——“或许写得过于匆忙”[49]。他接着无伤大雅地谈论结构主义。可是在答辞就要结束时，他射出了一串毒箭。“您不止一次授人以口实，但您似乎极希望避免那些异议（……）结构的方法摆脱不了人文科学的原罪，即从可信的推测逐渐过渡到某种无可怀疑的、在任何情况下都站得住脚的‘演绎性’上面（……）可是我觉得怀疑从未停止过折磨您，您显得越来越无力走出纯粹的描写。”[50]

卡伊瓦的嘲讽不大符合这座穹顶之下的主导精神。不过，列维-斯特劳斯后来说，卡伊瓦答辞的初稿“更为尖刻”[51]。仪式并没有对“答辞”再予回答的规矩，事情于是到此为止。两人从此以后以礼相待。然而，这个插曲却是一个征兆，它表明，除了个人之间的

---

① 罗歇·卡伊瓦（Roger Caillois，1913—1978），法国作家，文学批评家和社会学家。——译者注

问题之外，卡伊瓦还自觉有权利表达他对结构主义怀有的保留态度。或许他认为不只他一人如此。投票时，有10票打了黑叉，与其说这是对参选者的反感，更可能是由于他们对结构主义感到困惑不解。如果说，列维-斯特劳斯的合作伙伴们可能认为他进入另一个世界是对他们的背叛。那么，有一部分院士也可能自问，这位来到他们中间的另一星球的使者意欲何为。

对于因身份变化而引起的所谓"来自社会的魔法"，我们最好
347 还是公正地评价一下。列维-斯特劳斯进入法兰西科学院引起了友人和批评家的躁动不安，这无疑是一系列偏见造成的，在很大程度上也是因循守旧使然。但这种躁动也反映了人们的茫然。他为什么鬼使神差地要去那儿呢？15年以后，他说的一番话不妨视为对这个问题的回答："不能低估礼仪的作用和延续时间。一个社会如果不无条件地谨守一些价值观念，便难以维系自身的运行。这些价值必须具备一个感性的侧面才可能是无条件的，从而能够保护这些价值免遭理性之破坏。牛津、剑桥以及英国各地，我都赞赏地看到了一个仍然懂得给礼仪保留地位的社会。法兰西科学院在法国是礼仪尚存的场所之一；作为一个公民和一个民族学家，我觉得有义务帮助它维持生命力。"[52]他生活的社会越来越不符合他的口味。如果拿法兰西科学院跟法兰西学院对比，可以说前者是感性事物的庇护所，后者为知性的讲坛。列维-斯特劳斯身兼二职，这意味着在体制化活动中汇合起那些他一向看重思想协调的品质。

他不久以后提到，对于任何想了解他的人来说，堂吉诃德的形象是一把钥匙。列维-斯特劳斯无疑是在历史中沉浸最深的人物——也许可以说最具人们能够想见的那种历史性。这是因为，在个人历程方面，他最服膺西方世界对历史所做的那种线性和累积性的表象。他无法忍受重复，日日勇于求新。他少年时脱离了中学，因为

他无法忍受重复同一门课。法兰西学院曾经是他的理想场所，只因他唯一的任务就是每年推出一个新课题。他的著作里当然有重复出现的主题，但是，重提永远是为了前进：修正、补充、深入。一项研究刚结束，另一项研究便开始了。20 年来，他几乎每两年就完成一部书。总之一句话，无论以什么样的形式出现的习俗、仪式、循环往复的机制，都与他的气质不符。他心中始终怀念着一个世界，他看到了这个世界的痕迹，猜到了它那失去的和谐；从《忧郁的热带》直到他最近发表的文章，他的著述一直在为它缓慢的毁灭发出哀 348
鸣。他强调无文字社会拥有智慧，不是因为没有历史，而是通过将变化嵌入神话与礼仪的稠密网络而使之减缓的那种智慧。同堂吉诃德一样，他总是投入新的作为，投身于新的冒险。同堂吉诃德一样，他一边这样做，一边回头望着一个模式，眼前呈现的这个世界只是这个模式的分崩离析的映象。塞万提斯的作品是正在兴起的小说向奄奄一息的史诗发出的敬意。列维-斯特劳斯的作品则是关于人的科学向硕果仅存的神话发出的敬意。列维-斯特劳斯也许比堂吉诃德幸运，他在法兰西科学院找到了一块退隐之地，一个奇迹般幸免于难的地方。他在此享有一种特权，可以畅快地呼吸不复存在的时代的空气。

历史重新获得了权利。院士接纳仪式之后数日，他抵达温哥华。同前一年一样，他在英属哥伦比亚大学逗留了一个月，他整天与之打交道的是面具、神话，以及与适应新的文化环境有关的种种困难，这些困难也与丧失记忆有关，与他尽力使自己的文化免于陷入的那种命运有关。

六、城市里的民族学家

1974 年 11 月，《世界报》公然向许多名人提出了一个问题：

“知识分子的用处何在?”列维-斯特劳斯回答说，它无意加入那些习惯于以无所不晓的口气对一切断然下结论者的行列，一个以知识分子自命的人，其首要责任是“把精力集中在他所选择的道路上”[53]。

立此凭证：他在法兰西学院涉及了一个全新的主题——同类相食。受到某些人质疑的这种习俗已被证实确实存在。反过来，同类相食习俗的多种表现形式也造成它的边界模糊不清。有关其定义的问题只能在扩大后的视野中提出：“问题不在于询问何以产生这种习俗，而是相反，在于了解捕食现象的底线是如何显露的，社会生
349 活或许就来源于这种现象。”[54]因此，必须对同类相食的习俗加以分析，不是通过分离法，而是利用归纳法，把它纳入一个更大的组合体。于是出现了一个惊人的情况：在同类相食的实践中，妇女总是处于一种“强标记”的位置，对此列维-斯特劳斯作出了解释，办法是一下子倒退 20 年，回到他在《结构人类学》中提出的“经典公式”上。运用于眼下这一情形，从这条公式可得出以下说法：“女同胞的‘女人’功能与男同胞的‘男子’功能之关系，恰如男同胞的‘女人’功能与男子的‘非同胞（=仇敌）’功能之关系。”[55]过去，人们曾经指责他虽提出了这个表达公式，却没有说明内容。现在他能够明确指出，在某些北美社会里，仪式丑角（“去了势”的男人形象）和食人者之间是如何合二为一的。“仪式采用形象化的表达，食人习俗反映出男人如何看待女人，或者说，男人如何通过女人看待男性。反过来说，仪式使用丑角反映出男人如何以女人自视，换言之，如何尝试将女性融入他们自己的人性。”[56]抽象的公式一旦放入情景里便获得了具体的含义，它绝非一道代数式。在对这门课程的内容作出概括时，列维-斯特劳斯强调了一个事实：他的公式仅仅提供一个意象或一幅图画，仅此而已。“我认为，用图像来表现有助于直观地理解一系列关系。”[57]经典公式这一次只短暂地露

了个面，随后又销声匿迹了好几年。

从 1974 年 11 月 25 日到 1975 年 3 月 3 日，列维-斯特劳斯每周在法兰西学院指导一个跨学科研修班——相当于他每周两小时课中的一个小时，由获得哲学教师学衔的助教让-玛丽·贝努瓦①负责组织。每周一有一位应邀报告人作报告，然后讨论。研修班的主题为"身份"。报告与讨论都录了音，并于 1977 年以《身份》为名由格拉赛和法斯盖尔书局出版。列维-斯特劳斯无意加入媒体关于当代世界的身份危机的大合唱，"在我们耳旁强聒不舍"，而这实际上往往掩盖着"真正的无能"[58]。对于以无能和假正经为特征的大众文化， 350
他的批评越来越言辞激烈。抓住一个众人皆知和所有报纸杂志都在探讨的问题不放，这不能不说是故弄玄虚。即使冒着扫人家兴的名声，列维-斯特劳斯也不退却。他认为，只要留神环顾各个社会对自身的看法，就可以看到，它们通常都不"把某种实质性的身份视为既成事实；而是把它分解成一大堆要素"[59]，它们之间的关系始终问题多多。于是，一种静止的身份的概念会冒头，它很像生物学对于神经元的表现以及表明其特点的不确定地带的描写。根据这一假设，身份危机"表现为一个令人动情和孩子气的征象，似乎我们这些小人物每个都达到了不再看重自己的地步：一种不稳定的功能，而非实质性的现实"[60]。自我变得可憎的过程只是一个短暂的阶段。一个人是交流和冲突的短暂发生地，毫不了解穿经他的是哪些力量。

选择身份这个主题，并非因为它是个热点。它是反击对民族学的进攻的一个组成部分。人们不分青红皂白地谴责列维-斯特劳斯把西方的思想方式转移到他们不熟悉的文化上。"概括地说，我们面

① 让-玛丽·贝努瓦（Jean-Marie Benoist，1942—1990），法国 20 世纪 70 年代"新哲学家"成员和大学教授，曾在法兰西学院担任过列维-斯特劳斯的助教。——译者注

对的是一种意识形态的殖民主义，我们用无法省约的‘异己’与之针锋相对。”[61]如果跟着这些批评顺势走下去，其最终逻辑结果不外乎是应该放弃任何形式的理解和沟通。被列维-斯特劳斯当作出发点的假定，其前提条件是身份在本质上是一个逐渐消失的对象。不妨把它视为“一个潜在的发源地，我们必须参照它才能解释一些事物，但它并不真实存在”[62]。因此，民族学对批评的回应包含在民族学所付出的努力之内，那就是“超越这个身份的概念，认为它的存在是纯属理论性的：一种极限的存在，现实中没有任何与之相应的经验”[63]。

351 拒绝对一切和任何事物断然下结论不等于没有看法。列维-斯特劳斯无意未卜先知。但对身边的这个世界，他有自己的观点，也让别人了解他的观点。他在身份危机上的言论表明他厌恶杂货铺心理学，也不喜欢任何形式的“现成思想”。基于同样的精神，他去奥代翁剧院参加了题为“学校和有创造力的儿童”的圆桌讨论，他惊讶于与会者的发言，“好像要儿童学习既徒劳无益，也有损于自由；好像孩子们特有的智力潜能和自发性本身已经足够，而且排除任何约束，留给学校的唯一角色就是不要妨碍他们的自由发展。”[64]他反对这种倾向，提醒教育工作者一系列似乎被忘在脑后的心理和伦理现象，一个想使社会所有人都成为创造者的社会是荒唐的。讨论会的议题本身就是错误的，这个错误反映出当今社会的荒谬做法之一。“我们已经变成无节制的消费者，恰恰是我们这些人越来越不会从事创造。我们因自己的无能而感到焦虑，期待着有创造者降临。由于我们在哪儿都看不到这样一个人，绝望之下我们就冲孩子们去了。”[65]

1975 年 3 月，这一次是面对大众，列维-斯特劳斯同意为《费加罗报》写一篇专栏小文章，题目是《一位城市里的民族学家》。

他表明了三个立场：反对滥杀鲸鱼；反对法国总统最近做出的取消使用称号的决定；支持一个受到巴黎的某些媒体非议的展览《从大卫到德拉克洛瓦》。一个支持生态学和传统派的列维-斯特劳斯出现了。关于自然：拯救物种。关于社会：拯救仪典。关于艺术：拯救手工艺。这是他与那位霍皮印第安人，“古老仪式与风俗的悉心守望者”的重逢。他曾经为他的自传写过前言。我们不能随便对待大自然，不能随便对待使社会具备自己的风格和趣味的那些特征；列维-斯特劳斯一如既往，站在民族学家的角度表达意见。这一年发表的一部普及性作品里有他的一次谈话。他觉得，他的研究成果使他 352
确信，所谓的“原始”社会懂得做一些我们今天已经不会做的事情：“如何把我们的文化一代接一代传下去，尤其是如何尊重大自然，从而与之保持良好关系。”[66]

毋庸置疑，院士的身份使得列维-斯特劳斯接到一些新的提议。他可以成为接受征询的专家，众人听信的科普工作者，面对大众的本学科非正式代言人。他也可以提醒民众，陈腐的观念和评价一般总是很糟糕的，而人类学家的眼光可以让人们保持有益的距离——哪怕是被误当作极端保守派。实情绝非如此。他这些“公开”声明实际上是别具一格的。频频亮相的1975年过去，类似的声明便停止了。厌烦，失去兴趣，自觉越出了合理限度，确信还有别的事要做：这些理由加在一起，促使他决定重返他熟悉的领域。

七、历史中的音乐家

70年代初，列维-斯特劳斯曾经以自己的方式庆贺《神话学》的音乐性结尾。直至1980年，在接受《新观察家》杂志的采访时，他才提到那一段插曲：“或许我从来没有像10年前那样开心地玩过，为了给歌剧绘制背景，先要制作模型，然后与置景工人一道，在托盘上把它搭建起来。此后不久，又为一出意大利抒情剧制作了场景。可是，请我合作搞出来的作品没有被采用。”[67]他说的前一个是在格勒诺布尔市上演的拉威尔的《西班牙狂想曲》，后一个是勒内·莱波维兹的作品。绘画，雕刻，建筑设计和音乐，都是精巧与修修弄弄的混合体；舞剧属于全景观赏，也是一个全套的行当。列维-斯特劳斯强调这种体验给他带来的快乐，“我喜欢动手，可是只有在家小修小补和这两次机会，这种喜好获得了满足。”[68]古老的梦
353 想实现了。尽管他时而也会想入非非，想换个职业和活法，从事一门可以动手的职业，但真要转换职业还得有更多别的因素。

尤其是他的职业并不妨碍他继续爱好音乐，即使不亲自演奏。《音乐》杂志1973年10月专门刊登了他的一篇访谈录，谈到他与几个同事一起参加的巴厘岛庆典，文中他对民族音乐学表现出强烈的好奇。不过，有一次面对麦克风说到所谓民族音乐学，他却坦言他并不喜欢：“我本来不该这么说的，这件事让我烦恼了好一阵子。”[69]有关“美洲圣杯”的课程一结束，他就为1975年的拜罗伊特歌剧节的节目单撰写了一篇文章，专谈《帕西法》① 的表演。文中详细研究了瓦格纳如何对特雷安的这部历险传奇作出变换和增补。这个研究使他重新得出了他的课程的结论，并重提“帕西法”神话与俄狄浦斯神话的区别。瓦格纳的天才在于将这一对立搬上了舞台，剧情时而发生在“圣杯”王国，时而发生在科林斯王国，分别体现着沟通缺失（圣杯）和沟通过度（科林斯），两者之间不可

---

① 瓦格纳创作的最后一部完整的歌剧。拜罗伊特（Bayreuth）是德国巴伐利亚州北部一个小镇，瓦格纳在此度过了生命中的最后11年，歌剧《帕西法》亦创作和首演于此。——译者注

能有任何调和。他的天才还在于并非“通过知性的活动”，而是“通过情感的认同”[70]达到恢复沟通：帕西法重新经历了造成圣杯之谜的悲剧。知他人所不知。瓦格纳把神话的进程本身重建于知性活动之前。因此，作曲家瓦格纳与让-雅克·卢梭是一致的，因为“从情感和与他人认同当中，卢梭头一个看到了一种原初的沟通方式，它出现于社会生活和咬字吐音的语言行为之前，它能够使人与人之间、人与所有其他生命形式之间产生结合”[71]。

同年10月23日，伦敦法语学院，列维-斯特劳斯概括地谈了他对于帕西法的全部论点。但是，他对瓦格纳的研究并没有就此完结。两年后，在接受加拿大广播电台的一系列访谈时，他又回到《神话学》里传达的观点，即音乐在西方自17世纪以来便引领着神 354
话的功能和手法。“一切似乎都显示出，音乐改变了传统的形式，肩负起心智和情感的功能，而神话在差不多同一时期却放弃了这一功能。”[72]谈话内容于1978年形诸文字，发表以后有一位音乐理论家指出了其中的一个笔误：他把《四部歌剧》① 中的两个人物混淆了。他借此机会重提这个主题，在《关于〈四部歌剧〉的说明》里，他补充了对于瓦格纳的作曲方法的研究。“《莱茵的黄金》所提出的那个三人之内便须解决的问题，是对构成社会秩序的矛盾的要求提出的问题，在任何能够设想的社会里，这些要求都不容许只接受，不给予。”[73]列维-斯特劳斯关于音乐和瓦格纳歌剧的观点，虽然没有单独刊行，却是十分充实和系统的。对于那些责备他的论点武断任意的批评者，列维-斯特劳斯开始本想反击，可是随着分析的逐步深入，整个研究获得了一个重大主题所需的充实性，而且与他

---

① 指瓦格纳的系列歌剧《尼伯龙根的指环》，包括《莱茵的黄金》、《女武神》、《齐格弗里德》和《诸神的黄昏》。——译者注

的研究中其他主题建立起联系，不是那种边缘性的、无足轻重的联系，而是有机的和必然的联系。

热爱音乐并非没有限制。列维-斯特劳斯很清楚，自己不具备作曲家的天赋，也永远写不出歌剧来，可是却能够在著作里实现某种接近音乐的东西。历时四年，他把写作的热情献给了太平洋北美海岸的居民的文化产品，最后写成两卷本的《面具之道》，1975 年由艺术出版商阿尔贝·斯基拉发行。在他的全部著述中，处理这种题材是唯一的一次。书中包含他的所有研究领域，运用了一本书可能提供的所有表达手段。书中把传说、老照片、地图和一批数量可观的面具复制品进行了排列对照，从而使整本书带上了一种强烈的悲剧色彩。列维-斯特劳斯再次提出 1971—1972 年度法兰西学院的课程的结论。他利用一系列对立和颠倒，指出了面具与神话如何在一个幅员渐趋广阔的区域和人民当中，跨越数个世纪的变化。他把语
355 言分析与物品分析熔为一炉，从而把分离的线索贯穿了起来——它们以前分别属于钟情神话的民族学家和偏爱器物的唯美主义者；通过结合对数据的科学分析及其视觉的表象，他使心智活动的步骤与感性的印象发生联系。地点与时代，历史与建制，手段与步骤都在这本书里组合起来，宛如一个瓦格纳的舞台，咏唱与复现主题，行动与其情感反响都在上面相互交织，彼此溶解。

在一部爱弥尔·班维尼斯特的纪念文集里，列维-斯特劳斯写了一篇短文，文章从如何处理“遗忘”现象（即自我沟通的缺失）的角度，将北美太平洋海岸的部分神话传说与古希腊神话进行比较。在他看来，“遗忘”与两个相邻主题——“误解”（与他人沟通缺失）和“冒昧”（与他人沟通过度）合起来构成一个系统。他认为，可从这两组之间分离出的相似点很多而且令人信服，以至于“神话思想能够从中汲取主题和动机的资源是有限的”[74]。

于是，历史学家们思索的问题又出现了。如果说，美洲印第安人与古希腊人运用的是相同的逻辑机制，那么我们在人类历史中就可以一下子跃过几千年，空间上跨越几千公里，就会找到那个我们刚刚脱离的地点，只是包装有点不同而已。在与同行莫里斯·戈德利耶及马克·欧热①的一次谈话中，列维-斯特劳斯把问题颠倒过来了。美洲印第安人恰好没有发明哲学，而希腊人则发明了。结果是爱琴海岸发生了某一样东西，北美太平洋海岸则没有。历史之所以是历史，恰恰在于某一现象的纯属偶然的特点。列维-斯特劳斯复述了《从蜂蜜到烟灰》一书的最后一个段落，其中承认历史的“不可还原的偶然性”是完全有道理的，他写道：“为了把研究维持下去，一场全面探索结构的研究必须从臣服于事件的偶然性与虚幻性开始。”[75]

戈德利耶和欧热责备他没有给出方法，以便能够理解社会制度和思维方式在历史上的变化。他反驳说，给那种只发生一次的事件 356
找出法则，这几乎是不可能的。“我试图指出的是（……）不存在那种一定会把神话学引向哲学的必然过渡。”[76]过渡在某时某地发生了。我们可以试着加以描述和理解，但无法“以任何方式证明这是一种必然的过渡”[77]。他很愿意承认，社会关系的转换法则是有的，但是，据此便让这些法则——假如能够表述出来的话——服从一条关于社会演进的普遍法则，那么这中间还有一步他是拒绝跨越的。这样的一条法则在目前只是一种看法而已。“历史摆在我们面前，宛如一种非服从不可的绝对的东西。”[78]

在这里，列维-斯特劳斯虽然没有明确说出，但是，将一切现象，包括最偶然的现象都放在被历史辩证法假设存在的法则之下，

① 马克·欧热（Marc Augé，1935—　），法国人类学家，高等研究实践学院研究导师。——译者注

对于这种马克思主义思想的倾向他是反对的。几年后再次提及这次谈话时，他坦言道："马克思主义者或新马克思主义者责备我不顾及历史，我的回答是，你们才不顾及历史，或者更确切地说，你们才背离了历史，因为你们用宏伟的发展规律代替了实际的和具体的历史，但这些规律只存在于你们的头脑当中。"[79]。在他看来，历史越来接近大自然。历史如同空气和树木，只是给定的事物的一部分。他又说，结构分析应当"与之共进"[80]。天平奇怪地发生了倾斜：列维-斯特劳斯按理应该是"共时性"的捍卫者，却扮演起事件的捍卫者的角色。精神的无意识法则如果不在事实的莽林中抖擞精神，就仍然会停留在空洞的形式上。列维-斯特劳斯推崇具体事实，他不会忘记这一点。

八、在民族学的边界上

1976 年 5 月 19 日，应国民议会议长埃德加·福尔（Edgar
357 Faure）的请求，列维-斯特劳斯来到一个议会特别委员会上作证。这个特别委员会负责审查三条关于自由权的法律提案。他显得有所保留，"民族学家不大有资格对这些问题发表意见，除非是职业使之对待事物能够保持某种距离。"[81]然而，他还是毅然前往了。这种距离其实正好让他表达了个人看法，从而起到了打破成见的有益作用。

不论右翼人士还是共产主义者，他们对自由这个问题的思考有一个共同之处，即都在为自由找到一个普遍性的基础。他们不是在人的意志当中，就是在永不失效的天赋人权当中找到了这个基础。这两种论点都已嫌过时。列维-斯特劳斯在几年前就提出过，随着时间的推移，1789 年的法国大革命所造成的神话正在逐渐消失。"人们世世代代重复着一个信条，结果可能导致我们对一个事实视而不见：我们身处的世界已经改变了。”[82]关于自由的理念，正如关于各项自由权的理念一样，是随着时代和地域而变化的。那么，我们还能为它找到一个固定不变的基础吗？能，只要不再把人规定为一种伦理型存在，而是看成一种活生生的存在。“然而，如果人基于活着的理由而首先拥有权利，那么紧接着就可以得出结论，人类作为一个生物物种所享有的这些权利，遇到其他物种的权利时就会自然而然地受到制约。”[83]人权不过是适用于一切生物物种的生存权和自由发展权在人类身上的应用而已。这样看问题并不意味着否认人类的伦理品性，而只是将其纳入一个更广泛的整体当中。

对于政治，列维-斯特劳斯多少还抱有一点希望，他宣称，法国将会因颁布一部基于这个原则的法律而获得殊荣，这样一部法律将产生可与人权宣言媲美的影响。接下去，他开始批评了。右翼人士和共产主义者错误地把原则的普遍性建立在方法的合理性之上。孟德斯鸠意义上的公民的“美德”既然并非永恒不变，所以他们的做法只会导致压制性体制，或导致理念误入歧途。自由不靠颁布，而是靠点点滴滴的努力建立的，这些努力发生在团体、各种归属关系、风俗、生活方式、信仰等不同的层面上。“真正的自由是长时 358
期习惯的自由，选择的自由；一句话，它是习常的；也就是说，正如法国1789年以来的经验所证明的那样，它是这样一种自由形式：一切被宣称为理性的理论观念都激烈地反对它。（……）自由是从内部维持的；当人们以为能够从外部把它建立起来时，它就被破坏了。”[84]

在这里，列维-斯特劳斯所理解的民族学——也许是任何意义上的民族学，因为凡是从事这一行的人都不太可能对本地的各种盘根错节的关系无动于衷——在政治和伦理方面的弦外之音表现特别有火药味。他不仅批驳在他那个时代占据主导地位的话语，也激烈抨击了两个世纪以来法国各种政体所推行的政策。对于民主能否存在下去，而不致陷入专制或者堕落，他竟然表示怀疑。在70年代意识形态高涨的气氛中，他反对理性的强权，倡言任何社会都具有的非理性部分，这种立场不大可能得到知识界的首肯，反而有可能被人贴上“反动派”的标签。80年代中期，卡特琳娜·克莱芒①在一篇有关他的这次发言的分析文章中，“忘记了”提到他在这方面的观点。不过，列维-斯特劳斯敢于脱离已经开辟的道路和俗常观念，勇于探索尚未开发的新领域，这样做本身就远比围绕着大革命的遗产争论不休的左翼和右翼更有新意。列维-斯特劳斯提到勒南、孟德斯鸠和斯多葛主义，这丝毫不令人惊讶。从他的思考层次来看，他已经直追古典主义的那种了然于胸而不落入简单化、措辞确切而不落入滞塞的能力，古典主义正是从这种现实态的率性得到规定的。

1949年前后那个时期，列维-斯特劳斯正致力于划定民族学相对于其他学科的领域，那时他在萨满疗法和精神分析疗法之间建立起一种平行关系。1976年，趁出版《罗歇·巴斯蒂德②纪念论文集》的机会，他重提民族学与精神分析的关系。邻居的拜访：他提出对几个分属两个学科的相似现象进行分析，同时注意二者各自的学科的特殊性。这一次，瑞典精神病医生托斯坦·赫尔纳（Torsten
359 Herner）对一位精神分裂患者的描述使列维-斯特劳斯感到惊讶，因为它与希努克印第安人神话有着许多相似之处。根据这种相似性，是否能够推论说，希努克社会具有“精神性分裂性格”[85]的特征

---

① 卡特琳娜·克莱芒（Catherine Clément，1939— ），法国记者、作家和外交官。——译者注

② 罗歇·巴斯蒂德（Roger Bastide，1898—1974），法国社会学家和人类学家，巴西文化专家。——译者注

呢？当然不能。希努克印第安人的行为从未有过丝毫这种倾向。“我们不会被个人无意识与集体无意识之间有平行关系的幻觉所欺骗。”[86]如果说，希努克神话表现出一些精神分裂的特征，那是因为它反映着一个脱了钩的世界的分裂现象。换言之，应当将它置于临床医生一边，而不是患者一边：“精神分裂症患者所不幸遭遇的分裂被内心体验投射到外部；与之相反，由于希努克社会自有纳入世界的具体方式，它有分裂性是为了使之成为某种哲学的动因。”[87]良好的邻居关系需要一种明智的谨慎小心才能维持，因为类同性是一种非常危险的推理方式，只能有节制地限制使用。

另一个纪念文集给了列维-斯特劳斯偿还欠债和感谢罗曼·雅各布逊的机会。雅各布逊 1942—1943 年间在纽约所授课程的内容用法文发表了，书名为《语音和语义六讲》。列维-斯特劳斯曾旁听过这些课。现在他给这本书撰写了前言。结构语言学的启示至今仍然有效。列维-斯特劳斯重申，音素和神话素的共同点在于都是一些“对立的、有关联的和负面的实体”。换言之，根据雅各布逊的说法，都是“纯粹的和虚空的区别性符号”[88]。例如，人们都知道“太阳”这个词指的是什么；但是作为一个神话素，其意义只能借助神话所建构起来的相关性和对立性的网络得到，也只有在这个网络内才能得到。这是重申结构分析的基础的一个根本办法。列维-斯特劳斯现在可以看到一个双重关联的大致轮廓。“在下面”，语音的象征体系根植于“神经心理的法则”，其遗传密码的发现表明了与话语信息系统的类同性；“在上面，在这个区域里，被神话所超出的语言与外部现实衔接起来，此处出现了一个纯粹的语义象征体系”[89]。于 360
是便有了两种对称的回应方式，一方面回应身体的要求，另一方面回应社会和世界的要求。一个“结构的人”初具形态：他用关系的网络构成，逐步纳入一连串相互关联的关系网络中，他越来越像一种自然的存在，从自然中来，到自然中去，其间经历一系列变换，这些变换开始于他的生理化学条件，终结于规定他在星空下的位置。

还有另一条不同的边界。这一次不是相邻学科或补充学科，而是一种限度，在触及它之前不存在已经构成的知识：这就是事实。1972年，列维-斯特劳斯在纽约曾经讲到生态学。一位名叫马尔文·哈瑞斯①的美国同行发表了《列维-斯特劳斯与缀锦蛤》一文，对他的讲座做出了系统的评论。列维-斯特劳斯在《人类》杂志上做出回应。文章对哈瑞斯的论点逐条进行了分析，最后推翻了后者的论点，肯定了作者自己的观点，而且重申结构分析不过是一种科学的方法："发现并确定问题，按照章法处理它们，其中某些可能获得解决；最要紧的是向他们指出一条最终可行的途径，假如研究人员谋求解决大批长期悬而未决的问题的话。"[90]大概没有哪一项研究不是明里暗里被某种关于人与世界的总体表象所推动的；尽管如此，真正的科学工作仍然拥有它自己的步骤，这两个层次不应该互相干扰。在这一方面，列维-斯特劳斯的文章既是一个范例，也代表一种极端的情形。他与这位美国同行一道进入了细致入微的讨论，目的是彻底清除所用术语的含糊性和受到指摘的对象的不确定性。他们讨论了贝壳和河蚌，带吸管的和不带吸管的。通过对软体动物的各种附属器官的阐述，列维-斯特劳斯断言神话"完全远离缓缓爬行的经验主义，那是新马克思主义的一种老年病；神话的内容不仅不是一成不变的，而且受到某种独特的双壳动物的一个特定器官的
361 属性的硬性规定"[91]。同样，只要是在神话分析所要求的适当层次上，谦虚亦可定义为一种加工和阐释神话的艺术。此外，我们不得

① 马尔文·哈瑞斯（Marvin Harris，1927—2001），美国人类学家，多产作家，以结合马克思主义和马尔萨斯人口论的"文化唯物主义"理论知名。——译者注

不指出，一方面是贪婪的食人巨妖和软体动物的吸管，另一方面是关于民族志记录及其解释的讨论，两者被列维-斯特劳斯相提并论，从而使他的文章散发出一种莫名的超现实主义味道。民族学充满了鱼龙混杂和令人难以置信的邂逅。若想弄懂民族学用来制成美味佳肴的那些区别性差异，就非得使之现身不可。这样便可展现民族学的魅力——它在不经意之中奉献给美学的一道贡品。

九、远东

列维-斯特劳斯屡次受到邀请，这使他有机会回首往昔。美洲，遥远的大陆，某一时代，某个地点，一切都在他的记忆中历久弥新，但是他很清楚，那里保留下来的东西很少。1977 年，《博罗罗百科知识》第三卷在巴西出版。他曾经为前两卷的出版写过贺词，这次应邀为第三卷撰写前言。他提到头一次接触那个几乎未经任何触动的物质文化时的兴奋心情。1977 年 6 月至 9 月，蓬皮杜文化中心举办巴黎—纽约展览。他被请求为展览说明书写一篇文章。在《形象艺术前后的纽约》一文里，他讲述了自己如何步行穿越曼哈顿，与超现实主义者的交往，古董商，博物馆，不同风格和时代对他的震撼。

1977 年 10 月 13 日，他在法兰西科学院迎接了继承保罗·莫朗[1]的院士席位的阿兰·佩雷菲特。当时佩雷菲特任政府司法部长之职。法兰西科学院的规定十分严格，列维-斯特劳斯照例应叙述新来的不朽者的生平事迹。列维-斯特劳斯看不出介绍作者的益处何

---

① 保罗·莫朗（Paul Morand，1888—1976），法国小说作家和散文作家，在文学史上有现代风格的开创者之称。——译者注

在，既然只有作品才是重要的。但他还是有风度地照章行事，随后介绍了他喜欢的两部佩雷菲特的著作，一部是《法国病》，另一部是关于中国的。这正好是虚构一个故事梗概的机会，而且也可以让自己很开心。这故事讲述的是一个国家的历史。在这个国家里，天主教气质逐渐与一种新教的智能结合起来。后者在和教廷的斗争中遭遇失
362 败，此后被逼转入地下活动，而且不得反对他们一度索求过的理性。

> 在为期大约一两百年的第一阶段中，精神的侵蚀蔓延到整个社会机体。它借迷信为理由，一个接一个地瓦解了所有的古老信仰，分属不同传统的情感，以及曾经为个人提供了保护的地区的、合作的、文化的连带关系。随后，真正的自由权一旦消失——我指的是建立在尊重根深蒂固的习俗之上的自由——我们看到了权威的原则，带着它那毫发无损的狂热，开始拒绝为任何权威服务。不久，作为本地唯一的霸主，所谓的理性观念就只剩下一种命运：相互摧毁。在我看来，这正是遭受这种分裂之害的国家必然被拖向的一个陡坡。[92]

对于一个人们熟知的国家来说，把它的过去和现在做出任何比照都是可以接受的。可是，闹革命的中国却奇怪地为上述令人痛心的场景提供了一个反论。列维-斯特劳斯引用了佩雷菲特的先驱和宋朝思想家说过的话。我们看到了一些似乎直接引自毛泽东的语句，还有一些针对时局的逐点解说：这些都说明“每一个民族的精神所特有的不变特征”[93]跨越许多世纪依然存在。

列维-斯特劳斯从未到过中国。这些思考源自他新近的发现。过去他了解亚马孙河流域的古老社会，后来认识了年轻的北美社会。1950 年，他与巴基斯坦和伊斯兰教世界有过少量的接触，而且对印度的佛教智慧十分欣赏。从那时以来，除了去过两次渥太华以外，

他再没有深入任何未知文明，除非是通过阅读了解。不过，他刚刚应日本基金会之邀去过日本，为时一个月。这个组织的使命是推动国际文化交流。

出发前，朋友们提醒他，东京很丑陋，但并不代表日本。“出门散步却给我留下了全然不同的印象。城市生活热烈沸腾，使我感受到一股青春的气息。”[94]他发现，只要离开主要街道，进入两侧尽是低矮的房子的蜿蜒小街，几乎都是乡村。“穿梭于东京的大街小巷，那些商业区的喧闹并不使我惊讶，倒是这种城乡共存的反差让我觉得很有魅力。”[95]他不无遗憾地注意到日本桥已经被现代建筑物紧紧包围。按照歌川広重① 150 年前所表现的，这是江户时代东海道的起点。旅行中的民族学家很像旅行中的历史学家。现象和举止，建制和事物，凡是能够吸引他的都属于过去的年代。日本有古老的文明。现代国家固然令他感兴趣，“可是，只有当我能够在当下与遥远的过去之间建立起联系时，这种兴趣才能唤醒”[96]。日本让他着迷，正因为日本文化中最富于活力的部分依然“与古老的过去保持着直接的联系，那也是民族学家熟悉的领地”[97]。 363

在一个漆器工业中心，一个名为轮岛②的小镇，他与手工艺者相处了四天。他兴致盎然地注意到，凡是合作参与漆器生产的各种行家都意识到自己的相对优越性，无论他们嘴上怎么说，“虽然存在着某种代表官方态度的平等主义的意识形态，很明显，每一道工序依然重视传统上它在整体中起到的特殊和无法取代的作用”[98]。看来，在日本，那种瓦解古老的归属感和连带关系的精神侵蚀并不

---

① 歌川広重（Utagawa Hiroshige，1797—1858），别名安藤広重，日本画家。——译者注

② 位于日本石川县。——译者注

如法国那么先进。

旅行家也是个博物学者。日本的景致令他兴奋。与欧美不同，多种多样的植物显示出规律性，构成一幅绚丽的图景。此外，在注意植物世界的同时，列维-斯特劳斯也意识到应尊重日本古老的宗教习俗，植物、矿物都被视为有生命的存在。他尤其欣赏一句日本话
364 “物哀”（物の哀れ），它说的是万物令人伤感的性质：“这就是说，自然景色不仅代表美丽、迷人，也代表着伤感、痛苦，因为它是一种‘变成’的过程，事物与观赏者从中会合起来了。”[99]他的激情不是一时的心血来潮。他确实从未自命为日本专家，而且注意不去用科学的词语来谈论这个国家，但是，他对这个国家怀有长久的和鲜活的好感，也许因为它和他有一点深藏不露的相似，那就是对主观放任的态度少有兴趣，而且热爱简洁明快的线条。

有一句骇人的话一直伴随着列维-斯特劳斯，而且将会永远伴随他。那就是《忧郁的热带》一书的开头那句话：“我憎恨旅行和探险家。”有了这句话，今后就难以泊靠不熟悉的堤岸。没关系。列维-斯特劳斯一直喜欢丈量大地，测度和感知多变的世界。他从小就这样，一直在巴黎的大街小巷里溜来逛去；他一生都是这样做的，不仅通过实地考察和逗留异国他乡，也在日常的环境中出门散步。“只有在能够取得一些结果的条件下，我才去旅行。跨越空间距离，改换地点，参观不同的地方。一想到乘坐飞机，总是降落在不论世界什么地方的同一个机场上，我就感到恐惧。”[100]厌烦走动并不意味着不喜欢发现带来的惊喜。列维-斯特劳斯为日本而感到喜悦，他丈量了尚未有幸认识的大地的一端，他填补了一块空白。

十、头衔与崇敬

职业需要列维-斯特劳斯经常外出。尤其是从60年代中期开始，

他频繁地往来美国。到了70年代末，外出更是有增无减。1977年去芬兰参加乌普萨拉大学500周年校庆，并接受了名誉博士学位。1978年2月22日去美国巴尔的摩的约翰·霍普金斯大学参加200周年校庆，同时接受了名誉博士学位。只要他愿意，他在这一类邀 365
请中可以多逗留一段时间。他去墨西哥时就是这样做的。从1979年2月10日到21日，他应邀在国立大学做了几次讲演，并被授予名誉博士头衔。他参观挖掘中的考古现场。魁北克的拉瓦尔大学他也去了，1979年9月18日接受了授予他的名誉博士学位，还参加了几个大学研修班。

名誉博士称号铺天盖地而来，列维-斯特劳斯于是承担起科技大使的角色。他应邀到处做讲座，与全世界的教授、学生们在一起。无疑，这是传授结构人类学的原理和方法的最佳方式。这样做也使他能够避免文不对题的争论和有欠准确的说法。教学手段的运用增强了个人声誉，反过来也使法兰西科学院闻名遐迩。此外，那些一个接一个塞进旅行袋里的博士头衔还起到了一个十分隐秘的作用："由于我对自己的身份没有明确感觉，那么建立身份就不得不依赖外来的标志。"[101]荣誉骑士团勋章，法兰西科学院，大学职称，科学院和文学院里的席位，各种各样的荣誉：归根结底，大量的荣誉构成了他的支架，是一套装置，可以使他的素质结成一个坚实的整体。这么断言有点过了头。读者已经看到：一个人的心中并不存在一种固定不变的实质或者一个坚硬的核心。身份是一个发生过渡的场所。因此，如果只想保留他所传播的知识和价值观——而且他对改变这些东西的贡献堪称巨大——的某种标签，那么这中间尚有一道难以逾越的鸿沟。列维-斯特劳斯从不把自己跟职衔和荣誉搅在一起。

见证之一，便是渥太华的圣保罗大学加拿大人类学研究中心刊行的一部《列维-斯特劳斯诞辰七十周年纪念论文集》。书中收入的论文不是对他获得的头衔，而是对他的思想成果表示了敬意。作品均出自1978年2月召开的一个研讨会，主题是“逻辑学的社会运用”。皮埃尔·马朗达（Pierre Maranda）担任主编，他参加过1968年的《纪念论文集》的编辑工作。这个论文集的主旨不同于上一
366 个。这次主要不是重提列维-斯特劳斯的经历和作品，而是要借助“结构主义范式”[102]，继续在他开辟的领域里思考。这，如仍有必要，也是他的著作的丰产性的一项见证。

同年，多伦多发表了列维-斯特劳斯的五次访谈录，1977年12月加拿大广播电台在“梅塞讲座①”节目里播放了这几次访谈。访谈是在巴黎进行的，记者卡罗尔·奥尔·杰罗姆（Caroll Orr Jérôme）把五次谈话辑录成书，名之为《神话与意义》。列维-斯特劳斯概括了从《野性的思维》到《神话学》的历程，以及“终曲”部分关于音乐的观点。轮到从神话到历史的过渡这个微妙的问题，他重提1975—1976年度在法兰西学院所授的课。那一年的讲题是“口头传统中的有序与无序”，课上他指出，不仅这两种叙述体之间存在着过渡形式，而且我们自己的历史也渗透着神话学，尽管被称之为科学的。访谈是用英文进行的。列维-斯特劳斯经常说自己缺乏语言天赋：“我用不标准的英文写文章，也能用英文做讲座，不过口音可憎。”[103]在加拿大电台讲话必须开门见山，而且用语必须尽量简单，他的讲话于是成了对他的思想的一篇出色概括。因此，谈话值得翻译，并以法文全文发表。

这几次访谈录全文的发表，加上1979年拉瓦尔大学授予他名誉

① 以加拿大总督梅塞命名的广播电台节目，1961年以来每年邀请知名学者就政治、文化或哲学方面的专题连续讲演一个星期。——译者注

博士，这些都显示出，在接纳列维-斯特劳斯的作品方面有一个强有力的加拿大轴心。毋庸置疑，他对于太平洋海岸印第安人的研究引起了加拿大民族学家的兴趣。不过，同时从事教学和社会人类学实验室的研究，这同样让他的思想得到了传播。1968—1969 学年，作为高等研究实践学院的联合导师，皮埃尔·马朗达便在这个实验室工作过。此外，列维-斯特劳斯在美国的影响发生在本身已经协调得很好的教育机构和学校，而在加拿大，这种影响却是随着大学教育的发展而扩大的。也许这反映出列维-斯特劳斯的一种考虑，他不想陷入美国人类学的“加工厂”的轨道。

法国并没有忘记他。伽利玛出版社于 1979 年出版了两部有关他的书。一部由米歇尔·伊扎尔与皮埃尔·史密斯（Pierre Smith）汇编的论文集出现在“人文科学书库”丛书里，名为《象征功能：人类学论文集》。作者们都希望通过此书证明一个共同的感受：我们“投身于实施一项庞大的研究计划，30 年来，列维-斯特劳斯有力地勾画并出色地阐明了这项事业”[104]。袖珍本《理念》丛书收有一部《列维-斯特劳斯》。书中只介绍了少数未发表过的文章，但由于其中大多已无法找到，这本书反而显示出一种双重的优越性，即将其再版和广泛发行。雷蒙·贝鲁尔和卡特琳娜·克莱芒充任主编。他们俩选择了把列维-斯特劳斯作为哲人介绍，他的科学研究不但打开了通向其他科学之门，而且开启了对于意义、蕴涵和超出科学探索以外的思考。这两部书几乎同时出版，显示出法国接受他的著作的两个侧面。 367

荆棘紧随鲜花而至。次年，皮埃尔·布尔迪厄在《实践感》一书中猛烈批评列维-斯特劳斯。他首先把列维-斯特劳斯推向黑格尔。他说，神话与黑格尔的“理性”并无二致，是“普遍‘精神’对本身进行思考（……）的场所之一”[105]。这样一来，列维-斯特劳斯就变成了他自以为具有的形象的反面。“这种自然哲学表面上是彻底的唯物主义，其实只是一种精神哲学，一种改头换面的唯心主义而已。”[106]先是没有主体的康德主义者，后是没有辩证法的黑格尔主义者；庸俗唯物主义者在先，唯心主义者后随。列维-斯特劳斯徒劳地一再重申自己并非哲学家，但不是也得是。布迪厄认为，问题的关键在于对于历史的实践性，对于从规则到应用的过渡所作出的参照。列维-斯特劳斯一切照章行事，却缺少战略。社会的复杂性，尤其是经济力量，他都没有考虑。这番奇怪的批评出自一位抽象领域的大师，指向一个偏爱具体事物的学者。在富有团体精神的知识界，布迪厄的评论却标志着一个时刻：结构主义不再是非有不可的
368 参照系。崇敬之情既不取消，却也无法阻止产生距离。

1979 年 11 月 22 日，乔治·杜梅泽尔入选法兰西科学院院士，列维-斯特劳斯负责为他的演说致答辞。当年他被任命到高等研究实践学院时，杜梅泽尔曾经支持过他；他们后来在法兰西学院相遇，关系一直很密切。几年前，列维-斯特劳斯甚至说，杜梅泽尔才是真正的结构主义者，再加上 1976 年 10 月 3 日去世的班维尼斯特和他本人。“我觉得，早在人们谈论结构主义之前，杜梅泽尔已经把结构主义的方法运用于印欧语系的神话研究。我从不掩饰他给予我的启示。”[107]不过，他进一步说，他们两人的研究方式不同，杜梅泽尔的研究旨在突出印欧语系的社会和文化的一个普遍特点，而他的研究则潜入神话内部，力求分析出神话的特殊属性。

1973 年，杜梅泽尔在《神话与史诗》第三卷的前言中声明，他并不把自己看成结构主义者，而且此后要把“结构”和“结构的”从他的用语里赶出去。列维-斯特劳斯在答辞中，不无调侃地指出杜梅泽尔没有遵守诺言，在随后的一本书里依然照用不误。在他看来，杜梅泽尔的态度只是反结构主义成为一种时髦杜海泽尔的自然

反应。再说，杜梅泽尔无须依附于什么流派。“您一开始就独立形成了学派。”[108]列维-斯特劳斯被挑选来欢迎杜梅泽尔，这一事实本身就表明两人没有根本的分歧。

列维-斯特劳斯在“答辞”中对杜梅泽尔的思想和作品作了简要的介绍，强调了他们的共同点。在他之前，杜梅泽尔已经注意“对同一层面上的现象进行比较分析，提取普遍意义及其原因”[109]；在他之前，杜氏就指出研究神话的原始版本是徒劳之举；在他之前很早，杜氏就借用了变换的概念。同样，杜梅泽尔始终懂得不把现实与现实的反映混为一谈，没有忘记社会的三元组织在本质上属于意识形态，因此，这种组织形式一开始便是虚空的，历史的突变“每个时代都充满不同的内容”[110]。希腊文明的伟大在于抵制了印欧语系的意识形态，而且尝试用一种全新的眼光看待世界。 369

这对于当下也是一种教训：1979年，列维-斯特劳斯接受了让-玛丽·贝努瓦为所做《世界报》的采访。列维-斯特劳斯回忆了他对公众事务的经常关注，以及对于陈腐的解释的不屑态度。如同任何人一样，他对政治的反应是肤浅的，他也谈到了这样做的后果：“作为知识分子，我不享有任何特殊的权威，可以动辄在公众场合发表政治观点，对我的同代人指指点点，再说，我不认为可以拿某种普适的标准，生搬硬套地解释哪一个社会里的社会生活，以及男人妇女所向往的东西。”[111]政治态度与对历史思考重合了。他所感兴趣的历史是由无数的小事件交织而成的，而且不断地改变社会的组织和生活。在他看来，这是一种无法预见和动荡不安的现实，从而导致某种历史哲学丧失全部可信性，因为这种历史哲学试图使现实服从法则和某种意识形态体系。每一个历史时刻都有某种无法还原的东西，就像民族学家所研究的社会一样，而且基于同样的理由。人类社会在很大程度上是非理性的，无论采用什么样的假说，都不会有彻底的理性社会。所以，在他看来，当代人建立一套关于自由权的抽象代码的尝试是徒劳的。

列维-斯特劳斯重申，真正的模式是大自然。只要宣称人为万物之主宰，就会把专制主义引进世界。在他看来，法西斯主义和种族灭绝集中营都是文艺复兴时期的以人为本的人文主义的一种“自然的延伸”[112]。至于20世纪思想体系的另一种意识形态偏离，它迂回地引来了专制主义：“共产主义和极权化的马克思主义意识形态只是一种历史的谋略，目的是加速和推进那些迄今落后的民族的西方
370 化”[113]。如此明白无误地表达他对历史和对20世纪罪恶的观点，这在列维-斯特劳斯身上是十分罕见的，其大背景是已成为经典的那种对于社会的看法，即最高层次的率真在于人们彼此相知——公社、群体、协会。一个像原子那样分裂成散落的个人尘粒的社会只能是个悲剧。权力的牵制和中介组织的调节都是必不可少的。在政治理论方面，必须承认卢梭是错的。“我愿意再坦白一点，我内心感到与卢梭是相通的，也感到与夏多布里昂是相通的，他与卢梭既相反，又是一回事。结果是与我相通的人既不是卢梭，也不是夏多布里昂，而是一头怪物。”[114]真正的知识——或许也是最微妙的幸福？——是天性与风格的结合。

十一、亲属关系再探

《面具之道》于1975年发表以后，列维-斯特劳斯不仅去世界各地旅行和接受荣誉头衔，同时也在工作。法兰西学院的课一如既往，依然是未来的书籍和论文的打造地和试验场。自从离开了高等研究实践学院，他就修改了教学计划。每周两个小时教学分为一小时授课，一小时指导研修班。研修班不在高等研究实践学院进行，

但沿袭传统做法。这样一来，实验室的研究人员便仍有可能介绍自己的成果，并与来自各地的学者进行交流。从 1978 年起，列维-斯特劳斯按理可以退休了。可是他没有办理退休手续。战后有一条法律，被维希政权注销的教师有权补回失去的年月。列维-斯特劳斯决定继续工作。这个决定引来了一些动作：谁将接替他呢？人们开始谋划起来。

从 1976 年至 1982 年的 6 年当中，他把一项搁置了差不多 30 年的工作重新拾起来。“为了让我自己守规矩，我（……）把法兰西学院的课程用来考察‘无差别’的社会（此类社会远比三四十年前我以为的多得多，譬如我们这样的社会便是，母系和父系基本上处于同一水平）。”[115]这还不完全是他在论文里提出的“亲属关系的复杂结构”的序幕。列维-斯特劳斯已经没有囊括所有人类社会的野心了。他只关注无文字社会，打算分析这些社会里的一种“人类进入复杂社会以后，迄今仍然保留的社会结构”[116]。为此，除了家庭、氏族等概念，他还引进了“家宅”的概念——即我们在“王室”一词里所意味的：“占有一方土地的法人，以真实或虚构的家系世袭的姓氏、财富和称号（……）”[117] 1976—1977 年度，他专门研究了英属哥伦比亚的夸扣特尔人和加利福尼亚的尤豪克人的“家宅”，将它们与中世纪社会加以对比。研究进行到 1982 年，他探讨了一系列社会：印度尼西亚、美拉尼西亚群岛、波利尼西亚、新西兰、密克尼罗西亚、马达加斯加、非洲。地域广阔，同时也是一个纠正偏差和失误的机会。列维-斯特劳斯对 20 多年来的所有成果逐一“过目”。“分析和整理全部文献，尝试从中得出一些诠释，这是一项需要投入全部精力的工作。”[118]在民族志研究中，无差别社会长期以来处于多少有些模糊的“非此非彼”的地位。而家宅的概念有利于更好地理解它。“在‘复杂的’社会与被误称为‘原始的’或‘古老 371

的’社会之间，距离并不像我们想象的那么大。要跨越这个距离，既可从前者反溯后者，也可以从后者上溯前者。”[119]在“原地不动的梦想”[120]和历史的制约之间，这些社会发明了造就他们自身的变迁机制。“这些机制并不构成理想的规则，因此也构不成静止的规则。372 它们更像是一些策略，不是由个人实施，而是由比建构它们的个人活得更长久的法人来完成的。”[121]换言之，历史维度是理解以家宅为中心的社会的一个主要数据。

列维-斯特劳斯没有把这些课上所汇集的材料浓缩地写进同一本书里，与《亲属关系的基本结构》相配或者作为其续篇，而是根据不同的背景，按照不同的主题写成了一系列文章发表。关于太平洋沿岸社会的研究并没有彻底结束。为了向博厄斯致以敬意，他把“第一本美洲西北海岸的神话总集”[122]《传说》① 的英译本介绍到法国。1977—1979 年间，他在《人类》上发表的多篇书评均涉及美洲西北部印第安人。1979 年，《面具之道》在普隆出版社再版时，他增添了三篇“考察报告”。第一篇曾经以《一个结构的历史》为题辑入献给民族学家让·范巴尔②的《纪念论文集》，文章举出一个在“活体内”即萌生时被把握的一场变换的例子，从而向怀疑者证明“结构分析和人种—历史的考察”[123]并不矛盾。第二篇曾于 1979 年收入向历史学家查理·莫拉泽致敬的纪念论文集《高贵的野蛮人》。文章重提关于家宅型社会的讲课内容，强调比较几个历史学家尚未习惯放在一起考虑的不同世界——夸扣特尔人、加洛林王朝和中世纪日本社会。最后一篇深入分析了一幅面具及与其起源和变化有关

① 指弗朗兹·博厄斯编汇的 250 个当地神话，1985 年以德文出版。从印第安语翻译成英语的工作始于 1973 年。列维-斯特劳斯的序言写于 1976 年。——译者注

② 让·范巴尔（Jan van Baal，1909—1992），荷兰人类学家，新几内亚文化研究专家。——译者注

的神话。这篇文章也回答了同行对第一版中的分析所产生的异议。对列维-斯特劳斯而言，这也是给历来的研究确定位置的一个机会："我们把散落的零星残片搜集起来，目的只是试着重现一个长度为几千米、深度约三四百米的舞台上的背景布，演员在上面留下了他们的足迹，而他们的剧本，我们却没有。"[124]结论不是一劳永逸的。从1978年起，在太平洋沿岸神话、美洲其他地区及非洲神话当中的一系列汇合点之间，列维-斯特劳斯搭起了桥梁，从中可以看到成对 373
出现的患兔唇的人物。从一个场景到另一个场景，神话之间是相互呼应的。

1979年和1980年，正当他的教学研究围绕着无差别社会进行之时，列维-斯特劳斯抽时间即兴写出了两篇内容互不相关的文章，后来成为《遥远的目光》的第十四章和第十六章。他把毕达哥拉斯信徒的食物禁忌与其他古代社会、日本社会和美洲社会的食物禁忌加以比较，提供了一个大范围的比较分析的例子。这样一来，文章提出的禁吃蚕豆的问题就变得清晰起来。不过，列维-斯特劳斯并不认为他考察了问题的所有方面。借助植物学家、神秘主义、史诗作者和数学家的著述，他兴致勃勃地破解了"一个小小的神话—文学之谜"，即阿波里奈尔的诗《秋水仙》里的一个含义晦涩的提法。这篇习作有演示意义。他肯定了"结构分析是在一个连续统中展开的，其中既有对自然界最细微的特点的经验性观察，也有对于思维机制的内在形式特征的思考，二者密不可分"[125]。他还指出，美学情感与意义的不同层次在同一客体内部的并列出现是密切相关的，我们的领会是同时发生的。

这两篇文章时间上相近，主题却相去甚远，这说明列维-斯特劳斯精力旺盛。他不仅显示了他的博学和卓越的才能，而且打开了一扇窗户，使人看到了通往四面八方的研究领域。不要局限于美洲，不要把结构分析关在民族志之内。他把目光同时投向无穷大和无穷小。一方面是整个空间和历史绵延，另一方面是生理学或诗学的最细微的特征。固然，他已经不打算再将时间和精力投入庞大的计划中去了。“暂时，也可能是永远，我没有写大部头著作的想法。”[126]然而，他并没有丧失南征北战的勇气。

他的这种眼光可以从1979年底发表的一篇名为《面对人类命运
374 的民族学家》的文章得到证实。他说，人类学渴望“从人的千变万化的表现当中”[127]去把握人。他提出的问题是社会学和新达尔文主义的最新发展所带来的问题。列维-斯特劳斯奋起反对那些简单化的主张，即认为凡是文化现象都来自遗传物质或大脑演变过程的某一状态。他重复了在《种族与文化》中申明的观点：基因要素的选择、含量和排列都不是原因，而是一个给定的文化所产生的后果。能够表明人类的境况的特征的，恰恰是它完全从属于文化这一事实。但是，文化“既不是自然的，亦非人为的，既不从属于理性思维，也不从属于遗传学”[128]。文化与自然的分野越来越模糊。所以，民族学家的使命与其说在于列举能够规定文化的各种要素，不如说在人类面对和处理这些要素的方法中寻找其原则，“就目前而言，民族学家所面临的文化问题，也就是人类的境况问题，在于发现藏在多种多样的建制和信仰背后的秩序的法则。”[129]如果要谈论人类境况和文化的境况，而且避免掉进唯物主义简化论和人文主义玄想的两个陷阱，就必然回到结构主义，回到它的原则、方法和严谨性上来。列维-斯特劳斯坚持不懈，并且签了名。

十二、古典主义和拒绝墨守成规

1980年3月10日至20日，列维-斯特劳斯在大阪参加“日本发言”国际研讨会，会议由三得利①基金会举办。这个基金会的使命之一是文化交流和传播日本文化。列维-斯特劳斯兴致勃勃。他赞赏“大和灵魂”能够“交替地从一种态度转入另一种态度：有时候向外来影响开放，以便更好地吸收；有时候却闭门自守，似乎要么为了拒绝，要么为了在自我封闭状态下更好地消化外国的东西”[130]。日本对他的吸引还来自它展现的混杂的怪异性，可与民族学家所研 375
究的社会相比，又有和欧洲一样悠久的历史，这种怪异性表现在“许多领域都有我们从未达到过的精致程度”[131]。他觉得自己又变成了大学生。

同年六七月间，他接受了让-保罗·恩托万②和安德烈·比尔吉耶尔为《新观察家》所作的长时间采访。当问及他的长期爱好时，他详细说明了自己的思想历程，而且表示与几种简单化的说法保持距离。他极为欣赏卢梭，但感到自己与生态运动及“新卢梭派”没有什么共同点，尽管其中有些人把他说成倡导者之一。政治上，他认为自己今后“比起卢梭来，更接近夏多布里昂。《社会契约》(……)背离对于社会生活的一切理性看法”[132]。至于弗洛伊德，他心怀敬佩。他在《忧郁的热带》里说过，他从弗洛伊德获益匪浅，但这并不能使他成为人类学之父；弗洛伊德用来解释心理活动的术语使他产生“很大的不信任感（……）它们属于模糊的知识，没有丝毫解释的价值。”关于马克思，他说应该把马克思本人与人们所说的马克思区别开来。庸俗马克思主义相信人类的演进从一开始就依照一个单一的方案，这种看法是荒唐的。“马克思认为历史

① 日本的一家饮料公司。——译者注

② 让-保罗·恩托万（Jean-Paul Enthoven，1949—　），法国作家，出版界人士，现担任《观点》周刊文学主笔。——译者注

从阶级斗争的出现开始，但没有认为阶级斗争与人类同外延。”[133]列维-斯特劳斯不愿意充当思想大师的角色。他说，荣誉被身的那几年他很不好过，因为不得不总是在纠正错误，消除误会。他觉得自己的职业类似一门手工业，并且认为自己的思想构不成人们所说的系统：“我一个接一个地探讨问题，这些问题本身告诉我应该采取哪一个研究角度。”[134]他的著作是科学性的，因此也会过时。他只希望后继者承认它们曾经起过作用。

至于其他，他一如既往地不事张扬。除了自己专长的领域以
376 外，他仍然拒绝介入公众生活。万一介入了，他也小心不被当成广告。“就在最近，我（……）还介入了有关巴西印第安人的事件（……）”[135]较之以往，他的娱乐生活更多地在家中进行。他关心他所感兴趣的领域发生的一切情况，包括政治。他经常阅读多种科学杂志。电影院几乎不去了，只有小津安二郎的电影还能使他兴致勃勃地从头看到尾。电视很少看，只有一个他喜欢的节目还不时会看看：《今夜剧场》。“我觉得没有哪一个艺术种类比戏剧的要求更高，更严格（所以它才难以让我满足，我基本上不去剧院），每一句台词都得为故事情节服务；绝对不允许出现空当。”[136]恩托万和比尔吉耶尔最终还是从列维-斯特劳斯口中得知，他喜欢通俗喜剧。

或许，民族学家的使命是做不自觉的挑战者。因为他对自己社会的看法通常跟标准品位和惯例总有差距，他们的话总是有突兀不群的倾向。无论如何，列维-斯特劳斯在表达对现时的文化价值的看法时，很少不引起强烈反响。说出早已被贬入“大众化”之列的通俗喜剧，构成一种轻微的失礼——列维-斯特劳斯担心他的坦白会让对方“不寒而栗”[137]。与此相反，他在美术方面的冒犯举动要严肃得多。1980 年，他为一个德国画家安尼特·阿尔布斯（Anita Albus）的画展撰写了介绍书的前言。文章简直就是一份宣言。“安尼

特·阿尔布斯用她的艺术说明，如果不从头开始，在艺术大师开辟的道路上一步一个脚印，一点一滴地掌握他们的技法、秘密和方法，就难以再造绘画事业。”[138]列维-斯特劳斯欣赏安尼特·阿尔布斯对事物本身的敏感，凡如布料的褶皱、木头的纹理、墙皮的剥落，无不细致入微。

但是，应该回溯到何处，才能与职业传统重建联系呢？他一边提到波德莱尔祝贺马奈的一句话，说他是“从他的艺术的衰落中出现的第一人”，一边回顾了从印象派到立体主义的发展轨迹：放纵主观性，忘掉自然，对象的逐渐消失，装饰风格泛滥。这些观点都是他在 1960 年与乔治·夏博涅谈话中表达过的，只是这一次走得更 377
远。他向 15、16 世纪德国画家表达自然的方式致敬，认为安尼特·阿尔布斯与中世纪绘画一脉相承。他还谈到了日本的传统以及他对 15 世纪意大利和弗拉芒大师的崇敬。从那时以后，有一种毒药便开始腐蚀欧洲艺术。“也许，自达·芬奇以后，绘画以为选择自然跟古典艺术对抗，同时也就是选了明暗对比，以对抗轮廓线。这样做导致绘画偏离了正道。因为这两种选择之间本来就没有联系。”[139]绘画界只有“抗拒明暗手法的坏影响，甘心服从事物不可触犯的秩序”[140]才能恢复这一行的尊严。

惊世骇俗之语。评论界记取了他引用的波德莱尔的话和他对当代艺术的批评。后来，列维-斯特劳斯又一次解释和重复了他说过的这番话，即 20 世纪艺术已经无法让他激动，而他现在只想搞清楚个中原因。皮埃尔·苏拉日①指控他弃绝非形象艺术，并且说他的这种态度大概与安德烈·布列东等现实主义者有关，这指控是列维-斯特劳斯甘心情愿地接受的。苏拉日还说他好像纳粹分子，因为纳粹

① 皮埃尔·苏拉日（Pierre Soulages，1919—　），法国画家。——译者注

也认为现代艺术是堕落的艺术。列维-斯特劳斯抓住这个机会，指出如果说有极权主义的话，那么应该从“有庞大的商业和政治机器支持的所谓先锋派绘画里去找”[141]。那些批评家显然没有注意到，他的分析一直上溯到达·芬奇，而且质疑关于明暗的美学原则。很遗憾，在这一论点中——也在他的激进态度里：既然是出自列维-斯特劳斯之口，难道还值得惊讶吗？——有返归艺术史的评论前提。明确提出再造真实和画家职业的问题，然后提出一连串答复，甚至提出一组坚定和用词准确的假设，列维-斯特劳斯又一次朝传统和学派的水池里投去一块石头。当时好像无人接受这个挑战。

这一年，尊重传统使他再次成为舆论关注的人物。在让·道麦
378 松的操持下，玛格里特·尤瑟纳尔的几个朋友决定推选她进法兰西科学院。这将是第一位跻身不朽者行列的女院士。尤瑟纳尔通告说她不会提出申请，也拒绝当例行的一连串探访的牺牲品，但却不拒绝当选的荣誉。这在法兰西科学院引起不小的骚动。让·道麦松过后说：“传统人士反对我。加上几位左翼人士，如安德烈·尚松便认为她属于右翼。其实这是不对的。还有克洛德·列维-斯特劳斯也激烈反对，理由是‘不能坏了本部落的章程’。这场骚动其实很有趣。”[142]玛格里特·尤瑟纳尔第一轮当选，于 1981 年 1 月进入法兰西科学院。学院的规则从此改变了。列维-斯特劳斯，唯美主义者，伦理学家，肯定不是出于挑衅而如此激动，更不会由于生性好斗。他的保守立场与他对生态学和国粹的信念是一致的。像法兰西科学院这样的机构应该得到保护，像保护稀有物种一样，基于同样的理由。当权者无权做出更改；稍加变动就可能毁灭它。列维-斯特劳斯越来越像英国佬：凡是伦敦俱乐部的会员都明白他希望自己的同行接受什么。

对于轮廓线在绘画中的作用，列维-斯特劳斯的敏感大概受到日

本的一些影响；同样，他对职业和机构的稳定性也逐渐看重起来。1981 年，他在一群韩国学生的陪同下飞往韩国，把对远东的研究范围扩大了。同在日本一样，往昔和传统当然是他的兴趣所在。他表示想到保留着传统的小村庄去看看。有人报告他，陪同他的那群韩国学生已经政治化，责备他不关心时局。“不错呀！我只对不复存在的东西感兴趣”。[143]也许还应该把韩国公主李萍雅划入同一类，这位日本血统的公主在汉城的王宫里接见了他。韩国被日本征服以后，依国法一位日本公主应当嫁给韩国王储，“日本政府于是成为未来君主的岳父”[144]。在这种奇怪的命运里，列维-斯特劳斯看到了一件皇室联姻的实例，那是 11 世纪的日本文学名著《源氏物语》里描述过的。他从中也再次看到了他在马达加斯加中部注意到的一种 *379* 风俗。列维-斯特劳斯留意历史学家的工作。有人问他这类知识是否有用。他回答道：并不是为了有什么用，因为它本身就是目的，至于其他，如果非得回答这个问题不可，“它大概有助于激发某种智慧。我只能这么说”[145]。

十三、退休

1981—1982 学年，列维-斯特劳斯在法兰西学院教授最后一门课。2 月 2 日是最后一堂课，他以无差别社会为主题结束了他的历程。经过几年的酝酿，在这个问题上积攒的材料在三篇文章中得到了发掘，分别于 1982—1983 年间发表在《人类》和《年鉴》上。列维-斯特劳斯把处于所有不同时空中的一些社会进行了归类和比较。“比较方法的合理性不在于表面上的大量相似之处，它必须将研究深入到一个相当的水平上，以便在全部社会生活的基础上，凸显社会的那些组成基本结构的简单特性，这些结构或许可以变成更复杂的系统的建筑材料，表现出更高程度的整合性，并且具有全新的特点。”[146]他着重阐明，用于无差别社会中的“家宅”以及无差别社会与偶然性之间的紧张关系时，他的论点依然有效。他的考察地域变为具有世界性。夸扣特尔人、约吕巴人和卡罗巴塔克人与雅典人之间的比较，美男子菲利普与藤原家族①之间的比较。这不是简单地把它们拉在一起。无差别社会的研究使他能够带着自己的武器和行装，直接进入历史学家的历史当中。这种学科之间的跨越无须应答。他只是开辟门扉，介绍假说，指明道路。为了不使后继乏人，列维-斯特劳斯做了一切能做的事；工作应该由年轻人来做。六年当中，他锲而不舍地深入研究家宅问题，从而为亲属关系的研究搭起
380 了一个框架，今后不管如何演变，它们都不会再被人轻视。再者，他已经意识到自己为人类学的未来完成了决定性的突破，因而特别指出，未来的研究不必局限于无文字社会。

实际上，继任者已经开始工作了。法兰西学院的人类学教学加强了。除了社会人类学讲座及其综合性名称以外，又增加了几个涵盖世界几个主要地区的专门讲席。研究领域的细分并不妨碍研究方法的连续性。弗朗索瓦兹·埃里帖是国家科学研究中心研究员，高等研究实践学院社会科学系的研究生导师，社会人类学实验室研究员，致力于非洲亲属关系系统的研究凡 20 年。依靠列维-斯特劳斯的鼎力支持，她获得了非洲社会比较研究的讲席：“退休之前，我成功地让一位女性当选为另一个讲座的教授，我看弗朗索瓦兹·埃里帖能够接替我。”[147]埃里帖不久前发表了《亲属关系习作》，其中运用了列维-斯特劳斯早就盼望的信息处理手段，出发点是他本人在

---

① 藤原家族（Fujiwala Clan）自七世纪末期至第二次世界大战以后一直在日本政界有举足轻重的影响。——译者注

1965 年提出的关于联姻关系的半复杂结构的问题，而且着眼于可以扩大到复杂结构的前景。在接替列维-斯特劳斯的同时，她还被选中接替他在社会人类学实验室的领导工作。

退休之际，列维-斯特劳斯希望强调结构主义的大厦所依据的原则经得起时间和领域多样化的考验，并且为神话研究开辟了道路。他在 1982 年 2 月发表在《辩论》上的一篇文章里表达了这个想法。文章题为《从神话的可能性到社会存在》。他举出两个例子，一个选自大洋洲社会的神话，一个来自太平洋沿岸印第安人。他指出："神话有时会呈现出一张列有各种可能性的总表，一些可实际观察到的社会群体（……）能够从中找到解决组织内部问题的适当办法，或者是用于提高他们针对对手时的声望。"[148]强化手法：一张关于神话世界的门捷列夫周期表不仅是可以设想的，而且是可以看到的。序曲：神话思维是相通的，但也是在情景当中相通的，因之它 381
们建立的办法可以得到具体的运用："就这个意义上，可以说神话的思辨先于行动。"[149]神话遵照某种逻辑发生嬗变，这是一种我们通常会在感觉或知觉方面辨认出来的逻辑，我们也可以通过把它与乐曲的展开作出对比，感受到这种逻辑。返回出发点：人类的精神在从中发挥作用。神话如同知觉，依据精神的一种特有的能力，能够产生和支配多种可能；然后经验和教育在其中做出选择。"所以，神话不光是民族学家的事，也是心理学家和哲学家的事：他们共同组成了一个领域（因为得小心别把艺术忘了）；在这个领域里，精神由于相对地不受外界的限制，能够开展一种承自天然的活动，这可以从思想的清新和自发性当中看到。"[150]这段话很像一张结算单，最初的假设通过 30 多年来的科学研究获得了验证：结构人类学最终建立起一门心理学。半个世纪的民族学思考证明，最初的选择是对的：从今以后，哲学必须正视结构人类学的成果。

1982 年 10 月 1 日，列维-斯特劳斯正式退休。有一个巧合：自 1932 年 10 月 1 日赴马尔桑岭中学执教以来，不多不少正好 50 年的时光。照惯例，他被授予法兰西学院名誉教授称号。尽管不再负什么职责，他却享有全权在社会人类学实验室保留一间办公室。他利用退休之前的时间又做出一次调整。70 年代期间曾经发生过难以避免的事。10 年前觅到的场所逐渐饱和。人员过多，研究员过多，书刊资料壅塞：从耶鲁大学运来的上百万“卡片”持续增加。1977 年，总统把科技大学位于圣热纳维耶沃高地上的一部分建筑物分派给法兰西学院。“法兰西学院决定将人文科学的几个实验室集中到
382 那儿去，其中也有我们这个。实验室面积增加了一倍。我们花了 7 年时间争取资金和从事改建。”[151]实验室的布局需要重新考虑。法兰西学院、法国国家科学研究中心和高等研究实践学院于 1978 年签订三边协约，实验室的资金从此由三个机构提供，成为一所联合实验室。1982 年夏，实验室主要部分修缮完毕，1985 春搬入。列维-斯特劳斯依照规定拥有一间办公室，俯视着已经改为图书馆的阿戈拉阶梯教室。“我留心只做他们当中的一员，甚至比工作中的同事们还谨言慎行。我年轻时遇到过不少退休后依然恋栈的人，那时我就对自己说，我永远不会这么做。不过，如果有人来征询我的意见，我也不拒绝。”[152]

10 年来的教学和科研产生了许多文章。他一如既往地把它们汇集成书，于 1983 年 4 月发表了《遥远的目光》。他说：“只为问心无愧罢了，因为我不喜欢乱糟糟，丢得身后到处是纸片。”[153]这本书是他的“结构人类学第三卷”，之所以没有用这个书名，是为了避免给人以雷同的感觉，而且，“因为，那一段时间内，结构主义一词被如此贬低，成了粗制滥造的牺牲品，以至于人们都不知道它究竟是什么意思了”[154]。说到底，他赞成杜梅泽尔的观点，应当拒绝使

用结构一词，但是，这并不妨碍结构这个词和结构主义的方法仍然有意义。“遥远的目光”的说法正好表明这位民族学家所处的位置。他从远处观察与他自己的社会相距遥远的社会，然后再用一种审视的眼光反观他自己的社会，“我们只不过在一些被不确切地称作人文科学的领域里，极其有限地尝试运用了一种态度或一种方法——倒不必叫结构主义或者别的什么主义——但它始终是一种科学研究的态度或方法。”[155]他明确指出，那是人类学的一种扩大影响的方式，而不是要缩减或者淡化它。

事实上，这部作品是一阵旋风。书题赠给头一年去世的罗曼·
雅各布逊。 383

书中收入了关于亲属关系和神话的文章，以及关于民族学的综述，一篇过去写的论文《家庭》，重述了《种族与文化》，大量篇幅留给有关音乐、文学和绘画的论文，以及对于各种主题的评论——自由权、纽约和古典时期都有。犹如一场缤纷的烟火，但却是一场有节制的烟火。列维-斯特劳斯在此书的布局上也“搞”了结构主义。方法和话题的统一靠着最出人意料的主题之间的对立得到体现。可以说，他采用的方法以前在一篇文章里用过：一台缝纫机和一把雨伞莫名其妙地在一张解剖台上邂逅。相遇从来都不是偶然的。在无限丰富的事物和存在的表象下面，隐藏着一条不变的逻辑法则。不过，必须学会感知和辨认它。这正是他建议读者去学习的。

评论界赞叹不已。当初进入法兰西科学院所引起的唠叨一下子烟消云散。当然，有几位评论家仍然不满他的几个立场（奇怪的是，他的艺术评论和关于文化之间应当保持距离的看法通常被视为出自悲观主义，似乎只有失望的人才会有这样的看法），但大多数人极力渲染说，结构主义虽已过时，可是却留下了列维-斯特劳斯，云云。这本书很大程度上与他的退休有关，却标志着他进入安稳可

Plon

《遥远的目光》法文版封面

靠的价值的领域。列维-斯特劳斯从此进入国粹之列，在日本，他被誉为“活着的国宝”。《读书》杂志不久前公布了一项调查，他是“法国当今最有影响的知识分子”。1983 年 6 月 2 日，索邦大学利用他演讲“历史与民族学”讲座的机会，众口一词向他表达敬佩之情。讲演结束时，听众起立，热烈的掌声经久不息。

这本书并不意味着他把所有的纸片和以往的教书内容都已经整理完毕。他把所有的上课内容汇集成册，以求工作尽善尽美。每一年，无论是在法兰西学院，还是在高等研究实践学院，他都向教务部门递交一份课程提要。他和同事们的这些简要的文章分别刊登在这两个机构的年度报告上。列维-斯特劳斯得到授权，可以把自己的课程提要拿出来，另印单行本。因此，他还提供了一份职业生涯的综述，一份有关他的著作之缘起的简介，加上几门没有付梓的课程 384
里的一些尚属草创的研究课题，合成一部名为《人类学讲演集》的书，于 1984 年 4 月发表。

十四、常态与变化

1983 年 5 月，列维-斯特劳斯第三次去日本，这次应日本生产中心之邀，这个中心负责社会经济发展方面问题。在东京待了几天之后，他有机会随两个日本民族学家去他们的“考察地”冲绳和琉球的三个小岛。由于不会日语，无法开展真正的民族志工作，但他边看、边听、边提问题。他发现了一个社会，其宗教崇拜“属于‘神道’形成之前的一个文化层次（……）首先令人震惊的是，他们那里完全没有寺庙，没有形象化的表现方式。虽然有电视、电炉、洗衣机、我从来没有感到如此接近于史前史，那些小树林、岩石、石窟、天然水井、矿泉，对于琉球岛上的人而言，都是唯一但形式多样的神圣事物的体现。”[156]一个上了年纪的祭司带领他们沿着海岸参观，把那些神圣之地边指给他们看，并解释意义。这儿是阿摩美久女神①睡过觉的地方，那儿是她留下的残羹剩饭；一切都用日常口语的口气讲述，好像是昨天发生的事情，而且明天还会发生，只因诸神每年来访，圣地证明着它们的真实存在。比起发生在海上相隔几链之外的事情，这部冰冷的历史更接近他以前遇到的巴西历史，而且就发生在现代生活的近旁。

列维-斯特劳斯尽管对神话和信仰十分敏感，但却无意把它们纳入到一套知识或者科学的解说当中。从日本返回后数日，他在《拱门》杂志的采访里做出了解释。有人指责他没有对西方和亚洲的几大宗教体系进行考察，他回答说，那不是他的专长。当涉及闪米特
385 领域时，问题尤其显得微妙。“如果缺少一个独立于分析材料的民族志背景，就无法进行结构分析。然而，对于《圣经》的材料来说，正巧所有的民族志背景都来自《圣经》本身。”[157]研究这些宗教需要采用别的方法，属于别的领域，应当由其他学者完成。“那是一些独立的门类，而我既不是犹太学学者，也不是佛学和基督教学者。”[158]至于责备他从未顾及宗教，他反驳说，其实这个问题他搞了30年。在他看来，问题只不过在于宗教感情并不构成“一个专门的范畴，要求运用不同于我们用于信仰、习惯和一般社会建制的方法去研究”[159]。至于指责他在行为和思想上都不是犹太人，他回敬道，他出身的家庭使他自然属于归化的犹太人一族，但是，这群犹太人的角色“首先是作为法国公民为人处事，然后才是犹太人”[160]。他不觉得自己与那些把这个顺序颠倒过来的人有“任

① 据琉球国用汉语自撰的第一部国史《中山世鉴》（1650年成书），天神阿摩美久下凡，天帝赐予草木土石，做成岛屿。——译者注

何连带关系”。

雷蒙·阿隆于 1983 年秋天去世。“阿隆之友会”随即成立，着手整理他的案牍，以便有利于人们研究。列维-斯特劳斯担任会长。法兰西学院请他为已故者写一份讣告，多家报章杂志也为此采访他。他回忆说，他们俩情感相投，并哀悼“我们的最后一位心智健康的教授”[161]的故去。提到雷蒙·阿隆就极右翼最近当选德勒市市政参议员所写的招致非议的文章，以及媒体对这件事的夸大描述，他表示完全赞同阿隆的观点：“我觉得，四个极右翼市政参议员没有四个法国共产党部长那么危险（……）当然，你们很清楚，我对德勒市的极端分子并无任何好感，也不赞同他们捍卫的理念。可是，这些理念，我以为并不比那些相反的理念——我们已经看到它们的舆论效果——更不合理，更应当受谴责（……）在这个问题上，有两种相反的谬误互为因果。”[162]种族主义与反种族主义都遭 386
到了驳斥。列维-斯特劳斯不得不竭尽全力使采访者明白，关于天然禀赋与后天形成的争论，到头来将会对整个人文科学产生影响，它没有现成的答案；不过，答案肯定不在立场两极分化的人手里——马克思主义决定论的天赋论为一端，社会生物学的后天形成论为另一端。

列维-斯特劳斯越来越难以忍受死板的官腔和因循守旧。让他恼怒的不光是反种族主义者的紧箍咒。他认为关于马岛之战①的评论十分荒谬，这场被称为“反对殖民主义残余的战斗”，在他看来不过是“土地分配之争而已”[163]。在法兰西科学院，他积极参与起草一份声明，反对法语改革的提案。提案由妇女权力部长伊芙特·胡蒂领导下的一个委员会受命提出，倾向于支持女权主义者的要求。

---

① 1982 年 3 月至 6 月发生在英国和阿根廷之间的领土之争。——译者注

列维-斯特劳斯说："我拿起了笔，胡蒂委员会造成的问题不容忽视。它牵扯到法语的未来。"[164]语言不是靠行政命令演变的。不能为了讨好施加压力的某个群体就对语言发起改革。"尤其当有些人愚蠢地把性别与语法性属混为一谈的时候。"[165]健忘症，糊涂，武断：当代人的这种简化一切的特点可以追溯到久远的过去。他对《青年非洲》杂志的记者说，他希望"非洲人能够避免再犯欧洲人自 1789 年以来的错误，那就是自行斩断历史根源，从意识形态上设想他们打算建立的理想社会。历史的连续性是最重要的"[166]。

自从《遥远的目光》获得成功以来，在两年多一点的时间里，出现了一种令人吃惊的现象。列维-斯特劳斯受到法国媒体的围攻。萨特已经成为历史，拉康、福柯和其他人相继作古，阿尔都塞被监
387 控起来①，阿隆不久前去世。法国知识界成了孤儿，经过一番清点，巨人只找到了一个：列维-斯特劳斯。新闻界和电视都盯住了他，追随他、征询他，要他发表意见，更准确地说，盼望他无时不在，无话不谈。全国性大报，大型周刊，电视频道，列维-斯特劳斯频频露面。1985 年 5 月 4 日，借《人类学演讲集》和袖珍本《忧郁的热带》同时问世之际，贝尔纳·毕沃主持的"省字号"电视节目专门采访了他。采访在他的寓所录制。他们谈到过去和现在，青春时代，兴趣爱好，遥远的社会和时事，法国人发现一个官方人士竟可以如此平易近人，能够用平实易懂的语言谈论复杂的事实。有的人还慨叹，作为退休教授，他竟然无权配备秘书，不得不亲自回复大量信件。

大多数这样的采访都会出现一个主题：我们每个人多多少少都是个失败者。如果我们赞同他的观点，即教育的主旨是在各种可能

---

① 指阿尔都塞 1980 年 11 月 16 日亲手扼死其妻后被关入疯人院。——译者注

当中作出选择，那么这个说法便是不言而喻的。尽管职业生涯是成功的，又留下了一整套作品，加上无数荣誉、权力、成功，他却可以用没做过的事给自己下定义。“我本想当个作曲家、乐队指挥、小说家、画家（……）我只是个蹩脚的语言学家。（……）其实，在很大程度上，一个人能够做到的事取决于挡住你向别处发展的障碍。”[167]这种灰色的幽默同样适用于他取得了成功的领域。“人文科学只是伪科学而已，永远不会成为精密科学。”[168]他在完成四部曲的时代所怀有的希望明显减少了；视野并没有变，但是似乎永远无法企及。唯一的安慰是，精密科学的专家们也发现，他们的知识里有不确定性的部分。

哀愁的魅力依旧。1984 年 5 月 16 日，在把院士的佩剑授予雅克·苏斯戴尔时，列维-斯特劳斯发表了简短演说，回忆到他们两人都从共同的导师们，尤其是马塞尔·莫斯和保罗·里维那里受益匪浅。他们 30 年代相识，那个时代仍然弥漫着 19 世纪的气息。那才是他希望生活的时代。这一点他说过，也一再重复过：他本人属于 388
19 世纪，也喜欢阅读那个时代的读物。1983 年夏季，他心怀好奇地重读儒勒·罗曼的《善良的人们》。当代文学不能打动他。“我真的着迷于一本小说的时期总在至少 50 年前。”[169]此外，小说和哲学著作他读得越来越少。只有历史书籍才真正令他感兴趣。“您知道，人老了爱读什么书吗？（……）回忆录！我读遍了圣西门的著作，对民族学家而言，那简直是一座金矿。”[170]不久前，巴黎的民众涌向大殿堂，观赏马纳的画展。列维-斯特劳斯也去了。“那种我觉得是天赋与无能的混合，真让我感到震撼。”[171]同样也是在大殿堂，他欣赏了 17 世纪意大利那不勒斯绘画展览。那儿一个人也没有。可是他却发现了一些杰作。“让人怎么能不厚古薄今呢！”[172]

十五、知识之路

看起来，列维-斯特劳斯虽然悲观和嗜古，幻想从事艺术或文学，但他依然是个民族学家。在这方面，即使他对他的知识领域有所怀疑，却由衷地为近几十年的发展而欢欣鼓舞。正当盎格鲁-撒克逊国家的民族学昏昏欲睡之时，在法国，这一门战前的“边缘”小学科已经发展成一门独立的学科。多所大学设立了这一门学科，正式形成了“人文科学之一，就人们以往所理解的人文科学一词的意思而言”[173]。它与历史学的矛盾关系便是见证。历史学逐渐放弃“大”题目，把兴趣转向社会生活的稀松平常的表现上；与此同时，民族学家反倒开始沉迷于老派历史学家的自留地，例如朝代史。

3 年以前，列维-斯特劳斯就声明不再投入大型研究课题。此后他发表的两本书的确都是已经发表的文章的汇编。翻阅他的访谈
389 录，人们会以为他准备去过人们所谓的当之无愧的退休生活。其实不然，从 1983 年 12 月起，他又投入了新的计划。他是在从未有过的条件下写作的。过去他总嫌写作枯燥单调。“写作嘛！总比无所事事要好；但也不是一件令人开心的事，一件费心耗神的工作，把人折磨得要死要活的（……）”[174]平生头一遭，他满心欢喜地投入写作。这本书于 1985 年 4 月里完成，它基于一个语料库和 1964—1965 年间提出的一个假设。那时他沉浸于《神话学》的酝酿，把一门课完全用于“一本美洲动物图集”的主题。他提出一个观念：与树懒—夜莺这一组对立有关的神话与精神分析有着相同的运行方式。他把问题进一步扩大。他现在要说明，陶器制造的特殊地位如何反映在神话世界里。他整理出一批南北美洲的神话叙事，从中分离出一张连贯一致的变换的网络，似乎神话从一个文本“流进”另

一个文本，从而使整体凝结为一个形象，其中一切都互相呼应。在这个过程中，他还从搜集到的大量资料中提取了论证所需的要素。《鸟的变通》于1985初在《人类》杂志上发表，文中给出了一个神话嬗变过程的例证，并且利用“经典公式”做出了解释。

《神话学》发表以后，有些评论家便把列维-斯特劳斯的这部作品拿来与几部开创性的小说相比：《追忆似水年华》、《尤利西斯》或《平庸之辈》①。做出这种联想大多因为列维-斯特劳斯这部作品气势宏伟，俨然一座纪念碑式的作品，应当同上述作品一样出现在每个图书馆里。至于把这部新的“杰作”小说相提并论，这很可能是书名所致。《嫉妒的制陶女》——为什么制陶女会嫉妒？——谜底是以侦探小说的方式揭开的。因为必须搞清楚，一场反复出现的心理剧的要素（围绕着陶器的相配性和不相配性）为什么在某地、某时、某个既定的背景中出现。在小说里，揭示谜底需要找到一种独一无二的布局，它能够解答每个组构成分的出现和功能。同样，390
列维-斯特劳斯提出的问题也在唯一的办法里找到了答案，从而使问题的所有的组构成分别进入了相对的位置。这个办法就是那个经典公式。女人、嫉妒、陶器、夜莺和鸣禽（处于夜莺的反面的鸟）构成了一组变换；它们之间的关系如下：“夜莺的嫉妒功能与女人的制陶女功能之间的关系，正如女人的嫉妒功能与制陶女的鸣禽（夜莺之反面）功能之间的关系。”[175]围绕着这个图式并由此出发，形成了一系列表达式，从而逐步涵盖了这些神话的全部要素和变体。

列维-斯特劳斯过去在《神话学》中借用了“科莱因组”的概

① 《平庸之辈》为奥地利罗伯特·穆齐尔（Robertt Musil，1880—1942）的未完成的长篇小说。——译者注

念。在《嫉妒的制陶女》的神话探索里，再次出现了数学家①的名字，这次是关于另一个发现："克莱因之瓶"。一种反常的表象，一个仅有一个侧边的表面表现为瓶子的形状，瓶子内部变成了外部，反之亦然。这种完美的换喻在他研究的神话中屡屡出现。这使人立刻想到弗洛伊德的建构活动。"几乎每前行一步，我们都会遇到十分明确的观念和范畴，例如那些与口或与肛门有关的观念和范畴，精神分析学家不可夸口发现了它们：他们只是把它们找出来了而已。"[176]在《图腾与禁忌》一书中，弗洛伊德声称原始人的心理活动与神经官能症患者一样，他错了。他们的心理活动跟精神分析学家的一样。《图腾与禁忌》所描绘的概略图——母子乱伦，弑父，原始人群的分解——与杰瓦罗人（Jivaro ）的神话一一对应，他们用这个办法来说明他们的起源。只有一点不同，按照列维-斯特劳斯的说法，杰瓦罗人神话比弗洛伊德的神话"更丰富，也更精妙"[177]。

《嫉妒的制陶女》结尾部分是大胆的一笔。列维-斯特劳斯重提战后与精神分析学展开的争论，而且，时隔30年之后，尝试用归并的办法为它画下句号。弗洛伊德一生都在象征的绝对性与相对性之间摇摆不定。一方面，象征只有一种含义，如同一把"解梦的钥匙"，可以作为释义收入词典。另一方面，象征的含义是随场合而
391 变化的，而且依其与同一个系统内部的其他象征的关系而定，这个系统靠"自由联想"构成。弗洛伊德未能摆脱进退两难的境地。不过，他的尝试有非常值得敬佩的地方。"他的伟大在于（……）无与伦比的天赋：用神话的方式思维。"[178]重读俄狄浦斯神话为他带来了不止一种诠释。每创造一种新的诠释，他都能证明神话"依然活

① 菲利克斯·克莱因（Felix Christian Klein，1849—1925），在群论、函数论等方面建树颇丰的德国数学家。——译者注

在我们这些活人身上，而且表现得十分强烈”[179]。作为神话的创造者，弗洛伊德完全能够加入索福克勒斯的后继者的行列。作为学者，他却不知道用什么规则去解释梦的象征。他本人也承认，要了解意义，便须研究民间故事与民俗、风俗习惯和谚语、神话和通常的语言行为。“倘若接受弗洛伊德的办法，我们能不能把精神分析学看成比较民族学的一个分支，专门研究个体心理活动呢?”列维-斯特劳斯的结论是，精神分析可以归入社会科学与人文科学之列。弗洛伊德本人也多次承认：“象征的体系十分庞大，而梦的象征不过是其中一部分。”[180]精神分析之父不仅与此说有涉，而且表示了赞同之意。只说列维-斯特劳斯依然神气十足还不够，他的长期阅历一点也没有削弱他的坚强意志，反而加强了他参与事务的能力。往日那些相对比较谨慎的假设现在让位于决定性的论证——精神分析学仅凭矢口否认是无法从中脱身的。

弗洛伊德成功地破解了神话所使用的代码之一：性的代码。但仍有其他代码，神话依照不同情况选择使用的代码。为什么人们仍然喜欢俄狄浦斯的故事？弗洛伊德对性的解译没有穷尽其丰富的内涵。列维-斯特劳斯做了一个小小的实验。他将《俄狄浦斯》与拉比什的《意大利草帽》加以对照。平行发展的情节，动机相同，效果相同。拉比什的故事在索福克勒斯建造的模子里展开。喜剧是悲剧的反响。“一种程式一经确定，便会以同样的方式展开，并且在这 392
里或那里产生同样的整体面貌。”[181]悲剧的基础结构，即通过一系列令人难以相信的变换寻找一个常量，在我们的视野里到处可见。侦探小说便不断地制造这种结构。因此，在任何时代和任何地方，神话思维都反映着“制约思维活动的机制”[182]。列维-斯特劳斯预料到会有人批评，于是首先表明了目的，“我并不否认冲动、激情、情感的纷扰，但我不认为这些动荡的力量是首要的：它们是在一个已经构筑好的、受到精神的限制左右的舞台上出现的。如果忘记了这些限制，就会重新落入某种幼稚的经验论的幻觉中。”[183]那个时候，知识界正在吵嚷着主体回归，列维-斯特劳斯不失时机地指出主体并非一个单子，倘若每个人都根据一己之需打造一套思想工具，这个世界就会变得到处都是疯子。

《嫉妒的制陶女》的写作用了15个月，其间列维-斯特劳斯有过几次旅行。他发现了一个未曾认识的世界，加利福尼亚州。应加州大学伯克利分校之邀，他于1984年秋季前往做了一系列讲座。在一家餐馆排队等候时，有个服务员问他的名字，以便轮到他时叫他。“他一听我报出名字便问：是裤子还是书？简洁明快，真是妙不可言！”[184]在此期间，他还去旧金山的大学和加州大学戴维斯分校作了讲演，然后转往洛杉矶，在加州大学洛杉矶分校逗留了几周。

几个星期后抵达以色列。以色列博物馆邀请他主持一个研讨会，题目是艺术作为无文字社会的沟通手段。是否接受，他犹豫不决。“一个人重新接触自己的根是一次可怕的经验。”[185]但是，真的是根吗？“我当时觉得自己从来没有为历史的连续性——大约2000
393 年吧——感到这么困惑：从离开巴勒斯坦，直到我的祖先定居阿尔萨斯的18世纪之初，这中间都发生了什么？”[186]历史的序列是连贯不断的，但线索却是抽象的。列维-斯特劳斯在以色列看望了他的远亲。“面对以色列这个国家，我自感有点像一个住在巴黎的布列塔尼人面对在爱尔兰或威尔士发生的事情（……）”[187]不仅如此，这个国家使他感兴趣的还不是亲戚关系（“我这个人缺少家庭观念”[188]），而是他在这里发现了西方设在东方的一个“桥头堡，也不妨说，是第九次十字军东征”[189]。他回忆起中学时代曾经捐过一点钱，为的是在巴勒斯坦种下一棵树，“我心里琢磨，也不知我捐的那棵树长在什么地方”[190]。

还有一些更近的回忆。1985年，他在离别50年之后重返巴西，这次短暂的逗留是一次官方访问。他是作为密特朗的随行人员到圣保罗去的。刚一抵达圣保罗，就使他感到惊喜：一下飞机就立刻感受到从前那种“既跟海拔高度，也跟地处热带”[191]有关的气息。兴奋的心情没有持续很久。城市已经变成了地狱。从前的市中心似乎被埋入“井底”[192]了。这次旅行在外交上无疑是成功的，列维-斯特劳斯代表法国知识分子去原来教过书的大学做了讲演，参加了巴西总统在巴西利亚市为法国总统举行的晚宴。但是就忆旧而言，却是一场失败。“1985年那次短期旅行十分匆忙，我当然没有想去看我住过的房子，那一定已经毁了，但我想利用唯一一个可以自由支配的早晨，至少去那条街走走。可是却被困在堵满车辆的波里斯塔大道上，根本走不动，道路两旁都是高耸的楼房。”[193]连个影子也没见着。还有更令人沮丧的，一家大报馆建议带领列维-斯特劳斯去看看博罗罗印第安人，那是他1936年1月曾经住过的地方。乘飞机来回需一天时间。经过一段不太安稳的低空飞行，博罗罗印第安人的村 394
庄出现了，从他们那环状布局的住所很容易辨认。村庄附近有一块空地，据说可以用作降落场。“几次擦着地皮的试降之后，飞行员声称可以降落，可是无法再次起飞（……）这场糟糕的试验在附近一个村庄又重复了一次，只好飞返首都。”[194]

除了写作和旅行，列维-斯特劳斯也抽空照管一份很重要的工作，《人类》杂志。经过25年的历程，杂志需要新鲜血液。列维-斯特劳斯认为到了换班的时候了。自创刊以来一直担任总干事的让·布庸仍然主持工作。厄芙利娜·格迪、玛丽-克莱尔·德·波荷加担任助手。事实上，几年来，编审委员会的作用已经被编务理事会取代。乔治-亨利·里维埃去世以后，它于1987年彻底消失。刊物每一期仅注明“创刊者班沃尼斯特、古鲁、列维-斯特劳斯”。出版委员会 1984 年也做了部分调整，其中特别包括马克·阿贝莱斯、尼克尔·贝尔蒙以及弗朗索瓦兹·埃里帖，后者接替了列维-斯特劳斯的工作。杂志版面也更换了。按照惯例，封面此后需刊登本期的内容。新的发行人是纳瓦兰，他同时兼任《弗洛伊德的视野》的负责人。经过这一番调整，列维-斯特劳斯认为《人类》成为一个力求“不太大，年轻，富于战斗力”[195]的机构。为了避免盎格鲁-撒克逊世界“不发表就得死”带来的恶果，英语论文限制在每期一篇。最后，过去因为资金问题而限制每期页数，这个问题现在不存在了。

1985 年 10 月初，《嫉妒的制陶女》发表。此前几个月当中，评论文章和采访都略见减少，很快恢复到一年前的水平。列维-斯特劳斯被要求解释他对精神分析的看法，他的怀疑态度扩大到针对全部人文科学。从人文科学和自然科学的整体来看，人文科学的研究毫无进展，真正的突破越来越显得只能寄希望于后者。精神分析学无论曾经如何适切，要想实现它历来的梦想——获得了解人类精神活
395 动的实证性知识——可能不再是最佳途径。在这场探索当中，社会人类学做出了一部分贡献。“但不光仅有我们一家，我们也不是掌握着解决问题的钥匙的人，钥匙在神经学家手里。”[196]精神的钥匙在大脑里。在列维-斯特劳斯的视野里，人的生物性占有越来越重要的地位。上述断言包含着对人文科学的失望，对它们取得科学地位的能力的幻灭；也包含一种未尝遗忘的抱负：把“软”科学与“硬”科学拉近。可是，还有一种哲学的幻灭，它跟一种令人气馁的评估有关：可以指望完成的工作与有待完成的工作之间差得太远；它还与列维-斯特劳斯感到距离现实越来越远有关。“除了我最敬重最关注的科学的进步之外，我不觉得自己在这个世界上生活得很幸福。”[197]列维-斯特劳斯不受哲学的失望与自负的影响。但是在与现实的关系上，他无法掩盖一种严苛的甚至是沉重的情绪：疏远感。

《嫉妒的制陶女》法文版封面

注释

［1］François Dosse, *Histoire du structuralisme*, t. Ⅱ: *Le Chant du cygne*, op. cit., p. 148.

［2］Ecole pratique des hautes études, V^e section, sciences religieuses, *Annuaire 1969－1970*, p. 113.

［3］Luc de Heusch, *Pourquoi l'épouser? et autres essais*, Paris, Gallimard, 1971, p. 8.

［4］*Le Magazine littéraire*, n° 223, octobre 1985, p. 60.

［5］*Idem*, p. 59.

［6］Edmund Leach, *Lévi-Strauss*, Paris, Seghers, 1970, p. 69.

［7］*Idem*, p. 127.

［8］Claude Lévi-Strauss, "*Boléro* de Maurice Ravel", *L'Homme*, Ⅺ, n° 2, avril-juin 1971, p. 5.

［9］Claude Lévi-Strauss, *Le Regard éloigné*, *op. cit.*, p. 327.

［10］André Burguière, "Histoire et structure", *Annales*, *Economies*, *Sociétés*, *Civilisations*, 26e année, n° 3－4, mai-août 1971, p. Ⅰ.

［11］*Idem*, p. Ⅵ.

［12］*Idem*, p. 536.

［13］*Idem*, pp. 536－537.

［14］Claude Lévi-Strauss, *Anthropologie structurale deux*, *op. cit.*, p. 300.

［15］Claude Lévi-Strauss, *Le Regard éloigné*, *op. cit.*, p. 14.

［16］*Idem*, p. 47.

［17］*Idem*, p. 15.

［18］*Idem*, p. 16.

［19］*Idem*, p. 42.

［20］Claude Lévi-Strauss, "Le problème ultime des sciences de l'hommec onsistera un jour à ramener les pensées à la vie", *Le Magazine littéraire* n° 59, novembre 1971, p. 28.

[21] Raymond Bellour, "Entretien avec Claude Lévi-Strauss", *Claude Lévi-Strauss*, Paris, Gallimard (Idées) 1979, p. 173.

[22] *Idem*, p. 173.

[23] *Idem*, p. 174.

[24] Claude Lévi-Strauss, *Anthropologie structurale deux*, *op. cit.*, p. 116.

[25] *Idem*, p. 121.

[26] Claude Lévi-Strauss, *Paroles données*, *op. cit.*, p. 117.

[27] *Idem*, p. 112.

[28] Claude Lévi-Strauss, *Anthropologie structurale deux*, *op. cit.*, p. 208.

[29] Claude Lévi-Strauss, *Le Regard éloigné*, *op. cit.*, p. 146.

[30] *Idem*, p. 165.

[31] *Idem*, p. 166.

[32] Claude Lévi-Strauss, *Des symboles et leurs doubles*, Paris, Plon, 1989, p. 260.

[33] Claude Lévi-Strauss, Discours de réception à l'Académie française, *Le Monde*, 28 juin 1974.

[34] Claude Lévi-Strauss, *Saudades do Brasil*, *op. cit.*, p. 17.

[35] Claude Lévi-Strauss, *Des symboles et leurs doubles*, Paris, Plon, 1989, p. 15.

[36] Claude Lévi-Strauss, Didier Eribon, *De près et de loin*, *op. cit.*, p. 118.

[37] *Idem*.

[38] *Idem*, p. 119.

[39] *Le Nouvel Observateur*, 28 mai 1973, p. 39.

[40] *Le Figaro*, mardi 29 mai 1973.

[41] *Le Monde*, jeudi 31 mai 1973.

[42] Christian Chabanis, *Dieu existe-t-il? Non répondent...*, Paris, Fayard, 1973, p. 73.

[43] *Idem*, p. 74.

[44] Claude Lévi-Strauss, *Paroles données*, *op. cit.*, p. 130.

[45] Claude Lévi-Strauss, Discours de réception à l'Académie française, *Le Monde*, 28 juin 1974.

[46] Claude Lévi-Strauss, Didier Eribon, *De près et de loin*, *op. cit.*, p. 119.

[47] Claude Lévi-Strauss, Discours de réception à l'Académie française, *Le Monde*, 28 juin 1974.

[48] *Idem.*

[49] "La réponse de M. Roger Caillois", *Le Monde*, 28 juin 1974.

[50] *Idem.*

[51] Claude Lévi-Strauss, Didier Eribon, *De près et de loin*, *op. cit.*, p. 122.

[52] *Idem*, p. 121.

[53] *Le Monde*, 15 novembre 1974.

[54] Claude Lévi-Strauss, *Paroles données*, *op. cit.*, p. 144.

[55] *Idem*, p. 146.

[56] *Idem*, p. 149.

[57] *Idem*, p. 13.

[58] *L'Identité*, Paris, rééd. Quadrige/PUF, 1995, pp. 10 - 11.

[59] *Idem*, p. 11.

[60] *Idem.*

[61] *Idem*, p. 330.

[62] *Idem*, p. 332.

[63] *Idem.*

[64] Claude Lévi-Strauss, *Le Regard éloigné*, *op. cit.*, p. 361.

[65] *Idem*, p. 369.

[66] "Entretien avec Claude Lévi-Strauss", *Les Sociétés primitives*, Lausanne, Editions Grammont, Bibliothèque Laffont des grands thèmes, 1975, p. 100.

[67] "Ce que je suis, par Claude Lévi-Strauss", Ⅰ, *Le Nouvel Observateur*, 28 juin 1980.

[68] *Idem.*

[69] *Le Bon Plaisir*, France Culture, octobre 1986.

[70] Claude Lévi-Strauss, *Le Regard éloigné*, *op. cit.*, p. 315.

[71] *Idem.*

[72] Claude Lévi-Strauss, "Mythe et musique", *Le Magazine littéraire*, n° 311, juin 1993, p. 41.

[73] Claude Lévi-Strauss, *Le Regard éloigné*, *op. cit.*, p. 321.

[74] Claude Lévi-Strauss, "Mythe et oubli", *Langue, discours, société. Pour Emile Benveniste*, sous la dir. de Julia Kristeva, Jean-Claude Milner, Nicolas Ruwet, Paris, Le Seuil, 1975, p. 299.

[75] Claude Lévi-Strauss, *Du miel aux centres*, op. cit., p. 408.

[76] Claude Lévi-Strauss, Marc Augé et Maurice Godelier, "Anthropologie, histoire, idéologie", *L'Homme*, t. ⅩⅤ, juillet-décembre 1975, n° 3 - 4, p. 180.

[77] *Idem.*

[78] *Idem*, p. 183.

[79] Claude Lévi-Strauss, Didier Eribon, *De près et de loin*, *op. cit.*, pp. 175 - 176.

[80] *Idem.*

[81] Claude Lévi-Strauss, *Le Regard éloigné*, *op. cit.*, p. 381.

[82] *Idem*, p. 372.

[83] *Idem*, p. 374.

[84] *Idem*, p. 380.

[85] *Idem*, p. 247.

[86] *Idem*, p. 250.

[87] *Idem*, p. 251.

[88] *Idem*, p. 198.

[89] *Idem*, pp. 200 - 201.

[90] *Idem*, p. 187.

[91] *Idem*, p. 174.

[92] *Discours de réception d'Alain Peyrefitte à l'Académie française et réponse de Claude Lévi-Strauss*, Paris, Gallimard, 1977, pp. 87 - 88.

[93] *Idem*, p. 78.

[94] Claude Lévi-Strauss, "Aus gens de Tôkyô", *Le Magazine littéraire*, n° 311, juin 1993, p. 47.

[95] *Idem*.

[96] Claude Lévi-Strauss, Didier Eribon, *De près et de loin*, *op. cit.*, p. 127.

[97] *Idem*, p. 128.

[98] "Entretien de Claude Lévi-Strauss avec Jean-Marie Benoist", *Le Monde*, 21 - 22 janvier 1979.

[99] "Le Japon de Claude Lévi-Strauss", entretien avec Catherine Clément, *Le Matin de Paris*, supplément spécial, 25 octobre 1980.

[100] *Le Magazine littéraire*, n° 223, octobre 1985, p. 27.

[101] *Idem*, p. 24.

[102] *Anthropologica*, vol. XX, n° 1 - 2, 1978, p. 12.

[103] Claude Lévi-Strauss, Didier Eribon, *De près et de loin*, *op. cit.*, p. 125.

[104] *La Fonction symbolique. Essais d'anthropologie*, Paris, Gallimard,

1979, p. 9.

[105] Pierre Bourdieu, *Le Sens pratique*, Paris, Editions de Minuit, 1980, p. 63.

[106] *Idem*, p. 69.

[107] *Le Magazine littéraire*, n° 58, novembre 1971, pp. 28-29.

[108] *Discours de réception de Georges Dumézil à l'Académie française et réponse de Claude Lévi-Strauss*, Paris, Gallimard, 1979, p. 60.

[109] *Idem*, p. 59.

[110] *Idem.*

[111] "Entretien de Claude Lévi-Strauss avec Jean-Marie Benoist", *Le Monde*, 21-22 janvier 1979.

[112] *Idem.*

[113] *Idem.*

[114] *Idem.*

[115] "Ce que je suis, par Claude Lévi-Strauss", Ⅰ, *Le Nouvel Observateur*, 28 juin 1980.

[116] Claude Lévi-Strauss, *Paroles données*, op. cit., p. 189.

[117] *Idem*, p. 190.

[118] "Ce que je suis, par Claude Lévi-Strauss", Ⅰ, *Le Nouvel Observateur*, 28 juin 1980.

[119] Claude Lévi-Strauss, *Paroles données*, *op. cit.*, p. 241.

[120] *Idem*, p. 227.

[121] *Idem*, p. 223.

[122] "Un témoignage de C. Lévi-Strauss sur Franz Boas", *Etudes Inuit*, vol. 8, n° 1, 984, p. 3.

[123] Claude Lévi-Strauss, *La Voie des masques*, op. cit., p. 163.

[124] *Idem*, p. 227.

[125] Claude Lévi-Strauss, *Le Regard éloigné*, *op. cit.*, pp. 298-299.

[126] "Ce que je suis, par Claude Lévi-Strauss", Ⅰ, *Le Nouvel Observateur*, 28 juin 1980.

[127] Claude Lévi-Strauss, *Le Regard éloigné*, *op. cit.*, p. 49.

[128] *Idem*, p. 59.

[129] *Idem*, p. 61.

[130] "Le Japon de Claude Lévi-Strauss", entretien avec Catherine Clément, *Le Matin de Paris*, supplément spécial, 25 octobre 1980.

[131] "Ce que je suis, par Claude Lévi-Strauss", Ⅰ, *Le Nouvel Observateur*, 28 juin 1980.

[132] *Idem.*

[133] "Ce que je suis, par Claude Lévi-Strauss", Ⅱ, *Le Nouvel Observateur*, 5 juillet 1980.

[134] *Idem.*

[135] *Idem.*

[136] "Ce que je suis, par Claude Lévi-Strauss", Ⅰ, *Le Nouvel Observateur*, 28 juin 1980.

[137] "Ce que je suis, par Claude Lévi-Strauss", Ⅱ, *Le Nouvel Observateur*, 5 juillet 1980.

[138] Claude Lévi-Strauss, *Le Regard éloigné*, *op. cit.*, p. 344.

[139] *Idem.*

[140] *Idem.*

[141] Claude Lévi-Strauss, Didier Eribon, *De près et de loin*, *op. cit.*, p. 240.

[142] Josyane Savigneau, *Marguerite Yourcenar. L'invention d'une vie*, Paris, Gallimard, 1990, p. 406.

[143] "Un anarchiste de droite", *L'Express*, 24 octobre 1986, p. 74.

[144] Claude Lévi-Strauss, *Le Regard éloigné*, *op. cit.*, p. 115.

[145] "Un anarchiste de droite", *L'Express*, 24 octobre 1986, p. 74.

[146] Claude Lévi-Strauss, *Le Regard éloigné*, *op. cit.*, p. 112.

[147] "Un anarchiste de droite. *L'Express* va plus loin avec Claude Lévi-Strauss,", *L'Express*, 17 - 24 octobre 1986.

[148] *Idem*, p. 232.

[149] *Idem.*

[150] *Idem*, p. 236.

[151] Claude Lévi-Strauss, Didier Eribon, *De près et de loin*, *op. cit.*, p. 112.

[152] *Idem*, p. 113.

[153] *Le Magazine littéraire*, n° 223. octobre 1985, p. 24.

[154] Claude Lévi-Strauss, Didier Eribon, *De près et de loin*, *op. cit.*, p. 131.

[155] "Pierre Billard fait le point avec Claude Lévi-Strauss", *Le Point*, n° 582, 14 novembre 1983.

[156] Claude Lévi-Strauss, "Hérodote en mer de Chine", *Poikilia*, *Etudes offertes à Jean-Pierre Vernant*, Paris, Editions de l'Ecole des hautes études en sciences sociales, 1987, p. 27.

[157] "L'inné et l'acquis. Claude Lévi-Strauss répond aux questions de Victor Malka", *L'Arche*, août 1983.

[158] *Idem.*

[159] *Idem.*

[160] *Idem.*

[161] "Aron ? Il possédait tout ce qui me manquait", *Le Nouvel Observateur*, 21 octobre 1983.

[162] *Idem.*

[163] Claude Lévi-Strauss, *Le Regard éloigné*, *op. cit.*, p. 16.

[164] Claude Lévi-Strauss, Didier Eribon, *De près et de loin*, *op. cit.*, p. 124.

[165] *Idem.*

[166] *Jeune Afrique*, 15 juin 1983.

[167] "Pierre Billard fait le point avec Claude Lévi-Strauss", *Le Point*, n° 582, 14 novembre 1983.

[168] "Lévi-Strauss: le maître à l'œuvre", *Le Matin de Paris*, 3 mai 1984.

[169] "Lévi-Strauss: ' Des ratés? Nous le sommes tous plus ou moins '", *Le Quotidien de Paris* 5-6 mai 1984.

[170] *Idem.*

[171] "Claude Lévi-Strauss, êtes-vous surréaliste?" *Le Nouvel Observateur*, 4 mai 1984, p. 65.

[172] *Idem.*

[173] "Discours de M. Lévi-Strauss", *Discours de réception de M. Jacques Soustelle à l'Académie française et réponse de M. Jean Dutourd*, Paris, Flammarion, 1984, p. 113.

[174] *Le Magazine littéraire*, n° 311, juin 1993, p. 26.

[175] Claude Lévi-Strauss, *La Potière jalouse*, Paris, Plon, 1985, rééd. 1991 (Agora), p. 78.

[176] *Idem*, p. 243.

[177] *Idem*, p. 244.

[178] *Idem*, p. 249.

[179] *Idem*, p. 250.

[180] *Idem*, p. 252.

[181] *Idem*, p. 266.

[182] *Idem*, p. 268.

[183] *Idem*, p. 264.

[184] Claude Lévi-Strauss, Didier Eribon, *De près et de loin*, *op. cit.*, p. 48.

［185］*Idem*，p. 217.

［186］*Idem.*

［187］“Lévi-Strauss：le maître à l'œuvre”，*Le Matin de Paris*，3 mai 1984.

［188］Claude Lévi-Strauss，Didier Eribon，*De près et de loin*，*op. cit.*，pp. 217 - 218.

［189］*Idem*，p. 218.

［190］*Le Magazine littéraire*，n° 223，octobre 1985，p. 19.

［191］Claude Lévi-Strauss，*Saudades do Brasil*，*op. cit.*，p. 19.

［192］*Idem.*

［193］*Idem*，p. 21.

［194］Claude Lévi-Strauss，Didier Eribon，*De près et de loin*，*op. cit.*，p. 260.

［195］Claude Lévi-Strauss et Jean Pouillon，“Entretien avec *L'Ane sur L'Homme*”，*L'Ane*，n° 20，janvier-février 1985，pp. Ⅰ-Ⅵ.

［196］Claude Lévi-Strauss，“Je hais l'esprit de système”，*L'Evénement du jeudi*，5 juin 1985.

［197］*Idem.*

第七章　求知的热情

(1985—2003)

一、田野里的绅士

397 1985 年 5 月，一个星期天下午，电视上，评论家杰罗姆·卡尔桑（Jérôme Garcin）正在向法国人介绍生活在乡间篱下的列维-斯特劳斯。节目是他在一个名叫利涅浩尔的村子里的家中录制的，这个村子位于勃艮第省和香槟省交界处。“他谈到喜欢漫步，采摘蘑菇，以及对荒村僻壤的热爱，在那儿他能够找回随意溜达的乐趣。”[1] 每年列维-斯特劳斯都携妻在这儿过几个月。这儿不是工作场所。他的书在巴黎写。“在利涅浩尔，坐在美国公证人用的那种大写字台前，他修改译文校样，写写文章，修订某个附录，或者处理信件。”[2]他大量阅读，一次不漏地收听拜罗伊特歌剧节的电台转播，也了解时事。他不大谈自己，更多的是赞扬“勤奋的妻子，本‘城堡’主人和村民之间的和蔼可亲的使者”[3]。

莫尼克·列维-斯特劳斯从事过一些翻译工作。她翻译了弗朗西斯·赫胥黎的《友善的原始人》。“大地”丛书每隔一段时间就再版她的译本。她有时也给《人类》杂志撰写书评。她还是开司米织物的专家，曾经独立或合作撰写了几份展览说明书：1982 年为巴黎时 398
尚和服装博物馆，1983 年为里昂市布料历史博物馆。1987 年，她发表了《开司米：法国 19 世纪披肩艺术史》；1998—1999 年间，她为巴黎市时尚博物馆撰写了《巴黎开司米：1810—1880》展览的说明书。她所做的正是丈夫梦想的：研究一个具体对象及其有关行业。

没有人工雕琢，只有大自然。列维-斯特劳斯喜欢这个他选择的地区反差强烈的景致。“赏心悦目很重要。有些无与伦比的时刻，例如冬春交替之际（……）大自然在一天内就完全变了样；天气好时，一个小时后就会是另一番景色。”[4]朗克台高原地区人烟稀少，远离交通干线，气候严酷；一个被工业文明遗忘的角落，这让列维-斯特劳斯感到欣然，正如巴西某些地区那样，这里大自然可以说还处在原始状态，尚未受到人类开发。列维-斯特劳斯悠然漫步乡间，既像一位采集植物的英国绅士，又像一个浪漫的幻想家。他深入森林探险，摘蘑菇，体味周围空气和光线的变化，叫花草的名字，辨认植物种类，观赏一片叶子的纹理：爱好知识和感官享受合为一体。列维-斯特劳斯不那么容易满足于心情的变化，不把大自然当成一面镜子。他尽情感受着每一次散步中的邂逅，以及任何时刻都可能在细致观察中发现的谜团。“其实，跟在遥远天际下一样，只要放长焦距，就能在天然草场上发现许多秘密和异国情调。”[5]为了方便研究，他还备有一部 19 世纪初出版的自然科学辞典，供他日常查阅。若不是共有 72 册，很可能会成为他的床头书。

在乡下，列维-斯特劳斯亲身实现了他的著作所追寻的梦想。他成功地把有关人的科学与自然科学融为一体，因为他能够把握每一个引起他注意的事物的各个方面，无论是自然的还是人为的。森林里的树名令他浮想联翩，那是一些古老的克尔特语的名称，穿越 399 2000 年的拉丁化过程，依然如故。这位植物学家也是历史学家。品味采摘来的蘑菇不是他最大的快乐，而是学会认识它们。“因为，地上的蘑菇是很美丽的东西，每个种类都有自己的风格，像艺术品那样别具一格。”[6] 辨认一种植物、一种美学形式或一种家具风格，方法是相同的。知识不等于给事物贴上冰冷抽象的标签，而是一种与事物一道生活的方式。列维-斯特劳斯虽然在科研活动中拒绝把主观性摆在中心地位，却欣然接受静观大自然给他带来的快乐：“我不否认情感的存在，面对大自然的那种感受往往非常强烈。”[7] 观察者与观察物，自然与文化组成了一个活生生的整体。

二、思想大师的终结

媒体的加冕礼持续进行。1985 和 1986 两年中间，列维-斯特劳斯应各种要求，从多种角度接受采访、摄影、录音和照相。列维-斯特劳斯很愿意交谈，对最后一本书的写作动机做出说明，回忆，重新谈起心中挂念的主题。《文学杂志》1985 年 10 月为他做出专题报道。在回答卡特琳娜·克莱芒和多米尼克-安东·格里索尼提出的问题时，他描绘了一幅“自画像”。法国文化台记者高莱特·弗鲁，在他的办公室就民族志研究进行采访，方法与前一年相仿。身边的物品令他想起与马克斯·恩斯特和梅洛-庞蒂的友谊，也谈到他喜欢的音乐和物品。他也曾论及政治问题。他对《快报周刊》的菲利浦·

西莫诺声明，自己从今往后是“一个上年纪的右翼无政府主义者”，并且提到不久前读到让·奥利厄①的《卡特琳娜·德·梅蒂奇》一书，他觉得大革命时期的法国正像投石党运动时期以及宗教战争时期的法国一样，过于嗜好党派之争：当代人所十分重视的左右两翼之分不过是法国人发明的最后一个闹分裂的理由。当今世界的发展 400
令他忧虑不安。他正在琢磨戈比努的这个话是否有道理：“我们正在向千篇一律、千人一面发展，同时也向着彻底的愚蠢发展。”[8]

列维-斯特劳斯不愿多说。他认为，思想大师的时代已经结束。我们生活的社会日益庞大和复杂，把握那么多的变量，这是一个人连想都不敢想的。模棱两可的说法：列维-斯特劳斯坚持强调，卢梭那个年代，社会就已经不是某个人能够把握得了的。现在连想象一下这种把握都已经不可能了；这个话不啻说，萨特作为最后一个思想大师，其作用也只是缺乏根据的自诩而已。“与其想象这是一个简单的世界而自我欺骗，不如知道自己失落在一个复杂的世界里，这岂不更好吗？一个思想大师可能曾是伟人、大作家、大艺术家、大思想家，然而却可以欺骗所有同代人。”[9]列维-斯特劳斯以前并不像这样坦言无忌。关于他自己，他重申了历来的观点：他自视为一个手艺匠。他推动了自身领域的发展，而且“还有别人会继续下去，他们有自己的分析框架和更令人满意的诠释办法。这才是永远不会完结的”[10]。一个复杂的社会既然没有简单的答案，一个人所能做的不过如此。

列维-斯特劳斯与其说是在大师那里，毋宁说是在他的同代人身上找到了自己的地位，这些人和他一起建构了我们今天生活的精神世界和制度的世界。1985 年 3 月 18 日，费尔南·布罗代尔当选为

---

① 让·奥利厄（Jean Orieux，1907—1990），法国传记作家。——译者注

法兰西科学院院士，列维-斯特劳斯在致词中讲到了他们的共同经历，他对布罗代尔的知识的敬重，他的规模宏大的历史研究。在思想方面，他的三大历史阶段的划分覆盖了所有学科，包括民族学；在机构方面，正是出于布罗代尔的意志，高等研究实践学院小小的第六系才发展成社会科学高等研究院，并且从一开始就是法国民族
401 学的“学科之家”[11]。这一点至关重要。布罗代尔超出了学者们对各自领域的设想，他懂得，所有学科都在进行同一场探索。

一年后，列维-斯特劳斯向乔治-亨利·里维埃致敬。他的朋友是美德的罕见典范，具有多方面的卓越才华。他是关于人的科学里的一粒“疯狂的种子”，成就大事业所必需的种子。他的兼收并蓄和搜罗人才的本领导致法国民族学获得了一个特点，那就是“注意倾听造型艺术和音乐之间、知识与诗歌之间、尊重事实与美学想象之间所产生的持续共鸣”[12]。关于人的科学的探索离不开精神冒险。

又过了一年，安德烈·勒鲁瓦-古杭去世。他对科学的许多重要贡献之一，是他懂得“如果不知道谈的是什么，那么一切都无从说起”[13]。如果说，为了投入伟大的远征，必须有那么一点疯狂，那么接下来所需的就是严谨。否则，学者就会掉进“社会学或符号学的空谈之中”[14]。列维-斯特劳斯提醒当代人，修辞学不是科学。

三、江户与神道

《嫉妒的制陶女》问世以后，列维-斯特劳斯在 1985 年秋天里开始了新的研究。他宣布着手准备另一本同一类型的书。“还是针对美洲神话学所提出的问题，从而可以让我结束对这方面的问题的探讨。”[15]可是，由于手头有紧要的事要处理，这个计划被暂时搁置起来了。列维-斯特劳斯有三篇演讲要准备。应石阪基金会之邀，他将

在 1986 年 5 月对日本进行第 4 次访问。讲演的题目是“人类学如何面对当今世界的问题”。列维-斯特劳斯与日本的关系有所变化。佛教令他失望。“我看到（……）它成了一个庞大的政治党派，干涉公众事务。”[16]他宣布，今后他将同情日本神道，因为它不把动植物和人这三个世界分隔开来。他把东京与上次旅行时的样子进行比较，变化之大令他为之愕然。一个星期天，同行川田淳三（Kawada Junzo）教授带领他游览了隅田川河左岸和津久田岛街区，随后泛舟隅田川河：这是一次时间远游，驶向古代江户。所见所闻使列维-斯特劳斯感到揪心：“河岸破落衰败，沿岸充斥着工厂和货栈，当年葛饰北斋①笔下的绮丽风光现在却变成了这副样子。”[17]他把那天下午的所思所想写成了《告东京人民书》，于 1988 年在《东京人》杂志上发表。现代日本还能使隅田川河恢复活力吗？这是梦想，也是祝愿。“这样的目标在疲惫不堪的欧洲也许无法实现。可是东京充满活力，一切都是可能的（……）只要它以仁慈之心记得自己叫做江户，那么就能为它的居民造福，为整个人类造福。”[18] 402

对于列维-斯特劳斯来说，日本的文化和文明一直是研究和惊奇感的源泉。从琉球群岛返回以后，他在《献给让-皮埃尔·维尔南的论文集》中讲述了一件偶然发生的事。在排练歌颂神灵的歌曲时，有人把歌词翻译给他，他听出其中有一句说的是“一段克拉苏斯的生活插曲，正如希罗多德②讲述的那样”[19]。偶然的相似？肯定不是，因为还有类似的情况。日本神话里有一个人物，与尤利西斯有

---

① 葛饰北斋（Katsushika Hokusai，1760—1849），著名日本江户时代画家。——译者注

② 希罗多德（Hérodote，公元前 484—公元前 425），有“希腊历史学之父”之称。克拉苏斯（Crésus）是公元前 560 至公元前 546 年的利迪亚国王。史家对他的事迹的了解都来自希罗多德。——译者注

许多共同之处；所有的远东文化都有与米达斯①十分相像的历史。1983 年听到的这段故事很可能是佛教从希腊传入冲绳的，要么就是两个版本都源自亚洲，再朝两个方向传播。

在一个远东文化专家莫里斯·高佑②的合作下，列维-斯特劳斯于1987 年完成了一篇深入的论文，题为《日本民俗学中的三个意象》。
403 文章在纪念吕西安·贝尔诺③的《论文集》中发表。这三个意象分别是“1855 年 10 月 2 日关东大地震时期大量出现的鲶鱼民间版画”[20]。版画表现的是神鲶，按照民间传说，它沉睡于日本群岛之下，苏醒时会引起地震。日本似乎无人对此感兴趣，而这个主题很久以来却使列维-斯特劳斯极感兴趣。1977 年第一次到日本时，Riccar 博物馆和东京大学的史料编撰学院曾经高兴地为他开放了储藏品。有三幅版画引起了他的注意。他请人复印，带给了莫里斯·高佑。绘画题材的对比分析显现出一系列关联和对立，地下（鲶）和天穹（鸟），上与下，自然因素与文化因素，全都经历着“从无序到有序，从人间到天堂的双重变换”[21]，这正是列维-斯特劳斯从北美印第安人关于地震的信仰当中看到的。神话的结构分析和日本的结构分析成功地结合起来了：列维-斯特劳斯在东西方之间，太平洋东西两岸之间，找到了一个几何点——欧亚文化和美洲文化在这里相交。思维方式可以从这里传播开来，肯定迟早会与另一种思维方式发生共鸣。

---

① 米达斯（Midas），公元前 8 世纪小亚细亚古国弗雷奇（Phrygie）国王，许多神话传说的主人公。——译者注

② 莫里斯·高佑（Maurice Coyaud，1934— ），生于越南河内的法国远东语言学家，通包括汉语在内的多种语言。——译者注

③ 吕西安·贝尔诺（Lucien Bernot，1919—1993），法兰西学院“东南亚社会地理学”讲座教授。——译者注

四、自得其乐

回到巴黎后，列维-斯特劳斯每周要去德鲁奥拍卖场两三次。展厅内的“展品个个都是独立的，是为了自身的存在，而不是为某种实际的用途而设计出来的”[22]。他喜欢物品杂乱的摆放方式。他曾经买过一些；今天，他从辨认和了解它们当中获得乐趣，正如对待森林里的蘑菇那样。而且，越来越难以有新的发现，也就是说，其 404
低廉的价格可证明无人识货的物件已经难以遇到。每个时代、风格和种类的物品今后都有行家识者。意外的惊喜已经可遇不可求，那是搜集者的一种独得见识的惊喜，并不是因为可能做成一笔交易。

罗浮宫的地下古玩厅，这是他喜欢去的另一个地方。这里古旧首饰商云集。过去，对于矿产品的共同爱好一度使他与罗歇·卡伊瓦接近。矿物乃是大自然最经久不变的造化。它们就像鲜花和蝴蝶这些大自然的转瞬即变的造化一样，也是千变万化，色彩斑斓。珠宝首饰则给这种天然的完美增添了一道人工雕琢。“带着各自的或集体的历史，这些时代不同、品质不等的首饰被运来摆入这些橱窗（……）不知来自世界哪一个角落，我可以对之遐想良久。”[23]从一粒珠宝中，列维-斯特劳斯能够看到文化和风格的历史、社会和感性的历史，同样也有地质年代的历史。他欣赏的不是重量大小、水色如何，而是残缺之美，是比人类记忆更久远的勉强可以察觉的扰动的痕迹。“首饰易于加工，为佩戴而设计，一个首饰就像结合着人与自然的一个小宇宙——至少这一回是聪明的结合，并且显示了双方的天赋所能创造出来的最精致、最稀罕、最经久，也最脆弱的东西。”[24]

很久以来，列维-斯特劳斯就几乎不去剧院了，电影院也不去了。电视已经足以令他满足，只要能再看一看沟口健二①或希区柯克②的电影就行。他不去听音乐会了，也很少听唱片。不过，他是广播电台的“古典频道”的忠实听众。至于法国音乐电台，至少这一次他与萨特的观点一致：它太啰唆了。

他对歌剧的偏爱一如既往。“那么一场歌剧对我意味着什么呢?一次伟大的冒险历程。我登上一艘船，作曲家调动起来的乐器和乐音代替了桅杆、风帆、缆绳和索；航行开始了，也就是说，为时三
405 四个小时的宏大音乐，与世界的面貌一样神奇多变，然而这是一场音乐（……）我被它带入一个远离尘世喧嚣的乐声的天地，宛如置身汪洋大海。”[25]在抒情音乐史上，有几部歌剧使他感到非常震撼：四重奏《菲德利奥》③ 的第一场，六重奏《拉美摩尔的露西亚》④，五重奏《歌唱家》，《玫瑰骑士》的三重奏结尾。都是少有的圆满成功的例子，其中歌咏靠音色对比形成整体，听者感受到对立之间的完美统一。他最喜欢的女高音歌唱家首推伊丽莎白·施瓦茨科夫，以及卡拉斯⑤的意大利歌剧。最喜欢的作曲家当然是永远的瓦格纳，尽管他后来只是偶尔听听《四部歌剧》。他不喜欢威尔第，觉得他过于华丽。他后来发现普契尼和理查德·施特劳斯魅力无穷的管弦乐。斯特拉文斯基的几部主要作品他依然喜爱。20 世纪的音乐也可以使

---

① 沟口健二（Kenji Mizoguchi，1898—1956），日本电影导演和编剧，一生创作了包括《雨月物语》、《杨贵妃》等十多部电影。——译者注

② 希区柯克（Alfred Hitchcock，1899—1980），著名英裔美国电影导演和制片人，尤以发明悬念和惊险电影的特技而著称。——译者注

③ 贝多芬的唯一一部歌剧。——译者注

④ 意大利 19 世纪歌剧大师多尼采蒂最著名的歌剧。——译者注

⑤ 伊丽莎白·施瓦茨科夫（Dame Elisabeth Schwarzkop，1915—2006），奥地利和英国女高音歌唱家。玛丽雅·卡拉斯（Maria Callas，1923—1977），美国出生的希腊女高音歌唱家。两人在“二战”以后的西方颇为知名。——译者注

他感兴趣，让他发现了一些悦耳的音色，仅此而已。

他不再去歌剧院了。导演和布景师的专横霸道使他彻底远离了歌剧。1986 年，卡特琳娜·克莱芒打算把《忧郁的热带》改编成歌剧，剧中主要人物是一位“民族学家”。他对这个计划不感兴趣。已有预感的作曲家乔治·阿佩姬（Georges Aperghis）前来拜访。列维-斯特劳斯一再声明他对当代音乐有保留，哼唱了几段过去在南比夸拉人那儿记录下来的曲调，说明不一定符合谱曲程序。剩下的事情，他全都交给了作曲家去处理。歌剧于 1995 年在斯特拉斯堡剧院上演，不成功，据他所知，只上演了两场。

人们有时会误解列维-斯特劳斯关于文化相对性的看法。就人类学而言，没有任何标准能够判定文化的高低优劣。这不等于说，一个既定的文化内不存在体裁或价值的高下之分。其实正相反。列维-斯特劳斯无法忍受当代人的一种倾向，把一切产品都等同看待。“摇滚乐与连环画对我一点魅力也没有——我这是委婉地说！（……）使劲颂扬‘摇滚乐文化’或‘连环画’，是使文化一词的一种理解凌驾于另一种理解，这是知识的盗用。”[26]列维-斯特劳斯坚持保留差异， 406
讨厌把什么都混为一谈。波德莱尔的诗与说唱艺人的歌词是不可同日而语的。

他流连忘返于经典作品。音乐也好，文学也好，这对他都是最好的享受。过去他写的《神话学》有几章的名字就借自巴尔扎克的小说。他差不多每年都要读读巴尔扎克，最喜欢小说《现代史内幕》。他也多次激动地阅读《追忆似水年华》。他一遍遍地重读夏多布里昂和卢梭的著作。《基督教真谛》尽管篇幅很长，却总能使他感到惊讶。《新爱洛伊丝》在他看来是“第一部充分意义上的现代小说”[27]。卢梭对他的人物不加控制，他们的生活自由自在，总是难以琢磨，后来陀斯妥耶夫斯基和康拉德笔下的人物也是如此。

列维-斯特劳斯讨厌故步自封。他参与关于造型艺术的争论。在多次访谈和文章中，他都明确指出，他的立场并不意味着，也从未意味着讨厌现代艺术。“印象派画家曾经使衰弱不堪的绘画艺术延长了30年生命。”[28]一百年来，艺术家们陷入了死胡同。这不是他们的责任，只能说他们命运不济，生不逢时。问到毕加索时，列维-斯特劳斯用了一个有些悲怆的比喻：

> 我总是对毕加索的天才感到十分折服。可是，现在我觉得他的天才主要在于给我们制造了一种绘画依然存在的错觉。有一幅景象出现在我的脑际：荒凉的海滩，触了礁的绘画把我们丢在那儿不管了。毕加索正在收拾残破的船骸，用它们来拼拼凑凑。[29]

列维-斯特劳斯并没有谴责他那个世纪的艺术家，而是表述了他们的悲剧。不过，1987年，他还是对修葺一新的现代艺术博物馆发表了自己的见解。文章发表在皮埃尔·诺拉①的杂志《论辩》上。他为这个博物馆的存在，为艺术杰作能够在此得到保存、展示和供
407 人研究而感到欣慰；但对于其他，他表示这是一场精心设计的毁坏。原来的建筑线条完全被破坏了；照明好像专门对着参观者的脑门儿；隔板则像“破了口的诺曼底奶酪”[30]，应当立刻拆除；展品摆在深凹处，显得晦暗无光，而且选择标准似乎是社会学的，缺乏美学考虑。列维-斯特劳斯看到，一些同样的缺陷曾经使他远离了歌剧院：“应该改变这种情况了。把那些装潢师和导演给我们撵走吧，因为他们脑海里只有两个念头：满足委托人的野心，狠露几手以一举成名而不管作品，但他们本应消失在作品背后”。[31]

---

① 皮埃尔·诺拉（Pierre Nora，1931— ），法国“新史学”派历史学家，法兰西科学院院士。——译者注

五、学者的领地

列维-斯特劳斯于1987年在《人类》上发表了一篇长文，与语言学家戴尔·海姆斯①切磋。列维-斯特劳斯和他关系不错，最近，他指出神话的结构分析的假说不够充分。一如既往，列维-斯特劳斯反其道而行之，就对方的论点指出批评缺乏根据。比如，海姆斯指责他没有考虑语言因素，他证明恰恰相反，他对此给予了最大关注。他还借机回答了其他几条批评。“如果不是先入为主地抱有反感，那么纠正哪怕是最粗浅的错误，也会成为一项庞大的工程。”[32]

其实，此文别有用意。第二次世界大战以后，关于人的科学获得了蓬勃发展，各分支学科都争取在开发中的土地上分得一块。结果形成了学科王国和壁垒。现在，列维-斯特劳斯呼吁进行统合，人文科学的领地不应四分五裂。任何学科都不应该绝对占有某一领域。“如确有必要，某一类型的研究可以视为绝对优于其他类型的研究，这个事实可以最好地证明，人文科学和社会科学还远远够不上被称为‘科学’的资格——假定终有那么一天能够配得上的话。”[33]他注 408
意到，在精密科学中，解剖学家、生理学家或分子生物学家，他们从来不为研究对象而争执不休。每个人都在自己的领域里工作，承认相邻学科研究的合法性。关于人的科学也当如此。例如，民族学家和语言学家都可以研究神话，一个人的结论并不排斥或抵消别人的结论。问题在于研究什么，打算解决的问题又是什么。“每个人都按照自己的方式把连续的现实切下来一块。”[34]民族学家和语言学家

---

① 戴尔·海姆斯（Dell Hathaway Hymes，1927—　），美国社会语言学家和人类学家，其著述也包括对美洲西北部民俗学的研究。——译者注

不但从神话中区分了不同的整体——其适切性建立在不可通约的层次上，而且完全可以相互支持，参考对方的成果，以使自己的方法更精确，更可靠，更有前瞻性。“因此，他们不该有冲突和竞争的想法。一种方法并不比另一种更高明。”[35]

几个月后，在索邦大学的大阶梯教室里，适值乔治·杜比接受院士的佩剑，列维-斯特劳斯在致词中重申了上述休战提议。他们俩已经相识多年。有一阵，杜比主持的《乡村研究》杂志的秘书处便设在社会人类学实验室。列维-斯特劳斯在致词中将历史与民族学的相通性记录备案，甚至使用了“联盟”一词：“最近发表的《家庭史》的作者们请我们二人分别为第一、二部分撰写前言，然后合成一卷出版。在我看来，这就象征着新的联盟。”[36]民族学家和历史学家的交流显然互有裨益，例如：中世纪学者的研究为无差别社会的研究提供了大量材料。但是，交流不一定是对等的：“轮到民族志为历史学服务时，那仅仅是为了帮助后者走出特殊性。”[37]

一旦超出了专业范围，学者就应当谨慎对待。有些知识分子的行为让列维-斯特劳斯无法忍受，他们不论青红皂白，总是以权威的口吻发表意见。知识分子应当在自己的能力范围内发挥作用，而且只有于事有所增益时方可发言。1987 年，传闻政府有意让他领导国
409 籍法改革委员会，他拒绝了。“让民族学家主持会招来不满。”[38]同年，在法属圭亚那问题上，为了保护和捍卫当地的印第安文化，他作为遣使团成员去了这个海外省。作为美洲文化学者，他认为有资格向官方提供关于某一群体的严肃认真的情况和信息。作为民族学家，他不排除也能对美洲以外的问题发表意见。“如果当局问我如何看待新喀里多尼亚，我会自愿跑一趟，只要当地愿意接待我。我本来应当去萨摩亚、斐济和美拉尼西亚，看看那儿发生了什么（……）”[39]25 年来，社会人类学实验室的卡片堆积如山，当局却

漠不关心。他为之感到遗憾。没有一个官员，没有一个政界人士来查看过一张卡片。学者们积累了丰富的知识，而“政界人士”却不以为然，不去了解，甚至未予理睬。这种令人遗憾的不理解，说明法国政府在决策过程上的无能。

关于参与问题，列维-斯特劳斯与采访记者是各说各话。在他看来，一个知识分子不该参与过多公众事务，却应为政策的制定出谋划策。他应当发表意见，但不是对媒体，而是在专题委员会上。显然，他是作为学者才发表意见的。接受当局咨询的学者称作专家。换言之，在列维-斯特劳斯看来，20 世纪塑造的知识分子形象根本就不存在。顶多是个幻觉，往差里说是一种欺骗。相反的，学者志在向个人或集体传播知识，后者可以把这些知识变为道德上可以接受的东西。他从未表示过喜欢幕后政治。他常说，青年时期的体验
和参与使他最终放弃了这方面的抱负。但是，如果他必须扮演政治 410
角色的话，那大概是给王子当幕僚，而不是当辩护士。

六、八秩之寿：生命和结构

1988 年初，在日语研究中心的安排下，列维-斯特劳斯第五次前往日本旅行。第一个讲演的内容是“日本文化在世界上的地位”。日本在欧亚大陆的东端，法国位于西端。一条变换链上的两个端点，两国背靠背，两个呈现对称的国家，互为反面。他说，两国有“反向对称”关系。这是最后一次逗留。日本对列维-斯特劳斯的魅力尚未穷尽，不过他从此找到了分析形式。12 年来，在日本的启发下，他对一系列问题进行了思考，撰写了一系列文章。列维-斯特劳斯不懂日语，也无意成为日本专家，但他对理解日本文明的贡献不应视为出自业余爱好或者一个有心的旅行家。他的理解建立在科学的方

法上，依靠大量阅读、交谈、访问，这一切都基于他的长期的对于美的追求。系统的思考加上严谨的结构分析，列维-斯特劳斯能够表达观点，而非旅行印象。虽然这些观点不是严格意义上的科学观点，但持之有故，言之成理，使得人们不得不关注，从而在法国的远东文明引入史上有其独特地位——也就是说，列维-斯特劳斯这方面的著述值得单独辑录成书。这次日本逗留是列维-斯特劳斯生命中最后一次。也许他认为，自己已经再无时间和精力投入探索和发现新的社会了，尤其是再也没有像日本这样的社会能够给美学大师带来满足了。

80 岁之际，他又接受了一次分为数次进行的深入采访。这对他并非一件易事。迪迪叶·厄里蓬[1]曾经多次采访过列维-斯特劳斯，列维-斯特劳斯很喜欢他新近发表的一本关于乔治·杜梅泽尔的书。采访的结果以《由近及远》为名于年底发表。第一部分主要是生平
411 叙述，第二部分回顾作品及思想，第三部分讨论他对于政治、文学和美学的热情。此书目的不在于提供一些前所未闻的信息，列维-斯特劳斯希望阐明他的思想，澄清在一些问题上的含糊之处。他的生平事迹散见于多年来的上百次采访当中，而这一次却把它们重新组织和系统地确定了下来。谈到童年时代，他强调了获得“敏感的品质”的家庭环境。从传记学的角度来看，此书的贡献在于界定他的知识分子家庭背景；他回忆了与雅各布逊、梅洛-庞蒂、拉康、杜梅泽尔和其他一些人的友谊，特别是他与萨特、巴尔特、福柯几乎没有什么往来。至于他的作品，列维-斯特劳斯强调他喜欢具体事实，结构人类学并非结构语言学的出墙红杏，而是一门独立的学科，属

---

[1] 迪迪叶·厄里蓬（Didier Eribon 1953— ），法国哲学家和文艺批评家。他最早出版的两本书是对杜梅泽尔和列维-斯特劳斯的访谈录（1987，1988）。——译者注

于一个悠久的学统。它没有与历史决裂，而是重新把握了历史。

在一部分知识分子的眼中，结构主义已经变成一个冰冷抽象的术语。因此，《由近及远》是一种尝试，以使列维-斯特劳斯从沙漠化的结构主义里摆脱出来。这个意象是20世纪六七十年代符号“科学”不着边际地滥作阐释的后果，导致误解他的作品，也有损人们对其科学性的信心。他说自己理性和感性兼有；指出一个社会完全可以得到解释而不致扭曲；但是，如果不能不返归真实，任何解释都是无法接受的；他为自己的批评者提供了一条修正他们的成见的办法，那就是，像他看待世界那样看待他的作品，也就是观察其真实的丰富性。

《人类》以其特有的方式庆祝了列维-斯特劳斯的80寿辰：出版了双刊。题目为《神话及其嬗变》，1988年4月发表，由米歇尔·贝兰和让·布庸主编，这是对神话思维的研究做的总结。列维-斯特劳斯出人意料地写了一篇《想入非非》[40]的文章。文中对照了《圣经》里的摩西割礼和博罗罗人给生殖器加套子的仪式。正如他平常 412
劝告别人的那样，他行事谨慎。做出比较之前，必须首先建立起可以切入的层次；也就是说，从多变的外表下分离出一个恒常的程式。这是个向弗雷泽的鸿篇巨制致敬的机会，同时也可以表明两人的区别之处：“弗雷泽（……）的比较是肤浅的，而且导致往往过早的普遍结论。我的过程则相反，先说普遍的，再做比较。”[41]这样，看来割礼和阴茎套都符合同一要求：“用加、减号给阴茎打上一个文化符号。”[42]比较在此基础上便有了适切性，尽管存在着时间和文化上的差异。更重要的是，这一段文字一直让希伯来文化学者感到尴尬，现在美洲文化学者为他们提供了一种可信的释读方法。总的说来，这种比较的可行性本身又一次表明，“逻辑的架构迫使精神的创造力非走某些路径不可”[43]。

佩戴节日阴茎包衣的博罗罗印第安人，这包衣粘上羽饰，装有硬草秆做的燕尾旗，涂上氏族色标（“貘”氏族）。

在同一期《人类》上，符号学家和研究勒内·多姆[①]的专家让·伯蒂托[②]提议把经典公式与灾变理论放在一起考虑。其他文章则试图

① 勒内·多姆（René Thom，1923—2002），著名法国数学家，以灾变理论和其他拓扑学方面的建树知名。——译者注

② 让·伯蒂托（Jean Petitot，1944— ），法国当代数学家，从事数学和社会学的跨学科研究。——译者注

回答一个问题：既然神话通过把事件纳入一个预设序列——神话叙事——来“消化”历史，那么当事件看来无法被社会吸收时，社会怎么办？答案的多样性证明了列维-斯特劳斯的论点的能产性。许多老相识也写了文章。例如让·布庸、尼古拉·贝尔蒙、米歇尔·巴诺夫，也有年轻一代：米歇尔·贝兰、查理·麦当劳（Charles McDonald）、奥罗尔·白克兰-莫诺（Aurore Becquelin-Monod）、斯蒂芬·休-琼斯（Stephen Hugh-Jones）、阿尔班·邦莎（Alban Nensa）、艾玛纽埃尔·戴沃①。列维-斯特劳斯不必担心。结构主义的公众形象也许降了格，但在接班人手中，它依然是一件日常工具。

七、印第安人

在与厄里蓬的交谈中，列维-斯特劳斯谈到了一本书，这本书本该在《嫉妒的制陶女》发表之后开始撰写。主题已经确定，材料也准备好了，但他没有动笔，而是在想：“神话论证已经有这么多了，有必要再增加一个吗？”特别是他尚未找到题目，“可是，一本书的基调要靠题目确定。”[44]但是，1989年初，他开始写了。写起来也许会使一切具体化。“如果不给自己规定每天做什么，我就会魂不守舍。”[45]列维-斯特劳斯丝毫未变，他像个猎人和采集者，总在不停地行动。不活动就意味着死亡。 413

人类博物馆正在筹备一个展览，主导思想是搜集一些物品，不是按照地域或围绕一个主题，而是有关一个人。前一年的那次展览

① 艾玛纽埃尔·戴沃（Désveaux Emmanuel，1956—　），法国社会人类学家，社会科学高等研究院教师。——译者注

有关保罗-爱弥尔·维克多①。今年则是“列维-斯特劳斯的美洲”。国家自然史博物馆馆长菲利浦·塔凯②把这个想法通知了列维-斯特劳斯。他感到局促不安。“我对返回过去缺乏兴趣。唯有当下的工作对我才是重要的；至于50年前、20年前、10年前，甚至昨天的工作都变得无所谓了。它可能属于别人，跟我没关系了。”[46]既然如此，于是决定把这个计划托付给人类博物馆教授兼人种实验室主任让·居亚尔（Jean Guiart）和科技编辑马尔蒂娜·雷德，后者也是列维-斯特劳斯在温哥华结识的印第安雕刻家比尔·雷德的妻子。这一次他的作品也参加展出。

展览自1989年10月10日起，至1990年4月24日止。开幕式具有象征意义。18名英属哥伦比亚的海达印第安人沿着塞纳河溯流而上，乘坐传统的战筏从鲁昂市抵达巴黎，恰如过去一二百年间，英、法、俄、德四国探险家沿着他们国家的河流溯流而上那样。10月2日到达巴黎后受到巴黎市长希拉克的接见。战筏随后放入人类博物馆，同其他展品一起供人参观。这一举动与列维-斯特劳斯的思想一致，他坚持不使展览局限于介绍曾经存在、目前正在消失的社
414 会，他还想让人们知道，世界的进程发生了逆转。15年来，海达人学会了融入现代世界，同时也找寻回了几乎被遗忘的语言和手势语。比尔·雷德的作品代表着这种活力的恢复：“西北海岸的艺术具有共同的特点，例如建立了一套语汇、一部语法、一套极为严谨的句法，同时保留着利用它们生成无数话语的能力——真正的图形的和可塑性的诗歌，带有一种用之不竭的丰产性。”[47]

---

① 保罗-爱弥尔·维克多（Paul-émile Victor，1907—1995），法国极地探险家和民族学家。——译者注

② 菲利浦·塔凯（Philippe Taquet，1940— ），法国古生物学家，曾经担任国立自然博物馆馆长。——译者注

展览围绕着两个主题展开，分别对应列维-斯特劳斯的两段生命历程。一部分展品是他从卡杜维欧人、博罗罗人以及南比夸拉人那里带回来的首饰和日常用具等。“模特们的姿势和手势都按照我在远足中拍摄的照片设计。”[48]按照《神话学》中的顺序，接下去是美洲。让·居亚尔搜集到一部分列维-斯特劳斯当年与安德烈·布列东一起在纽约古董店买到的物品，看来都是他在1950年卖掉的。看到当年自己曾用来装饰格林尼治村的那间小屋，后来用来美化自己的巴黎套房的这些物品，他感到有点遗憾吗？“当然喽，可有什么办法，生活嘛（……）”[49]

与展览开幕同时，普隆出版社出版了一本文选《象征和替代物》，书中收入了让·居亚尔的一篇《神话的分析结构》和马尔蒂德·雷德的论文《艺术的勇气》。此书还收入了一篇关于面具的文章，是列维-斯特劳斯于1959年在吉美博物馆的一次展览中发表的，但他后来再没有谈及，所以几乎被遗忘了。文中他把面容作为文化的形象与担负自然功能的身体加以对比。人只有在摆出他的面容时——也就是当他戴上面具时——才是人。

《象征和替代物》是不是列维-斯特劳斯的面具？列维-斯特劳斯没有干预此书的出版，只是出出主意，表达愿望。到了最后阶段，
他几乎不露面了。这本书并不着力于再现列维-斯特劳斯这个人，也 415
不注重陈述结构人类学的原理，而是尽力凸显印第安人及其文化。为了这个目的，这本书使用了多种媒介手段，当然有面具，但特别是使用了动物，作为独立的演员，还有男人以及神话所讲述的一些戏剧化情节。如果说此书旨在演示，那么正是这个意义上的演示，因为它让读者看到、品味和思考一个作者赞赏的文化。比尔·雷德是这一文化的活生生的代表，是通过其生活和作品，以传统方式展示给观众的唯一人物。列维-斯特劳斯的引身而退表明了他的谦逊态

度，而且也反映出他的自我意识是通过他人意识得到体现的，而这种他人意识则意味着意识到生物也好，非生物也好，全都同属于一个星球。从理想的角度看，列维-斯特劳斯的面具是一部无穷无尽的作品，它一步步地容纳了已知与未知世界的整体。

八、人类学家面对的问题

退休以后，列维-斯特劳斯定期发表作品和文章。他仍然是全职的人类学家，与不同年代的同事们保持接触，会见前来咨询的学生和研究人员，对那些需要他裁夺的各种计划给予支持或予以否定。他洞悉一切，阅读，发表看法。定期为《人类》撰写的书评便是这种繁忙活动的证明。1986 年至 1989 年间，他写了 12 篇书评，其中有几篇写得十分详尽，他介绍和评述的出版物大多与北美印第安人文化有关。一切都使他着迷：行政官员保存的笔记本，俄国传教士在阿拉斯加的见证，关于某个部落的最新专题论文，19 世纪佐治亚州和卡罗来纳州陶器制作研究，关于被视为“完整的社会事实”的南美野猪的专题论文，人与畜，组织结构和日常用品——列维-斯特劳斯穿行于整个宇宙，其中人类学家的努力和科学解释只是一个不断周而复始的过程中的一些瞬间。

很显然，较之他以往的作品引起的哲学问题，这一类具体问题更能使他激动。他的同事马克·欧热受芝加哥《今日人类学》杂志
416 的委托，于 1990 年年初向他提出了“十大问题”。列维-斯特劳斯谈到，他对表白自己的经历不感兴趣，也不喜欢那种要他用十来句话概括一本他未曾读过的书的采访。不过也谈到他曾经欣然接受乔治·夏博涅的询问，因为他喜欢对绘画发表意见；或者那位雷蒙·贝鲁尔的采访，当时他正忙着撰写《神话学》。贝鲁尔提出的问题反

倒使他澄清了几个依然含混不清的问题；现在，通过厄里蓬的提问，他了解了年轻一代如何接受自己的作品。至于他与康德思想的关系，他记得别人已经谈过精神的无意识结构和知性的“先验”范畴两个概念互为呼应。对于主体自由的问题，他反倒很淡漠。因为他不知道这是什么意思，反而一向认为这个说法自斯宾诺莎以后就从哲学语汇里消失了[50]。他更感兴趣于人类学自身的问题。最近有些批评让他感到担心。有些同事主张“解构”民族学，“回到起点”[51]，在他看来，这意味着要倒退到经验论，完全放弃理论思考。亚当·居贝①最近发表《虚构的原始社会》，指责他在亲属关系的结构问题上屈从于原始社会状态的幻觉。他以为这是没有根据的批评。20 年以来，有关无差别社会的研究恰恰要把所谓“原始”社会向我们的社会拉近，缩短以前形成的被分隔的世界之间的距离。至于人类学的前途，由于他相信历史的偶然性，故不会对未来的走向做出臆测。

列维-斯特劳斯回绝的采访比接受的要多得多。但他很清楚有些时下事件的要求无法拒绝：例如一本书的发表、展览、获奖（……）1990 年，法国休闲出版社策划的 20 世纪理想丛书选出了 20 本书，其中包括《忧郁的热带》。另外，《大不列颠百科全书》也把《结构人类学》选为最重要的书籍。《星期四事件》周刊列出了 20 世纪十大“灯塔”著作，包括《忧郁的热带》在内。他不单是入选作家当 417
中唯一健在者，而且他的作品与《追忆似水年华》、《长夜尽头之旅》并列。我们还记得，他最初的著述之一是从事政治活动期间写的，那是一篇关于塞林纳作品的热情洋溢的书评。列维-斯特劳斯回答了记者提出的各种问题，说他感到非常荣幸，能跻身于那些享有盛誉

① 亚当·居贝（Adam Kuper），出生于南非的当代英国人类学家，他认为所谓原始社会只是人们的一种空幻的想象，根本不存在。——译者注

的作家之列。《由近及远》再版之际，他再次接受了厄里蓬的采访，讲述了童年生活，介入政治，个人兴趣和爱好，以及目前的活动。1999年，他在接受了法国彩色电视二台①的克里斯蒂娜·奥克朗（Christina Orkrent）的采访时，全面回顾了从事政治活动的年代，提到他自己扮演的角色，30年代的气氛，对立的政治派别之间不断升级的暴力行为。

这些不得不应酬的场合有令人厌烦的一面。列维-斯特劳斯对马克·欧热说过，他有一种感觉，有些问题人们反复问了他40年，他也把相同的回答重复了40年。确实如此，这是因为他不愿修改他个人的历史，同时也得承认，他这些年中不断有新作问世，不断丰富了原来的库存。列维-斯特劳斯徒劳地一再重申，写作是一种折磨，笔耕不辍只是出于害怕无所事事。其实他显然没有选择。既然是人类学家，就得继续做人类学家所做的事情：阅读、积累、思考、写作、发表、谈论。

九、原始人与智者

1991年年初，经过两年的辛苦写作，列维-斯特劳斯完成了《猞猁的故事》。9月开学时节，新作发表。至此，继《嫉妒的制陶女》之后，列维-斯特劳斯终于完成了四部曲的补充研究。“列维-斯特劳斯精神抖擞地重返舞台”，一些报刊如是评论。几周内，作品一直畅销：倘若以体育竞技的战绩来衡量这个成功，无疑列维-斯特劳斯在1991学年伊始便以胜利者的姿态出现。与此同时，弗朗索瓦·

① 法国彩色电视二台（Antenne 2）已经在1992年改称“法国公共电视二台”（France 2），疑原文误植。——译者注

年长的智者

道斯出版了《结构主义史》第一卷，马塞尔·埃纳夫也在《贝尔丰档案》丛书里概述了列维-斯特劳斯的作品和思想。数日之内，这一
418 切把列维-斯特劳斯俨然变成了结构主义的一位“教父”。不过，除了《文学杂志》上有一篇卡特琳娜·克莱芒的深入研究之外，评论文章并不多见。重要报章杂志也许更喜欢让列维-斯特劳斯本人现身说法。在电视节目“性格”上，列维-斯特劳斯回答了主持人贝尔纳·哈普①的问题。谈话是在人类博物馆美洲部的展厅里进行的。列维-斯特劳斯对从巴西带回的几件物品作出了说明，谈到了印第安人和欧洲人如何失之交臂，解释了美洲神话和一般意义上的神话，提到了他的职业生涯，说明了这本书的主要内容。

猞猁的故事来自穿鼻族印第安人，出现在一组叙事及其变体里。列维-斯特劳斯沿着从加拿大至巴西和秘鲁的太平洋沿岸一路追踪这个传说。这一组传说涉及早在《亲属关系的基本结构》时期就提出来的二元组织的性质，其分析工作在写作《神话学》期间曾被暂时搁置。这个困难时期过后，他针对印第安人社会提出了一个有力的论点，这个论点与杜梅泽尔关于印欧社会有三重意识形态之说遥相呼应。猞猁神话“属于美洲神话的母岩”[52]，纵贯两个大陆，从最简朴的社会转入精心构筑的社会，穿越许多世纪，它们的要素或者要素的对应物始终可见。到处都可以看到列维-斯特劳斯所说的“美洲原住民的二元思维体系”[53]。在美洲神话中，常常可以看到众多的双胞胎形象，但从来不完全相似，两者总有一定的差异：“他们甚至刻意加深差异，仿佛有某种形而上的必然性迫使成对的关系项分异。这是因为，大自然和社会永远处于内部的失衡态：一个永远衍

① 贝尔纳·哈普（Bernard Rapp，1945—2006），法国记者，电视制片人和作家。——译者注

CLAUDE
LÉVI-STRAUSS
de l'Académie française
HISTOIRE DE
LYNX

《猞猁的故事》法文版封面

生另一个，宇宙的良好运行全靠着它。”[54] 无论从哪个层次看，没有任何东西能够永远处于原初状态。两个美洲的人民选择了按照二元方式来解释世界，但这种二元性却是不稳定的，它不断地把人与社会从一种状态投射到另一种状态，从一种不平衡到下一种不平衡。
419 这种世界观“时而在神话当中，时而在社会组织当中，时而同时在两者当中连贯地表现出来”[55]。

这个观点的意义并不单纯在学术方面。二元意识意味着凡属所思均有一“他者”存在，有印第安人的创造便一定有非印第安人的创造。这一点从同一时代的无数“神话”中可获证实：西班牙人登陆时，曾经受到把他们当作期待中的“他者”的美洲印第安人的欢迎。在后者的意识里，“白人的位置是按照空缺标注的”[56]。他们准备接纳他们，与他们共处共存。白人却不是这么想的。此后发生的事我们都很清楚。在关于这本书的谈话里，列维-斯特劳斯问道，假如欧洲人能够像美洲印第安人接受他们那样，接受美洲印第安人，那么我们的世界会是怎样的呢？

列维-斯特劳斯穿行于组成《猞猁的故事》的众多叙事当中，其间驻足片刻，遥想蒙田。他把蒙田《随笔》里关于发现新大陆及其居民的一些章节段落进行了比较对照。列维-斯特劳斯发现，蒙田的最有代表性的立场见于《雷蒙·塞邦赞》① 一文。蒙田超越了文化相对主义和怀疑主义，或更准确地说，超越了两者的极端，“提出了横扫一切的批评，把启蒙哲学的普适主义与现象学的超验性意图提前双双驳回，彻底否定了理性知识的任何模式”[57]。从蒙田的激烈言辞里，列维-斯特劳斯看到了自己的精神折射。这一点他在《忧郁的热带》中提过，在《裸人》一书的末尾再次提及；最近他又对厄

① 参看《蒙田随笔全集》中卷，第12章。——译者注

里蓬说："我们知道自己微不足道，没啥了不起；明白了这一点以后，我们竟然连这些知识能否算什么都不知道了。既然宇宙无法用思维去衡量，这就迫使我们怀疑思维本身。这个怪圈是走不出去的。"[58]我们不得不一边明白一切皆为空幻，一边却好像一切真有意义似的行事；一边明白人皆难逃一死，除此没有别的结果，一边却好像一切都有个方向似的。在《猞猁的故事》里，列维-斯特劳斯借助蒙田的彻底怀疑主义，回顾了自己与哲学家的争论。《雷蒙·塞邦赞》中有句话他十分喜欢："'我们与存在没有任何沟通'。这句决 420
绝的话概括了一切，而且一直被人们乐此不疲地引用。"[59]

是虚无主义吗？不完全是。大概是一种极端怀疑主义吧。不过，列维-斯特劳斯自备了解毒药，使他不会由于定睛观照虚无而陷入绝望或无所适从。他接着说，如果拿这种哲学来衡量我们的思想和行动，那就活不下去了。"无须别的证明，人类从把生活看成似乎有意义当中获得了感性的满足。如果不是撞上了这样一条经验性观察，彻底的怀疑主义只会导致自杀，或者最严酷的禁欲主义。"[60]自相矛盾，这就是拯救之法。一方面是哲学的意识，另一方面是实际生活的意识：这个态度并非权宜之计，也不是一种与哲学调解的办法，它的基础在于一个明显的事实上，而且在哲学上是适切的，那就是，我们不是生活在哲学当中，而是活在世上。

> 知识与行动永远被置于错误的境地：夹在两个彼此排斥的参照系统之间，却不得不接受它们，尽管对其中一个的哪怕是暂时的信任也将摧毁另一个的有效性。可是，我们不得不适应它们，让它们与我们每一个人共存共处，而不至闹出过多的悲剧。生命短暂：这种事全靠一点耐心。智者通过明智地掌控这种精神分裂，可以获得精神和道德上的安然无恙。[61]

列维-斯特劳斯的智慧在于他不是站在知性的角度上，而是从知性和现实世界两个角度同时出发。如果以这一立场为标准，那么20世纪的许多知识分子都可说是疯子。他们犯了一个致命的错误，以为知性必然是优先一切的角度。这样一来，他们就迷失在为了补足立场的缺陷而拼凑起来的大堆问题当中：不是干预生活就是躲进象牙塔；不纯洁就是玷污，不革命就是改良；如果在他们与现实世界之间出现了一条鸿沟，那就视若无睹，绕行之或填满之。在这个问题上，我们也知道他们是如何行事的。列维-斯特劳斯是从一个更困难的立场出发的，但这个立场却让他比较容易理解这个世界。结构
421 分析说明，如果站在高处远眺，神话只是“一部人们在成千上万年当中，甚至更久，在有人居住的广阔地区努力创造出来的鸿篇巨制，但它不通向别处，只能是自我封闭”[62]。哲学家对他的指责可以从这句话里得到解释，他们指责他把神话缩简为一套什么也不表达的话语。但他们是站在天狼星①的角度来谈论问题的。越是接近神话，神话就越有意义。只要缩小分析范围，就能看出许多差异，也就是意义之别。如果分析者进而把神话放入历史和流行的环境里，他还可以获得对于一个社会及其信仰的最确切最完整的看法。结构主义是关于具体的科学。为了使神话的形式显露出来，为了说明精神的结构，首先应当从人的高度去审视世界，再说其他。这种严谨性使列维-斯特劳斯得以避开了一些虚假的障碍，而他的同代人却在奋力与之拼搏。就这一方面而言，但愿他能够为21世纪的知识分子指明一条道路。

---

① 这一表达来自伏尔泰，指远距离观照世界。天狼星（Sirius）是最亮的一颗星。——译者注

十、1492年

在《猞猁的故事》发表之后接受的采访中，列维-斯特劳斯把关于美洲印第安人的二元意识的论点与欧洲准备大事庆祝的“发现美洲五百周年”拉上了关系。他肯定地说，那不是一次发现，而是一场“侵略”。先是西班牙人，随后是那些涌入“新大陆”的人们，各自心怀恶意：征服、归化、灭绝。在他们的意识里，那些野蛮的美洲印第安人是没有位置的。继吕西安·弗布尔之后，列维-斯特劳斯也震惊于欧洲人得知印第安人的存在以后，半个多世纪当中全无反应。无视他者的存在，理由很明显：“没有比一神论宗教对人类更危险的了。”[63]一神论宗教带来了不少益处，其中一个不可低估的益处是拥有理性主义和科学精神。但是，为此付出的代价也十分惨重：422 “那就是不宽容，帝国主义政策，确信只有自己才掌握理性和真理。”[64]假如发现美洲的西方人信仰多神论，他就会像多神教所告诫的那样，为别人留下一个小小的位置。

自1492年以来，被毁掉的无法复生。人们可以为摧毁活动表示遗憾，但无法弥补。列维-斯特劳斯之所以把《猞猁的故事》当作“一种忏悔，一种虔诚”[65]呈现出来，原因也在这里。跟印第安人的意识和文化的复出有关的任何事情，他都不断表明了关切。在1989年的展览已经说明了这一点，他密切注视着1990年加拿大莫霍克人（Morawks）的反抗，即便他对这种演变的后果不抱幻想，因为这种演变有利于某种取消往日文化的多样性的混合。

他多次参加这方面的公开讨论。他参与了《巴黎竞赛》画报关于“哥伦布之前的美洲”的系列文章的发表；参与了《出人意料的美洲大陆》一书的发表，该书以法英两种文字在波尔达斯出版社同时出版；他在《种族》杂志上发表了《征服活动大事记》一文，以唤起记忆，一一列举了西方征服新大陆的所得和这块大陆的所失。这是列维-斯特劳斯破例写的一篇檄文，因为它再次将人们的目光引向人类历史上的这个重大事件。“欠账尚未偿还，收益与损失之间建立不起任何平衡，西方仍欠一笔生态的债务，因为从长远的观点来看，它影响了世界上所有的社会的平衡发展和文化遗产的保护。萨满师亚诺玛米认为，淘金热和瘟疫蔓延不只殃及印第安人，也包括白人在内，他宣布了极少人明白的智慧的原则，我们是否能幸存下去也取决于它们。”[66]

《人类》杂志于 1992 年 4 月至 12 月间发表了“美洲的再发现”的系列文章，列维-斯特劳斯没有参与。不过，他为关于北美印第安人的一系列见证和资料撰写了一篇书评。为印第安人的利益而战的最好方式仍然莫过于保护他们的遗产，使之免于彻底消
423 失。可惜的是，民族志学家越来越需要借助某种资料考古学：比如说，19 世纪的风俗信仰大多被遗忘了，应该找寻回来，不是从老人的记忆力，而是要到昔日行政官员和传教士询问过的那些老人的回忆里去找。为此，尽量发掘、评论和刊布历史资料是十分要紧的事；这场奋斗涉及出版方针，新的一年最终要落实到一套科学计划上。

出于同一思路，列维-斯特劳斯 1991 年为《民族学和人类学词典》写了“博厄斯”词条。词典由皮埃尔·彭特和米歇尔·伊扎尔负责。列维-斯特劳斯强调了这位伟大的民族学家的博大精深，他的难以取代的著作，这些著作使得人类的大量记忆得以存留下来。列维-斯特劳斯还利用 1976 年至 1982 年间在法兰西学院的授课内容，撰写了“家宅”这一词条。可是，他并没有直接参加词典的编撰工作。词典的倡议者让·雅曼（Jean Jamin）不属于社会人类学实验

室。编辑组工作进展顺利，它包括了民族学几个主要研究中心的代表，但社会人类学实验室也积极参与，它仍然生机勃勃。

如果不顾迅速衰退中的欧洲乡村文明，只谈美洲印第安人的遗产，那将是荒谬可笑的。1992 年，列维-斯特劳斯为一部关于法国生态博物馆的书《记忆之地》，撰写了跋语。这些博物馆是乔治-亨利·里维埃倡议创建的，他经常就博物馆的问题与列维-斯特劳斯交换意见。面对正在消失的千姿百态的生活方式和职业，选取什么？取舍的标准是什么？展品的历史和美学价值应占多大比重？——此外，列维-斯特劳斯还增加了一条“年代价值”[67]，因为这些展品本身就是“名副其实的历史”。法国生态博物馆遍布全国各地，它们提示我们，一种文化与一方水土密不可分。在这个领域里，历史学家和民族学家的工作基本上是一回事。

十一、神游往昔 424

从写作《猞猁的故事》的笔耕中解放出来以后，列维-斯特劳斯再次“鬼迷心窍”，不是写作的“魔鬼”，而是求知的“魔鬼”。书刊、音乐、绘画。因为阅读和美学的快感为他提供了无穷无尽的思考题目。只需动笔便可成文。这是一种没有科研的压力的习作，一种让他自由面对过去的观点，并加以说明和补充的练习，尤其是一个阐释某些最新的发现的机会。1993 年 3 月，《看·听·读》发表了。

此书同样不求系统。列维-斯特劳斯在悠闲地漫步。24 个短章带领读者漫步艺术殿堂，穿越时空隧道。普鲁斯特、普森、狄德罗、拉摩、卢梭、夏巴侬①、兰波和十四行诗《元音》；最后，编结手艺

① 夏巴侬（Michel Paul Guy de Chabanon，1730—1792），法国小提琴家，作家。——译者注

阿卡迪亚的牧人（第二个版本）尼古拉斯·普森作，巴黎，罗浮宫博物馆

的意义，北美印第安人艺术家的地位。他在所有让他感到好奇的领域里漫游，看，听，读，阐释和对比作品。文化是一种消磨时间的方式。列维-斯特劳斯，学识渊博的学者，自由自在地与菲利浦·德·香槟、欧也尼·德拉克洛瓦、米歇尔·雷利、欧文·巴诺夫斯基①一起神游。他提到《皇家绘画学院的演讲》，引证修道院院长莫赫莱或费利边，借用河锅晓斋②的一次谈话。一部作品凭什么挑战不断改变的感性认识，而且能够感动一个20世纪的人，正如感动他的前辈那样？一如既往，列维-斯特劳斯再寻找恒常量：普桑的作品与冯·德·韦登的风格如此不同，他们之间是否有共同之处？他思

---

① 欧文·巴诺夫斯基（Erwin Panofsky，1892—1968），德国艺术史家，通常被认为是肖像学的创立者。——译者注

② 河锅晓斋（1831—1889），日本浮世绘画家。——译者注

考着，无一定计划，只为谈论心中想法的乐趣。17世纪名画《阿卡迪亚的牧人》的主题变换，把零散的片断“缝合”到一幅构图中的技巧，对真实的模仿，惯例的压力。

艾利才和利百加尼古拉·普森作，巴黎，罗浮宫博物馆

在音乐方面，他提出并接受了一个挑战：通过音乐理论的分析，弄清为什么拉摩的“卡斯托尔与波吕克斯”的“可悲的做作，微弱的热情”的曲调让我们腻烦，而在他那个时代却引起热烈的反应。他觉得小提琴家夏巴依是索绪尔和结构主义语言学的一位不为人所知的先驱，因为夏巴依写道：一个乐音本身没有任何意义，其价值来自于它与前后乐音的关系。他奇怪兰波在黑色与字母a之间为什么有令人惊诧的联想，而儿童都知道a是红色的。除了这些遐思以外，他还发表了他与安德烈·布列东1941年3月逃离纳粹占领的法国时的通信。他向狄德罗射出了几支致命的箭，列维-斯特劳斯一向不欣赏他；也射向高莱特，列维-斯特劳斯看不上她那木愚蠢的《儿 425

童与巫术》，他反对摇滚乐文化和杰克·朗[①]的文化政策。

这次漫游自然而然地终结于太平洋沿岸。列维-斯特劳斯记录了美国阿拉斯卡州特林吉特人（Tlingit）的一则神话。传说有一座雕像，塑造得完美无比，栩栩如生。“可是，不久，那雕像发出一声木头断裂般的声响，人们把它抬起来，发现底下长了一棵小树。人们随它长去，这就是为什么夏洛特王后岛上的崖柏长得那么美的由来。”（……）换言之，列维-斯特劳斯下结论说：“艺术品得以永存的唯一方式便是产生其他的艺术品，它们在当代人眼中比先前的更

让·菲利普·拉摩《卡斯托耳和波吕丢克斯》，1754年版本（国家图书馆 Vm^2 331）。

---

① 杰克·朗（Jack Lang，1939—），法国社会党政治活动家，担任过文化部长和教育部长。——译者注

40
Castor et Pollux.
Préparons, élevons d'éternels monuments Au plus malheureux des Amants
Préparons, élevons d'éternels monuments Au plus malheureux des Amants,
Tous
Trio.
Au plus malheureux des Amants; Que jamais notre amour ni son nom ne périsse?
Au plus malheureux des Amants; Que jamais notre Amour ni son nom ne périsse?
Acte 2e. Scene Pere
41
Que tout s'unis............se, que tout gémisse.
Que tout s'u nis............se, que tout gémisse.
Petit Silence
B. sons
Basses
SCENE IIe.
Telaïre
Très Lent.
Violons.
B. sons.
Telaïre.
Tristes ap:

《看·听·读》一书中的插图

生动。”[68]文化的繁衍和生物的繁衍一样。一个艺术家能够期盼的最大幸福——学者不也是如此么？——就是看到自己的作品诱发出其他作品。

《看·听·读》，“沿着河流”而作，在作者的眼里正是“马克斯·恩斯特那种拼贴画，或者一次小打小闹，要是您喜欢这么说的话”[69]。仿佛出于偶然，开头的几页是对一些零散片断的“缝补”。在列维-斯特劳斯的全部著述中，这本书独具一格，那些他缝补或粘贴的材料并不属于他习常的领域，然而却被一位巧匠独具慧心地制造出来了。他并不以艺术理论家、文学史家或音乐理论家自诩，但他会从这些学科的专家那里借用技术和资料，匠心独用地挥洒自如，而且毫不掩饰自己从中获得的乐趣：“大家都会说：‘这淘气鬼是谁？他竟然也来摆弄那些他一无所知的东西！’”[70]这个淘气鬼可能很高兴：他刚刚证明了自己并非一无所知。1993 年 6 月，《文学杂志》

在十年之内，第二次对他的作品表达敬意，专门为他发表了一组文章，此时距《看·听·读》发表刚满三个月。 426

列维-斯特劳斯一边深入法国文化的核心游逛，一边也有了去偏远之地的打算，他要去有异国情调的地方，回到记忆中去。他再次来到了巴西。电视七台和“乡村电影”于1992年共同制作了一部影片。这部名为《关于〈忧郁的热带〉》的影片仿佛回到了光阴的深处。影片展示了一些照片，特别是他当年在巴西用“8毫米椭圆形小摄影机”[71]拍下的一些电影片段。画面不连贯，而且晃动不止，因为是在马背上拍的。影片把观众带到了一个遥远的世界，古老得好像是欧洲人第一次来到此地的时代。

回顾历史不但表明民族学研究的意义，而且使南美民族学和历史的最新突破显得更为珍贵。1993年春季，列维-斯特劳斯为《人类》杂志的“沿着亚马孙河溯流而上”专刊写了一篇引言。他高兴地看到：“15到20年以来，依靠研究人员的热情和努力，亚马孙河流域的研究取得了长足的进展。”[72]经过一段无人问津的时期之后，巴西再度成为民族学家的研究中心，整个安第斯山地区也是如此。这些都得益于最新的考古发现、有条不紊的档案发掘，以及理论方面的持续努力，后者正在更新亲属关系系统的研究和对于所谓“原始”社会的研究。另一件令人欣喜的事：他与多米尼克-安东·格里索尼的谈话作为袖珍本再版《巴西地方旅行记》一书的前言出版了。此书作者是让·德·雷利。这让他想起一位老友：“我感到，雷利和我之间有一种默契，一种比肩而行的感觉。”[73]各种各样的巧合造成他与巴西民族志的先行者的足迹重合了。假如有个电影导演想把雷利和同伴的可歌可泣的事迹搬上银幕，他倒是会很乐意参与写作脚本的。

在巴西逗留的岁月除了为他留下了几部刚刚上映的电影以外，

还有三千多张照片。有些在《忧郁的热带》中已有介绍，余下的尚
427 未发表。列维-斯特劳斯选出了 180 张，加上一个序言，文中描绘了圣保罗当年的气氛，并提醒那是 30 年代的印第安人社会，照片配上了说明文字，于 1994 年 9 月以《忧郁的巴西》为名发表（第二年在圣保罗，选配了不同的照片，以《忧郁的圣保罗》为题发表了）。这个题目借自第一次世界大战前后在巴西逗留过的达利乌斯·米娄。照片选集让一个时代、一个地点和一些场合从记忆里浮现出来："但愿人们按照实情看待。（……）半个世纪之前的巴西和巴西人的一份见证。我向它们，也向我那遥远的青年时代表达我的友情和怀念。"[74]这份图像自传是时隔 40 年后对《忧郁的热带》的补充，是在读者的记忆里为属于他们自己的历史的一些时刻和地点"重新取景"。30 年代，他们也生活在圣保罗，他们也尾随着老牛的步子走过辽阔的马托·格罗索州。列维-斯特劳斯的回忆也是他们的回忆。

十二、总结

卢汶大学为"向列维-斯特劳斯致敬"，于 1994 年出版了一部纪念文集，题为《比较主义、神话、语言》。全书 400 多页，反映出列维-斯特劳斯思想的丰富，附带也证实了《看·听·读》里的思考。神话专家们尽力把结构分析扩展到南北美洲以外。大西洋、印度和古代和现代欧洲，同时通过与"类型学"和遗传学的新近思考的对照，拓宽它的理论领域。语言学家证明了列维-斯特劳斯思想的能产性。结构语言学曾经充实和丰富了人类学，结构人类学也为语言学提供了解释，促进了它的发展。

自 1994 年年底开始，出版的速度放慢了。列维-斯特劳斯刚过 86 岁生日，他开始感到疲惫，健康欠佳，年龄引起的精力不济。但

是他依然如故，谨守道德和心智的规矩。这反而给了他一种自由：他能做这个年龄很少有人能做到的事：紧跟世界局势，让每天的生 428
活适应情况的变化，一往无前而不迷失方向。

他继续为《人类》杂志撰写书评便是证明。1994 年，评论一部关于勒克维尔托印第安人（Lekwiltoq）的著作；1995 年，评论一份关于毕玛印第安人（Pima）起源的神话资料；1996 年，评论一个勒纳普印第安人（Lenape）的神话研究；1998 年，他为带插图照片的《圭亚那的印第安人》一书写了前言。完成“18 世纪风格”的研究和回忆了巴西之旅以后，列维-斯特劳斯返回了他的专业，美洲文化研究。他关注的都是历史书籍。那些社会在灾变降临之前是怎样生活的？它们的神话与历史事件之间有什么关系？在这种经常的关注背后，无疑还有某种复杂的情感：一方面，他希望为我们的精神和感性重建那个差不多消失的世界，它留下了令人赞叹的遗迹。另一方面，他要像《猞猁的故事》曾经显示的那样，继续“怜悯”和“忏悔”，尽力把五个世纪以前失掉的那部分人类遗产恢复起来，哪怕只留下一些知识也好。这种努力的必要性尤其在于他无法肯定能否打破人们已经形成的印象，尽管他在这方面付出了很大努力。说到圭亚那印第安人，他再次提到：“赤裸着身体的印第安人靠狩猎、钓鱼、采摘果实和刀耕火种为生，他们并不是原始人类的最后代表。”[75]那些依然被一些人称为“原始”部落的人民并不是化石。他们是人口稠密的社会的承继者，他们之间有过贸易往来和战争，欧洲人的到来几乎摧毁了一切。“令人赞叹的是，在这种孤独绝望之中，他们依然懂得再造可以维持下去的群体；也可以说，重新发明一种社会形态。”[76]

列维-斯特劳斯写作减少了，但思维依然敏锐。1995 年 11 月，他在意大利《共和国报》上发表了一篇题为《女子性学与社会起源》

的文章。法语原文已经于 1998 年在《现代》杂志上发表过。文章谈的是来自美国的一种新潮流，早已席卷英国，而社会科学高等研究
429 院的一位人类学家正忙着将其引进法国。在“性别研究”范围内，关于原始母权制的老论点又以强劲的势头重回学术界。列维-斯特劳斯阅览了那些新理论，它们建立在一个不可否认的事实上：“女人不是有一个或数个发情期。与动物不同，她们不是通过变换色彩和散发气味向男性发情，即有利于受孕和妊娠的时期。”[77]文化的源头找到了：它植根于生理学。由此建立起多种说法。列维-斯特劳斯一一过目。它们当中正反观点兼有：“这些互相抵触的矛盾阐释令人感到头晕目眩。但是，如果利用事实随便说什么都可以，在这些事实的基础上寻求一套解释便是白费力气。”[78]列维-斯特劳斯认为，这些论点和反论点在科学界已经达到了可以左右局面的程度，因此有必要高声疾呼，揭露其危险性。“一个世纪以来，连美国人类学家都竭力在他们的学科中引入一点慎重、一点严肃性和严谨性。看到自己的研究领域充斥着这些有关生殖器官的无稽之谈，他们能不伤心吗?”[79]从中看不到丝毫的严肃性。这些论点涉及一些几百万年前甚至更早的事实：其实我们对此基本上毫无所知。为了绕开困难，他们声称文化的出现是最近的事——大约 5 万年前。可是，支持这一辅助论点的论据却是武断任意的。总之，这些理论的始作俑者制造了似可支持它们的一些观察结果，这样做的后果是使人类学倒退到“好几个世纪以前”[80]。

1997 年，《人类》杂志的编委换了。让·布庸顶着“秘书长”的委屈头衔，担任了长达 35 年多的总编辑工作，现在交班了。旧编委成员都为一期专刊投了稿，向唯一健在的创刊人列维-斯特劳斯致敬。《〈人类〉之人》（*L'homme de L'Homme*）回顾了列维-斯特劳斯的英雄时代的小故事，强调了他担负的工作之繁重，若落在别人身

上可能会垮掉；杂志发行了 143 期，数量可观，从而圆满完成了创刊 430
时列维-斯特劳斯亲自规定的两大任务：使法国人类学拥有同盎格鲁-撒克逊国家一样的出版规模；同其他学科协作，以突出独特性。

标显存在主义和结构主义的对垒的时代已经过去。但《人类》杂志和《现代》杂志还在。有时候，当年的争执还会浮出表面。在《现代》1997 年 12 月号上，两位寻找思想大师的杂志作者联手"再访"60 年代初的论争，那场论争本来可能造成列维-斯特劳斯与萨特之间的对立。论争是指列维-斯特劳斯在《野性的思维》一书末一章对《辩证理性的批判》的评论，对此萨特从未做出回应。两位杂志作者简要地展示了所有论点，好像是在这两位思想家之间组织一场体育比赛。这场存在主义对结构主义的论战，似乎萨特最终大获全胜。在各个方面，马克思主义版本的存在主义仍然有现实性。结构主义没有经受住时间的考验。这两位作者甚至认为只有在《现代》杂志上发表的那些文章，才是列维-斯特劳斯真正有价值的文章，好像适切性和永恒性要靠萨特的庇荫。这篇文章充满了逻辑不通与谬误，列维-斯特劳斯认为有必要做出回答。他在 1998 年《现代》3～4 月号上发表了《往事回首》。文中不得不提醒，他从未说过原始民族没有历史，"冷"社会和"热"社会的区别不等于说它们的性质不同，恰恰相反，正像"冷"与"热"两个形容词所表明的，它们在同一个梯次体系里，只是程度不同而已。攻击者声称，梅洛-庞蒂过去为他写的一篇文章藏有一种批评。为了证明这个说法，他们援引了文章片段。列维-斯特劳斯巧妙地指出，这些片段直接引自他本人的文章。他总结说，无论他们想说明什么，"文章作者没有必要非得歪曲想法和事实不可"[81]。

这场荒谬的交锋自有其背景：人类学有一种新的思想趋势，基本上来自美国。针对女权主义者的母权制论点，列维-斯特劳斯已经

431 谈过自己的看法。现在涉及的问题是所谓“文化研究”（Cultural Studies）。其代表人物之一叫瑞纳托·罗萨尔多①，列维-斯特劳斯的两位批评者都把他的研究视为经典。其实这些文化研究是以福柯和格拉姆奇②作为参照坐标的，并不是萨特；它们尤其感兴趣的，是少数民族运动，而不是已经有自主权的印第安人。列维-斯特劳斯认为问题的关键恰恰在这里。一旦印第安人“成为共同历史的一部分”[82]，民族学家就失去了领地和参照坐标。“预感失业在即，一些民族学家便去敲别的学科的大门。他们去哲学、精神分析或文学那里找活儿干，不顾把后者的学科变成大杂烩的风险；由于找不到一个正面的定义，这大杂烩便被叫做（……）后结构主义或后现代主义。”[83]列维-斯特劳斯很注意不去对新一代人类学家的运动发表意见，可是他关于正面定义的提法却凸显出一个事实：后现代性只能相对于现代性而存在，后结构主义只能相对于结构主义而存在。要想“解构”，必得有构可解。那些声称接替传统人类学——并不单指列维-斯特劳斯一人——的运动属于一种寄生的思想体系。这并不令人乐观。

十三、没影线

1998年11月28日，列维-斯特劳斯度过90岁寿辰。第二年1月初，《评论》杂志为他出版了一期专刊，并且在法兰西学院为他举行了庆祝会。他作了简单的发言。讲话的概要第二天发表在《世界报》

---

① 瑞纳托·罗萨尔多（Renato Rosaldo，1941— ），美国后现代主义人类学家，著有《抱怨和猎头者的愤怒》一书。——译者注

② 安东尼奥·格拉姆奇（Antonio Gramsci，1891—1937），意大利作家，政治活动家和马克思主义政治理论家，以“文化霸权论”知名。——译者注

上，引起人们的动情。很少有人用如此尖锐的口吻谈论高龄问题。

> 蒙田说过，衰老使我们日渐缩小和衰弱，因此当死亡突然来临时，只能带走四分之一或二分之一的人。蒙田59岁时故去，大概他无法知道如我今日这样的高龄老人心里作何感想。我没有想到会享有如此高寿，这是一生中最令我惊讶的一件事。我觉得自己如同一张破碎的全息照片。照片不再完整，然而，正如任何全息照片那样，每一部分都保存着一个意象，它是整体的完整代表。
>
> 因此，对我来说，今天确实有一个真实的我，不过只剩下四分之一或二分之一，以及一个虚拟的我，他仍然抱有一个反映着整体的生动的念头。这个虚拟的我计划写一本书，开始组织各个篇章，然后对那个真实的我说："现在该你了。"可是真实的我心有余而力不足，于是对虚拟的我说，"那是你的事，只有你有完整的构思。"我目前就生活在这场奇怪的对话当中。

《评论》杂志由马克·欧热负责报道列维-斯特劳斯的专刊，对他的个性、他的作品及其接受情况作出全面介绍：语言、音乐、精神分析、亲属关系的系统、哲学、人类学发展史、生命历程。成果毋庸置疑。30多年来，民族学大多数意义深远的成果都留有大师的某种"足迹"。但是批评也势头不小。人们注意到，试图埋葬结构人类学的批评先是箭一般的迅速蹿升，随后逐渐偃旗息鼓。60年代，马克思主义者指责他否认辩证法和阶级斗争，也就是无视历史。70 432
年代，左翼评论界指责他不顾政治关系，也就是拒绝政治。80年代，主体回归，他又被指责没有在研究对象中间扎根生活，也就是不重视田野考察。现在，正如《评论》专刊所见证的那样，又逐渐浮现了对于他对精密科学的态度的指责，也就是向神经科学献殷勤。

其实他已经再三重申“文化塑造自然，而非相反”[84]的假说，甚至最近还重申过。人们指责他实行一种实证唯物主义，倾向于把一切人类现象都归结为生物化学条件。其实这是混淆了他的思想和敏感性——即他在法兰西学院的讲话中所说的“那个真实的我在继续消
433 解，直至最后解体”——的哲学背景和他的严格意义上的科学方法，后者在对人类社会的研究中一向赋予精神以首要地位。

除了这些一般性论证以外，列维-斯特劳斯的论点还激励人们开展研究和从事理论思考。90年代末以来，数学形式化问题再次成为人们讨论的热点。有两本书表明结构主义理论中这个最“难”部分的回归。在1998年出版的《阅读列维-斯特劳斯》一书中，吕西安·斯居普拉（Lucien Scubla）对人类学著述当中的经典公式作了一番清理，评估了它的应用范围。为了让它充分发挥作用，斯居普拉提议勒内·多姆的思路，把它发展成一套关于形态生成的理论，那“可能是丰富结构主义的一条途径，而且在更广泛的意义上，将使关于人的科学以不可省约的方式纳入自然科学”[85]。艾玛纽埃尔·戴沃在《美洲难题》一书里利用经典公式和“克莱因组”再次提出和加深了《神话学》的研究，他指出在整个美洲大陆上，从神话的“大量嬗变”中可以“分析出一种为神话、礼仪和社会组织所通用的语言”[86]。列维-斯特劳斯所指出的道路本身便包含着对于未来的许诺——也许是一个人们久已盼望的与自然科学合作的未来，总之它将有赖于自身的变化及随之而来的研究成果。菲利浦·戴高拉① 1993年发表的《黄昏之矛》一书实际上是《忧郁的热带》的微缩版。同样是亚马孙河流域的考查地和自传体的写法，同样是拖延很久才落笔和征引与回忆相结合，而

① 菲利浦·戴高拉（Philippe Descola，1949— ），法国当代人类学家，研究方向为大自然的社会化过程。——译者注

且收入了同一套书。列维-斯特劳斯的作品经过一代人之后，在一个全新的背景下被提出、消化、变换和摆放。这是一系列变化的开始。

2000 年 6 月 26 日，列维-斯特劳斯就意大利电视台文化频道记者马尔赛罗·马桑齐奥的提问，谈论自己的作品以及喜爱的作家。他详谈了与卢梭的关系。卢梭曾经是，也依然是他最欣赏的散文家。尽管遭到竭力歪曲，他关于人从自然状态向社会状态的过渡的论述对人文科学仍然有根本性的意义。不过，对他的政治哲学，列维-斯特劳斯持保留态度。卢梭对于中间政体的重视实际上把他自己置于孟德斯鸠开启的传统之内。 434

列维-斯特劳斯首先从一个一般看法开始。“人文科学的悖论在于我们的研究对象是人，但我们不应忘记，人首先无法脱离生活，也无法脱离构成世界和宇宙的所有现象。”[87]这只是一个提示。他在别处已经谈过。不过还是应当在此驻足，细说一下。因为列维-斯特劳斯的所为一如他所言：他研究人类，但不忘人类属于大自然。采用这个方法研究人类学的并非仅他一人，可是只有他才把这一点当作他的思想核心。列维-斯特劳斯从来不空谈教义，从未声称要建立一个体系。他只试图解释所见所闻。他的工作动力是“尽力理解世界”[88]。这是因为在他看来，整体性不在永远可以修正的解释当中，而在世界当中。如果说结构主义曾经怀有席卷天下的抱负，那不是因为它是一种手段，而是因为它研究的对象本身是一个整体。尽管列维-斯特劳斯强调他对涂尔干已经弥补了“青年时期的不忠”，而最终站到“他的旗帜下”[89]，可是，社会事实无论是否完整，不过是一个过程当中的一个时刻而已，这个过程包含并且超越了社会。

几年以前，谈到生态学的时候，列维-斯特劳斯站出来反对环境的概念，因为这个字眼意味着以人为中心，人拥有周围的一切。这种拒绝正好反映了他的立场。人不是中心，只是众多实体当中的一个，人的特权既无根据，也无从捍卫。在这里，列维-斯特劳斯是以哥白尼革命的见证人和阐释者身份出现的：宇宙不再围绕着人运行，正如从前它并没有围绕着地球运转一样。或许，这种信念与感性的演变之间的巧合可以部分地解释他的成功。此时正逢经历了非殖民
435 化运动和冷战的西方世界找回了分寸感，同时科学界也由于知识的愈益复杂而不得不采取谦卑的态度。

十四、亲属关系与暴力

2000 年，在弗朗索瓦兹·埃里帖主编的一部文集中，列维-斯特劳斯发表了一篇名为《阿米巴虫的寓言》的文章。此文旨在弄清社会生活开始的时间。继弗洛伊德之后，人们以为家庭起源于群体内部，然后聚合为社会。列维-斯特劳斯提醒道，这是一种玄想，也是一个谬误，最早出现的不是家庭，而是交换："没有交换就没有社会。"[90]但是，交换的逻辑优先性却引出了一个问题。如果接受这个观点，便无法用家庭来解释社会了。自然的基础没有了，必须在别处找原因。阿米巴虫的说法应运而生。这些单细胞体靠细菌为生。细菌一旦没有了，就出现了一个令人瞩目的现象：阿米巴虫们自动聚集和组织起来，往别的更有利于生存的地带迁移。它们变成了一个社会。这个过程全靠一种名为循环 AMP 的吸引物质才得以实现。这种物质是保障细胞之间相互沟通的化学介质。这个寓言的喻意十分明显：社会生活"产生于个体之间的吸引作用"[91]。

问题至此还没有完结。关注家庭的起源的作者大都研究暴力和凶杀的问题，它们与循环 AMP 的分泌活动所引发的机制之间存在相似性，这表明当吸引作用足以使个体能够开始相互寻找时，它就停止了：超出了这个限度，个体之间不是吸引，而是相互吞噬。"如

果说这个寓言有一部分是真理，那么无论代价多高，我们都得承认，从沟通到社会性本身是很容易跨越的一步，前者是社会性的基础，后者是捕食行为的下限。”[92]

最后仍需说明一点。列维-斯特劳斯打算用这篇文章来表明，他并不掩盖暴力作用，而是相反地把它当作社会生活之源，他所在的 436 层次更深于“那些利用祭杀替罪羊而从习俗中产生社会的层次”[93]。这样，他就附带地表明了对一种理论所持的观点，而这一理论是他从未专门讨论过的。

《人类》杂志 2002 年 4～9 月号是“亲属关系问题”专刊。列维-斯特劳斯撰写了结束语，对亲属关系和联姻问题的目前研究状况做出了总结。《亲属关系的基本结构》发表 50 多年了，他仍然不得不重申多次说过的话：他没有把弗洛伊德的家庭先于社会的观点当成自己的；他对是妇女的交换还是男子的交换无所谓——只需改换一下符号即可。可是，他注意到他的论点仍然是当代研究的热门话题。“关于亲属关系和婚姻的多重规则含混不清，很难理解，我只是尝试把它们缩减为少数的简单类型。每一种类型都有其解释价值；我尝试指出，由此出发可以推演出较复杂的类型来，而且它们之间存在着变换关系。”[94]这一简单的表达似乎概括了一个非常简单的操作。然而这正是他的成功和光荣之一，也是他可以感到满足的第一个理由。他把一个研究领域变成了一门科学的学科，并且把它变得可破解、可解释、可预见。他在最后的著述中经常复述人类学创建者之一爱德华·泰勒①的话：如果某个地方存在着法则，那么到处都应当有。列维-斯特劳斯为拓展法则已经搞清楚的领域做出了贡

① 爱德华·泰勒（Edward Burnett Taylor，1832—1917），英国人类学家，文化进化论的代表人物。——译者注

献。换言之，他是以学者的身份行动的。他的建树不在于建构一门注定日后会被淘汰的社会哲学，而是一次科学的进步，并且进入了一个传统，其中每个时刻都吸取了前人的成果，再被后来者所吸收。

正是基于这个理由，在结束语中，他高兴地注意到亲属关系和联姻现象的研究的走向。他着重指出，新圭亚那腹地的发现和亚马孙流域的研究的再度兴起带来了决定性的进展；他为无差别
437 社会的研究的蓬勃发展感到鼓舞；最后，他还表示很高兴看到一些民族学研究产生了具体影响：家族谱系为在法庭上陈述要求提供了依据；亲属关系的研究使人可以窥见“行动者的内心体验及其思维方式”[95]。从最后这一趋向中浮现出一个有趣的现象：“哲学再次居于人类学舞台的前沿。不是我们的哲学，即我那一代人曾经请求异国人民帮助摆脱的哲学，而是——借助令人瞠目的万物轮回之力——他们的哲学。”[96]列维-斯特劳斯明确说，这只是一种感觉。他不会为这样的回归感到欢欣鼓舞，但他可以品出其中的滋味。

列维-斯特劳斯尽管贡献巨大，却没有停止工作。还得继续阅读、了解时事、讨论，并且出于地位和来访者的要求，提供一些帮助。他经常沿着螺旋形楼梯攀上人类学实验室的办公室。他的注意力没有松懈。2000 年至 2004 年间，他给《人类》投去几篇关于美国民族学研究的深入评论：再版了一位莫亥维印第安人（Mohave）讲述的英雄史诗；考察了生活在太平洋沿岸的皮吉桑德印第安人（Puget Sound）的一套昔日礼仪；一篇关于纳瓦霍印第安人的起源的论文。列维-斯特劳斯以他一贯的严谨态度讨论资料来源和方法、论证和结论。剑桥大学出版了一部关于美洲民族史的巨著，引起他在 2001 年 4～9 月号上发表评论。这部书绝对不是 40 年代他参与过的史密森尼学会的那部书的继续。计划、方法和主题的选择都有前

后不一致之处，更不用说索引所揭示出来的疏漏了。这些足以说明它的缺失。更严重的是，作者并不把欧洲人的到来看成像通常认为的那样具有灾难性。

他们强调历史的连续性，而不是断裂，而且坚持“种族灭绝同样意味着种族的诞生。不错。可是，这两个方面的问题能够相提并论吗？”[97]列维-斯特劳斯对一组文章甚感气愤，文中把西班牙人说成不同的团体之一，把人口锐减说成是死亡率升高。“我们知道这种态度会把欧洲近代史改变成什么样子，这就叫做修正主义。”[98]他认为那是世界史上的一个重要事件，其后果是几乎彻底摧毁了人类一半的人口资源，而这一切都被淡淡地一语带过。这种立场表明缺乏道德严肃性，形式方面的不一致表明缺乏科学严谨性。同样，细节本身并非无所谓：“小处的做法也说明丧失了坐标，对后现代的倒退也有影响。”[99]列维-斯特劳斯依然是伦理学家。 438

英国的做法反衬出另一套研究的质量，即史密森尼学会2001年对平原印第安人所做的调查。列维-斯特劳斯在2002年《人类》10～12月这一期上对之进行了评论。这部著作与传统民族学方法决裂，“代之以至今仍在的部落对他们自己的历史可能抱有的看法。这种角度的改变理应记录在案。最近的历史（……）承认原住民的权利及其后代要求的地位，这些都足以说明为什么会有这种变化。”[100]严谨不等于刻板。列维-斯特劳斯的严肃态度并不说明他死抱着那些在别人眼里已经过时的观点。这种态度反而使他能够确认和接受他的领域里发生的变化，只要这些变化是真实的，而非出自于某种时尚或疏忽大意。

十五、自然与神话

列维-斯特劳斯不满足于只关注人类学的发展，他也关心时事。在新近的一篇文章中，他还谈到斯潘塞伯爵①以及黛安娜王妃的葬礼。他继续阅读科学杂志。2002年春，论文《生物系统发生学的分类》的发表给了他一个证明对自然科学的掌握的机会。最专业的术语也不会令他却步。“按照亲缘分支学的称呼，与那些接触形态相
439 反，派生形态都是派生的性状，是只出现在两个或更多类别里的新性状。”[101]我们怀疑《人类》杂志的读者是否跟得上他的思路。也许，他以此来刺激读者去探问究竟。在自然科学中，分类问题在亲缘分支学的影响下已经彻底更新。新的分类方式所基于的那些原则特别引起了这位民族学家的关注。这些原则为他提供了一种手段，使他可以摆脱社会关系方面的一些虚假的问题。“民族学现在懂得，社会就像活的有机体，各自都处于演化当中，从这个观点看，也都应等量齐观才对。”[102]

从自然科学的角度来看，把社会分成三六九等的时代——通常以人类中心论为基础——已经过去了。这种局面与种族主义几十年来的情形很相似。2001年，《种族与历史》和《种族与文化》合并为一册，以袖珍本重新发表，从而既使一份经典文献变得容易查阅，也让人们看到一份鲜为人知的文本。在平等的论点与必然有区别性差异的论点之间，这两篇文章的合集还能够突出二者的互补性。自然科学已经打破了它们往日所服务的观点。当今的学者们应当走出

① 似指斯潘塞伯爵八世（Edward John Spencer，1924—1992），威尔士公主黛安娜王妃之父。——译者注

已经过时的不信任感，考虑一下在哪些方面自然学科可以有所助益。分类系统恰好为民族学家提供了一个只会激励他们的思考空间。

不妨想象某种神力让列维-斯特劳斯成为不朽之人。年复一年，他乐此不疲地笔耕不辍，往来穿行于他的两个主要活动领域。他谨守职业的本分，拒绝偏离本行。2002 年 4 月，《新观察家》杂志就什么是智慧进行调查。记者问他的看法，他以一贯的优雅风度，简单扼要地说："请原谅，亲爱的先生。在我这个年龄，我理解的智慧便是不回答这一类问题。您保重。"[103] 440

2002 年，神话研究的势头超过了亲属关系。蛇发女魔①有几个姐妹，叫做格赖埃（les Grées）。列维-斯特劳斯建议，把她们出现的希腊传说与英属哥伦比亚神话里的瞎眼老妇做出比较。一方是珀耳修斯和伊阿宋②的历险过程，一方是水文地理事变时代的几位英雄，双方呈现出一系列区别和相似，从而可以建立起两组彼此相似的变换，中间跨越数千年和数千公里的时空距离。在分析中，列维-斯特劳斯强调，必须把过于显豁的相似之处放在一边，因为平庸无奇便失去了适切性。细节能够说明问题。人物的修饰语、位置、各自举动、角色的分配等都放在一起做出了比较：有时，极细微之处暴露相似的结构。如同弗洛伊德所说，从最微不足道中可见最深刻的意义。结构分析在这儿好比一个非同一般的观察手段。它可使你逼近观察，而且看得清晰，能够说明每个细节。正是在这一点上，它胜过了它的强大的、也许是唯一的对手：解释学。对此，列维-斯特劳斯在新近一篇文章中做出了暗示，他说："整个解释学所面临的

① 希腊神话里的三姐妹之一，蛇缠头顶，双目圆睁。望之者必化为石头。——译者注

② 在古希腊神话中，珀耳修斯（Persée）天神宙斯的儿子，伊阿宋（Jason）是寻找金羊毛的悲剧英雄。——译者注

《种族与历史·种族与文化》法文版插图

危险是，不知不觉地开始代替那些你自以为理解的人去思想，而且把他们所想之外的和不同的东西硬派给他们。”[104]结构分析使你紧靠着事物，无论它是一段叙述，一个思想，一项规范，一种关系，还是一件物品。

可是，并不是所有的问题都能获得解决。古希腊与当代英属哥伦比亚的神话之间的相似之处没有解释。没有任何证据能够支持文化传播论的假说——那样至少还得建立一些中介变换——也无法证明独立发明之说。“这个特殊情形的意义在于可以充当一个范例，曾经作为我的工作手段的结构分析本身并不扮演解决问题的角色——尽管也可以做到——而是告诉我们，问题存在于我们看不见的地方。这个任务可能无功而返，然而不无用处。”[105]这就是列维-斯特劳斯： 441
他的谦逊来自于他清楚自己所做的事。在这段话里，他所做的事就是结构分析的未来。他的解决问题的能力化为一句插入语：案情现已审理完毕。剩下要做的，就是结构分析能够做和将要做的事了，只要人们愿意利用它。这个任务至少具有同希腊和印第安神话相同的时空广度。

列维-斯特劳斯已经多年不在公共场合出现了。2002 年秋，卡特琳娜·克莱芒发表了一本介绍他的书，她是列维-斯特劳斯最早和最忠实的阐释者。借此机会纪尧姆·杜朗为“校园”节目采访了列维-斯特劳斯，节目在他家拍摄，场景是人们熟悉的。人类学家就几个一直萦绕心头的主题作了回顾。他已经 94 岁了，需要节省精力。谈话一结束，列维-斯特劳斯就继续工作了。

2003 年 1 月 17 日于日内瓦

注释

[1] Jérôme Garcin, "Visite à Lévi-Strauss", *Le Provençal dimanche*, 19 août 1984.

[2] *Idem.*

[3] *Idem.*

[4] Claude Lévi-Strauss, Didier Eribon, *De près et de loin*, *op. cit.*, p. 261.

[5] *Idem*, p. 262.

[6] *Idem.*

[7] Claude Lévi-Strauss, "Je hais toujours les voyages !", *Le Nouvel Observateur*, 11 au 17 octobre 1985.

[8] "Un anarchiste de droite", *L'express*, 17 au 23 octobre 1986.

[9] "Claude Lévi-Strauss: L'ère des maîtres est révolue", *Le Figaro littéraire*, 3 mars 1986.

[10] "Claude Lévi-Strauss: il était une fois…", *Le Matin*, 8 october 1985.

[11] Claude Lévi-Strauss, "Fernand Braudel", *Esprit*, n° 111, février 1986.

[12] "Allocution de Claude Lévi-Strauss", *Ethnologie française*, t. XVI, n° 2, avril-juin 1986.

[13] Claude Lévi-Strauss, "Nous avons lui et moi essayé de faire à peu près la même chose", *André Leroi-Gourhan ou les Voies de l'homme*, Paris, Albin Michel, 1988, p. 205.

[14] *Idem.*

[15] Claude Lévi-Strauss, "Je hais toujours les voyages !", *Le Nouvel Observateur*, 11 au 17 cotobre 1985.

[16] *Le Magazine littéraire*, n° 311, juin 1993, p. 26. Les conférences sont publiées, en 1988, en japonais et en anglais.

[17] *Idem*, p. 48.

[18] *Idem.*

[19] Claude Lévi-Strauss, "Hérodote en mer de Chine", *Poikilia*, *Etudes offertes à Jean-Pierre Vernant*, Paris, Editionsde l'Ecole des hautes études en sciences sociales, 1987, p. 30.

[20] Maurice Coyaud, Claude Lévi-Strauss, "Trois images du folklore japonais", *De la voûte céleste au terroir*, *du jardin au foyer. Mosaïque sociographique*, Paris, Editions des hautes études en sciences sociales, 1987, p. 751.

[21] *Idem*, p. 762.

[22] Claude Lévi-Strauss, Didier Eribon, *De près et de loin*, *op. cit.*, p. 263.

[23] *Idem*, p. 264.

[24] *Idem*, p. 264 - 265.

[25] Claude Lévi-Strauss, *Regarder Ecouter Lire*, *op. cit.*, p. 116 - 117.

[26] Claude Lévi-Strauss, Didier Eribon, *De près et de loin*, *op. cit.*, p. 229.

[27] *Idem*, p. 232.

[28] Claude Lévi-Strauss, "Le cadre et les oeuvres", *Le Débat*, n°44, mars-mai 1987, p. 183.

[29] Claude Lévi-Strauss, Didier Eribon, *De près et de loin*, *op. cit.*, p. 239.

[30] Claude Lévi-Strauss, "Le cadre et les oeuvres", *op. cit. p.* 182.

[31] *Idem.*

[32] Claude Lévi-Strauss, "De la Fidélité au texte", *L'Homme*, n°101, 1987, p. 136.

[33] *Idem*, p. 118.

[34] *Idem*, p. 117.

[35] *Idem*, p. 132.

[36] *Discours de réception de Georges Duby à l'Académie française et réponse d'Alain Peyrefitte suivis des allocutions prononcées à l'occasion de la remise de l'épée*, Paris, Gallimard, 1988, p. 100.

[37] *Idem*, p. 104.

[38] Claude Lévi-Strauss, Didier Eribon, *De près et de loin*, *op. cit.*, p. 211.

[39] *Idem*, p. 220.

[40] Claude Lévi-Strauss, "Exode sur Exode", *L'Homme*, n°106 – 107, avril-septembre 1988, p. 21.

[41] *Idem*, p. 20.

[42] *Idem*, p. 14.

[43] *Idem.*

[44] Claude Lévi-Strauss, Didier Eribon, *De près et de loin*, *op. cit.*, p. 135.

[45] *Idem*, p. 265.

[46] Claude Lévi-Strauss, *Des Symboles et leurs doubles*, *op. cit* p. 11.

[47] *Idem*, p. 256.

[48] Claude Lévi-Strauss, "Mes Amériques", *Le Nouvel observateur*, 19 – 25 octobre 1989.

[49] *Idem.*

[50] Marc Augé, "Ten questions put to Claude Lévi-Strauss", *Current Anthropology*, vol. 31, n° 1 février 1990, p. 87.

[51] *Idem*, p. 88 (texte original: "Return to Square One").

[52] Claude Lévi-Strauss, *Histoire de Lynx*, Paris, Plon, 1991. p. 295.

[53] *Idem*, p. 299.

[54] *Idem*, quatrième de couverture.

[55] *Idem*, p. 316.

[56] *Idem*, p. 292.

[57] *Idem*, p. 285.

[58] Claude Lévi-Strauss, Didier Eribon, *De près et de loin*, *op. cit.*, p. 225.

[59] Claude Lévi-Strauss, *Histoire de Lynx*, op. cit., p. 286.

[60] *Idem*, p. 286 - 287.

[61] *Idem*, p. 288.

[62] *Idem*, p. 251.

[63] Claude Lévi-Strauss, "Le prix *à* payer du monothéisme", *Le Figaro littéraire*, octobre 1991.

[64] *Idem.*

[65] Claude Lévi-Strauss, *Histoire de Lynx*, *op. cit.*, p. 16.

[66] "Chroniques d'une conquête", *Ethnies*, n°14, 1993, p. 6.

[67] *Territoires de la mémoire. Les collections du patrimoine éthnologique dans les écomusées.* Thonon-les-Bains, Société Présence du Livre, 1992, p. 120.

[68] Claude Lévi-Strauss, *Regarder Ecouter Lire*, op. cit., pp. 174 et 176.

[69] "Claude Lévi-Strauss, esthétique et structuralisme", *Le magazine littéraire*, n° 311, juin 1993, p. 24.

[70] *Idem.*

[71] Claude Lévi-Strauss, *Saudades do Brasil*, *op. cit.*, p. 23.

[72] Claude Lévi-Strauss, "Un autre regard", *L'Homme*, n°126 - 128, avril-décembre 1993, p. 7.

[73] Jean de Léry, *Histoire d'un voyage faict en la terre du Brésil*, Le Livre de Poche, 1994, p. 7.

[74] Claude Lévi-Strauss, *Saudades do Brasil*, *op. cit.*, p. 23.

[75] *Indiens de Guyane*, *Wayana et Wayampi de la forêt*, Editions Autrement, 1998, p. 5.

[76] *Idem*, p. 6.

［77］*Les temps Modernes*，n°598. mars-avril 1998，p. 79－80.

［78］*Idem*，p. 82.

［79］*Idem.*

［80］*Idem*，p. 83.

［81］*Idem*，p. 77.

［82］*Idem*，p. 76.

［83］*Idem.*

［84］Claude Lévi-Strauss，"La sexualité féminine et l'origine de la société"，*Les Temps modernes* n°598. mars-avril 1998，p. 84.

［85］Lucien Scubla，*Lire Lévi-Strauss. Le dépoiement d'une intuition*，Paris，Editions Odile Jacob，1998，p. 293.

［86］Emmanuel Déveaux，*Quadratura Americana. Essai d'anthropologie lévi-straussienne*，Genève，Editions Georg，2001，p. 617.

［87］Claude Lévi-Strauss，un itinéraire. Entretien avec Marcello Massenzio，Paris，L'Echoppe，2002，p. 14.

［88］*Idem*，p. 31.

［89］*Idem*，p. 37.

［90］*En substances. Textes pour Françoise Héritier*，ouvrage collectif，Paris，Fayard，2000，p. 494.

［91］*Idem*，p. 496.

［92］*Idem.*

［93］*Idem.*

［94］Claude Lévi-Strauss，"Postface"，*L'Homme*，n°154－155，avril-septembre 2000，p. 717.

［95］*Idem*，p. 719.

［96］*Idem*，p. 720.

［97］*L'Homme*，n°158－159，avril-septembre 2001，p. 440.

[98] *Idem.*

[99] *Idem*，p. 442.

[100] *L'Homme*，n°164，octobre-décembre 2002，p. 169.

[101] *L'Homme*，n°162，avril-juin 2002，p. 310.

[102] *Idem*，p. 311.

[103] *Le Nouvel Observateur*，numéro hors-série，avril-mai 2002，p. 64 - 65.

[104] *L'Homme*，n°154 - 155，op. cit.，p. 720.

[105] Claude Lévi-Strauss，"De Grées ou de force?"，*L'Homme*，n°163，juillet-septembre 2002，p. 16.

参考文献

443 以下不是列维-斯特劳斯的著述书目，那些书目已经收入许多文献之中了。本书参考的他的书籍、文章，如同他提供给作者的无数会谈和采访一样，已经随着本传记的展开一一列出。所以，以下只是关于列维-斯特劳斯的著作、资料和文章，本传记的撰写过程中曾经查阅和利用过它们。

Annuaire de l'Ecole pratique des Hautes Etudes, *section des sciences religieuses*, Paris, 1951—1974

Annuaire du Collège de France, Paris, 1959—1984

Annuaire. Ecole pratique des hautes études.

Section des sciences sociales, Paris, 1951—1974

Anthropologica, vol. XX, n° 1 - 2, "Mélanges offerts à Claude Lévi-Strauss à l'occasion de son 70e anniversaire de naissance", numéro spécial sous la direction de Pierre Maranda, Centre canadien de recherches en anthropologie, université de St Paul, Ottawa, 1978

Arc (L'), n° 26, 1968, "Claude Lévi-Strauss"

Aut Aut, n° 88, juillet 1965, "Claude Lévi-Strauss"

Bulletin de "Révolution constructive", 1re année, n° 1, juin 1933

Cahiers de philosophie, n° 1, janvier 1966, "L'anthropologie "

Cahiers internationaux du symbolisme, n° 17 - 18, 1969, "Le structuralisme"

Cahiers pour l'analyse (Les), n°4, Paris, Cercle d'épistémologie de l'Ecole normale supérieure, septembre-octobre 1969, "Lévi-Strauss dans le XVIIIe siècle"

Circulaires du Groupe d'études socialistes des Ecoles normales supérieures, avril 1926 et septembre 1926

Claude Lévi-Strauss, textes de et sur Claude Lévi-Strauss réunis par Raymond Bellour et Catherine Clément, Paris , Gallimard, 1979 (Idées)

Claude Lévi-Strauss: the Anthropologist as Hero, E. Nelson Hayes et Tanya Hayes ed. , Cambridge, Massachusetts, The MIT Press, 1970

Comparatisme, Mythologies, Langages, en hommage à Claude Lévi-Strauss, Christophe Vielle, Pierre Swiggers et Guy Jucquois ed. , Louvain-la-Neuve, Peeters, 1994

Critique, tome LV, n° 620/621, janvier-février 1999, "Claude

Lévi-Strauss ”

Dictionnaire de l'ethnologie et de l'anthropologie, sous la direction de Pierre Bonte, Michel Izard *et alii*, Paris, PUF, 1991

Documents. Archéologie, Beaux-Arts Ethnographie, Variétés, 2e année, 1930, n° 3, Paris, 106, boulevard Saint-Germain

Echanges et communications. Mélanges offerts à Claude Lévi-Strauss à l'occasion de son 60e *anniversaire*, réunis par Jean Pouillon et Pierre Maranda, La Haye-Paris, Mouton, 1970, 2 vol.

Esprit, n° 322, novembre 1963, “La pensée sauvage et le structuralisme ”

Esprit, n° 360, mai 1967, “ Structuralisme: idéologie et méthode”

Etudiant socialiste (*L'*), organe mensuel de la Fédération des étudiants socialistes, mars 1928-décembre 1933

Fonction symbolique (*La*). *Essais d'anthropologie*, réunis par Michel Izard et Pierre Smith, Paris, Gallimard, 1979

Lévi-Strauss. “*Tristes Tropiques*”, *L'autre et l'ailleurs*, ouvrage collectif, Paris, Marketing, 1992 (Analyses et réflexions)

Magazine littéraire (*Le*), n° 223, octobre 1985, “ Claude Lévi-Strauss”, pp. 16 – 64

Magazine littéraire (*Le*), n° 311, juin 1993, “Claude Lévi-Strauss, Esthétique et structuralisme”, pp. 14 – 65

Pensée (*La*), n° 135, octobre 1967, “Structuralisme et marxisme”

Revue internationale de philosophie, n° 73 – 74, 1965, “La notion de structure”

Temps modernes (*Les*), 22e année, n° 246, novembre 1966, "Problèmes du structuralisme"

Unconscious in culture (*The*). *The Structuralism of Claude Lévi-Strauss in perspective*, Ino Rossi ed. , New York, E. P. Dutton and Co. Inc. , 1974

Yale French Studies, "Structuralism", n° 36 - 37, 1966

ARON, Jean-Paul, *Les Modernes*, Paris, Gallimard, 1984

ARON, Raymond, *Mémoires*, Paris, Julliard, 1983

BADCOCK, C. R. , *Lévi-Strauss*: *Structuralism and Sociological Theory*, Londres, Hutchinson, 1975

BALANDIER Georges, "Grandeur et servitude de l'ethnologue", *Cahiers du Sud*, 43e année, n° 337, 1956

BASTIDE, Roger, "Lévi-Strauss ou l'ethnographe "*à* la recherche du temps perdu", *Présence africaine*, avril-mai 1956, pp. 150 - 155

BATAILLE, Georges "Un livre humain, un grand livre. Claude Lévi-Strauss, "Tristes Tropiques", *Critique*, *Revue générale des publications françaises et étrangères*, 10e année, t. XIV, n° 105, pp. 99 - 112

BEAUVOIR, Simone de, *Mémoires d'une jeune fille rangée*, Paris, Gallimard, 1958, rééd. Folio, 1995

BEAUVOIR, Simone de, "Les Structures élémentaires de la parenté", *Les Temps modernes*, n° 49, novembre 1949

BOON, James A. , *From Symbolism to Structuralism*, *Lévi-Strauss in a Literary Tradition*, Oxford, Basil Blackwell, 1971—

New York, Harper & Row, 1972

BOUDON, Raymond, *A quoi sert la notion de "structure"?*, Paris, Gallimard, 1968

BOURDIEU Pierre, *Le Sens pratique*, Paris, Editions de Minuit, 1980

BURGUIÈRE, André, "Histoire et structure", *Annales; Economies, Sociétés, Civilisations*, 26e année, n° 3 - 4, mai-août 1971

CASTRO FARIA, Luiz de, "A Antropologia no Brasil. Depoimento sem compromissos de um militante em recesso", *Anuario antropologico/82*, Rio de Janeiro, Ediçoes Universidade federal do Ceara — tempo brasileiro, 1984, pp. 228 - 250

CHARTIER, Roger et REVEL Jacques, "Lucien Febvre et les sciences sociales", *Historiens et géographes*, février 1979

CIPRIANI, Roberto, *Claude Lévi-Strauss, una introduzione*, Armando Editore, Roma, 1988

CLÉMENT, Catherine, *Lévi-Strauss ou la structure et le malheur*, Paris, Seghers, 1970, rééd. 1974

CLÉMENT, Catherine, *Claude Lévi-Strauss*, Paris, PUF, 2002 (Que sais-je?)

CLOUET, Stéphane, *De La rénovation à l'utopie socialiste. Révolution constructive, un groupe d'intellectuels socialistes dans les années 1930*, Nancy, Presses universitaires de Nancy, 1991

COSTA LIMA, Luiz (dir.), *O Estruturalismo de Lévi-Strauss*, Petropolis RJ, Editora Vozes, 1970

COURTES, *Lévi-Strauss et les contraintes de la pensée mythique. Une lecture sémiotique des "Mythologiques"*, Paris, Mame, 1973

CRESSANT, Pierre (pseudonyme de Michel Le Bris), *Lévi-Strauss*, Paris, Editions universitaires, 1970 (Psychothèque 4)

DAIX, Pierre, *Braudel*, Paris, Flammarion, 1995

DELACAMPAGNE, Christian et TRAIMOND, Bernard, "La polémique SartreLévi-Strauss revisitée", *Les Temps modernes*, 53e année, novembredécembre 1997, n° 596, pp. 10 - 31

DELIÈGE, Robert, *Introduction à l'anthropologie structurale. Lévi-Strauss aujourd'hui*, Paris, Le Seuil, 2001 (Points)

DELRIEU, Alain, *Lévi-Strauss lecteur de Freud. Le droit l'inceste le père et l'échange des femmes*, Paris, Anthropos, 1999

DELRUELLE, Edouard, *Claude Lévi-Strauss et la philosophie*, Paris, Editions universitaires. Bruxelles, de Boeck-Wesmael, 1989

DESCOMBES, Vincent, *Les Institutions du sens*, Paris, Editions de Minuit, 1996

DÉSVEAUX, Emmanuel, "Un itinéraire de Lévi-Strauss: de Rousseau à Montaigne", *Critique*, t. XLVIII, n° 540, mai 1992, pp. 374 - 390

DÉSVEAUX, Emmanuel, *Quadratura americana. Essai d'anthropologie lévistraussienne*, Genève, Georg éditeur, 2001

DEWULF, Geneviève, *Entretiens sur l'autre et l'ailleurs avec Philippe Jacottet et Jacqueline de Romilly, suivis de réflexions avec Claude Lévi-Strauss*, Nancy, Presses universitaires de Nancy, 1993

DOSSE, François, *Histoire du structuralisme*, t. I: *Le Champ du signe, 1945—1966* et t. II: *Le Chant du cygne, 1967 à nos jours*, Paris, La Découverte, 1991 et 1992

DROUARD, Alain, "Réflexions sur une chronologie. Le développement des sciences sociales en France de 1945 *à* la fin des années 1960", *Revue française de sociologie*, janvier-mars 1982, XXIII-1, pp. 55-85

DUARTE, Paulo, *Memorias*, vol. VI: *Oficio de Trevas*, São Paulo, Editora Huticec, 1977

DUFRENNE, Mikel, *Pour l'homme*, Paris, Le Seuil, 1968

FARIA, Luiz de Castro, *Another Look. A Diary of the Serra do Norte Expedition*, Rio de Janeiro, Ouro Sobre Azul, 2001

FOURNIER, Marcel, *Marcel Mauss*, Paris, Fayard, 1994

FURET, François, "Les intellectuels français et le structuralisme", *Preuves*, n° 92, février 1967

GANDILLAC, Maurice de, *Le Siècle traversé. Souvenirs de neuf décennies*, Paris, Albin Michel, 1998

GEMELLI, Giuliana, *Fernand Braudel*, Paris, Odile Jacob, 1995

GEORGIN, R., *De Lévi-Strauss à Lacan*, Petit-Roeulx, Cistre, 1983

GIROUD, Françoise, *Leçons particulières*, Paris, Fayard, 1990

GUILBAUD, Georges Th., "Système parental et matrimonial au Nord Ambrym", *Journal de la société des océanistes*, n° 26, mars 1970, pp. 9-32

GURVITCH, Georges, "Le concept de structure sociale", *Cahiers internationaux de sociologie*, vol. 19, nouvelle série, 2e année, juillet-décembre 1955

HAUDRICOURT, André-Georges et DIBIE, Pascal, *Les Pieds sur* terre, Paris, Editions A. M. Métailié, 1987

HÉNAFF, Marcel, *Claude Lévi-Strauss et l'anthropologie structurale*, Paris, Belfond, 1991, rééd. Pocket, 2000 (Agora)

HÉRAN, François, *De Granet à Lévi-Strauss*, Dossiers et recherches de I'INED, n° 48, novembre 1996

HEUSCH, Luc de, *Pourquoi l'épouser ? et autres essais*, Paris, Gallimard, 1971

JAKOBSON, Roman, *Une vie dans le langage. Autoportrait d'un savant*, Paris, Editions de Minuit, 1985

JOSSELIN de JONG, J. P. B. de, *Lévi-Strauss's Theory on Kinship and Marriage*, Mededelingen van het Rijksmuseum voor Volkenkunde, n° 10, Leyde, Brill, 1952

KORN, Francis, *Elementary Structures Reconsidered. Lévi-Strauss on Kinship*, Berkeley, University of California Press, 1973

KUPER, Adam, *The Invention of Primitive Society. Transformations of an Illusion*, Londres, Routledge, 1988

LAPOINTE, F. H., et C. C., *Claude Lévi-Strauss and his Critics. An International of Criticism (1950—1976)*, New York, Londres, Garland Pub., Incl., 1977

LAPOUGE, Gilles, "Claude Lévi-Strauss: "Surtout ne pas confondre pensée sauvage et pensée de sauvage", *Le Figaro littéraire*, 2 juin 1961

LEACH, Edmund R., "Telstar et les aborigènes ou "La Pensée sauvage", *Annales, Economie-sociétés-civilisations*, vol. 19, 1964, n° 6, pp. 1100—1116

LEACH, Edmund R., *Lévi-Strauss*, Paris, Seghers, 1970

LEFORT, Claude, "L'échange et la lutte des hommes", *Les Temps modernes*, février 1951, pp. 1400—1417

LEFORT, Claude, "Sociétés "sans histoire" et Historicité", *Cahiers internationaux de sociologie*, vol. 12, 7e année, 1952, pp. 91—114

LEFRANC, Georges, "A travers un demi-siècle de mouvement ouvrier (1920—1970), I. — Comment, dans les années 1920, on devient socialiste", *Cahiers et revue de l'OURS*, n° 116, janvier 1981, pp. 5-59

LEFRANC, Georges, "Histoire d'un groupe du parti socialiste SFIO, Révolution constructive (1930—1938)", *Mélanges d'histoire économique et sociale en hommage au professeur Anthony Babel*, Genève, 1963, t. II, p. 401-425

LEFRANC, Georges, *Visages du mouvement ouvrier français. Jadis-Naguère-Aujourd'hui*, Paris, PUF, 1982

LEPENIES, Wolf et PITTER, Hans H. (din.), *Orte des wilden Denkens. Zur Anthropologie von Claude Lévi-Strauss*, ouvrage collectif, Francfort-surle-Main Suhrkamp, 1970

LEROI-GOURHAN, André, *Les Racines du monde. Entretiens avec Claude-Henri Rocquet*, Paris, Pierre Belfond, 1982

LOWIE, Robert, *Traité de sociologie primitive*, Paris, Payot, 1936, rééd. 1969

MARC-LIPIANSKY, Mireille, *Le Structuralisme de Lévi-Strauss*, Paris, Payot, 1973 (Bibliothèque scientifique)

MARJOLIN, Robert, *Le Travail d'une vie. Mémoires 1911—1986*, Paris, Robert Laffont, 1986

MAUGÜÉ, Jean, *Les Dents agacées*, Paris, Buchet-Chastel, 1982

MAZON, Brigitte, *Aux origines de l'Ecole des hautes études en sciences sociales. Le rôle du mécénat américain (1920—1960)*, Paris, Editions du Cerf, 1988

MERLEAU-PONTY, Maurice, "De Mauss *à* Claude Lévi-Strauss", *Signes* Paris, Gallimard, 1960, rééd. Folio/Essais, 2001, pp. 184-202

MERQUIOR, José Guilherme, *L'esthétique de Lévi-Strauss*, Paris, PUF, 1977

MÉTRAUX, Alfred, *Itinéraires 1 (1935—1953). Carnets de notes et journaux de voyage*, Compilation, Introduction et Notes par André-Marcel D'Ans, Paris, Payot, 1978

METPAUX, Alfred, VERGER, Pierre, *Le Pied à l'étrier: correspondance mars 1946—5 avril 1963*, Paris, Jean-Michel Place, 1994

MILNER, Jean-Claude, *Le Périple structural*, Paris, Le Seuil, 2002

MOORE, Tim, "Lévi-Strauss and the cultural Sciences", Birmingham, University Center for Contemporary cultural Studies, *Occasional Studies*, n° 4, 1971

NANNINI S., *Pensiero simbolico. Saggio su Lévi-Strauss*, Bologna, Il Mulino, 1982

NUTINI, Hugo, BUCHLER, Ira (dir.), *The Anthropology of Claude Lévi-Strauss*, New York, Appleton-Century-Crofts, 1970

PACE, David, *Claude Lévi-Strauss, The Bearer of Ashes*, Boston-Londres, Melbourne & Henley-Routledge & Kegan Paul, 1983

PAJON, Alexandre, "Claude Lévi-Strauss. D'une métaphysique socialiste *à* l'ethnologie", *Gradhiva*, n° 28, 2000, pp. 33 - 45, et n° 29, 2001, pp. 1 - 23

PANOFF, Michel, *Les Frères ennemis : Roger Caillois et Claude Lévi-Strauss*, Paris, Payor, 1993

PAPILLOUD, Christian, "La réciprocité en question, Claude Lévi-Strauss et Marshall Sahlins critiques de Marcel Mauss. Enjeux actuels d'un débat historique", *Swiss Journal of Sociology*, 28 (1), 2002, pp. 69 - 88

PAZ, Octavio, *Deux transparents. Marcel Duchamp et Claude Lévi-Strauss*, Paris, Gallimard, 1970

PERRIN, Michel, "Regards croisés. La photographie, entre donnée et emblème", *L'Homme*, n° 165, janvier-mars 2003, pp. 291 -300

PIVIDAL, Raphaël, "Signification et position de l'œuvre de Lévi-Strauss", *Annales, Economie-sociétés-civilisations*, 19, 1964, n° 6, pp. 1087—1099

POUILLON, Jean, "Une leçon de maintien", *La Quinzaine littéraire*, août 1968

RIVRON, Vassili, "Un point de vue indigène ? Archives de l' 'expédition Lévi-Strauss'", *L'Homme*, n° 165, janvier-mars 2003, pp. 301 - 307

ROUDINESCO, Elisabeth, *Jacques Lacan*, Paris, Fayard, 1993

SAHLINS, Marshall, *Age de pierre, âge d'abondance : l'économie des sociétés primitives*, Paris, Gallimard, 1976

SAVICNEAU, Josyane, *Marguerite Yourcenar : l'invention d'une* vie, Paris, Gallimard, 1990

SCHOLTE, Bob, "The Structural anthropology of C. Lévi-Strauss", *Handbook of Social and Cultural Anthropology*, Honigmann John J. (dir.), Chicago, Rand & Mac Nally College publishing Company, 1973

SCUBLA, Lucien, *Lire Lévi-Strauss. Le déploiement d'une intuition*, Paris, Editions Odile Jacob, 1998

SIMONIS, Yvan, *Claude Lévi-Strauss ou la passion de l'inceste. Introduction au structuralisme*, Paris, Aubier-Montaigne, 1968

SIRINELLI, Jean-François, *Génération intellectuelle. Khâgneux et Normaliens dans l'entre-deux-guerres*, Paris, PUF, 1994 (Quadrige)

SIRINELLI, Jean-François, *Intellectuels et passions françaises. Manifestes et pétitions au XXᵉ siècle*, Paris, Gallimard, 1990 (Folio)

SONTAG, Susan, *Against Interpretation and Other Essays*, New York, Dell Publishing Company, 1969

SPERBER, Dan, *Le Savoir des anthropologues*, Paris, Hermann, 1982

SPERBER, Dan, *Le Structuralisme en anthropologie*, Paris, Le Seuil, 1973

TOURNIER, Michel, "Claude Lévi-Strauss, mon maître", *Le Figaro littéraire*, 26 mai 1973

VELLARD, Jehan, *Histoire du curare. Les poisons de chasse en Amérique du Sud*, Paris, Gallimard, 1965

VELLARD, Jehan, *Une civilisation du miel. Les Indiens Guay-*

akis du Paraguay, préface de P. Rivet, Paris, Librairie Gallimard, 1939

WAHL, F. , *Qu'est-ce que le structuralisme* ? ouvrage collectif, Paris, Le Seuil, 1968

WALITSCHKE, Michael, *Im Wald der Zeichen. Linguistik und Anthropologie. — Das Werk von Lévi-Strauss*, Tübingen, Max Niemeyer Verlag, 1995

索引

（所注页码为原书页码，即本书边码）

A

C

D

E

H

I

J

N

O

P

译后记

《列维-斯特劳斯传》的翻译工作终于完成了。读者从每章长长的尾注，就会感觉到这不是一般意义上的传记。一般的传记总是要涉及私人生活的，而我们看到主人公一生中三次婚姻都被一笔带过，家庭生活几乎没有被描写。据传记作者说，这是欧洲现行的知识分子传记（biographie intellectuelle）的特点。列维-斯特劳斯人生经历独特，建构起他的学问大厦，就等于见证了他的一生。作者其实是像写作博士论文那样，再现了列维-斯特劳斯那丰富和创造性的一生。

这本传记给我的感觉可以用四个“多”字来概括——人物多，事件多，学科多，所涉及的作品多。

人物多。书后所列人物索引多达 450 人，仅仅翻译和核实人物的译名就需要不少的时间。事件多。列维-斯特劳斯出生于1908年，至今健在，可谓世纪老人。在那个刚刚逝去的20世纪里，我们人类经历了太多的灾难，在那个多灾多难的世纪里，没有人比列维-斯特劳斯更能、更好地见证那个时代的变迁了。学科多。列维-斯特劳斯在出发去巴西，走上民族学道路之前，就已经迷恋上了马克思的学说；他还深受弗洛伊德精神分析学说的影响，对地质学也有着强烈的兴趣和爱好，这迷恋、这影响以及这兴趣使他把这三门学科称作他的"三位情人"。除了这三门特别偏爱的学科外，他也曾经学习过哲学，而且在哲学教师资格考试中名列第三。列维-斯特劳斯天生喜爱音乐，音乐是他生命的组成部分，工作时他都听着音乐，他觉得这样思路会更加清晰。列维-斯特劳斯热爱绘画，不但喜欢而且也会作画。他与艺术家有着密切的交往。在美国流亡时，他和以安德烈·布列东为代表的超现实主义者来往甚密。他还是一个语言学家，尽管他说自己是个二流的语言学家。还多亏了他与罗曼·雅各布逊在美国的相遇，相遇起了"决定性的"作用。如果说巴西之旅使他走上了民族学道路，那么，遇到罗曼·雅各布逊就为他成就人类学家的伟大事业奠定了基础。雅各布逊使他"茅塞顿开"，给予了他一把开启民族学研究的钥匙。罗曼·雅各布逊还介绍他认识了雷蒙·德·索绪尔——精神分析学家、现代语言学之父费尔迪南·德·索绪尔的儿子，列维-斯特劳斯从此进入了精神分析学家的圈子。

列维-斯特劳斯是犹太人，犹太民族是爱书的民族。童年起，父亲就鼓励他广泛涉猎，他读书庞杂，这一切都为他成为人类学大家奠定了基础。列维-斯特劳斯最后终于"进驻"法兰西学院，随着他成为这所在世界上享有盛誉的法国著名学院中的一位教授，一门新的学科从此诞生了。学院前瞻性的性质决定了列维-斯特劳斯每年的授课内容都是“新”的，这非常符合列维-斯特劳斯的个性。他自以为是新石器时代的人，开垦土地，播上一茬，来年又去开拓新的土地。对一个开拓性的人物来说，再没有比法兰西学院这个机会更适合列维-斯特劳斯的了。随着这个讲席的建立，社会人类学实验室也成立了。列维-斯特劳斯的整个职业生涯就是研究、教授、写作。尽管他说写作劳神费心，但是当教授就不得不写，他以每两年一本书的速度写作着。

这么多的“多”，翻译自然有很多困难。因为人物多，有的人物已有译名，已经约定俗成，就不好再给他另外一个译名。我读书有限，尽管多方查阅，仍然有考虑不周的地方。也可能由于其他理由。例如，法国语言学院、法兰西学院的 Claude Hagège，他的中文名字是海然热，那是赵元任先生给他起的。不是 Hagège 先生亲口说，我是不会把 Hagège 和海然热联系在一起的。这也就是说，可能有人已有中文名字了，这时再给一个译名，就有可能产生混淆。

由于所涉及的学科很多，我不得不大量地阅读。阅读的目的不在于把什么都搞明白，只希望在选词造句的时候有一定依据。列维-斯特劳斯曾经邀请数学家一起来参与他的研究工作，试图用一个简洁明了的公式来说明问题。在翻译一道公式和 groupe de Klein 的时候，我请教武汉大学的吴泓缈老师，他把自己尚未发表的《符号学矩阵理据考》发给我，我因此按照他的译名翻成“克莱因组”。

一般来讲，书名难译。叶廷芳先生指出：“翻译文学作品，题目或书名的准确性是至关重要的，是首先应该花力气的地方。”梁实秋先生也指出，翻译书名是最头痛的事，因为“译书名，须先读其书，然后才能知道书名的意义，否则望文生义，可能导致极大的错误。”（《梁实秋杂文集》，第 284 页）传记里提到的书，我却无法一一阅读。传记中提到的书名，有的我只能根据字面意义翻译，而且每当遇到书名我都要踌躇一番。例如我读了 *Triste Tropique*，体验到列维-斯特劳斯的心情，他为印第安人悲惨的境遇而哀伤，同时又惋惜那逝去的一切。因此开始时我把此书译成《哀婉的热带丛林》后译作《忧郁的热带》。中文的特点也恰好允许这样的组合，同时表达两层意思。另外，书中所表达的特定意义有时在传记中也难以再现。例如，我同时也翻译了《种族与历史·种族与文化》，书中出现了 écart différentiel 这样一个词组，écart 可以是“差异、差距、差别”，我觉得词义已很清楚，可是为什么还要有 différentiel 来限定呢？传记作者说到这本书的时候，自然用了列维-斯特劳斯作品中的这一表达。我觉得这是一个关键的用语，便分别向本书作者和列维-斯特劳斯本人提出问题。前者告诉我，他是用 écart différentiel 来指就人类学的观点而言的一种真正意义上的差异，以便与中性的差异相对，即没有结果也没有实际意义的差异。后者则告诉我他真实的用意：“écart différentiel 这一表达在语言学中经常使用，表示所说的差距不是一个简单的差距，而是使两个意义之间有所区别。”由于阅读了《种族与历史》，知道所指，翻译就有依据，容易把握。对传记中提及的那些我不可能接触到的书，我常担心用词是否贴切，理解是否与作者有出入。

这一切的“多”其实都源于列维-斯特劳斯本人丰富的个性和他对人性、人类精神活动的不断的叩问。“道不虚行，存乎其人也。”作品与作家融凝为一。了解列维-斯特劳斯的个性，有助于我们了解他的作品。他小时候喜欢读塞万提斯的《堂吉诃德》，能够倒背如流。他甚至说谁要了解他，堂吉诃德就是把钥匙。他推崇感性品质和理性推理，认为“严肃的人靠敏感、靠理性工作，而不是依赖信仰”。马克思的思想、弗洛伊德的思想和地质学成为他的“三位情人”不是偶然。民族学最终使他的身心得到了统一。

在翻译《列维-斯特劳斯传》的过程中，我遇到了许多困难。实际上我在决定翻译这本书时，没有过多地考虑自己的能力大小；开始翻译后，我义无反顾地投入其中，因为我明白程抱一先生何以要我先把此书翻译出来，历史的使命感和强烈的责任感促使我走上一条艰难而又引人入胜的道路。

余光中在《创作与翻译》中说道："一本好书不啻于让原作者的神灵附体，原作者的喜怒哀乐变成了你的喜怒哀乐，替古人担忧总胜过替自己担忧吧。一本杰作不啻于分享一个博大的生命。翻译也可以说是神游杰作人间而传其胜。神游固然可以忘忧，在克服种种困难之后，终于尽传其胜，更是一大欣悦了。"这一年来，我的生活不就像余光中的精言妙语所描绘的那种景况吗？难道我不就是像神灵附体一样吗？列维-斯特劳斯的形象几乎成日在我脑中盘旋。在一遍遍的阅读中，我难道不是在字里行间感受着列维-斯特劳斯，分享他博大的生命吗？不管最终是否"尽传其胜"，至少可以说的是，我已经尽心尽力了。

我要感谢我的老师、同事和我的学生，没有他们无私的帮助，这本译著不可能在这样短的时间内完成。记得去南京大学浦口校区上课的路上，我的同事刘成富老师帮助我解疑答难；中文系的唐建清老师是搞比较文学研究的，他给我谈文学；还有同事许钧老师也专门帮助过我对某些片段进行语法分析。书中有大量非法语人名或书名，我希望从原语直接译成中文，德语系、西班牙语系、英语系和俄语系的老师因此都给过我帮助。张柏然老师不止一次地帮助我解决英语译名问题。我特别要感谢陆秉惠老师，记得在翻译的最后几个月，每周五的下午，我们都用来解决翻译的疑难处，我从她那里不仅学习了严谨的翻译态度，而且还加深了对法文的理解。我还得感谢我研修班的同学，方琳琳、冷碧莹、罗晓亮等同学帮助我打字，时利和同学最后还帮助我润色译稿。

我要感谢张祖建先生，他对书稿的审校使得本书减少了很多错漏之处。针对本书涉及的众多人物和事件，他还撰写了本书 300 余条“译者注”中的大部分，希望读者借此可以更好地理解本书的背景。

我还要感谢外教 Cathrine，以及在晓庄学院任教的瑞士籍教师 Georges 和他的妻子 Maguerite。至于我在法国的朋友，Chamel 和 Bergounioux 先生以及 Gouvard 和 Doche 小姐，我也得请他们接受我的谢意。没有这些朋友的支持和鼓励，这部译著难以完成。

我在翻译这部传记时，心灵时时受到触动。列维-斯特劳斯奇特的个性、充实的人生都给我以启示和鼓励。愿这篇译著也能使你怦然心动，使你的灵魂受到冲击。来吧，让我们追随列维-斯特劳斯的脚步，进入这位大地丈量者的精神家园之中，去感受我们这个时代最伟大的人类学家那博大的胸怀，去体悟他对陷入生态困境的人类那深切的关怀！

Claude Lévi-Strauss/by Denis Bertholet
ISBN：2-259-19527-X

图书在版编目（CIP）数据

列维-斯特劳斯传/（法）德尼·贝多莱著；于秀英译．
北京：中国人民大学出版社，2007.2
（列维-斯特劳斯文集 14　附卷）
ISBN 978-7-300-07874-8

Ⅰ．列…
Ⅱ．①贝…②于…③张…
Ⅲ．列维-斯特劳斯，C. -传记
Ⅳ．B565.59

中国版本图书馆 CIP 数据核字（2007）第 017636 号

本书的出版经由法国文化部出版中心资助

列维-斯特劳斯文集 ⑭（附卷）
列维-斯特劳斯传
［法］德尼·贝多莱　著
于秀英　译
张祖建　校

出版发行	中国人民大学出版社			
社　　址	北京中关村大街 31 号	**邮政编码**	100080	
电　　话	010－62511242（总编室）		010－62511398（质管部）	
	010－82501766（邮购部）		010－62514148（门市部）	
	010－62515195（发行公司）		010－62515275（盗版举报）	
网　　址	http://www.crup.com.cn			
	http://www.ttrnet.com（人大教研网）			
经　　销	新华书店			
印　　刷	北京华联印刷有限公司			
规　　格	148 mm×210 mm　32 开本	**版　　次**	2008 年 6 月第 1 版	
印　　张	18.875 插页 5	**印　　次**	2008 年 6 月第 1 次印刷	
字　　数	452 000	**定　　价**	68.00 元（精装）	
			49.80 元（平装）	